O PRESIDENTE
SEGUNDO
O SOCIÓLOGO

O PRESIDENTE SEGUNDO O SOCIÓLOGO

Entrevista de Fernando Henrique Cardoso
a Roberto Pompeu de Toledo

Copyright © 1998 by Roberto Pompeu de Toledo

Projeto gráfico e capa:
Hélio de Almeida

Foto da capa:
Bob Wolfenson

Preparação:
Márcia Copola

Pesquisa para as notas:
Fraya Frehse
Departamento de documentação
da Editora Abril

Revisão:
Ana Maria Barbosa
Carmen S. da Costa

Dados Internacionais de Catalogação na Publicação (CIP)
(Câmara Brasileira do Livro, SP, Brasil)

O presidente segundo o sociólogo : Entrevista de Fernando Henrique Cardoso a Roberto Pompeu de Toledo. — São
Paulo : Companhia das Letras, 1998.

ISBN 85-7164-769-0

1. Brasil – Condições econômicas 2. Brasil – condições
sociais 3. Brasil – História 4. Brasil – Política e governo 5.
Cardoso, Fernando Henrique, 1931– Entrevistas I. Cardoso,
Fernando Henrique, 1931– II. Toledo, Roberto Pompeu de. III.
Título : Fernando Henrique Cardoso entrevistado por Roberto
Pompeu de Toledo.

98-1837   CDD-320.981

Índices para catálogo sistemático:
1. Brasil : Políticos : Entrevistas 320.981
2. Entrevistas com políticos brasileiros : Ciência política
   320.981
3. Políticos brasileiros : Entrevistas : Ciência política
   320.981

1998

Todos os direitos desta edição reservados à
EDITORA SCHWARCZ LTDA.
Rua Bandeira Paulista, 702, cj. 72
04532-002 — São Paulo — SP
Telefone: (011) 866-0801
Fax: (011) 866-0814
e-mail: coletras@mtecnetsp.com.br

SUMÁRIO

PREFÁCIO 7

1. A NÓDOA DA ESCRAVIDÃO 13

2. SABE COM QUEM ESTÁ FALANDO? 25

3. AS ALIANÇAS POLÍTICAS, A CRISE DOS PARTIDOS . . . 34

4. CURTOS-CIRCUITOS (OU: COMO AS SOCIEDADES

   MUDAM) 43

5. O PLANO REAL 64

6. GLOBALIZAÇÃO 81

7. A QUEDA DO MURO DE BERLIM. OS ATORES

   NA HISTÓRIA 103

8. O MERCOSUL E O SIGNIFICADO DA PALAVRA SUL . . . 118

9. VIOLÊNCIA E DROGAS 133

10. POLÍTICAS DA VIDA 153

11. SOB O REINADO DA MÍDIA 165

12. RELIGIÃO, POLÍTICA E SOCIEDADE 187

13. ILUSÕES DA POLÍTICA: CAMPANHAS, PARTIDOS, DIREITA,

   ESQUERDA 199

14. A FISIOLOGIA, A BUROCRACIA E A ARTE DE NOMEAR 214

15. AS DEMANDAS DO CIDADÃO (UMA RESPOSTA A ALAIN

   TOURAINE) 221

16. OS PARTIDOS E OS PRESIDENTES, DA UDN AO PT 225

17. REFORMAS POLÍTICAS 239

18. O QUEBRA-CABEÇA DA FEDERAÇÃO BRASILEIRA 254

19. NORDESTE E ESPERANÇA, ÍNDIOS E MST (E OS PRAZERES

   DE UM SOCIÓLOGO NA PRESIDÊNCIA) 266

20. CAMINHOS E DESCAMINHOS DA SAÚDE. ORÇAMENTO

   E DEMOCRACIA 277

21. REFORMA DO ESTADO (1): A FUNÇÃO ECONÔMICA . . 287

22. REFORMA DO ESTADO (2): A FUNÇÃO SOCIAL

   (A EDUCAÇÃO E A TERRA) 307

23. A "DEMOCRACIA RACIAL" EM QUESTÃO 328

24. AVALIAÇÃO DOS PRESIDENTES 336

25. MEU PAI E O CARCEREIRO. MILITARES. VERGONHAS . . 339

   ÍNDICE ONOMÁSTICO 359

PREFÁCIO

Esta entrevista tem origem numa outra. A outra foi publicada na revista *Veja*, edição de 10 de setembro de 1997 — o entrevistado era o presidente Fernando Henrique Cardoso e o entrevistador o mesmo jornalista que agora apresenta este trabalho. A entrevista da *Veja* tinha por singularidades uma extensão maior do que a praxe — doze páginas — e, principalmente, a opção por temas mais genéricos, menos atrelados à conjuntura e ao cotidiano da política do que os levados de hábito a um governante. Os editores da Companhia das Letras vislumbraram ali a possibilidade de um livro. Falava-se naquela oportunidade de globalização, conceitos de "esquerda" e "direita", exclusão social, maneiras de fazer mudar as sociedades — assuntos, em princípio, destinados a durar mais do que os habitualmente abordados nas entrevistas do presidente. A idéia era voltar a esses temas, com o vagar e o detalhamento que a extensão de um livro permite, e acrescentar outros de natureza semelhante. Começava aí, para este entrevistador — e para o entrevistado —, uma empreitada que desaguaria numa maratona de encontros no ambiente severo da Biblioteca do Palácio da Alvorada.

Foram nove sessões de entrevistas, de duas horas ou duas horas e pouco cada uma, perfazendo um total de cerca de vinte horas de gravações. A primeira sessão foi no dia 27 de outubro de 1997, e a última no dia 20 de novembro. De permeio, o mundo — e o Brasil, em especial — era sacudido pela crise das bolsas de valores da Ásia. Uma das particularidades deste trabalho são as circunstâncias em que se realizou. A crise asiática derrubou ações e moedas, quebrou bancos e espalhou incertezas, mas não foi forte o bastante para levar o entrevistado a descumprir o programa. No dia 10 de novembro, no ápice da crise, o governo lançou seu pacote de medidas — a principal delas, o aumento das taxas de juros — para fazer frente aos perigos que rondavam o país. Nem por isso os encontros agendados para aquela semana foram cancelados.

Há sempre certas esquisitices num palácio presidencial. No caso do Palácio da Alvorada, a esquisitice começa com as emas que vivem em seu jardim. Sim, emas — um bicho cuja arquitetura inviável, a bola de penugem que lhe faz as vezes de corpo equilibrada sobre os frágeis palitos que lhe fazem as vezes de pernas, seria reprovado na prancheta de um calculista. É um bicho silencioso e tímido, que caminha como se não quisesse incomodar, naquele passo que os romances populares descrevem como "pé ante pé". Transposta a porta do palácio, passeia-se por grandes salões igualmente silenciosos, em geral ermos. Quando se está numa ponta de um desses salões e a pessoa que se espera surge na outra, decorre uma enormidade de tempo até que um chegue ao outro. A esquisitice é esta: supõe-se que um palácio presidencial seja o centro nervoso da decisão e da ação, o lugar onde as coisas fervem, e no entanto o ritmo lá dentro obedece ao mesmo ritmo manso do avanço da ema, e o clima se rege pela mesma solidão dos passos nos salões desertos. Imagina-se que acontece tudo no Palácio da Alvorada, e no entanto não acontece nada.

De maneira semelhante, quem espera um presidente desgrenhado, num dia de crise financeira, não se contendo na cadeira, falando em dois telefones ao mesmo tempo enquanto soa um terceiro, os fundos olhos indormidos, a gravata deslocada na camisa aberta, um auxiliar lhe estendendo um papel enquanto outros circulam em volta, engana-se. Alguns elogiarão sua frieza, outros censurarão o que interpretam como indiferença ou alheamento, mas o fato é que o presidente Fernando Henrique Cardoso despontava sereno, a cada encontro, por mais que as manchetes naquelas mesmas manhãs estivessem anunciando o fim do mundo. Combinou-se que não se falaria da crise, a não ser nos seus aspectos conceituais, para não fugir do espírito da entrevista, que era o de procurar manter-se o mais longe possível dos acidentes de conjuntura. Assim foi feito.

A Biblioteca do Palácio da Alvorada está instalada numa comprida sala que tem num extremo um conjunto de sofá e poltronas dispostos junto à parede onde se pendura uma tapeçaria de Di Cavalcanti, no meio uma mesa solene, onde o presidente grava os pronunciamentos à nação, devidamente escoltado pelas bandeiras do Brasil e da República, e no outro extremo um ambiente mais propício ao trabalho, dominado por uma grande mesa. Numa ponta dessa mesa, em cada uma das nove manhãs da maratona em que estiveram envolvidos, acomodavam-se o entrevistado e o entrevistador. No fim, além dos temas conceituais planejados desde o início, a entrevista acabou se desviando muitas vezes para o relato de lembranças pessoais do entrevistado e considerações sobre si próprio — seu modo de ver a política e atuar nela. Talvez não seja pretensioso afirmar que, graças a isso, o trabalho que se vai ler pode ser tomado também por um retrato do presidente — não só do que ele pensa mas, em certa medida, do que é e, para usar uma palavra mais aplicada a mecanismos, porém apropriada, pois é de mecanismo que se trata, de como "funciona".

Duro é o ofício do entrevistador. Não se deve colocar no papel de "escada" para o entrevistado, o manso levantador de questões que apenas realçam seu brilho, mas também não lhe cabe o papel de debatedor. Deve se manter sempre alerta ao fato de que o que interessa é o que o entrevistado — e não ele — pensa, faz ou é, mas também não perder de vista que a condução da conversa é sua. Naquele momento, justa ou injustamente, tenha ou não competência para tal, ele está investido na função de representante do público, e é o interesse desse público que deve pautar a escolha das perguntas, a insistência na exploração deste ou daquele detalhe, ou a conveniência de mudar o rumo da conversa.

Mais duro ainda é o ofício de transpor para a forma escrita uma entrevista gravada. Não é recomendável transcrevê-la ipsis litteris, porque equivaleria a submeter o leitor a uma linguagem que, por fluir livre e solta, cheia de perífrases e volteios, livres associações e outras características do discurso informal, resulta de difícil compreensão. Tem por dever o entrevistador, dadas essas circunstâncias, e por razões de clareza, concisão, correção gramatical, eliminação de repetições e ordenamento mais direto das frases, mexer no discurso tal qual se deu originalmente. Ao mesmo tempo, esse procedimento deve ser contrabalançado por dois balizamentos: (1) a fidelidade, máxima possível, ao estilo, aos métodos explanatórios, ao vocabulário e ao ritmo do entrevistado, e (2) a característica de oralidade que é própria do gênero entrevista. Em suma, a regra é mexer não para ser infiel — mas para ser mais fiel ainda. Não para metamorfosear a informalidade da linguagem oral num elaborado discurso escrito, mas para, escoimando-a do entulho que a atravanca, tornar a oralidade, se se permite o paradoxo, "legível".

Por isso é dura a vida daquele a quem compete pôr por escrito uma entrevista oral, mas não só por isso. Sobra um problema. Feito esse trabalho, e por mais que quem o realizou esteja certo da correção de seus critérios, como garantir que o entrevistado pensa a mesma coisa? Como estar seguro de que ele não vai dizer que aqui, ao se cortar uma palavra, se truncou seu pensamento, e ali, ao se inverter a ordem de uma frase, se deturpou sua opinião? Uma regra do jornalismo — ou superstição? — estabelece que não se deve mostrar ao entrevistado a entrevista, tal qual será publicada. Se é regra, e se toda regra tem exceções, este entrevistador considerou que era o caso do presente trabalho. O texto foi submetido ao entrevistado. Junto, foi a proposta de que, caso ele tivesse objeções a apresentar, isso se daria dentro de duas linhas de conduta. Primeira: o entrevistador julgava-se no dever de acatar liminarmente toda objeção que dissesse respeito a erros factuais ou infidelidade ao pensamento do entrevistado. Segunda: tratando-se de questões de qualquer outra natureza, o entrevistador solicitava que fossem objeto de negociação entre as duas partes, e reservava-se o direito de não acatar as razões do entrevistado. Registre-se que as intervenções do entrevistado foram mínimas, e de acordo com as regras do jogo.

De resto, a norma de não mostrar a entrevista ao entrevistado desde o princípio apresentou-se enfraquecida pelo dado de realidade de que o entrevistado em questão, como muitos outros, na mesma situação, não concordaria em conceder uma entrevista desta envergadura caso não lhe fosse oferecido o direito de prévia leitura do texto. Era aceitar este ponto de partida ou não ter a entrevista. O entrevistador julgou que era melhor ter a entrevista.

Que move um presidente a dedicar vinte horas de seu tempo à entrevista com um jornalista? Ainda mais no meio de uma crise, a mais perigosa de seu governo, que ameaçava roer pelos alicerces o chamado "Plano Real", a mais vistosa de suas obras? Essa pergunta não foi feita. O entrevistador se escusa: nem todas as perguntas foram feitas. Não é possível fazer todas as perguntas — é uma impossibilidade lógica. Inversamente, caso se imaginasse alguém capaz de fazer todas as perguntas, seria uma fantasia metafísica, parecida com a que deu origem a Funes, "o memorioso", o personagem de Jorge Luis Borges que gravava tudo, absolutamente tudo, na memória.

Se o leitor estiver em busca de uma resposta, indica-se, de qualquer for-

PREFÁCIO

ma, a leitura atenta dos capítulos 11 e 25 desta entrevista. No capítulo 11, diz o entrevistado que o importante, para ele, é "a capacidade de explicar". Da mesma maneira como Jânio Quadros lançava mão de recursos histriônicos para estabelecer uma comunicação com o público, e Getúlio Vargas procurava identificar-se com a figura de um pai — as comparações são de sua própria autoria — ele, Fernando Henrique Cardoso, faz sua aposta no ato de explicar. Explicar e, claro, convencer. Este é um presidente fanático por explicar — e que, para sua infelicidade, não raro se queixa de que não é compreendido. Outros presidentes davam sinais de carência afetiva. Este se mostra carente de compreensão.

No capítulo 25, há uma reveladora reminiscência autobiográfica. O presidente lembra um conselho que recebeu do pai, um general tumultuário como costumavam ser os militares brasileiros da primeira metade do século, que se envolveu em várias das rebeliões dos anos 20 e 30 e foi preso mais de uma vez. O pai dizia que nunca se deve deixar de falar com o carcereiro. "Mesmo preso, você tem que falar, não deixar o adversário longe. Tem que falar o tempo todo." Ao entrevistador, essa passagem parece tão definidora do estilo e da personalidade do entrevistado, que, caso tivesse sido convidado para fazer-lhe um perfil, em vez de uma entrevista, seria tentado a dar-lhe o título de "Meu pai e o carcereiro". É quando surge com força, e puxada lá das raízes, das reminiscências infantis, a fé que o presidente brasileiro nutre, com ou sem razão, reconheçam-se ou não suas qualidades para isso, no poder do convencimento pela palavra — ou, como diriam seus detratores, no poder do "gogó".

No mesmo capítulo 25, o intelectual explicita o político. Muitos pensam em Fernando Henrique Cardoso como um intelectual na política. Ele próprio, como diz nesta entrevista, gosta de pensar-se nesses termos. O capítulo 25 revela um Fernando Henrique Cardoso visceralmente político. Não que se queira diminuir suas credenciais de intelectual, mas é um engano imaginar que, na política, ressinta-se do vezo amadorístico de um recém-chegado, ou de quem está só de passagem, ou que se comporte da maneira sonhadora de um pensador lançado de pára-quedas no palácio. A quem ainda pensa em Fernando Henrique Cardoso como intelectual, ou sobretudo como intelectual, sugere-se que comece a pensar nele como político. Não só é um político, visceralmente — não é por descuido que aqui se repete o advérbio de linhas acima —, como, se houvesse um concurso nesse sentido, seria o favorito à conquista do título de mais importante político da atual quadra da vida brasileira. Nem sempre coincide que os presidentes, apesar de sua esmagadora presença no quadro institucional brasileiro, sejam ao mesmo tempo o principal político do país. Pense-se nos dois ou três últimos, e vai-se ver que não eram. Este muito provavelmente é, e tem chance de continuar a sê-lo por algum tempo. Por isso, entre outros motivos, é recomendável conhecê-lo, a ele e suas idéias, goste-se ou não dele, concorde-se ou não com elas.

Quando a Companhia das Letras trouxe ao entrevistador a proposta deste trabalho, uma dúvida surgiu. Seria oportuno lançar o livro num ano de campanha eleitoral? E um ano em que, segundo todas as evidências, o presidente se apresentará como candidato à reeleição? O livro não seria tomado por um ato de campanha? Os editores da Companhia das Letras e o entrevistador discutiram bastante esse ponto, até se darem conta de que a resposta era óbvia e singela. Exatamente por ser um ano eleitoral, o livro seria oportuno. Ele perderia metade da graça se fosse lançado num ano que não anunciasse a perspectiva de aquecimento do debate político. Quanto a ser considerado um ato de campanha, nada a opor desde que se entenda campanha não por propaganda, mas por debate. Tem feito muita falta o debate nas campanhas brasileiras. Muitos fatores conspiram contra sua realização, desde o horário dito gratuito — na verdade caríssimo — na TV, destinado unicamente à propaganda, até a legislação que, exigindo da mídia uma atenção igual aos diferentes candidatos, mesmo os representantes de grupos de pouca expressão, mesmo os aventureiros, na prática inviabiliza a cobertura. Este livro contém pontos com base nos quais os diversos segmentos políticos podem marcar suas posições. Os responsáveis por ele gostam de imaginá-lo como um instrumento útil tanto para os partidários do governo quanto para a oposição.

Roberto Pompeu de Toledo
Abril de 1998

1

A NÓDOA DA ESCRAVIDÃO

POR QUE O BRASIL DEMORA PARA VIRAR UM PAÍS
DESENVOLVIDO — O MODELO COLONIAL DE SOCIEDADE
ESCRAVOCRATA E PATRIMONIALÍSTICA — A SOCIEDADE
BRASILEIRA NO IMPÉRIO — O QUE MUDA COM
A PROCLAMAÇÃO DA REPÚBLICA — ANÁLISES CLÁSSICAS
DA SOCIEDADE BRASILEIRA: GILBERTO FREYRE,
SÉRGIO BUARQUE DE HOLANDA, CAIO PRADO JR.,
FLORESTAN FERNANDES — A URBANIZAÇÃO E O SURGIMENTO
DA CLASSE TRABALHADORA — A ERA VARGAS
— AS MUDANÇAS SOCIAIS SOB O REGIME MILITAR
— OS PROBLEMAS DO CAMPO —
O MOVIMENTO DOS SEM-TERRA

27 / 10 / 97

Pergunta - *Por que está demorando tanto para o Brasil se tornar um país desenvolvido?*

Resposta - Está demorando porque nós, desde os tempos da Colônia, tivemos características de uma sociedade opressora. Não passamos, realmente, por nenhuma revolução social. Compare o Brasil com os Estados Unidos. Eles tiveram escravidão, como nós, mas ali, numa certa área, criou-se uma sociedade mais dinâmica, onde, por exemplo — e isso é muito importante —, havia maior facilidade de acesso à terra. Esse setor mais dinâmico entrou em conflito com o outro, mais atrasado, e houve a Guerra de Secessão, que ca-

1
Trata-se do livro
Capitalismo e escravidão
no Brasil meridional —
O negro na sociedade
escravocrata do Rio
Grande do Sul (*1962*),
no qual são analisadas
as relações entre o sistema
capitalista e a organização
servil do trabalho no Sul
do país.

2
Manuel de Oliveira Lima
(*1865-1928*), *diplomata*
e historiador
pernambucano. O livro
em questão é D. João VI no
Brasil, *lançado em 1909.*

racterizou uma ruptura. Não derivou daí a igualdade racial, que foi fruto de uma luta deste século. Mas, bem ou mal, houve uma ruptura. Aqui não. Tivemos uma sociedade do tipo escravocrata e, portanto, muito hierarquizada. Uma sociedade que foi homogeneamente assim, em todo o país, sem um setor dinâmico para servir de contrapeso. Estudei o Sul do Brasil e concluí que essas características persistiram mesmo lá. Criou-se no Sul uma contra-ideologia, e o mito de que a sociedade ali era mais igualitária. Eu escolhi estudar o Sul por causa disso. Mas você pode constatar, no meu livro, que a ideologia do resto do Brasil impregnou também a sociedade dali.[1]

P - *Mas o acesso à terra não foi mais amplo no Sul?*

R - Isso não chegou a caracterizar um modelo oposto ao do resto do país. O tipo de sociedade era fundamentalmente o mesmo: de base escravocrata e grande controle patrimonial. Depois, esse tipo de sociedade, escravocrata e patrimonialística, sofreu no Brasil um reforço com um fato histórico único no continente: a sede do Império veio para cá. A América espanhola estava submetida à Coroa espanhola, mas nunca conheceu sua presença física. O Brasil conheceu a presença da Coroa portuguesa. Então, àquelas características da sociedade, escravocrata e patrimonialística, somou-se outra: a de uma sociedade burocrática, pois o Império português era altamente burocratizado. Você percebe isso nos livros que descrevem a chegada de d. João VI...

P - *Oliveira Lima, por exemplo?*[2]

R - Oliveira Lima. Somaram-se, às antigas diferenças sociais, as diferenças impostas pela Corte, até com certa prepotência. Lembre-se de que mais tarde houve a reação contra os "portugueses" — "portugueses" entre aspas —, que se confunde com a luta pela independência. Era uma reação contra a dominação da burocracia portuguesa. A sociedade era muito rígida, e isso perpassa todo o século XIX. Não se mexeu, ao longo de todo esse tempo, na base dessa sociedade, que era a terra. O poder da terra e o poder burocrático foram os dois poderes reais no Brasil, ambos extremamente concentrados. Sobre o Império há um livro admirável, do Sérgio Buarque de Holanda. O dele e o do Joaquim Nabuco são os melhores. O do Nabuco, documentalmente, é riquíssimo. O do Sérgio Buarque de Holanda tem a vantagem de conter uma interpretação do Império.[3] Ali você vê que essas características se mantêm o tempo todo. Só na República muda alguma coisa.

P - *O que muda?*

R - A classe média urbana é responsável pelo que houve de inovador. Acabara a escravidão, no fim do Império, mas ela acabou daquela maneira brasileira — foi sendo dissolvida no decorrer dos anos. Não houve uma ruptura com a ordem escravocrata, como nos Estados Unidos. A classe média urbana é que começa a ganhar peso. No fundo é ela quem apóia a República. Os próprios militares, responsáveis pela Proclamação da República, pertencem à classe média urbana. Todo o jogo político e intelectual é ditado pela classe média urbana, formada basicamente por funcionários — um pouco de profissionais liberais e uma massa de funcionários. Mas ocorre algo curioso: a ideologia que nasce aí é positivista. É da ordem, como a anterior. Ordem e progresso. Não é uma ideologia, digamos, equalizadora. É uma ideologia de progresso, mas não de igualdade. É muito curioso, não há referência à igualdade nem à fraternidade. Nossa referência é a ordem e progresso. Isso avança pelos anos. Acho que a sociedade em que nasci, nos anos 30, ainda era assim: uma sociedade em que você tinha um peso imenso da agricultura e da terra, assimetrias muito acentuadas, e uma pequena classe média. O que se move, a partir da Proclamação da República, é muito fruto daquela famosa história: filho de fazendeiro é bacharel. O bacharel tem idéias mais abertas e, muitas vezes, rebela-se.

3
Sérgio Buarque de Holanda (1902-82), historiador, autor do clássico Raízes do Brasil *(1936). A referência é ao livro* Do Império à República, *quinto volume da coleção* História da civilização brasileira, *publicada entre 1960 e 1982. Joaquim Nabuco (1849-1910), político, diplomata e historiador pernambucano. Um* estadista no Império *(1897) é o livro em que, a pretexto de fazer a biografia do pai, o político Nabuco de Araújo, o autor traça um amplo panorama do Segundo Reinado.*

P - *Filhos contra pais, como dizia Gilberto Freyre.*

R - Filhos contra pais. Mas esse movimento é na classe média. A massa não conta. Nos estudos de Florestan Fernandes sobre o negro em São Paulo, que são muito bons, vê-se que tudo o que aconteceu depois da Abolição foi o surgimento de uma grande massa de excluídos, no sentido de gente que não tem mais lugar na escala social. Os escravos tinham um péssimo lugar, mas tinham. Os libertos não têm lugar. Os libertos, os ex-escravos e os descendentes de escravos formaram a primeira grande massa de populações marginais. De excluídos, como se diz hoje. Até os anos 30 ou 40 deste século, você nem percebe que existe essa massa. Ela não está registrada na Constituição nem na literatura. Aliás, na literatura, um pouco. Gilberto Freyre, que é dos anos 30, não vai por esse lado. Ele vai mostrar outras características da sociedade patriarcal. De novo, só quem diz algo expressivo, nesse sentido, é Sérgio Buarque de Holanda, no livro *Raízes do Brasil*, cujo último capítulo é admirável, porque ele faz ali a crítica da sociedade pela via da democratização. Pela percepção de que era preciso democratizar. Há o Caio Prado Júnior. Este tem uma visão marxista, com ênfase numa classe, o proletariado, que não existia na época. O escravo não é trabalhador. Não é representante da classe universal, em termos marxistas. A que ele aspira? À condição do outro, do chefe, do senhor. Ele não aspira a outra coisa. Só pode aspirar à liberdade. Não quer transformar todo mundo em escravo, quer o contrário. Só nos anos 40 o perfil da sociedade brasileira começa realmente a mudar, por força da industrialização e da urbanização. Você tem agora as grandes migrações do campo para a cidade. Antes se tinha a penetração no campo, agora é o contrário, o campo invade a cidade. É quando começa a haver massa. Não é nem classe, é massa: gente que está na cidade e que não está inscrita no sistema político mas que começa a votar, quando há a redemocratização. Para entender essa fase são importantes os estudos do Weffort mostrando o que é o populismo, a política de massa. É então que se começa a ter aspirações a uma sociedade mais fraterna, mais igualitária.[4]

P - Mas por que estamos demorando tanto para realizar essas aspirações?

R - Porque isso é agora, é ontem. É a história de ontem, dos anos 50. Agora, que mudou, mudou. O que mudou? Primeiro houve uma mudança demográfica óbvia. Houve uma inversão entre o peso da população urbana e o da rural. A população hoje é 80% urbana. Depois, houve as mudanças decorrentes da industrialização, do surgimento das universidades, da ampliação do ensino. A luta pelo ensino público sempre foi muito importante no Brasil. A luta pela democratização sempre esteve ligada — e deve estar — ao ensino público. De vez em quando dizem que quero privatizar tudo. Nunca pensei fazer isso. Acho que deve haver um ensino público generalizado. Isso leva à promoção de muitos segmentos e muda a sociedade. Outra mudança é que houve uma expansão enorme da classe trabalhadora. Agora sim, temos uma classe trabalhadora. Lá atrás ela é muito pequena. Um censo dos trabalhadores de 1907, em São Paulo, mostra que 70% ou 80% deles são italianos ou espanhóis.

P - A formação da classe trabalhadora, no Brasil, coincide com a imigração, não é? A massa trabalhadora é basicamente européia.

R - Européia, mas essa massa européia, que fica na cidade, está integrada. E alguns deles até prosperam. Bem, não vamos entrar nisso, que é mais complicado. A Eunice Durham tem um trabalho muito interessante mostrando que os imigrantes que prosperaram não foram os que ficaram no campo, mas os que foram para a cidade. Comerciantes, especialmente, começaram a subir.[5]

4
Gilberto Freyre (1900-87), sociólogo pernambucano. Autor do clássico Casa-grande & senzala *(1933), além de* Sobrados e mocambos *(1936) e* Ordem e progresso *(1959).* Florestan Fernandes *(1920-95), sociólogo paulista. Autor de* A integração do negro na sociedade de classes *(1965), entre outros trabalhos sobre as relações raciais no Brasil.* Caio Prado Jr. *(1907-90), historiador paulista. Autor de* Evolução política do Brasil *(1933),* Formação do Brasil contemporâneo *(1942) e* A revolução brasileira *(1966).* Francisco Weffort *(1937), sociólogo e cientista político paulista. Autor de* Populismo na política brasileira *(1978). Ministro da Cultura no governo Fernando Henrique Cardoso.*

5
Eunice Durham (1932), antropóloga paulista. O livro em referência é A caminho da cidade — A vida rural e a migração para São Paulo *(1973).*

6
Getúlio Vargas (1883-1954), político gaúcho. Líder da revolução que, em 1930, pôs fim à chamada República Velha. Presidente da República entre 1930 e 1945 e, novamente, entre 1951 e 1954.
Alexandre Marcondes Machado Filho (1892-1974), jurista e político paulista. Foi ministro do Trabalho (1941-45) e da Justiça (1942-45) de Vargas. Como ministro do Trabalho, dirigia mensagens aos trabalhadores pelo rádio, no programa Hora do Brasil, atual A Voz do Brasil.

7
Cebrap é o Centro Brasileiro de Análise e Planejamento. Centro de pesquisas criado em São Paulo, nos anos 70, por Fernando Henrique Cardoso e outros intelectuais excluídos da universidade pelo regime militar.

P - *Eles eram muitos, na cidade, porque fugiam do campo.*

R - Era quase escravidão, fugiam do campo porque eram maltratados. De qualquer forma, a proporção de trabalhadores era ainda pequena, com relação ao grosso da população brasileira. Eles começam a ter peso mesmo a partir da Segunda Guerra Mundial, com a crescente industrialização. Nos anos 50, 60 e 70 — eu mesmo tenho um estudo sobre isso — a proporção de trabalhadores vai dobrando a cada dez anos. Aí já não são excluídos, são trabalhadores. Passa a haver a sindicalização — os primeiros sindicatos, de inspiração anarquista e com espírito libertário, serão substituídos, sob Getúlio Vargas, por um sindicalismo mais ligado ao Estado. Costuma-se desclassificar o sindicalismo getulista como "pelego". Acho que essa crítica é superficial. Os sindicatos de certa forma eram pelegos sim, mas passaram a participar do sistema de poder e a forçar certas mudanças. O fato de Getúlio ir ao Estádio de São Januário para falar aos "trabalhadores do Brasil", ou o Marcondes Filho vir todo dia dizer: "Boa noite, trabalhadores do Brasil", era um registro importante. Você pode ficar com raiva, dizer que era manipulação — e era —, mas ao mesmo tempo o Brasil oficial estava registrando a presença dos trabalhadores.[6]

P - *Um presidente da República Velha, se fizesse isso, seria derrubado.*

R - A sociedade começava a mudar de perfil. Isso se acentuou muito nos anos 60 quando, contraditoriamente, em pleno regime autoritário, houve uma forte expansão das camadas médias e das camadas trabalhadoras. Briguei muito por causa disso quando estava no Cebrap.[7] Eu dizia isso e as pessoas achavam que eu estava justificando o autoritarismo. Não estava justificando nada. Estava dizendo que, apesar do autoritarismo, até talvez por outras razões, houve uma expansão grande, que chamei de "desenvolvimento dependente associado". Esse tipo de desenvolvimento provocou uma expansão muito grande do sistema produtivo e criou novas camadas sociais. São Bernardo é fruto disso, o ABC é fruto disso. Mudou a qualidade de muita coisa, inclusive do sindicalismo, que deixou de ser peleguista. O fato é que aí já temos uma outra sociedade. Ela não é igual à européia, mas os embriões de uma sociedade como a européia já estão aí. Há também a formação de novas classes médias. O que eu chamo de novas classes médias? As classes médias não burocráticas. A classe média tradicional brasileira é burocrática. É o pessoal da Justiça, o filho ou neto do juiz, do desembargador, o militar, seu filho ou neto, o deputado. Agora não, surge uma classe média que vem da empresa, vem do mercado e, muitas vezes, é ascensional. A sociedade brasileira é muito aberta em termos de mobilidade. Há muitos estudos que mostram isso. O Pastore tem estudos sobre o tema e o Luciano Martins também está trabalhando nele.[8] Quer dizer, a ascensão social é grande no Brasil, da Segunda Guerra Mundial em diante. Antes não era. Então você tem um novo tipo de classe média. A tradicional "es venida a menos", para usar uma expressão espanhola de que eu gosto muito. Perdeu peso. A classe média nova, sobretudo a que passou pela universidade e foi para a empresa, enriqueceu e ganhou influência. Percorreu um caminho ascensional. Isso não foi suficiente para absorver as manchas de exclusão que vinham do passado. Prova disso é a existência do MST.[9] Mas a classe média cresceu e diversificou-se. Pegue os nomes de origem estrangeira. O Congresso está hoje cheio deles. Pegue os governadores...

P - *Quando o presidente do Líbano veio ao Brasil, foi recepcionado por meia dúzia de governadores descendentes de libaneses.*[10]

R - Há mais de cinqüenta deputados, cinco ou seis senadores. Agora, verifique se existia isso na República de 46. Não existia. Isso é recente, e é muito positivo. Nos anos 70 discutiu-se muito se a dinâmica da industrialização e da for-

8
José Pastore (1935), economista paulista. O livro em referência é Desigualdade e mobilidade social no Brasil *(1979). Luciano Martins (1934), cientista político paulista. Autor, entre outros, de* Industrialização, burguesia nacional e desenvolvimento — A crise brasileira *(1968) e* Estado capitalista e burocracia no Brasil pós-64 *(1985).*

9
O MST, Movimento dos Sem-Terra, é um movimento de pressão pela reforma agrária, surgido em 1985. Constituído por trabalhadores do campo que moram em acampamentos, promove tanto manifestações pacíficas e negociações com o governo como invasões e ocupações de fazendas.

10
O presidente do Líbano, Elias Hraoui, visitou o Brasil em setembro de 1997.

mação da sociedade de mercado, na América Latina, seria capaz de incorporar as populações marginais ou não. Dizia-se que não. Que não havia crescimento mas inchaço, e que as favelas eram expressões desse inchaço. Nelas se refugiavam as multidões que eram rechaçadas pelo sistema. Isso não é verdadeiro. Ou melhor, não é generalizável. A idéia era de que a industrialização, em países situados na periferia do sistema capitalista, como o Brasil, teria efeito diferente da industrialização nos países situados no centro do sistema capitalista, porque lá se conseguiu absorver as populações marginalizadas, bem ou mal, e aqui não se estaria conseguindo. De fato, a absorção aqui não tem a mesma intensidade do que lá. Por quê? Por várias razões. Se se toma a Europa, aconteceu que ela, a Europa, jogou para fora a pobreza. Isso é um dado.

P - *O senhor se refere à maciça emigração européia? A Europa teria exportado a pobreza?*

R - Exportou a pobreza. E depois, quando se expandiu de novo, importou imigrantes para fazer os serviços menos qualificados. Tinha exportado a pobreza e não tinha onde se agarrar. Então a teoria aqui, nos anos 70, era de que, como não tínhamos para onde exportar nossos pobres, tínhamos um caldeirão que mais dia menos dia ia explodir. Não é bem verdade. Dependendo da taxa de crescimento da economia, consegue-se efetivamente absorver. Há problemas, mas, bem ou mal, o progresso nesse sentido tem sido grande.

P - *A pobreza continua chocante.*

R - Chocante. E tanto mais chocante quanto existe liberdade. Na sociedade do passado os problemas ficavam submersos. Ninguém discutia se havia ou não preconceito racial. Ficava o mito de que não havia. Agora, só quem não enxerga um palmo adiante do nariz é que vai dizer que não há. Isso é muito recente no Brasil. Criamos aqui, no Ministério da Justiça, um Conselho Nacional de Negros. Já havia um conselho parecido para mulheres. Esses organismos servem para dar sinais de que o Estado reconhece a necessidade de programas de mais igualdade. Quando Franco Montoro foi governador de São Paulo, ele fez a mesma coisa. Criou organismos voltados para os negros e as mulheres.[11] Todo mundo achava que era patacoada. Isso foi há muito pouco tempo. Apesar do dinamismo da sociedade, ela não foi suficientemente plástica para absorver idéias mais igualitárias. Ficou fechada, cega à existência de problemas de desigualdade profunda no país. Basta ler os livros do Florestan Fernandes — ou os meus, sobre o Sul — para ver isso. Os problemas vêm do passado e continuam aí, como uma pedra no nosso sapato. Isso é ainda mais dramático nas questões do campo. O que aconteceu? A primeira invasão da cidade pelo campo coincidiu com a industrialização, ou com a expansão da industrialização. Então, bem ou mal, houve uma absorção das populações que migraram. Os paus-de-arara estão aí para comprová-lo. O Lula, pau-de-arara autêntico, é um exemplo de integração. O Vicentinho é outro. Quer dizer, as lideranças que estão aí, as próprias lideranças dos trabalhadores, são exemplos desse processo, que é de migração e de absorção ao mesmo tempo.

P - *Mas muitos não foram absorvidos...*

R - Não vou dizer que todos tenham sido absorvidos. Minha cabeça é muito paulista, de modo que não sei o quanto isso vale para o resto do país. Há áreas no Brasil, de fato, onde, apesar da expansão do sistema econômico, uma parcela da sociedade continuou à margem, excluída. Mas o que chama a atenção é o problema de uma segunda leva de migrantes, surgida mais recentemente. Essas pessoas perderam suas posições quando houve a desorganização do sistema produtivo no campo e também não foram absorvidas nas cidades. O sistema urbano, submetido a uma revolução

11
André Franco Montoro (1917), político paulista. Deputado federal (1959-71). Senador (1971-83). Ministro do Trabalho (1961-62). Governador de São Paulo (1983-87). Fundador, com Fernando Henrique Cardoso e outros, do Partido da Social-Democracia Brasileira (PSDB). Novamente deputado federal desde 1995.

12
Antonio Candido de Mello e Souza (1918), sociólogo e crítico literário carioca radicado em São Paulo. Autor de Formação da literatura brasileira (1959), além do referido Os parceiros do Rio Bonito — Estudo sobre o caipira paulista e a transformação dos seus meios de vida (1964). Maria Sylvia de Carvalho Franco (1930), filósofa paulista. Seu livro Homens livres na ordem escravocrata foi publicado em 1969.

13
Trata-se do artigo 20 da lei nº 4504, de 30/11/1964 (Estatuto da Terra), que diz: "As desapropriações a serem realizadas pelo Poder Público, nas áreas prioritárias, recairão sobre[...] V — As áreas que apresentem elevada incidência de arrendatários, parceiros e posseiros".

14
Maria Conceição d'Incao e Mello (1939), socióloga paulista. O livro em referência é O bóia-fria — Acumulação e miséria (1975), estudo sobre o trabalho agrícola na região paulista da Alta Sorocabana.

15
John Steinbeck (1902-68), romancista americano. O livro As vinhas da ira é de 1939.

tecnológica, não tinha o mesmo tipo de dinamismo. Daí essa massa que nos faz redescobrir o problema rural.

P - *O senhor se refere aos sem-terra?*

R - Sim, os sem-terra. Isso é um problema que vem de longe. Quando você lê livros como *Os parceiros do Rio Bonito*, de Antonio Candido, ou *Homens livres na ordem escravocrata*, de Maria Sylvia de Carvalho Franco, vê que as questões do campo têm raízes muito antigas.[12] Há pessoas mais ou menos errantes, os que têm preconceito diziam que eram vagabundos. Não eram vagabundos, eram pobres. Quando se tinha uma estrutura agrária tradicional, essas pessoas se acomodavam, ainda que mal, no sistema patrimonial. Ficavam dentro da fazenda, ou nas fímbrias da fazenda. Não tinham salário, mas ganhavam um pedaço de terra, ou prestavam algum tipo de serviço. Quando se tem um surto de capitalização mais forte no campo, essas pessoas começam a ser expulsas. Outro dia alguém me chamou a atenção para um dispositivo do Estatuto da Terra, baixado no governo Castelo Branco, que desestimulou a presença de posseiros nas fazendas. Ter posseiros era um fator que aconselhava a desapropriação. Quer dizer, era um fator negativo, para avaliar se a fazenda devia ou não ser desapropriada.[13] Começaram a surgir categorias novas, no campo. Os bóias-frias, por exemplo, estudados pela Maria Conceição d'Incao e Mello.[14] É o mesmo que tinha acontecido nos Estados Unidos, na década de 30, e que é retratado em *As vinhas da ira*, do Steinbeck.[15] Entra a produção agrícola mais capitalizada, dispensa a mão-de-obra e muitas pessoas sofrem.

P - *O senhor está querendo chegar à conclusão de que os sem-terra são conseqüência dessa segunda leva de pessoas expulsas do campo — pessoas que, ao contrário das que formaram a primeira leva, não encontraram ocupação nas cidades?*

R - Sim. Nós temos hoje, na área rural, a meu ver, a junção de dois processos. No Sul do Brasil, até o Paraná, havia uma economia organizada, de base familiar e constituída de camponeses do tipo europeu. Essa economia acabou se desorganizando por vários fatores — as altas taxas de juros, a repartição da terra, o minifúndio, a inflação. São camponeses, pessoas que sabem trabalhar a terra, que foram jogados para fora. No Paraná já é um pouquinho diferente. Ali já existe o bóia-fria, convivendo com o camponês tradicional. Mais para o Norte, no Mato Grosso e em outros estados, o que se tem é a pobreza tradicional, como sempre houve no campo. Ultimamente essas pessoas se juntaram para reclamar terra. Não são, necessariamente, nem sequer trabalhadores do campo. Há uma crítica que diz: "Esse pessoal que está aí se movendo nem trabalhador do campo é". É uma crítica boba. Não é trabalhador mas é pobre, e está buscando terra porque vê aí uma esperança de sobrevivência. Não é uma crítica legítima do ponto de vista social, do ponto de vista de quem quer integrar a sociedade. Eles têm, tanto quanto qualquer outro brasileiro, o direito de ocupar um lugar na escala da sociedade. Essas pessoas errantes, elas sempre existiram. Leia Saint-Hilaire.[16] Está lá. Só que isso hoje choca violentamente. Hoje temos uma sociedade aberta, com liberdade, com informação, com mídia, capaz de se comparar com outras sociedades no mundo. Daí essa nova fase em que a sociedade urbana simpatiza com a reforma agrária, mesmo quando não sabe muito bem do que se trata. Não é a reforma agrária em si o que ela deseja. O que não pode aceitar é que, num país com tantas possibilidades de riqueza, exista tanta pobreza.

P - *O Movimento dos Sem-Terra não tem também um lado político?*

R - Claro que tem. Mas a base sociológica é essa que descrevi. Há um outro lado, ideológico, que é a necessidade de mais igualdade. Nós não tivemos um dinamismo continuado como o que a Europa teve, desde que começou a se industrializar, nem o recurso da emigração. Emigração tive-

16
Auguste de Saint-Hilaire (1799-1853), naturalista francês. Esteve no Brasil de 1816 a 1822, viajando pelo Centro e pelo Sul do país. A partir de 1830, publicaria, em vários volumes, relatos de viagens documentando os costumes e as condições de vida do Brasil da época.

mos pouca, para o Paraguai, o Japão e os Estados Unidos. Também não tivemos dois fatores que os Estados Unidos tiveram: um dinamismo enorme e amplo acesso à terra. O fato de os americanos terem tido acesso à terra foi muito importante. Depois eles saíram da terra. Hoje os Estados Unidos têm, no campo, 2% ou 3% da população. Aqui será assim daqui a cinqüenta anos, e estou falando de outra maneira de sair do campo: não é sair para ficar na miséria. Isso tudo, para voltar à questão inicial, explica por que nunca tivemos uma verdadeira democracia no Brasil. Isso mais o fato de, em decorrência desses problemas, nunca termos tido um enfrentamento interno da sociedade. Nos Estados Unidos eles tiveram a Guerra de Secessão, com a vantagem de os vencedores não terem mantido uma situação opressiva sobre os vencidos por muito tempo. Temos uma distância grande, com relação ao mundo mais desenvolvido, mas temos algo positivo: a aspiração a sermos iguais a ele. Isso é que nos move, não é?

P - *O senhor deu uma série de explicações para não termos ainda superado nosso atraso, e em nenhum momento citou o fato de se tentar aqui fundar uma civilização nos trópicos. Isso não tem importância?*

R - Acredito mais em outros fatores. A escravidão foi um peso terrível: a "nódoa" da colonização portuguesa, como dizia Joaquim Nabuco. Uma sociedade que durante quatro séculos manteve sua prosperidade na base do trabalho escravo paga um preço muito alto por isso. Deforma-se. Estamos há um século sem escravidão, mas é preciso ter consciência do que ela representou para combater o que restou em cada um de nós. Restou muito, inclusive nos descendentes de escravos, que muitas vezes aceitaram coisas inaceitáveis.

2

SABE COM QUEM ESTÁ FALANDO?

A QUESTÃO DA IGUALDADE NO BRASIL — MOBILIDADE
SOCIAL E RIGIDEZ HIERÁRQUICA — PRECONCEITO RACIAL
— PRECONCEITO CONTRA OS POBRES — A SOCIEDADE
EUROPÉIA: HIERARQUIA E RESPEITO AOS DIREITOS
— A LEI COMO INSTRUMENTO DE MUDANÇA NO
COMPORTAMENTO SOCIAL — O PAPEL DO SUPREMO
TRIBUNAL FEDERAL — AS CONSTITUIÇÕES E AS QUESTÕES
SUBSTANTIVAS — O PAPEL DOS JUÍZES, ENTRE A LEI
E A REALIDADE ECONÔMICA

27 / 10 / 97

Pergunta — *Como o senhor concilia a grande mobilidade social existente no Brasil com a rigidez hierárquica da sociedade brasileira, na qual há um forte desejo de um mandar no outro, um dominar o outro, um mostrar-se superior ao outro?*

Resposta — É tão generalizada, essa pretensão à hierarquia, que o Roberto Da Matta escreveu aquele famoso texto, "O senhor sabe com quem está falando?".[1] Essa idéia de, digamos, quase um direito natural a privilégios vem de longe, da sociedade escravocrata. É muito arraigada, e arraigada de alto a baixo, esse é que é o problema. Ideologicamente, embora isso seja o reflexo da dominação de uma camada sobre outra, passa para as camadas de baixo, e o modelo hierárquico fica generalizado.

1
Roberto Da Matta (1936), antropólogo carioca. O ensaio "Você sabe com quem está falando?" está incluído no livro Carnavais, malandros e heróis — Para uma sociologia do dilema brasileiro *(1979).*

P - *Não é um paradoxo, termos hierarquia rígida e mobilidade social, ao mesmo tempo? Como se concilia isso?*

R - Sim, temos dois fenômenos: a mobilidade e a hierarquia. A hierarquia é freqüentemente disfarçada pela chamada cordialidade, mas a cordialidade se rompe assim que surge uma situação de incômodo. Todo mundo é muito cordial, até que surge uma situação em que alguém ache que seus direitos foram atingidos. Direitos não, prerrogativas. Então estoura e diz: "Você sabe com quem está falando?". Como é que isso se concilia com a mobilidade? Concilia-se mal, não se concilia. Daqui para a frente, crescentemente, vai haver comportamentos de pessoas que não aceitam essas pretensões a prerrogativas. Isso vai chocar cada vez mais. As pessoas que se aferram às prerrogativas vão achar que "as pessoas não sabem mais o seu lugar", mas a verdade é que não há mais lugar. Estamos num processo em que a democratização atinge o nível das relações interpessoais. Isso é uma coisa que a velha esquerda comunista nunca colocou — as formas de comportamento, os valores, da noção de igualdade no comportamento. Não é a mobilidade que acaba com as prerrogativas. Tome-se o exemplo dos Estados Unidos. Ali havia uma mobilidade imensa e, ao mesmo tempo, o apartheid, ou quase. O que acabou com o apartheid? Não foi a mobilidade, foi a luta. Claro que se não houvesse mobilidade não acabaria, mas ela não era suficiente. Foi necessária a mobilização da sociedade e a luta pelos direitos civis. A discussão sobre a questão da relação interpessoal, sobre a questão do preconceito contra o negro, contra a mulher, é muito importante.

P - *No Brasil parece que os que vêm de baixo, uma vez em cima, assumem os valores dos que estão em cima. No século passado, muitos mulatos em situação de destaque, nas letras, na política e em outros setores, eram racistas. Esposavam, e ajudavam a propagar, as teorias de superioridade racial então em voga.*

R - Eles não se identificavam como mulatos. Convivi com gente assim. Outro dia li o livro de um francês, Jean Soublin, sobre d. Pedro II. É interessante. Ele descreve d. Pedro II como um imperador loiro, de olhos azuis, primo do arquiduque da Áustria, numa corte de mulatos.[2] Muitos dos nossos nobres eram mulatos, mas deixavam de sê-lo assim que ganhavam seus títulos de nobreza. Isso é assim até hoje.

P - *Talvez a mobilidade social, num certo sentido, até reforce a pretensão ao privilégio. Quem chega lá em cima quer ser igual ao que o oprimia. Acha que chegou sua vez de oprimir.*

R - Quem está lá em cima também quer, com esse comportamento, evitar que outros venham. Mesmo aqui na Presidência, noto em certas pessoas um comportamento prepotente. Eu sou uma pessoa que não gosta de maltratar ninguém. Os gestos de grosseria me chocam profundamente, sobretudo quando voltados para pessoas de menos status. Mas há pessoas que, só por estar perto do presidente, ficam prepotentes. Assumem uma prepotência que não é minha, e que julgam inerente à Presidência. No Brasil há preconceito contra o pobre. Então eu faço de propósito: quando ando na rua e vejo um pobre, vou lá e o cumprimento. Não é demagogia, por mais que digam que quero ser reeleito. É porque acho importante e educativo. O medo do pobre é grande. Os políticos não têm isso. Estão mais habituados, porque precisam dos pobres. Isso é uma vantagem da democracia. Os políticos têm um comportamento, para com os pobres, diferente do da classe dominante.

P - *O pobre é percebido como de outra espécie.*

R - É visto como um fator de perturbação. Na linha dos preconceitos, o que se dizia do índio no Brasil? Que era preguiçoso. Você joga no outro a responsabilidade pela situação em que ele está. Nunca assume que uma parte da responsabilidade é sua. "O pobre é pobre porque não tra-

2
Jean Soublin (1936), romancista francês. O livro em questão é Dom Pedro II, o defensor perpétuo do Brasil — Memórias imaginárias do último imperador *(1996).*

3
Oscar Vilhena Vieira (1966), jurista e cientista político paulista. A referência é à sua tese de mestrado, depois transformada no livro Supremo Tribunal Federal — Jurisprudência Política (*1994*).

balha." "É pobre porque é vagabundo." "É pobre porque é violento." "Porque bebe." Não é só aqui. Na Europa, pelas razões já ditas e outras mais, as coisas avançaram. Mas veja: a sociedade européia é infinitamente mais hierarquizada do que a nossa. A americana é menos, mas a européia é mais hierarquizada do que a nossa.

P - *Mas há uma diferença menor entre uma camada e outra, na sociedade européia.*

R - Passou a haver uma diferença menor. Nas cabeças, as relações são mais rígidas, mas isso não impediu que houvesse uma maior igualdade objetiva, da qual derivou uma noção de direitos muito aguda. As diferenças então não interferem na vida das pessoas como aqui. Aqui aqueles que são objeto de discriminação não têm a mesma noção de direitos. Mas, certamente, a sociedade européia é uma sociedade de maior formalismo e maiores hierarquias, até no tratamento, no modo de cada um se relacionar. Acho que esses temas são importantes. São temas da democracia. Para remodelar, para diminuir as distâncias na sociedade, temos que trabalhar no ideológico, no simbólico e no direito. Na superestrutura, digamos assim.

P - *Na prática, o que se pode fazer?*

R - Investir na educação, na luta por direitos, nas medidas legislativas, no respeito à legislação. Li recentemente um livro muito interessante, *O STF e a Constituição*, de Oscar Vilhena Vieira.[3] O livro fala do papel dos supremos tribunais, aqui e em outros países, e faz um retrospecto das resoluções da Suprema Corte americana nas matérias que modificaram as relações raciais. A Suprema Corte foi evoluindo para assumir uma ação mais positiva. Em princípio ela podia se pronunciar só quando era chamada, e muito mais para dizer "não" do que para legislar positivamente. Como pode um juiz legislar, se foi nomeado arbitrariamente? Ele não detém a legitimidade democrática para isso. Quem a detém é o Congresso. Como se equilibra isso? Do ponto de vista teórico, é complexo. Mas a Suprema Corte foi avançando, naquelas decisões famosas, como a de se saber se a lei federal podia ou não obrigar o uso do transporte escolar para efeito de integração nas escolas.

P - *É aquilo que eles chamavam de* busing — *o transporte de uma criança de um bairro negro para uma escola de um bairro branco, ou vice-versa.*[4]

R - Essas decisões foram muito importantes na luta pela igualdade. E demonstram a importância da lei como instrumento de mudança. Aqui, muitas vezes, se reage da maneira mais pobre. Em vez de mudar a lei, ou criar jurisprudências que atualizem a lei antiga para melhor servir as exigências democráticas da sociedade, não se obedece à lei. A lei é antiquada, então é melhor não obedecer a ela. Muitos setores chamados progressistas, em vez de pregar a mudança da lei, pregam a "não-lei". Esses temas são importantes. Quando nomeei Nélson Jobim ministro do Supremo, conversei muito com ele, inclusive porque ele tem uma visão interessante.[5] Eu dizia a ele que, no futuro, o Supremo terá um papel muito importante, porque estamos vivendo um momento de transformação. Cada vez menos as pessoas vão respeitar os privilégios, o "sabe com quem está falando?", e cada vez mais terão de se apegar a regras formais generalizadas. Essa transição vai depender muito da afirmação política e moral do Supremo Tribunal Federal. De sua capacidade de disciplinar um pouco o sistema jurídico brasileiro, tomando, por exemplo, decisões que sejam inovadoras e ao mesmo tempo respeitosas da lei. Muitos ministros do Supremo pensam assim. Às vezes sai nos jornais que estou em choque com o Supremo, mas não estou...

4
O busing (*"transporte em ônibus", numa tradução livre) foi instituído em alguns estados americanos, na década de 70, para promover a integração racial nas escolas. Tratava-se de transportar as crianças brancas — notadamente dos subúrbios — às escolas das áreas centrais das cidades — onde predominavam os negros — e vice-versa. Questionado em diversas ações, por impor às crianças escolas que os pais não escolheram, o sistema teve no entanto sua legalidade respaldada pela Suprema Corte americana.*

5
Nélson Jobim (1946), político e jurista gaúcho. Primeiro ministro da Justiça do governo Fernando Henrique Cardoso. Nomeado ministro do Supremo Tribunal Federal em abril de 1997.

6

Em fevereiro de 1997, o Supremo Tribunal Federal julgou procedente, por seis votos a quatro, a ação em que onze funcionários públicos civis pediam aumento de 28,86% em seus salários — porcentagem igual ao aumento concedido, em janeiro de 1993, aos militares. O STF considerou que, ao conceder aumento exclusivamente aos militares, o governo ferira o preceito constitucional da isonomia entre os servidores. A decisão abria caminho para que todos os funcionários civis se beneficiassem do aumento.

7

A Constituição americana é a mesma desde que foi aprovada pela Convenção de Filadélfia, em 1787. A Common Law é o conjunto de normas, oriundas dos costumes ou das decisões dos juízes, que constituem a base do sistema jurídico britânico. A Constituição de Weimar, promulgada na cidade alemã do mesmo nome, em 1919, e considerada até hoje modelar, regeu o Estado alemão no breve período entre aquela data e a ascensão dos nazistas, em 1933.

P - *O senhor não disse que os ministros do Supremo não pensavam no Brasil?*

R - Saiu nos jornais que eu tinha dito isso. Aliás, por causa de uma decisão interessante, a dos 28% de aumento que funcionários civis pleiteavam a título de isonomia com um aumento concedido aos militares.[6] Estamos nos afastando do tema só aparentemente, porque isso tem a ver com a igualdade. Por que a decisão é interessante? Porque, na tradição jurídica, o conteúdo material da decisão não importa, o que importa é a constitucionalidade, a boa aplicação da lei. Quando as constituições eram constituições puramente liberais isso era tranqüilo. Numa Constituição liberal, realmente liberal, você não discute senão princípios de liberdade, igualdade, democracia etc. Agora, progressivamente, as constituições foram incorporando elementos de democracia substantiva. Era muito difícil discutir isso na Constituinte, mas alguns tinham noção disso. Como é que você escreve na Constituição um direito social ou econômico? É complicado. Porque na Constituição americana, ou na Common Law britânica, ou mesmo na Constituição de Weimar, não se entra nesses assuntos.[7] Não são assuntos pertinentes à Constituição. A Constituição diz respeito aos limites do poder do Estado, basicamente. Foi como começou o direito constitucional na Inglaterra: como é que você limita o poder do rei, sua capacidade de baixar impostos? A questão é de divisão de poderes, e o sistema jurídico estabelece o equilíbrio entre eles, mas não discute a substância da decisão de um poder. Saber se se pode dar um salário mínimo de certo patamar, ou não, não é questão constitucional. Nós incorporamos na Constituição regras que não cumprimos. Não temos condição material de cumprir. Por exemplo, a Constituição estabelece como deve ser o salário mínimo — tem de atender às necessidades de habitação, alimentação, educação etc. Caso se siga a letra da Constituição, provavelmente se chegará a um cálculo parecido com o do DIEESE, que manda situar o salário mínimo em algo como oitocentos reais.[8] Só que, se se fizer isso, a economia arrebenta. Então não é feito. E nós sabíamos disso, ao escrever esse artigo da Constituição.

P - *Então, por que escreveram?*

R - A discussão é a seguinte: você inscreve na Constituição aspirações a direitos sociais e econômicos ou não? Prevaleceu que se escreveria. Mas, quando você inscreve uma aspiração, está desenhando um paradigma de sociedade no futuro, não ordenando que ela seja assim já. Os tribunais passam a ter de decidir questões dessa natureza. Então, quando o Supremo está diante de um problema como esse, dos 28%, enfrenta dois aspectos da questão. Primeiro: é legítimo, está dentro da lei ou não está? A lei manda ou não manda? Ou, melhor, a decisão — que aliás não foi minha, foi do presidente Itamar — quebrou o princípio da igualdade entre civis e militares?[9] O segundo aspecto a considerar é que no meio disso houve uma mudança de regime monetário. Em 93 havia inflação de 40%, agora não há. Em 93, qualquer aumento de salário desaparecia no mês seguinte. Então, era muito fácil cumprir a lei. Agora, se o tribunal ordenar que se dê 28% a todos os funcionários, de 93 até hoje, isso custa mais ou menos 20 bilhões. Então, é uma decisão que, embora pudesse ser juridicamente perfeita, tem um efeito material imediato que, no caso, é catastrófico, porque 20 bilhões arrebentam as contas do governo e volta a inflação. O resultado é que, ao tentar ser igualitário, pode-se provocar o resultado inverso.

P - *Os juízes devem pensar então na situação econômica do país?*

R - Eles não pensam porque não estão acostumados a isso. É preciso considerar que esse caso oferece várias armadilhas. Primeiro, o Supremo está discutindo uma questão de direito mas que afeta a materialidade. Segundo, a troca de

8
O DIEESE, sigla de Departamento Intersindical de Estatística e Estudos Sócio-Econômicos, é um órgão de pesquisas no campo do trabalho, mantido pelos sindicatos e federações de trabalhadores, e encarregado de levantar dados sobre custo de vida, desemprego e outros indicadores sócio-econômicos, além de propor estratégias aos sindicatos filiados. De âmbito nacional, foi fundado em 1955.

9
Itamar Franco (1930), político mineiro. Prefeito de Juiz de Fora (1967-74), senador (1975-89) e vice-presidente da República (1990-92). Presidente, em razão do impeachment de Fernando Collor de Mello, entre setembro de 1992 e dezembro de 1994.

10
Em março de 1998, o Supremo Tribunal Federal confirmou, por seis votos a cinco, que os funcionários civis tinham direito aos 28,86% de aumento, mas decidiu ao mesmo tempo que o governo poderia descontar, desse percentual, os aumentos concedidos de janeiro de 1993 em diante. Com isso, diluíram-se consideravelmente — e em alguns casos anularam-se — os valores a ser atualizados.

padrão monetário provocou uma transformação das condições da materialidade. Eu pergunto: o juiz deve ou não levar isso em conta? Na resposta pura, não. Ele só tem que ver se é constitucional ou não, se cumpriu a lei ou não. Mas, se se limitar a isso, provoca uma catástrofe.

P - *A decisão do Supremo, que acabou acatando a pretensão dos funcionários civis, foi errada?*

R - Na minha opinião, foi errada. Claro que, se o juiz mandou, está mandado. Mas foi errada porque não foi feito o despacho saneador. Eram onze funcionários. Eles tinham ou não tinham esse direito? Tinham titularidade para pedir o aumento ou não? Alguns não eram funcionários do governo federal, eram do governo de Brasília. Outros já tinham tido aumento. O Estado estava tão desorganizado, na época em que a questão foi inquinada no Tribunal, que o governo não dispunha de dados para saber se aquelas pessoas tinham ou não tinham tido aumento. Agora dispomos, e mandamos nossas razões ao Tribunal. Praticamente todos já tinham tido aumento. Então, eles não estavam legitimados para levantar a questão. Além disso, na decisão do governo Itamar, não eram os militares que estavam tendo uma vantagem. Eles estavam sendo compensados por desvantagens anteriores. Essa questão está ainda no Tribunal.[10] Está empatada neste momento, porque alguns ministros reviram seu ponto de vista. O Tribunal passou a levar em consideração informações concretas, que vão além da decisão jurídica e abstrata. Reconheço que aí se colocam questões difíceis para os ministros. Eles não podem simplesmente decidir em função de que eu estou dizendo: "Cuidado, vocês vão arruinar o país". Têm que perguntar: "Será que é verdade?". Em segundo lugar, têm de ponderar: "E a Constituição, como fica? E a lei, como fica?". Você vê que temos uma enorme tarefa pela frente — fazer com que o Judiciário participe desse grande movimento da sociedade em direção de mais igualdade, sem que, ao fazê-lo, destrua as bases de funcionamento dessa mesma sociedade.

P - O senhor acha que há no Judiciário uma reflexão sobre essas questões?

R - Não sei. Não sou advogado, por isso leio trabalhos como esse, muito bom, de Oscar Vilhena Vieira. Para me informar. No fundo, não é um problema simples, para o juiz. Ele tem toda a ética dele, de juiz, e as responsabilidades novas, que na verdade vieram com a social-democracia e o Estado de bem-estar social, que introduziram nas constituições as questões materiais. Ao nomear o Jobim, achei que ele podia ajudar nesse desafio. Há muitos juízes competentes no Supremo Tribunal. O Moreira Alves, que é uma pessoa de grande nível. O Pertence, que tem posições diferentes. Celso de Mello e outros.[11] Eu me fascino, intelectualmente, porque é a democracia que está em jogo nisso tudo. Muitas vezes se pergunta: "Deve-se introduzir a súmula vinculante ou não?".[12] São palavras complicadas, que o povo não entende mas que embutem uma discussão muito séria. O Pertence é favorável à súmula vinculante. Celso de Mello não, por causa da questão da liberdade do juiz. Não são questões que se resolvem com um peteleco, ou cara-ou-coroa. Essas questões parecem muito longínquas, mas têm a ver com o avanço do Brasil na direção de uma sociedade mais democrática e mais obediente às regras. O Supremo terá nisso um papel crescente.

11
José Carlos Moreira Alves (1933), jurista paulista. É ministro do Supremo Tribunal Federal desde junho de 1975. José Paulo Sepúlveda Pertence (1937), advogado e jurista mineiro. É ministro do Supremo Tribunal Federal desde abril de 1989. Celso de Mello (1945), jurista paulista. É ministro do Supremo Tribunal Federal desde agosto de 1989.

12
A súmula vinculante, objeto de projeto de emenda constitucional apresentado no Senado (nº 54/1995), e causa de debates prolongados nos meios políticos e jurídicos, obrigaria o conjunto do Poder Judiciário a seguir as decisões do Supremo Tribunal Federal. Uma vez publicada a súmula da decisão do STF, ela produziria efeito vinculante em ações similares apresentadas perante juízes singulares ou outros tribunais.

3

AS ALIANÇAS POLÍTICAS,
A CRISE DOS PARTIDOS

RUPTURAS POLÍTICAS E RUPTURAS SOCIAIS
— A FALTA DE UMA DIREITA, NO BRASIL — LIBERDADE
E FALTA DE RESPEITO — A NECESSIDADE DE ALIANÇA,
PARA AVANÇAR — AS POLÍTICAS SOCIAIS COMO POSSÍVEIS
DIVISORES DE ÁGUAS, NO FUTURO — AVANÇOS
CONSEGUIDOS: TELEFONIA, SAÚDE — A CRISE
DOS PARTIDOS — OS PARTIDOS COMO AGREGADORES
DE VALORES E COMO AGREGADORES DE INTERESSES

27 / 10 / 97

Pergunta - *Se o problema histórico do Brasil é a tendência à conciliação, em vez das rupturas que façam avançar, como o senhor disse ao analisar as causas do atraso nacional, seu governo não estaria repetindo um velho cacoete e incidindo no mesmo erro ao basear-se num amplo arco de alianças?*

Resposta - Eu estava falando de rupturas sociais, não políticas. A questão que você coloca nos faz voltar ao tema das alianças. Qual é minha posição nessa matéria? É a seguinte: na questão das rupturas sociais, não se trata da vontade de A, B ou C. A maturação é lenta. No campo está havendo isso, com os sem-terra, o que até coloca um problema para mim: como é que lido com a ordem e a mudança, sabendo que a mudança, nas áreas de atrito social, não se faz dentro da ordem, mas na ruptura?

AS ALIANÇAS POLÍTICAS, A CRISE DOS PARTIDOS

P - *Por que, nas questões políticas, não se colocaria a necessidade de ruptura?*

R - É só observar o que acontece no Brasil. Compare por exemplo com o Chile. No Chile houve uma ruptura política, com o general Pinochet, e uma recomposição há pouco. Vigora um sistema em que não se tem ainda uma democracia formal plena. Há privilégios do Exército, há parlamentares biônicos.[1] Outro dia eu estava vendo, na televisão chilena, pois aqui pego a televisão chilena, um político de lá, Sérgio Jarpa, que foi ministro do Pinochet. Eu nunca o tinha visto — é um senhor grande, gordo. Pois o Sérgio Jarpa se diz de direita.[2] Ele defende o general Pinochet, e tem apoio — ele e outros das mesmas tendências — de um terço da população do país. Há uma direita no Chile, isso é o que quero dizer. O Chile que eu conheci, onde morei na década de 60, também tinha. Tinha a direita, tinha o centro, com o Partido Democrata Cristão e o Partido Radical, e tinha a esquerda, composta de Partido Socialista, Partido Comunista, e de outros menores, como o MIR, Movimento de Esquerda Revolucionária. Na política chilena, a esquerda ortodoxa perdeu importância, a direita não. No Brasil, foi o contrário: a esquerda ganhou importância, e a direita acabou. Não temos um setor político que se diga de direita, ou que defenda uma posição conservadora abertamente, com argumentos conservadores.

P - *Mas nunca houve uma direita assumida no Brasil.*

R - Não, fortemente não. Mas você poderia, de qualquer maneira, dizer que no Estado Novo...

P - *Talvez os integralistas...*

R - Sim, os integralistas...

1
A passagem do poder aos civis, em 1990, depois de dezessete anos de regime militar, no Chile, deu-se no quadro de uma Constituição imposta pelos próprios militares. Entre outras coisas, garantiu-se que o comando do Exército continuasse nas mãos do general Augusto Pinochet, chefe do regime militar, até 1998, e que o Senado abrigasse uma certa quantidade de senadores não eleitos, mas nomeados. Em março de 1998, Pinochet deixou o comando do Exército e assumiu, ele próprio, uma cadeira no Senado, prerrogativa que a Constituição reserva a quem tenha ocupado a Presidência por um período mínimo de seis anos.

2
Sérgio Jarpa (1920), político chileno. Foi presidente da Renovação Nacional, da qual se afastou em 1997 para formar uma frente de direita.

P - *Na França, é natural as pessoas dizerem: "Sou de direita".*

R - Aqui, não. Vi outro dia uma pesquisa na *Veja*, em que uma parte da classe média se dizia de direita, mas não sei se eles sabem o que estão dizendo. Se você colocar as teses da direita, da direita clássica, eles não se identificarão com elas. Mas aqui há uma esquerda. Há o PT, há facções de esquerda com força política. A situação do Brasil é oposta à do Chile, o que levou a uma indefinição muito grande do sistema partidário brasileiro. Não há uma perspectiva liberal no Brasil. Isso fez falta no passado. O Weffort era dos que mais choravam a ausência do liberalismo, porque o liberalismo traz a idéia de igualdade, de democracia, de respeito à lei. O liberalismo clássico não é o mercado, é mais do que isso, é a liberdade. O mercado aparece como uma expressão de liberdade. No Brasil hoje há um certo simplismo de pensar que o mercado é o liberalismo. Não é. Você tem muita gente que defende uma economia de mercado — a maioria, provavelmente, defende isso, inclusive na esquerda hoje —, mas ninguém que se oponha a um sistema de liberdade amplo.

P - *Isso não é positivo?*

R - É positivo. E é curioso porque, enquanto no social continua havendo resistência a avanços na direção de mais liberdade e mais democracia, na política ninguém ousa opor-se à idéia de liberdade. Tome-se a imprensa: qualquer tentativa de limitação, mesmo legal, à imprensa, provoca uma reação forte. Qualquer limitação à liberdade de demonstração, a mesma coisa. Não conheço país onde se tenha tanta liberdade de demonstração diante do presidente da República. Quando estou fazendo um discurso em uma solenidade — um discurso, não um comício — e vem um pessoal com uma bandeira da CUT, ou do MST, ou de algum outro grupo, e começa a gritar na minha frente, ninguém diz: "Chama a polícia". Isso mostra o grau de permissividade dos nossos costumes políticos. Não estou me queixando. Acho que nesta fase isso é mais positivo do que negativo, mesmo que caracterize uma falta de respeito. Posso até ficar irritado — o presidente da República está falando e estão gritando. Numa democracia, isso não é assim, ou não deveria ser assim. Mas, na atual fase do Brasil, não quero que confundam gestos meus com tentativa de limitar a liberdade. Acho mais importante a liberdade do que o respeito. No futuro, liberdade e respeito virão juntos. Agora, voltando ao tema: há aqui uma dissolução efetiva do espectro partidário. Então, o que acontece? As forças que represento têm um projeto. Outras não têm. As que não têm projeto então se juntaram a mim e apóiam o projeto do meu governo.

P - *Sem o peso dessas alianças, o projeto não fluiria melhor?*

R - Não é possível fazer andar um projeto para a sociedade brasileira sem alianças. E na construção dessas alianças as siglas contam muito pouco. O conservadorismo brasileiro não é político — é de costumes, é social, é de cabeça. É o atraso. Há um atraso que perpassa todos, à direita e à esquerda. Todos os partidos têm elementos de atraso. No futuro não sei se se colocará a exigência de uma política de maior enfrentamento. Talvez sim, porque a convergência de forças aparentemente tão díspares, como a que existe hoje, talvez seja momentânea. Mas acho que, na etapa histórica que vivemos, é importante manter essa aliança, para provocar as transformações que creio estarmos provocando — econômicas, sociais, institucionais e até de mentalidade.

P - *O senhor diz que "no futuro" pode haver divergências entre as forças que atualmente compõem a aliança. Por quê? Em que ponto?*

R - Não sei como será o futuro, ninguém sabe. Agora, num dado momento, provavelmente teremos que voltar, não digo a uma polarização, mas a divergências sobre a ênfase a ser dada a certas políticas sociais. Hoje nós temos feito milagre, porque, com a escassez de recursos existente, fazer políticas sociais só por milagre. Trabalhamos com um teto baixo. Sai sempre nos jornais que o governo gastou muito, ou gastou pouco, ou gastou mais, ou menos, na saúde, na educação ou em outras áreas. Essa discussão é patética. O governo gastou o máximo que pôde, não foi mais nem menos. Inclusive, ao gastar menos, em certos casos, deixou de jogar fora o dinheiro. Foi um gastar menos positivo. No caso da saúde, não adianta dar mais dinheiro. A saúde é quem mais consome dinheiro no Brasil. Ou você muda os procedimentos ou é um saco sem fundo. Mas o fato é que funcionamos com um teto muito baixo. Estamos ainda sob o jugo das dívidas, das taxas de juros e outros fatores que tornam escassos nossos recursos para investimento. Então, essa discussão é retórica. Eu não faço mais pelo social não porque não queira, é porque não tenho. Agora, daqui a pouco, a questão não vai mais ser retórica, vai ser efetiva. Haverá opções concretas. E então a aliança se fará à luz de novas questões, que poderão — ou não — provocar divergências.

P - *Quando o senhor fala, por exemplo, em reforma do Estado, será que o senhor e os diversos componentes da aliança estão falando a mesma coisa?*

R - Certamente que não...

P - *O uso privado dos recursos do Estado, como o senhor próprio já disse, em outras ocasiões, sempre foi uma característica da "direita", ou, digamos, do político tradicional, no Brasil...*

R - É característica do conservadorismo brasileiro...

P - *Se a reforma do Estado significa enxugá-lo de um lado e melhor regulamentá-lo de outro, isso não significará uma redução do espaço de manobra dos políticos tradicionais? Por que eles quererão apoiá-lo, nesse objetivo?*

38

R - Por que é tão difícil fazer reforma? É por isso.

P - *Mas por que fazer aliança com eles, então?*

R - Mas com quem fazer? Não tem com quem. E sozinho não se faz a mudança.

P - *A pergunta decisiva é: vai-se mudar com eles? Consegue-se mudar?*

R - Está-se mudando. Veja o que estamos fazendo na questão das telefônicas. O Sérgio Motta anunciou uma medida de efeito revolucionário: vai juntar todas as "teles" — são 27 — em três, e vai privatizar.[3] Isso é catastrófico, para certos setores. Cada telefônica tem cinco diretorias. Cinco vezes 27, dá quanto? Cento e trinta e cinco. Agora serão três — três vezes cinco, quinze. Cento e trinta e cinco diretorias vão virar quinze. Sabe o que significa isso? E num ano eleitoral? Reclamaram, mas mandei fazer. Enquanto eu tiver forças, podem reclamar — vou fazer. Estamos extinguindo os focos de clientelismo. Dentro dos partidos, em todos os partidos, haverá pessoas afetadas por isso. Já tomamos medidas semelhantes na educação. Estamos fazendo na saúde — vamos mexer na Funasa, a Fundação Nacional da Saúde. Já acabamos com a Ceme, a Central de Medicamentos.[4]

P - *A Ceme foi um caso de corrupção...?*

R - A Ceme era o coração de muita coisa duvidosa. Quando é caso de corrupção, o pessoal não tem coragem de se opor. Opõe-se por baixo, na surdina, mas isso logo acaba. Nós pegamos a Conab, que era um órgão perigosíssimo, e mudamos tudo lá. Colocamos a Conab sob controle.[5] Isso tudo às vezes aparece nos jornais de forma deturpada. Os que estão perdendo fazem um carnaval, para passar a sensação de que o governo está metido em tramóias, quando o que ocorre é o oposto. Ainda recentemente houve o caso

3
Sérgio Motta (1940-98), empresário e político paulista. Fundador e um dos principais articuladores do Partido da Social-Democracia Brasileira (PSDB). Ministro das Comunicações desde o início do governo Fernando Henrique Cardoso até sua morte.

4
A Fundação Nacional da Saúde foi criada em 1991 com o objetivo de executar ações e serviços de saúde pública, especialmente aqueles ligados ao controle de doenças e ao saneamento básico em áreas rurais. No final do governo Collor, o órgão esteve implicado em uma série de escândalos, envolvendo compras irregulares e desvio de verbas.
A Central de Medicamentos, criada em 1971, tinha a seu cargo comprar medicamentos e distribuí-los aos estados e municípios. Ao longo dos anos, houve diversas denúncias de compras superfaturadas, desvio de verbas e outras irregularidades praticadas pelo órgão. Foi extinta em maio de 1997.

5
A Companhia Nacional de Abastecimento (Conab), empresa pública vinculada ao Ministério

da Agricultura que tem por finalidade executar uma política de abastecimento alimentar e uma política de garantia de preços mínimos, foi objeto, nos últimos três anos, de uma série de denúncias de irregularidades, como desvios de verbas e negligência na preservação de estoques.

6
Jânio Quadros (1917-92), político nascido em Mato Grosso e com carreira em São Paulo. Prefeito de São Paulo (1953-54), governador de São Paulo (1955-59). Presidente da República em 1961. Renunciou sete meses depois, alegando inexplicadas pressões. Fernando Collor de Mello (1949), político nascido no Rio de Janeiro, com carreira em Alagoas. Governador de Alagoas (1987-89). Primeiro presidente da República eleito pela via direta após a queda do regime militar (1989). Deposto em 1992, em conseqüência de um processo de impeachment.

de uma fundação em que houve ameaças, disseram que havia umas gravações... Havia mesmo, mas incriminando exatamente aqueles que ameaçavam divulgá-las. A Funasa tem algumas dezenas de milhares de funcionários. Não sei exatamente quantas superintendências teria, mas certamente uma por estado, e depois umas tantas ramificações. O salário para esses cargos é baixo. E, não obstante, há lutas engalfinhadas para colocar ou manter pessoas neles. Não será pelas melhores razões. Não é para melhorar a saúde pública. Houve no passado uma decisão de que as licitações seriam feitas em nível local, e o grosso do dinheiro passava pela Funasa. Vamos acabar com isso. Dezenas de parlamentares têm ligações, boas ou más, às vezes até boas, com a Funasa. Mesmo assim, estamos conseguindo fazer o que pretendemos. Noutras circunstâncias, não conseguiríamos. Se eu perder prestígio popular, não consigo. Se perder a expectativa de ganhar a eleição, não faço mais nada.

P - *Quando o senhor diz: "Se não fizer aliança com eles, vou fazer com quem?", está partindo do pressuposto de que só se governa com amplas alianças...*

R - Preciso ter maioria no Congresso. Preciso fazer aprovar as leis...

P - *Mas não é possível governar enfrentando os adversários? Criando conflitos?*

R - Houve casos de presidentes que tentaram. Todos caíram. Ou deram o golpe, ou caíram. Jânio, Collor, os militares...[6]

P - *Mas, então, estamos condenados à conciliação. Por que apontar como falha de nossa formação histórica o fato de não ter havido enfrentamento, em certos momentos decisivos?*

R - Mas aqui a questão é política. O enfrentamento que nos fez falta é para as questões sociais. Agora, a verdade é que esse sistema político não pode durar muito tempo. E não pode durar porque está fundado amplamente no clientelismo. Assistimos a uma dissolução dos partidos. Partido que não controla o comportamento de seus membros não é partido. E partido que não tem valores a defender não é partido. Uma vez eu disse uma coisa, no México, que foi mal-entendida, e teve péssima repercussão. Eu disse, me lembro bem, que um partido não pode se transformar em lobby. Quando os lobbies se transformam em partidos, há risco para a democracia. Aqui isso foi lido como uma acusação de que o Congresso estava nas mãos dos lobbies. Fizeram um carnaval, intrigaram à vontade. Eu estava fazendo uma análise sociológica, é óbvio. O que é um partido? Um partido tem que ter uma idéia, um valor para agregar. Quando só agrega interesses, fica difícil, para ele, justificar-se perante a sociedade. Os partidos têm de agregar valores. Têm de se distinguir por sua concepção da sociedade. E, teoricamente, dividir-se em função desses valores. Na medida em que os partidos deixam que os valores sejam os mesmos para todos, eles se dissolvem — e é para isso que estou apontando, quando digo que ninguém se assume como de direita. Há setores da esquerda que também abandonam os valores ao se deixar guiar por uma oposição pessoal a mim. Na prática eles defendem o clientelismo, ao se opor às reformas que levarão ao fim do clientelismo. A esquerda — o PT, o PDT, o PCdoB — votou contra o programa de valorização do professor. Por quê? Não há o que justifique que partidos de esquerda votem contra uma modificação nos fundos de educação cujo objetivo é aumentar os salários dos professores nas áreas mais pobres do país.[7] Na prática, eles já não estão atuando como instrumentos de discriminação valorativa. E, se não agregam valores, agregam o quê? Interesses, é o que sobra — uns corporativos, outros privatistas, outros setoriais...

7
O Fundo de Desenvolvimento do Ensino Fundamental e de Valorização do Magistério é uma iniciativa viabilizada pela emenda constitucional nº 14, de setembro de 1996, e regulamentada pela lei 9424, de dezembro do mesmo ano. Dos 25% da receita de impostos que, segundo o artigo 212 da Constituição, os estados e municípios devem obrigatoriamente aplicar na educação, 15% passam a ser obrigatoriamente destinados ao ensino fundamental. E 60% desses 15% têm de ser aplicados em salários de professores.

P - *Não é legítimo defender esses interesses?*

R - É legítimo. Todos os interesses que mencionei são legítimos. Só que não estão submetidos a uma visão da sociedade. E o partido, para ser digno desse nome, e exercer influência, tem que ser portador de uma visão. O governo tem uma visão. Você pode me perguntar sobre *n* itens. Eu terei sempre uma resposta. Direi o que estou fazendo a respeito, ou tentando fazer, e lhe direi por quê. Posso estar errado na minha visão, mas tenho uma visão da sociedade. A ela não se contrapõe nenhuma outra visão coerente. E, como não existe essa visão, a oposição vira pessoal e fragmentária. Partido não é assim. Isso não é partido.

P - *Os partidos não tenderiam à obsolescência, num mundo com mídia onipresente, organizações não governamentais e outros condutos para a manifestação da opinião pública?*

R - Não creio que seja possível uma democracia sem partido. Acho fundamental a mídia, acho cada vez mais importante o papel das organizações não governamentais. Temos crescentemente uma sociedade ativa, que participa. Acho que, por seu lado, o Estado tem que ser poroso, para permitir que a sociedade penetre nele. Mas chega um momento em que não existe outra maneira de a vontade geral se manifestar que não seja por meio do voto. O voto precisa ser representativo, e a representação quem faz são os partidos. Tenho muito medo das democracias plebiscitárias, porque trazem o risco da ditadura.

4

CURTOS-CIRCUITOS
(OU: COMO AS SOCIEDADES MUDAM)

O EXEMPLO DA FRANÇA DE 1968 — O EXEMPLO
DA POLÔNIA — A TEORIA DO CURTO-CIRCUITO
— AS MUDANÇAS NÃO SEGUEM UM SCRIPT — A QUEDA
DA URSS — VIAGENS À URSS — GORBATCHÓV
E A RETOMADA DA IDÉIA DE "HUMANIDADE"
— A CAMPANHA DAS DIRETAS JÁ — A INFLAÇÃO
E A PERCEPÇÃO DE SEUS MALES

28 / 10 / 97

Pergunta - *O senhor costuma dizer que as sociedades hoje se movem de maneira diferente do que no passado. Que maneira diferente é essa?*

Resposta - Deixe-me começar com uma referência bibliográfica — ou autobibliográfica. Quando deixei a presidência da Associação Internacional de Sociologia, tivemos um congresso na Índia para o qual escrevi um trabalho, em "sociologuês", sobre teoria da mudança, ou seja, sobre como a sociedade muda. Isso deve ter sido em 86 ou 87.[1] Desde 68, essa questão me interessou muito. Eu estava na França, em 1968, como professor na Universidade de Nanterre, quando houve todo aquele movimento. Vi tudo aquilo de perto, e me impressionei muito.[2] Toda teoria de mudança histórica, até então, partia de certas hipóteses ou certas concep-

[1]
A Associação Internacional de Sociologia (International Sociological Association) é entidade com sede em Amsterdam. Fernando Henrique Cardoso foi seu presidente entre 1982 e 1986.

[2]
A alusão é ao movimento de maio de 1968. A partir dos protestos estudantis iniciados na Universidade de Nanterre, o mundo universitário francês foi tomado por um

movimento de contestação que extravasou para as ruas na forma de passeatas, ocupações de prédios e barricadas. Os sindicatos de trabalhadores aderiram e organizaram uma greve que paralisou o país. O movimento dos estudantes franceses acabou contagiando os principais países europeus, os Estados Unidos e, inclusive, o Brasil.
Nanterre é uma cidade situada na parte oeste da região metropolitana de Paris. Sua universidade abriga uma importante Faculdade de Letras e Ciências Humanas onde Fernando Henrique Cardoso lecionou em 1967-68.

3
Trata-se do livro O desafio americano *(1967), do jornalista francês Jean-Jacques Servan-Schreiber.*

4
A referência é ao livro Dependência e desenvolvimento na América Latina — Ensaio de interpretação sociológica, *escrito por Fernando Henrique Cardoso em parceria com Enzo Faletto, em 1966-67, e publicado em 1969. Nele, os autores esboçam aquela que viria a ser conhecida como a "teoria da dependência".*

ções. A mais divulgada, nos anos 60 e 70, era a teoria marxista, segundo a qual a mudança se dá quando se têm contradições sociais muito fortes, pressão da infra-estrutura sobre a estrutura, crise nos meios de produção e nas relações de produção etc. A mudança requer uma certa consciência, luta, um partido que se organiza, uma visão global do que acontece. No fundo, é a luta de classes que leva à mudança. O motor da história é a luta de classes, para usar uma frase feita. Efetivamente, a luta de classes existiu e existe. Resta saber se é o motor da história. Uma teoria mais conservadora, em relação a essa, inspira-se nos trabalhos dos chamados "funcionalistas" na sociologia. Eles defendem que as mudanças se dão pela acumulação de disfunções parciais. De qualquer forma, sempre há a questão de saber o que provoca a mudança, se são os valores que propõem uma ordem nova, ou se é uma base material que a determina, ou se uma mistura dos dois. Em 68, na França, o presidente era de Gaulle. A França estava começando sua grande arrancada de crescimento, queria uma volta do padrão-ouro, opunha-se à hegemonia americana. A abalos iguais a esse estamos assistindo agora na ordem monetária e cambial. Em 68, a sensação era de uma França em expansão, uma França sólida. Havia o perigo americano, o "desafio americano", como dizia no título um famoso livro da época — no fundo eram os temores da penetração, da "globalização", como se diria hoje...[3]

P - *O senhor acha que a globalização de hoje já dava sinais de sua graça?*

R - Era o começo da percepção da globalização. Eu já tinha escrito a respeito em meu livro sobre dependência e desenvolvimento, que é de 66-67.[4] Sim, era o começo da globalização. Mas a França dava a sensação de uma sociedade estável. Vou contar uma historinha pessoal. Nesse tempo eu me encontrava sistematicamente com o Luciano Martins, que era pesquisador no CNRS, o Waldir Pires, que era professor de direito em Dijon, e o Celso Furtado, que era professor de economia na Universidade de Paris.[5] Nós nos encontrávamos uma vez por semana, para o almoço, acho que na quarta-feira. De vez em quando aparecia também um argentino que havia sido aluno meu e do Celso, o Jorge Sábato, filho do Ernesto Sábato. O Jorge acabou sendo ministro da Educação no governo Alfonsín.[6] E havia também os que estavam de passagem, e vinham almoçar conosco. Um dia, apareceu o Paulo de Tarso Santos, que foi ministro da Educação no governo Goulart e governador de Brasília, irmão do Luís Carlos Santos.[7] Ele tinha estado no Chile comigo, exilado. E perguntou: "E aqui na França, o que acontece?". O Celso, que era o mais francês de nós, porque vivia lá fazia mais tempo e conhecia a França desde o seu doutoramento, respondeu: "Aqui não acontece nada". A França parecia sólida, estável. Ele disse assim: "A diferença entre Luís XIV e de Gaulle é que Luís XIV não podia andar nas ruas, porque seria vaiado, e de Gaulle é aplaudido".[8] Isso deve ter sido em fevereiro de 68. Estava havendo uma discussão sindical, e o Celso observou que ela era feita de maneira muito racional: "Os sindicatos têm seus índices, o governo os dele, os empresários também têm os seus, eles sentam e discutem tudo racionalmente". Nós todos concordamos. A França nos parecia muito estável.

P - *E no entanto, o senhor dava aulas em Nanterre, onde tudo começou...*

R - Sim, era professor em Nanterre, e entre meus alunos estava o Daniel Cohn-Bendit.[9] Eu dava teoria sociológica. Ensinava Weber, Marx, Durkheim — o trivial ligeiro.[10] Dava uma aula no curso de graduação e outra na pós-graduação. O Cohn-Bendit e seu pessoal estavam no curso de graduação, que era dado num anfiteatro imenso. Começou a certa altura a haver uma certa inquietação. Nas reuniões da congregação, percebia-se que isso ia se aprofundando. Alguns professores — até comunistas — tinham horror do que de

---

5
Luciano Martins: ver nota 8 do capítulo 1. CNRS é a sigla de Centre National de la Recherche Scientifique, organismo público francês que coordena e promove a pesquisa científica. Waldir Pires (1926), político baiano. Deputado federal (1959-63). Ministro da Previdência no governo José Sarney (1985-86). Governador da Bahia (1990-94). Celso Furtado (1920), economista paraibano. Um dos principais formuladores da Comissão Econômica para a América Latina (CEPAL), na qual foi gestada a teoria desenvolvimentista para os países do continente. Criador e primeiro superintendente da Sudene, Superintendência de Desenvolvimento do Nordeste (1959-64). Ministro do Planejamento no governo Goulart (1962-63) e da Cultura no governo Sarney (1986-88). Autor de Formação econômica do Brasil *(1959), entre outros livros.*

6
Jorge Sábato (1938), cientista social argentino. Ministro da Educação (1987-89) no governo presidido por Raúl Alfonsín. Ernesto Sábato, seu pai (1911), é um dos principais nomes da literatura argentina, autor de O túnel *(1948).*

7
Paulo de Tarso Santos (1926), político mineiro com atuação em São Paulo. Deputado federal (1959-64). Prefeito de Brasília em 1961 e ministro da Educação no governo Goulart em 1963. Luís Carlos Santos (1932), político mineiro com atuação em São Paulo. Deputado federal. Ministro da Coordenação Política no governo Fernando Henrique Cardoso até abril de 1998.

8
Luís XIV (1638-1715), rei da França, dono de poderes absolutos e conhecido como Rei Sol. Charles de Gaulle (1890-1970), general e estadista francês. Refugiado em Londres durante a Segunda Guerra Mundial, de lá dirigia apelos aos franceses e coordenava a resistência contra a ocupação alemã. Presidente da República (1958-69).

9
Daniel Cohn-Bendit (1945), principal líder do movimento estudantil francês de 1968, do qual se tornou um símbolo. Nascido na Alemanha, emigrou com os pais judeus, ainda criança, para a França.

10
Max Weber (1864-1920), sociólogo, cientista político e economista alemão. Autor de A ética

Gaulle viria a chamar de *chienlit*.[11] A inquietação em Nanterre aparecia sob a forma de reivindicações concretas dos estudantes — por exemplo, se rapazes e moças podiam dormir no mesmo prédio, ou se rapazes podiam visitar moças em seus quartos, ou moças visitar rapazes. Permitia-se que as moças fossem aos quartos dos rapazes, em Nanterre, nesse tempo, mas não que os rapazes fossem aos das moças, por causa de possíveis atos de violência. No Brasil, seria impensável esse tipo de questões, sem referência ao "imperialismo", à "luta de classes" etc. E havia a distribuição dos *tracts*, como se diz em francês — os panfletinhos.

P - *Não se discutiam questões de ensino, propriamente?*

R - Também. O Peyrefitte era ministro da Educação, e tinha propostas de mudança da Universidade.[12] Alguns professores se opunham. O jornal *Le Monde* também incentivava a mudança, e portanto a crítica estudantil. E aí começou a acontecer uma coisa que ninguém esperava: cartazes nos corredores, panfletos que se multiplicavam. Isso deixava a congregação extremamente incomodada. Um dia, o ministro dos Esportes foi inaugurar uma piscina, e Cohn-Bendit disse que aquilo era um ato nazista, porque estavam incentivando a vida esportiva em lugar da vida amorosa — uma bobagem qualquer assim. Criou um caso. Um dia eu estava andando no corredor quando ele chegou perto e me disse qualquer coisa. "Professor, o senhor faz poesia?", eu entendi. Disse que não, que não era poeta, mas não era isso que ele perguntava. Ele queria saber se eu fazia política. Se, apesar de estrangeiro, fazia política na França. Ocorre que ele estava sendo chamado pela polícia. Ele não era francês e, apesar de viver no país havia muito tempo, e falar francês como se fosse sua língua, estava sendo ameaçado de expulsão.

P - *Qual era sua impressão do Cohn-Bendit?*

R - Ele era muito vivo, e eu gostava de conversar com ele. Conversei bastante com ele. Queria ser sociólogo da educação, e efetivamente trabalhou na área. Ele foi diretor de um *Kindergarten* na Alemanha.

P - *O fato de quererem expulsá-lo significava que a repressão já estava começando...*

R - Estava começando. Eu o aconselhei a falar com o Touraine, eu próprio falei com o Touraine, e o Touraine falou com amigos no governo, intercedendo em favor do Cohn-Bendit.[13] Bem, a agitação foi crescendo, e no dia 22 de março os estudantes ocuparam Nanterre. A congregação se reuniu e o diretor, que era um herói da Resistência, disse não aceitar aquele estado de coisas. Mandou desocupar. Aí começou a briga. Logo espalhou-se pela Sorbonne, contaminou todo o ambiente estudantil e, bem mais para a frente, pegou também os trabalhadores. Eu observava então que não só dentro da Universidade de Nanterre, como na rua, havia um descompasso muito grande entre a percepção latino-americana da luta pelas transformações e o que estava ocorrendo. Não havia referência ao imperialismo, para começar. Depois foi editado um livro, *Les murs ont la parole*, com as palavras de ordem daquela época. Tudo libertário, tudo anárquico. Nada a ver com o que se entenderia por luta de classes. Não obstante, houve o apoio dos trabalhadores e dos sindicatos que cantavam — com bandeiras negras, de anarquistas — "De pé, famintos da terra".[14] Todo mundo era gordo, e declaravam-se famintos...

P - *O senhor assistiu às grandes manifestações de rua?*

R - Assisti. Vi desfiles enormes, em Paris, com a bandeira negra. Antes acompanhei tudo em Nanterre. As reuniões do 22 de março, eu acompanhei ao lado do Mário Pedrosa, que tinha sido sogro do Luciano Martins. Levei o Mário Pedrosa a Nanterre e ele ficou deslumbrado.[15] O grande inspirador do movimento em Nanterre era Manuel Castells, que hoje é professor na Universidade de Berkeley e em Ma-

---

protestante e o espírito do capitalismo (*1905*). *Uma das principais influências na formação do sociólogo Fernando Henrique Cardoso. Karl Marx (1818-83), pensador alemão, (1948), autor de* O capital (*publicado a partir de 1867*). *Outra das grandes influências na formação de Fernando Henrique Cardoso. Émile Durkheim (1858-1917), sociólogo francês. Autor de clássicos da matéria como* A divisão do trabalho social (*1893*).

11
Chienlit: *palavra francesa que significa "desordem", "confusão", empregada por de Gaulle para caracterizar o movimento de maio de 1968.*

12
Alain Peyrefitte (1925), escritor e político francês. Foi ministro da Educação entre 1967 e 1968.

13
Alain Touraine (1925), sociólogo francês. Estudioso do Brasil. Autor de A sociedade pós-industrial (*1969*), O pós-socialismo (*1980*) *e* A crítica da modernidade (*1992*).

14
Palavras do hino comunista conhecido como A Internacional (*1871*).

15
Mário Pedrosa (1900-81), crítico de arte e ensaísta político pernambucano. Militante e teórico trotzkista. Autor de Panorama da pintura moderna *(1954),* A opção imperialista *(1966).*

16
Manuel Castells (1942), sociólogo espanhol. Estudioso das relações entre tecnologia e sociedade. Professor de sociologia e planejamento urbano na Universidade de Berkeley e diretor do Centro de Estudos Europeus na mesma universidade. Felipe González (1942), líder socialista espanhol. Secretário-geral do Partido Socialista Operário Espanhol desde 1974. Primeiro-ministro de 1982 a 1994.

17
Seizième ("décimo sexto", em francês) é o décimo sexto dos vinte arrondissements *(espécie de distritos) em que Paris se divide. Área sobretudo residencial.*

18
Aristides Lobo (1838-96), político e jornalista alagoano. Republicano histórico. Ministro do Interior (1889-90) do governo provisório do marechal Deodoro da

dri; um grande amigo meu. Na época ele era um jovem assistente, e se fazia passar por aluno. Era meio maoísta, nessa época, e foi quem orquestrou toda a confusão. Depois foi assessor do Felipe González. Hoje é um grande professor, com trabalhos fantásticos sobre a sociedade informatizada. Naquela época, era um agitador fantástico.[16] Nanterre é um subúrbio, mas fica ao lado do Seizième, que é o bairro mais chique de Paris.[17] Então, os alunos são da classe alta francesa. Vi quando eles convidaram os trabalhadores a participar do movimento. Os trabalhadores assistiam a tudo "bestificados", para usar a palavra com que Aristides Lobo disse que o povo assistiu à proclamação da República no Brasil.[18] Quer dizer, não havia correspondência ali com as receitas conhecidas de transformações sociais. E, não obstante, de Gaulle quase caiu. A França foi tomada por uma comoção brutal.

P - *De Gaulle sumiu, por alguns dias...*

R - Sumiu, foi secretamente para a Alemanha, falar com os pára-quedistas franceses lá estacionados, voltou, fez acordo com os comunistas, pronunciou o famoso discurso do *chien-lit*. Levantou a direita francesa, que acabou fazendo o maior desfile de todos, com as bandeiras tricolores do país, e restaurou a ordem. Antes disso, numa das marchas de protesto, vi o Mitterrand pela primeira vez...[19]

P - *Mitterrand foi muito maltratado pelos estudantes. Foi vaiado...*

R - Todo mundo foi muito maltratado. Vi o Sartre ser vaiado.[20] Tudo acontecia nos auditórios da Sorbonne. Todo mundo era contra tudo. Foi uma coisa muito interessante, muito bonita, muito efervescente, e muito diferente do que imaginávamos fosse um processo de mudanças.

48

P - *Mas o movimento não conseguiu mudar o poder...*

R - Não mudou a estrutura de comando da sociedade, mas muita coisa, efetivamente, mudou. As instituições mudaram muito. A universidade mudou, a televisão mudou. A agenda mudou, e passou-se a discutir a temática proposta pelos estudantes. A sociedade francesa era muito rígida. Na universidade, havia um funcionário, chamado *appariteur*, que entrava na classe antes e anunciava: "Monsieur le professeur", e então o professor entrava. Esse homem ficou furioso comigo uma vez porque alguém estava fumando quando entrei na sala e eu não dera a devida importância ao fato. Ele foi se queixar de mim ao diretor porque eu havia desmoralizado a regra de não fumar. O diretor me chamou para conversar.

P - *O senhor foi punido por isso?*

R - Bem, na França professor era professor. O infeliz que se queixou de mim é que estava errado. Agora, voltando ao nosso ponto de partida, para aquela reunião da Índia escrevi um trabalho defendendo o que chamei de "teoria do curto-circuito". Sociedades do tipo das nossas, informacionais, com muita comunicação, podem mudar por um curto-circuito. Foi o que aconteceu na França em 68. E também na Polônia, mais tarde, onde as circunstâncias fizeram com que eu também estivesse presente. Estava em Varsóvia, numa reunião da Academia de Ciências da Polônia, no início da década de 80, quando começou o movimento operário liderado por Lech Walesa. Fui então com uns amigos, Céline de Saint-Pierre e Jacques Dofny, a Dantzig, ou Gdansk, como dizem os poloneses — tenho até fotografias —, e levei um susto, pois o mesmo que vira na França estava acontecendo lá. Só que lá as manifestações tinham vela acesa, retrato do papa e bandeira da Polônia antiga.[21]

Fonseca. *O célebre trecho em que, descrevendo os acontecimentos de 15 de novembro de 1889, ele diz que "o povo assistiu àquilo bestializado, sem saber o que significava, julgando tratar-se de uma parada",* encontra-se em artigo publicado no Diário Popular, *de São Paulo, em 18 de novembro de 1889.*

19
François Mitterrand (1916-96), político francês. Líder do Partido Socialista e principal líder oposicionista ao tempo da Presidência de de Gaulle. Candidato derrotado à Presidência da República em 1965 e 1974. Presidente da República em dois mandatos consecutivos de sete anos (1981-88, 1988-95).

20
Jean-Paul Sartre (1905-80), filósofo, romancista e dramaturgo francês. Um dos papas do existencialismo, corrente filosófica de grande prestígio no pós-guerra, e, posteriormente, patrono de causas da esquerda radical. Autor de A náusea *(1938) e da trilogia* Os caminhos da liberdade *(1945-49).*

21
Lech Walesa (1943), líder sindical e político polonês.

Como líder sindical, organizou, de sua base nos Estaleiros Lênin, em Gdansk, o sindicato Solidariedade, transformado em baluarte da luta contra o regime comunista polonês. Presidente da República, depois da mudança do regime (1990-95).

22
A referência é ao papa polonês Karol Wojtyla (1920), eleito chefe da Igreja em 1978 com o título de João Paulo II, que esteve três vezes no Brasil — a primeira em 1980 e a última em outubro de 1997, quando visitou o Rio de Janeiro.

23
Stefan Wysynski (1901-81), cardeal primaz da Polônia. Adversário do regime comunista, foi vítima permanente de perseguição e censura. Apoiou o sindicato Solidariedade, que a partir de 1980 lideraria a luta contra o regime.

P - *As manifestações pareciam procissão.*

R - Sim, procissão. Fui aos Estaleiros Lênin, onde tudo acontecia. Eles estavam negociando lá dentro, os operários, representados por Walesa, e os dirigentes, e, por um alto-falante, transmitia-se o que acontecia à massa reunida na praça. Todo mundo em silêncio, e tranqüilo. Eu comparava o que estava vendo com o que vivera em São Bernardo. Era completamente diferente. O clima era outro, em São Bernardo, e digamos que mais adequado às nossas teorias. Para expressar o que estava acontecendo em Gdansk, não se tinha nem linguagem adequada. Até comentei isso com o papa, quando ele esteve no Brasil.[22] Nossas reuniões ocorriam no Castelo Poniatowski, que pertencera à família Poniatowski e agora pertencia à Academia de Ciências. Quando elas terminaram, vieram alguns poloneses, para discutir conosco o que estava acontecendo. E eles estavam todos atônitos, com um medo tremendo. Achavam que haveria uma invasão soviética. Eu ainda estava lá quando o cardeal Wysynski,[23] um grande adversário do regime, apareceu pela primeira vez na televisão. Foi um choque. A televisão até então não se abria para ele. De repente, deu uma chispa, como num curto-circuito, e a Polônia mudou. O que quero dizer com isso? Que a maneira como mudam essas sociedades complexas, mediatizadas — e isso é fundamental, o papel da televisão, do rádio —, não é como se imaginava antes.

P - *Quando o senhor diz "não é como se imaginava antes", quer dizer que não é de acordo com a receita marxista?*

R - Marxista, mas não só a marxista. Mesmo os autores não marxistas, quando teorizam sobre a Revolução Francesa, vão dizer que havia uma luta social e que essa luta teve este ou aquele desdobramento, que quebrou o Estado... O que se tem hoje é que, como as sociedades são muito diversificadas e os pólos de decisão não são centralizados, podem ocorrer mudanças muito bruscas, e imprevisíveis. Daí o curto-circuito. Se houver muito fio desencapado, a probabilidade de curto-circuito é alta. Agora, para acontecer isso, é preciso comunicar. Primeiro, ter algo que comunicar, e depois fazer com que isso passe aos vários segmentos. Não é um segmento contra o outro, é uma comoção que percorre os diversos segmentos. Quando se consegue fazer, é como se se desse "uma fervura" na sociedade. Os mais exaltados podem achar que a sociedade vai ferver para sempre. Não vai. Depois da fervura, ela assenta. Mas aí algo já mudou. Não muda tudo, mas os setores que estão incapazes de satisfazer as expectativas, as demandas da sociedade, esses caem, ou mudam. Se esse setor ocupar uma posição central na sociedade, haverá uma mudança mais global.

P - *Seria sempre assim que as sociedades mudam, hoje?*

R - Não. Não quero fazer nenhuma teoria geral, totalizadora. Acho difícil você pensar numa filosofia da história e dizer: "É assim que muda". O que quero é chamar a atenção para o fato de que a mudança não se dá apenas como um espetáculo, digamos, organizado. No modelo da luta de classes, bem ou mal, organiza-se — faz-se o partido, tem-se uma ideologia. É preciso ter a capacidade de difundir essa ideologia. É preciso ter interesses contrariados. Há um script. A sociedade moderna é mais surpreendente na mudança e, portanto, mais perigosa, sob o ponto de vista da ordem. Para quem se preocupa muito com a ordem, vive-se sempre em perigo. O dia corre tranqüilo e, de repente, ocorre algo que complica tudo. Tome o massacre em Eldorado dos Carajás.[24] Um fato dessa natureza pode — não é que tenha tido, mas pode — ter um efeito absolutamente imprevisível. Ninguém o preparou, ou se preparou foi por razões muito limitadas. De repente, se aquilo é mediatizado, e tem capacidade de eletrizar, ferve a sociedade. Caso se tenham propostas, alternativas viáveis, no plano político, então elas podem ser aproveitadas num momento desses.

24
Em Eldorado dos Carajás, no Pará, no dia 17 de abril de 1996, um conflito entre a polícia e militantes do Movimento dos Sem-Terra resultou na morte de dezenove sem-terra.

25
Auguste Comte
(1798-1857), filósofo
francês, fundador
da doutrina positivista.
Autor de Curso
de filosofia positiva
(*1830-42*) *e* Discurso
sobre o espírito positivo
(*1844*).
Herbert Spencer
(1820-1903), filósofo
inglês. Ao lado de Charles
Darwin, é considerado
o pai da teoria
evolucionista. Autor
de Um sistema de
filosofia sintética
(*1862-93*) *e* O estudo
da sociologia (*1873*).

26
Karl Mannheim
(1893-1947), sociólogo
alemão. Autor de Homem
e sociedade na época
de transição (*1935*),
Diagnose do nosso
tempo (*1943*), Sociologia
sistemática (*1957*).

Caso não se tenham, não acontece nada e, assim como a sociedade ferveu, desferve.

P - *Sua conclusão é de que o mundo seria hoje mais incerto e imprevisível do que no passado?*

R - Sim. Certo ou errado, as teorias antigas, fossem as conservadoras, fossem as evolucionistas, fossem as revolucionárias, faziam crer que se tinha um modelo. Podia-se dormir em paz. Tome-se o evolucionismo — Comte, Spencer.[25] Eles trabalham com um tempo histórico mais longo, mas acham que há progresso. A filosofia básica é a iluminista: a razão vai predominar. Segundo a filosofia da história deles, o mundo se aperfeiçoa. Era o iluminismo progressista. Hoje é difícil manter isso. Se for honesto, você não dirá que sabe no que vai dar. Terá sempre uma ponta de dúvida. Quando se fala no fim da ideologia, um pouco é por isso. Não se tem mais um esquema explicativo consistente do mundo. O que se tem é a dúvida, e a dúvida não é boa conselheira do poder. O poder precisa de explicações tranqüilizadoras. É curioso, porque temos uma sociedade com alto grau de racionalização. Mannheim tinha uma teoria de esferas racionalizadoras que iam num crescendo.[26] A política era o reino da incerteza. Ela é realmente o reino da incerteza, só que hoje se tem uma sociedade que, pela sua base tecno-industrial, é sempre racionalizadora. Ela é previsora, requer planos, e não obstante as questões vitais continuam no reino da incerteza. Então, acho que é preciso, quando se olha para as teorias da mudança — as teorias e as práticas —, injetar nelas sempre um componente, digamos assim, de arte. Ou seja, de incerteza, de criatividade. Há outra coisa paradoxal: numa sociedade em que cada vez mais tudo é estrutural, tudo regulamentado, a força das pessoas é muito grande. Precisa-se de quem desempenhe determinados papéis, precisa-se do ator. É a volta do ator na história, a volta do indivíduo. Toda a nossa formação sociológica privilegiou o grupo como ator, a classe como ator. Continua

CURTOS-CIRCUITOS (OU: COMO AS SOCIEDADES MUDAM)

sendo assim, não tenho dúvidas, mas ao mesmo tempo o indivíduo reassumiu um papel grande na história.

P - *Será que o papel do ator não foi sempre o mesmo, e as teorias é que o esqueceram?*

R - Pode ser. De qualquer maneira, era mais fácil entender o papel do ator numa sociedade mais simples. Não tenho nem condições mais de me meter a fazer teorias de transformações, mas acho que vale a pena insistir nesse ponto. É paradoxal que, numa sociedade racionalizada como a nossa, se volte a ter ao mesmo tempo uma coisa própria das sociedades mais arcaicas. Mas é preciso levar em conta o seguinte: o ator, hoje, tem de ser mediatizado. Essa é a condição geral da comunicação, hoje.

P - *Na queda da União Soviética e do bloco comunista houve um nutrido elenco de atores — Gorbatchóv, o papa João Paulo II, Walesa...*[27]

R - Observe outra coisa fascinante: ninguém previu o que aconteceu na União Soviética. Todas as teorias, toda a abundante kremlinologia tinham uma visão diferente do que realmente veio a acontecer. Fui muitas vezes à União Soviética e à Rússia — umas cinco vezes. Vou entrar um pouco de novo nas reminiscências pessoais, embora não tenham importância científica nem histórica. Fui uma vez, como sociólogo, quando Bréjnev ainda estava no poder.[28] Fui a Moscou e à Geórgia, tive reuniões com cientistas de lá e de fora. Queria me encontrar com estudantes, mas era muito difícil fazer contatos, naquela época. O clima do regime brejneviano era pesado. Falei com um e com outro, e acabei me aproximando de uma socióloga que era assistente do chefão da sociologia russa. Este, por sua vez, tinha um irmão que fora fuzilado por Stálin.[29] Era um sujeito muito interessante, um armênio. Consegui com ele um encontro com estudantes da Universidade de Moscou. A socióloga

27
Mikhail Gorbatchóv (1931), político soviético. Trilhou uma carreira convencional de burocrata do sistema, galgando posições dentro do Partido Comunista, até ascender ao posto máximo, o de secretário-geral, em 1985. A partir daí, procurando soluções para os impasses políticos e econômicos que assolavam o regime, pôs em prática uma política de abertura que acabaria por levar ao desmantelamento do comunismo, da própria União Soviética e do bloco de países comunistas.

28
Leonid Bréjnev (1906-82), político soviético. Secretário-geral do Partido Comunista da União Soviética entre 1964 e 1982. Presidente da República de 1977 a 1982. Perpetuou as características repressivas do regime e sua vocação intervencionista (invasão do Afeganistão, 1979), ao mesmo tempo que, por meio de uma série de acordos de limitação de armas nucleares, procurava uma distensão nas relações com os Estados Unidos.

29
Óssip Stálin (1879-1953), ditador soviético. Bolchevique histórico, conseguiu impor-se aos demais candidatos à sucessão de Lênin,

53

o fundador do regime, e acumulou poderes no Partido Comunista a partir da década de 20. Seu período no comando caracterizou-se pela brutalidade na consecução de políticas como a coletivização das atividades agrícolas e a eliminação física dos adversários.

30
Lenina Pomerantz (1933), economista paulista. Professora da Faculdade de Economia e Administração da Universidade de São Paulo. Autora de Transformações sistêmicas e privatização na Rússia *(1996). Organizadora de* Perestroika — Desafios da transformação social na União Soviética *(1990). Ievguêni Ievtuchenko (1933), poeta soviético. Era tido como contestador do regime, ainda que tolerado por ele.*

foi comigo, ela com um certo medo. Às dez da noite tomamos um táxi, no hotel da Academia de Ciências, onde eu estava hospedado, e fomos para a Cidade Universitária. Fomos para o apartamento de uma russa chamada Ekaterina, nunca esqueci o nome dela. Tinha umas tranças imensas, e era meio gorda. O apartamento tinha uma salinha, um quarto e um banheiro e três rapazes estudantes nos esperavam lá, para conversar. A conversa foi difícil, por causa da língua. Um falava um pouco de uma língua, outro de outra. Mas, enfim, russo bebe. Começou a cair um temporal, e fiquei lá até de manhã, conversando com eles, porque não podia sair.

P - *Tomando vodca?*

R - Vodca. Um deles era filho de um ex-ministro do Stálin, outro era moreno e do Sul da Rússia. O filho do ex-ministro era fanático por filme e música americana. Só um era comunista — o moreninho. Os outros não eram comunistas, eram russos. Tinham aquela coisa da Rússia, que é muito interessante. A Rússia é muito forte como nação. Eles tinham um forte sentimento russo. Sabe a atitude que se viu no Brasil, nos anos do Brasil-potência? Era um pouco isso, só que com uma base histórica sólida, enraizada na literatura, na religião, no antigo expansionismo grão-russo. Eles não diziam a mim que eram contra o regime, mas isso ficava no ar. Anos depois, voltei à União Soviética, já na fase Gorbatchóv. Outra reunião, dessas da Academia de Ciências. Lá me encontrei com uma moça chamada Lenina Pomerantz, que foi professora em São Paulo, doutora em economia, minha companheira de faculdade. Ela era mais moça do que eu, tinha estudado na União Soviética, e estava muito excitada. Dizia: "Isto aqui está mudando muito, é um outro país". Eu não podia perceber essas coisas. Ela me disse: "Vai haver uma reunião a que vale a pena você assistir". Era uma reunião num subúrbio de Moscou, de um grupo de intelectuais. Estaria presente o Ievtuchenko.[30] O embaixador brasileiro era o Ronaldo Sardenberg, que hoje é ministro aqui.[31] Eu disse a ele que gostaria de ir a essa reunião. Havia na embaixada um diplomata que tinha uns contatos, havia também o João Prestes, filho do Luís Carlos Prestes, que falava russo e circulava bem na sociedade soviética, e então eles me levaram.[32] A Lenina foi também.

P - *Onde era a reunião — num clube, num auditório?*

R - Era numa fábrica de lâmpadas. No centro cultural de uma fábrica de lâmpadas, onde havia um teatro, que parecia o antigo Teatro Santana, de São Paulo. Tudo isso escrevi na *Folha*, na coluna que tinha lá, mas ninguém, nem eu, ligávamos uma coisa à outra, na época.[33] Era noite. Havia gente nas portas da fábrica. Chegamos ao hall e tinha gente tocando violino. O ambiente era um pouco pesado. Nas paredes, havia desenhos dos campos de concentração e textos de pessoas que haviam estado em campo de concentração. Enfim, cartas, roupas etc. do Gulag.[34] Entramos no teatro, lotado. Era pequeno e estava lotado. Sentamos, e o João Prestes ficou a meu lado, para servir de tradutor. A certa altura, caiu um panô enorme e apareceu uma fotografia do Politburo numa daquelas comemorações na praça Vermelha, com uma legenda que dizia assim: "Eis aqui os inimigos da Rússia". Era isso ou uma frase desse tipo. Quando o João traduziu para mim, eu disse: "Vamos embora".

P - *Vai chegar a polícia!*

R - Vai chegar a polícia! Eu me lembrava das reuniões do Teatro Casa Grande, no Rio, de que tinha participado.[35] Um dia eu estava fazendo uma conferência e a luz apagou. Continuei falando, mas havia no ar um medo danado. Eu não via medo no pessoal, ali em Moscou, eu é que achava que havia motivo para ter medo. Então, começou a falação. Veio um filho do Nikita Khruschóv e fez um discurso.[36] Depois, o Ievtuchenko. Depois, uma senhora que era viúva não me

31
Ronaldo Sardenberg (1940), diplomata de carreira nascido em São Paulo. Embaixador na União Soviética (1985-89). Ministro-chefe da Secretaria de Assuntos Estratégicos (SAE) desde o início do governo Fernando Henrique Cardoso.

32
Luís Carlos Prestes (1898-1990), militar e líder revolucionário nascido no Rio Grande do Sul. Chefe da coluna que levou seu nome (1926), formada em desafio ao regime da República Velha. Líder máximo do Partido Comunista Brasileiro de 1943 a 1980. Exilado na União Soviética de 1971 a 1979.

33
Fernando Henrique Cardoso manteve uma coluna no jornal Folha de S.Paulo *entre 1981 e 1992.*

34
Gulag é sigla, transcrita do russo, de Administração Geral dos Campos, tornada célebre com a publicação do livro Arquipélago Gulag, *de Aleksander Soljenítzin (1973). Tratava-se do departamento encarregado de supervisionar os*

campos de trabalho forçado instalados na União Soviética no período stalinista. Por extensão, a expressão designa o conjunto dos campos soviéticos de prisioneiros.

35
As reuniões do Teatro Casa Grande consistiam em conferências e debates promovidos por políticos e intelectuais de oposição, na década de 70. Eram um dos poucos espaços de livre expressão, num tempo de censura.

36
Nikita Khruschóv (1894-1971), dirigente soviético que sucedeu a Stálin. Secretário-geral do Partido Comunista entre 1953 e 1964, quando foi deposto por seus pares no Comitê Central do partido. Denunciou, num "relatório secreto" ao XX Congresso do Partido Comunista, em 1956, os crimes de Stálin.

37
Raymond Barre (1924), economista e político francês. Primeiro-ministro (1976-81) sob a Presidência Giscard d'Estaing (1974-81).

lembro de quem, um dos heróis da revolução bolchevique. Depois, um oftalmologista. Todos criticando a burocracia. Combinavam fazer um monumento aos mortos do Gulag. A diferença com relação ao Brasil, pelo que eu via — e tudo isso é muito subjetivo, porque não sei russo e pode ser uma impressão falsa —, é que no Brasil nós éramos contra o regime e contra pessoas, fulano de tal. Lá, não, ninguém falava mal dos dirigentes na época. Falavam mal da burocracia. Mas era uma coisa muito tensa, muito forte, em pleno regime soviético. Depois, voltei mais uma vez à Rússia, ainda sob Gorbatchóv. Foi um evento organizado por Raymond Barre, que foi primeiro-ministro da França.[37] Na época ele representava interesses franceses em acordos com os russos e levou dirigentes de multinacionais européias. Eu era senador e fui convidado porque o Barre queria fazer depois, no Brasil, um evento de aproximação econômica com a União Soviética do Gorbatchóv. Fiquei surpreso, porque a discussão foi sensacional. Vários ministros estavam presentes. Gente de peso. Anotei tudo. Não tinha função nenhuma, só ouvia e anotava. Cada um de nós tinha uma tradutora, ou tradutor. A minha tradutora falava mal do governo violentamente. Ela dizia: "Esse Gorbatchóv tem uma dacha de mármore, lá na Criméia". Essa mesma maledicência que existe aqui também.

P - *O clima já era muito diferente do da fábrica de lâmpadas...*

R - O clima era outro. Um outro participante da reunião que eu conhecia, Peter Sutherland, que foi presidente do maior banco da Irlanda, me convidou para falar com a tradutora dele. Ele disse: "Venha aqui falar com a tradutora, ela é ótima". "Ótima" queria dizer: para falar mal do governo. O clima era esse. Não obstante, não registrávamos — nem nós, nem a nossa embaixada, nem o mundo — que estávamos às vésperas de uma mudança enorme.

P - *Achava-se que se ia reformar o socialismo mas que o regime continuaria. O próprio Gorbatchóv achava isso.*

R - Ninguém imaginou que ia haver uma ruptura. Gorbatchóv não imaginou. Quando se fizer a história desse período, com objetividade, vai se ver que Gorbatchóv colocou alguns temas que significaram uma revolução copernicana nessa questão de pensar as mudanças históricas. Eu já disse isso um milhão de vezes, inclusive na frente do próprio Gorbatchóv, quando houve aquela conferência "Rio Mais Cinco" e ele esteve lá.[38] Não sei até que ponto ele tinha consciência disso, mas colocou questões fundamentais. Em primeiro lugar, disse: "Com o terror atômico, a guerra perdeu o sentido. Não adianta nem ganhá-la, porque no fundo não ganho nada". Em segundo lugar, disse que a guerra, além de outros males, destruiria o meio ambiente. Desde essa época, ele era obcecado pelo meio ambiente, como aliás outros russos, que se tornaram quase religiosos do meio ambiente. E ainda há uma terceira colocação fundamental de Gorbatchóv, quando ele diz: "Não dá mais para pensar a história, dado o atual desenvolvimento científico, dada a 'aldeia global' em que vivemos, dada a intercomunicação, a partir de um país, de um Estado e" — ele diz mais — "nem de uma classe". Ele repõe então a idéia de humanidade. A humanidade como sujeito histórico, não como ator, como estávamos falando, mas como sujeito histórico. Temos de pensar de novo o mundo como humanidade. Quando digo — e muita gente não entende isso — que vivemos um novo Renascimento, é por isso. No Renascimento, colocou-se o homem como a medida de todas as coisas. Agora, a discussão é a humanidade. As mudanças têm de ser em função desse valor universal que é a humanidade. Não sei se Hegel ficaria muito assustado com esse novo universal concreto.[39] O de Marx era a classe, a classe trabalhadora. Estou fazendo, talvez, elucubrações demais, mas é para dizer a mesma coisa: que a percepção da mudança hoje é mais di-

---

38
A Conferência Rio Mais Cinco foi realizada em março de 1997, no Rio de Janeiro, cinco anos depois da conferência internacional sobre temas ecológicos chamada Eco-92, ou Rio-92. Teve por finalidade avaliar o andamento das resoluções adotadas naquela primeira oportunidade.

39
Friedrich Hegel (1770-1831), filósofo alemão. Articulador de uma dialética da história na qual Karl Marx apoiaria seu sistema. Autor de Fenomenologia do espírito *(1807) e* Princípios de filosofia do direito *(1821).*

40
André Franco Montoro: ver nota 11 do capítulo 1. O governo Figueiredo (1979-85) foi o período em que ocupou a Presidência o general João Baptista de Oliveira Figueiredo (1918). Em seu mandato, o último do ciclo militar, dá-se a anistia aos acusados ou condenados por razões políticas e revoga-se a legislação que dificultava a constituição de partidos políticos (1979). A partir de 1983, ganha corpo o movimento em favor do restabelecimento das eleições diretas para presidente da República.

41
Ruth Escobar (1935), atriz, produtora teatral e militante política nascida em Portugal e radicada em São Paulo. À época, era deputada estadual pelo PMDB, mandato que exerceu de 1983 a 1991.

fícil. Você precisa ter uma sensibilidade, como diriam os franceses, *à tous les azimuts*. Tem que olhar para todos os fenômenos porque qualquer um, dada a amplificação mediática, pode gerar conseqüências monumentais. Resta a questão: quando se darão e quando não se darão as conseqüências monumentais? Quando racha e quando não racha? Por que na Polônia ocorreu uma mudança inesperada? Todos fomos educados nos manuais das transições, só que a transição esperada era a do capitalismo para o socialismo, e a transição que está se dando é do socialismo para o capitalismo. Há dez anos, não havia quem dissesse isso. E se dissesse, seria tachado de ideólogo cego, ou de estar a serviço da CIA, ou de bobo.

P - *Que efeitos o curto-circuito tem gerado no Brasil? Que faíscas houve, e que transformações essas faíscas provocaram?*

R - Poucas. Houve uma faísca óbvia: as Diretas Já. O real foi outra.

P - *Como foi a das Diretas Já?*

R - Franco Montoro era governador de São Paulo e era favorável às eleições diretas. O Montoro é um pouco visionário, ele acredita. É uma pessoa que se move por valores, por utopias. E é insistente nas coisas em que acredita. Estávamos no governo Figueiredo, e o Montoro achava que devíamos começar um movimento de massa pela eleição direta.[40] Não, "movimento de massa" não é expressão que ele usasse, porque é expressão de esquerda. Enfim, ele queria fazer um comício. E começou a se movimentar para isso. Disse para mim: "Temos que fazer uma manifestação". Eu era presidente do PMDB, e reuni a Executiva do partido na casa da Ruth Escobar. A Ruth Escobar era membro da Executiva.[41] Todo mundo achou a idéia insensata. Fui ao Montoro, por quem sempre tive muita amizade e respeito, e disse: "Olha, Montoro, não tem jeito, não há base para fazer isso. O partido não acredita que funcione". O Montoro não é pessoa de se render à primeira negativa. Continuou insistindo.

P - *Isso aconteceu quando?*

R - Deve ter sido por volta de dezembro de 83. O Montoro continuou insistindo e chamou o PT, para ver se dava certo. O PT também não queria. Ou melhor, o PT, como sempre, queria a sua própria mobilização. Acabaram fazendo uma manifestação deles, na praça Charles Miller, à qual compareci, e só não fui vaiado porque foi no dia em que morreu o Teotônio Vilela, e eu anunciei a morte do Teotônio.[42] O PT vaiava todo mundo que não era do PT. De qualquer forma, foi uma manifestação pequena. E o Montoro insistindo... "Está na hora, e tem que ser na praça da Sé", dizia ele. A praça da Sé era simbólica. Tínhamos feito na Catedral da Sé aquela missa, na morte do Vladimir Herzog. Foi uma manifestação fechada, mas talvez a maior, até então, contra o regime autoritário.[43] Recordo que fizemos uma reunião do PMDB em Ibiúna, onde tenho uma casa. O Ulysses foi, o Renato Archer, e um bando de gente. O Jarbas Vasconcelos também foi.[44]

P - *Na sua casa?*

R - Em várias casas. Na minha, na do José Gregori, na do Juarez Brandão Lopes. A minha casa é pequena, e a reunião foi grande.[45] Os jornais noticiaram, porque o Figueiredo fez um pronunciamento de fim de ano e saiu uma fotografia do Ulysses, ou minha e do Ulysses, vendo o Figueiredo na televisão, em Ibiúna. Nesse discurso, Figueiredo disse que nosso movimento era subversão. Não sei bem que palavras usou, mas fez uma ameaça clara. Havia a idéia de que Figueiredo estava tendendo em favor da eleição direta. Ele tinha dado declarações meio contraditórias a respeito do assunto. Deve ter sido apertado pela linha dura e então, nesse

---

42
A praça Charles Miller fica em frente ao Estádio do Pacaembu, na Zona Oeste de São Paulo.
Teotônio Vilela, político alagoano nascido em 1917, senador entre 1967 e 1983, no fim da vida, mesmo doente de câncer, dedicou-se a uma insistente e solitária pregação pela redemocratização do país. Morreu no dia 27 de novembro de 1983.

43
A praça da Sé, situada no centro histórico de São Paulo, com uma extensão de 50 000 m², onde fica a Catedral da Sé, é desde sempre o local por excelência das manifestações políticas e cívicas na cidade. O jornalista Vladimir Herzog morreu em decorrência de torturas sofridas na prisão, no dia 25 de outubro de 1975. Uma semana depois, uma missa ecumênica, liderada pelo cardeal de São Paulo, d. Paulo Evaristo Arns, transformou-se numa silenciosa manifestação de protesto contra o regime militar.

44
Ulysses Guimarães (1916-92), político paulista. Como líder do MDB (Movimento Democrático Brasileiro), único partido de oposição consentido pelos militares,

e depois do PMDB (Partido do Movimento Democrático Brasileiro), denominação que o partido adotaria a partir de 1979, tornou-se a principal voz da oposição legal ao regime. No período da redemocratização, presidiu a Assembléia Constituinte que, em 31 de agosto de 1988, promulgaria a Constituição vigente. Renato Archer (1922-96), político maranhense. Deputado federal (1955-68). Foi um dos dirigentes do MDB e, posteriormente, do PMDB. Ministro da Previdência e Assistência Social (1987-88) no governo José Sarney. Jarbas Vasconcelos (1942), político pernambucano. Deputado federal (1974-79 e 1982-87). Prefeito do Recife (1993-96). Ibiúna é município situado a setenta quilômetros de São Paulo. Às margens ou nas proximidades de sua represa, estendem-se loteamentos destinados a casas de campo.

45
José Gregori (1930), advogado paulista. Militante de movimentos pela proteção dos direitos humanos. Secretário do Conselho Nacional de Direitos Humanos criado no governo Fernando Henrique Cardoso. Juarez Brandão Lopes (1925), sociólogo paulista. Ex-professor da

discurso, disse que era contra. Para encurtar razões, o comício foi marcado para o dia 25 de janeiro, na praça da Sé. Chegou o dia 25 de janeiro, e antes do comício fui com o Montoro a uma solenidade na USP. Era aniversário da USP, coincidindo com o aniversário de São Paulo. Estávamos lá, quando veio um ajudante-de-ordens dizer que precisávamos ir depressa para a praça da Sé. Tinha começado a chegar muita gente ao comício, e quem estava lá, o Gregori e alguns outros, não estava sabendo o que fazer. Fomos para lá. E chegava gente, chegava gente. Não estávamos preparados para um comício tão grande. Não havia alto-falante que alcançasse o pessoal lá atrás. Não obstante, o pessoal não foi embora. Choveu, mas todo mundo ficou lá. O negócio depois disso se alastrou. O entusiasmo fez com que marcássemos novas manifestações. Até que a Globo foi obrigada a entrar, ela que não noticiava...

P - *Demorou. A Globo, no dia 25, disse que na praça da Sé tinha se comemorado o aniversário de São Paulo...*

R - Demorou. Mas foi aí que realmente pegou fogo. Quando mediatizou. Aí deu o curto-circuito. A questão da direta pegou. Mas o início foi como eu disse. Foi uma teimosia do Montoro. Todos os cálculos realistas indicavam que não havia condições de se realizar aquele comício.

P - *Por que a campanha acabou pegando? O que havia no país que não tinha sido detectado e que, no entanto, provocou aquelas manifestações enormes?*

R - Acho que já havia uma insatisfação muito grande com a situação, com o regime autoritário. E o regime autoritário tinha começado a abrir a imprensa, com o Geisel, o Golbery... A mudança foi possível por isso.[46]

CURTOS-CIRCUITOS (OU: COMO AS SOCIEDADES MUDAM)

P - *Também não influenciou o fato de que a economia ia mal?*
R - Sim, a economia começou a cair, houve o Setembro Negro de 82.[47] Ao mesmo tempo, a imprensa já estava mais livre, embora não totalmente, e aí ficou incompatível — o país ficou incompatível com o regime. Disso resultou um curto-circuito que não teve como efeito imediato a eleição direta mas que acabou contribuindo fortemente para a democracia. O regime ainda foi suficientemente forte para impedir a emenda da eleição direta no Congresso, mas não para evitar, depois, a democracia plena. Não foi só o movimento das Diretas Já, claro. Também não foi só o Cohn-Bendit que fez o movimento na França. Vários pedacinhos do cristal têm que estar trincados, para você, de repente, dar um toque que quebra tudo. Certamente foi também o caso da Rússia.

P - *O senhor está citando exemplos de transição de regimes autoritários para a democracia, algo que se discutia muito na época.*

R - Eu discutia isso à exaustão, teoricamente e praticamente, com os companheiros intelectuais e políticos. A teoria predominante, academicamente e na esquerda mais ativa, não era de que houvesse uma transição do tipo da que houve no Brasil. Ou era pela luta armada, ou por não sei o quê. Foi tudo ao contrário. O Colégio Eleitoral — discutimos muito essa questão. Fui favorável ao Colégio Eleitoral. O Ulysses inicialmente era contra. Na nossa cabeça, era muito difícil aceitar que a utilização de um instrumento do regime pudesse mudar o regime.[48] Minha teoria na época era a seguinte: vai haver aqui uma mutação. Nem vai haver destruição do Estado pela sociedade, nem a sociedade vai se submeter mais ao guante do Estado. Essa fricção, ao longo do tempo, vai provocar uma mutação dos dois lados. Não houve mudança interna ao regime. A mudança foi externa e interna.

Universidade de São Paulo e da Universidade Estadual de Campinas.

46
Ernesto Geisel (1907-96), militar gaúcho, presidente da República (1974 -79). No seu governo, o quarto do ciclo militar, começa um processo — "lento, gradual e seguro", como ele próprio dizia — de abertura política, incluindo o fim da censura à imprensa e a revogação do Ato Institucional nº 5, pelo qual o presidente podia cassar mandatos, suspender direitos políticos e aposentar funcionários, entre outros poderes discricionários. Golbery do Couto e Silva (1911-87), militar gaúcho. Um dos principais ideólogos do regime militar. Como chefe da Casa Civil no governo Geisel, arquitetou e supervisionou a abertura política.

47
O Setembro Negro de 1982 é a crise econômica desencadeada a partir da declaração de moratória do México. A geral desconfiança e o corte de créditos aos países em desenvolvimento fez a crise alastrar-se, atingindo, inclusive, o Brasil.

48
O Colégio Eleitoral foi o instituto criado pelo

regime militar para substituir a eleição direta para presidente da República e governadores de estado. Para a eleição do presidente, era formado pelo conjunto dos deputados federais e senadores, mais representantes das Assembléias Legislativas. Constituído por maiorias fiéis que, de maneira lícita ou artificiosa, o regime costumava reunir, o Colégio Eleitoral apenas ratificava a eleição do nome previamente escolhido nos conciliábulos militares.

P - *Pelo que se depreende de suas observações, uma sociedade capaz de provocar mudanças como essa é uma sociedade mais ativa, mais reivindicativa, mais consciente de seus direitos e de sua força...*

R - Sem dúvida. Mais democrática. Quando digo que já temos uma democracia plena, e que há condições para uma radicalização da democracia, é isso.

P - *Mas não lhe parece que essa mobilização, esse movimento da sociedade brasileira, se dá mais facilmente quando o alvo é o poder e, mais ainda, o poder personificado — "Collor", "os generais" — do que em questões muito mais básicas do dia-a-dia? Por exemplo, a inflação. Afinal, a inflação era um problema, para as pessoas, muito maior do que Figueiredo, que na época das Diretas Já representava um regime em pedaços, ou do que Collor. Que mobilização houve contra a inflação?*

R - Nenhuma, curiosamente. Eu só me lembro de luta contra a inflação mais atrás. Era promovida pelo antigo Partido Comunista, e chamava-se "luta contra a carestia". Não se chamava de inflação, era carestia. "Movimento pela paz e contra a carestia." E a solução pregada sempre foi a mesma: o congelamento. Algo que se repete no Plano Cruzado. Você tem razão, não se conseguia mostrar que a inflação estava roubando o país, arruinando os pobres. E havia toda uma racionalização a respeito da inflação. Dizia-se que uma dose de inflação era necessária para o desenvolvimento econômico. O problema é que os que defendiam a luta contra a inflação tinham geralmente uma formação monetarista e, portanto, eram identificados com a direita. Então, o controle da inflação nunca foi bem-visto pela esquerda. A teoria era de que a inflação não era tão má assim, porque propiciava o desenvolvimento e podia dar emprego. Isso anestesiava setores que deveriam ser contra ela e que, em vez disso, a justificavam.

P - *Não pesava o fato de que muita gente ganhava com a inflação?*

R - Sim. A indexação encheu o bolso da burguesia brasileira. Os setores empresariais não perdiam, nem os orçamentos públicos, nem as classes médias que sabiam lidar com ela. Chegamos a uma situação dramática: só os pobres eram prejudicados.

P - *O senhor disse que no Plano Real também houve uma faísca que provocou o curto-circuito...*

R - A minha análise é essa. A de que a sociedade cansou da inflação. Chegou a um ponto em que houve uma saturação. Então, precisa-se de um fato que dê o curto-circuito. Esse fato foi o Plano Real. Nós apostamos e ganhamos, porque o país entendeu. Foi fantástico. Não eram coisas simples — havia a URV, uma moeda nova —, mas em uma semana todo mundo entendeu o que significava aquilo.[49]

49
URV, ou Unidade Real de Valor, é o indexador que passou a regular preços e salários antes da entrada em vigor da nova moeda, o real.

5

O PLANO REAL

A MONTAGEM DO PLANO — COMO MALAN E LARA
RESENDE SE JUNTARAM À EQUIPE — PÉRSIO ARIDA —
POR QUE O PLANO CRUZADO FRACASSOU — NEGOCIAÇÕES
COM O FMI — A IMPLEMENTAÇÃO DO PLANO —
CANDIDATURA À PRESIDÊNCIA — O DESIGN
DAS CÉDULAS DE REAL

28 / 10 / 97

[1]
Antônio Delfim Netto (1928), economista e político paulista. Ministro da Fazenda ou do Planejamento nos governos Costa e Silva (1967-69), Médici (1969-74) e Figueiredo (1979-85), ocasiões em que geriu, com amplos poderes, a economia brasileira. Deputado federal por São Paulo desde 1986.

[2]
José Sarney (1930), político maranhense. Deputado federal (1957-67). Governador do Maranhão (1967-70). Senador (1971-85). Presidente da República (1985-90). Em 28 de fevereiro de 1986,

Pergunta - *Quando foi nomeado ministro da Fazenda, o senhor acreditou desde o início que dava para controlar a inflação?*

Resposta - Acho que sim. Um pouco como o Montoro teve a percepção de que era o momento da campanha das diretas, eu, mutatis mutandis, tive a percepção de que dava para acabar com a inflação. Ainda quando era ministro do Exterior, em 92, percebi os primeiros sinais de recuperação da economia. Naquela época a percepção geral ainda era de que o Brasil estava mergulhado na crise. Isso vinha desde 1982, com o Delfim e o Setembro Negro.[1] Depois tivemos a moratória da dívida, com o Sarney. Embora houvesse crescimento econômico, no período Sarney a inflação galopou. No último mês daquele governo, chegamos a 80%. Depois que o Plano Cruzado não deu certo, repetiam-se os planos malsucedidos, e o Brasil perdeu o rumo.[2] Bem, quando eu era ministro do Exterior, recebia muitos empresários, estrangeiros e brasileiros. Eles estavam olhando a economia de uma maneira diferente, mais otimista do que a imprensa e mesmo do que nós, do governo. Fiquei com a seguinte impressão: o setor privado fez o ajuste, o setor público não. A economia passou por um período muito difícil, mas as coisas foram se ajeitando. Hoje os dados mostram que em 93, apesar da inflação, já tínhamos um começo de reorganização do setor privado. Tinha se retomado o crescimento, depois da catástrofe do Plano Collor, que foi o momento mais baixo de todos.[3] Eu viajava ao exterior e tentava explicar que, apesar da inflação, o Brasil tinha chances. Nunca me esqueço de uma ocasião, no Chile — e recordei disso há pouco, quando, já presidente, fiz uma conferência no Chile para uns quatrocentos ou quinhentos empresários. Daquela vez havia uns trinta e poucos, no subsolo de um hotel. Eu dizia: "A economia brasileira tem potencial, está crescendo". Eles reagiam com descrença. Os chilenos estavam contentes com o sucesso de sua economia. "E a inflação?", me perguntavam. Aí você morria, quando dava o dado da inflação. Ninguém entendia que, apesar da inflação, as empresas ganhavam, mas a verdade é que nessa época havia começado uma retomada, e a lucratividade aumentou muito. Quando fui levado ao Ministério da Fazenda, fiz na minha posse um discurso de improviso, como gosto — de improviso, não impensado —, e disse mais ou menos o seguinte: "O Brasil está numa situação em que as empresas estão líquidas, conseguiram recuperar-se. O problema é o Estado, é fiscal".[4] Acrescentei que tínhamos três problemas a resolver. "O primeiro problema é a inflação, o segundo é a inflação e o terceiro é a inflação." Essa fórmula eu tirei do Serra, que vivia dizendo isso.[5] Na verdade não havia nenhuma novidade. Todo mundo sabia que devíamos nos concentrar na luta contra a inflação.

P - *Como se articulou o Plano Real?*

R - Hoje o real tem muitos pais, mas naquela época não tinha nenhum. O plano chamava-se FHC. FHC-1, FHC-2 e não

lançou o Plano Cruzado, congelando preços e salários e mudando a moeda nacional, do cruzeiro para cruzado. A moratória da dívida externa, pela qual o Brasil suspendeu unilateralmente os pagamentos a seus credores externos, foi decretada em 20 de fevereiro de 1987. Senador pelo Amapá desde 1991.

3
O Plano Collor foi o plano de estabilização econômica lançado pelo presidente Fernando Collor de Mello em 16 de março de 1990, um dia depois de tomar posse. Sua principal característica foi o congelamento de contas correntes e investimentos, pertencentes a pessoas físicas e jurídicas, pelo prazo de um ano, a pretexto de promover um enxugamento monetário.

4
Fernando Henrique Cardoso assumiu o Ministério da Fazenda em março de 1993. Foi o terceiro ministro da Fazenda do governo Itamar Franco, seguindo-se a Gustavo Krause e Eliseu Resende.

5
José Serra (1943), economista e político paulista. Secretário do Planejamento no governo paulista de Franco Montoro (1983-87). Deputado federal

(1987-95). Senador
a partir de 1995. Ministro
do Planejamento no
governo Fernando
Henrique Cardoso
(1995-96). Ministro da
Saúde desde abril de 1998.
Fundador e um
dos expoentes do Partido
da Social-Democracia
Brasileira (PSDB).

6
Itamar Franco: ver nota 9
do capítulo 2.
Pedro Simon (1930),
político gaúcho. Senador
(1979-87). Ministro da
Agricultura (1985-86).
Governador do Rio
Grande do Sul (1987-90).
Senador novamente desde
1991. Líder no Senado do
governo Itamar Franco.
Roberto Freire (1942),
político pernambucano.
Deputado federal
(1979-95), senador desde
1995. Um dos dirigentes
do antigo Partido
Comunista Brasileiro,
liderou sua transformação
em Partido Popular
Socialista (PPS). Líder
na Câmara do governo
Itamar Franco.

7
Edmar Bacha (1942),
economista mineiro.
Presidente do IBGE
(1985-86). Presidente
do BNDES (1995).
Winston Frisch (1947),
economista carioca.
Secretário de Política
Econômica do Ministério
da Fazenda entre 1993
e 1995.
Gustavo Franco (1956),
economista carioca.

sei mais o quê, inventaram. Depois que deixei o Ministério é que se passou a dizer Plano Real. Mas isso não é importante. O problema fundamental, no início, era convencer. O primeiro a ser convencido era o presidente da República, e esse foi fácil. Itamar não queria outra coisa senão um plano antiinflacionário. Ele queria um novo Plano Cruzado. Essa era a visão sobretudo do Pedro Simon e também, um pouco, do Roberto Freire.[6] Queriam congelar e, se possível, prender um dono de supermercado. Seria a glória. Nós criamos, logo que fui para o Ministério, um plano chamado PAI — Plano de Ação Imediata. Éramos poucos, nessa época. O Bacha, o Winston Frisch, o Gustavo Franco, o Serra, que ajudou. O Clóvis Carvalho já era o secretário executivo.[7]

P - *O que previa o PAI?*

R - Basicamente, dizia que precisávamos pôr as finanças em ordem. Tínhamos que ser austeros, organizar o orçamento. Levei meu pessoal ao Itamar, e o Bacha explicou a teoria dele, com uma metáfora em que entrava um campo de futebol: ou todos se levantam juntos ou não. Com isso ele explicava a expectativa da inflação. Tínhamos também reuniões em São Paulo. Uma vez, o Chico Lopes me visitou em Brasília, levado pelo Malan. Luís Carlos Bresser, que é meu vizinho em Ibiúna, me dizia: "Tenho certeza de que você está fazendo um plano, porque quando fui ministro o Chico Lopes foi quem fez um plano para mim".[8] Eu desconversava. Um dia, peguei o carro, lá em São Paulo — sempre guiei o carro, jamais gostei de usar motorista...

P - *Na cidade de São Paulo?*

R - Sim, eu gostava de guiar, até para ficar mais solto. E também porque isso é bom, no Brasil. Era ministro da Fazenda, todo-poderoso, mas guiava o carro em São Paulo.

P - *E ninguém o perseguia? Nessa época o ministro da Fazenda era mais perseguido do que o presidente da República.*

R - Não, guiei muitas vezes. Só depois que me tornei presidente é que deixei de guiar. Peguei o carro e fui à casa do André Lara Resende, num domingo à tarde.[9] O Bacha tinha inventado um artifício chamado "otenização". Ou seja, transformar a OTN em moeda. Era já o começo da URV.[10] Além disso o Bacha estava reorganizando os orçamentos com o Congresso. Era o que pedia o PAI — pôr a casa em ordem. Nós não tínhamos informação. O Bacha estava começando a ver qual era a relação entre o Tesouro e o Banco Central. Depois publicou um "livro branco", mostrando as contas. A confusão era total, e nós tínhamos que enfrentar o problema. O Clóvis começou a reorganizar as dívidas dos estados, com a Caixa Econômica. Nesse dia em que fui falar com o André — devia ser junho de 93 —, encontrei-o no entusiasmo de sempre... O jeito dele é levantar e sentar, enquanto conversa, depois levanta de novo, ajeita as calças na cintura, senta, vai ficando nervoso. Ele fez uma exposição sobre o modo de conduzir a política monetária que achei altamente interessante. Eu disse: "André, você vai me ajudar a desenhar esse plano. Você só vai falar com duas pessoas, uma é o Malan" — o Malan na época era negociador da dívida em Washington e vinha aqui uma vez por mês, para me ajudar — "e a outra é o Bacha".[11] O Bacha tinha aceitado ficar conosco duas ou três vezes por semana, e acabou ficando o tempo todo.

P - *Por que se hesitava tanto em entrar para a equipe, nessa época? Será que ninguém queria assumir o compromisso por inteiro?*

R - Ninguém queria. Ninguém acreditava que fosse possível acabar com a inflação num governo de transição, e com o Congresso em pandarecos por causa do escândalo da Comissão de Orçamento.[12] Só eu achava que dava. Vou voltar

---

Secretário de Política Econômica do Ministério da Fazenda (1993). Diretor de Assuntos Internacionais do Banco Central (1993-97). Presidente do Banco Central desde 1997. Clóvis Carvalho (1938), engenheiro paulista. Secretário de Economia e Planejamento (1983-87) no governo paulista de Franco Montoro. Secretário executivo do Ministério da Fazenda (1993-95). Ministro-chefe da Casa Civil desde o início do governo Fernando Henrique Cardoso.

8
Francisco Lopes (1945), economista mineiro. Assessor especial do ministro do Planejamento (1986) e assessor especial do ministro da Fazenda (1987) no governo Sarney. Luís Carlos Bresser Pereira (1934), economista paulista. Ministro da Fazenda no governo Sarney (1987). Ministro da Administração desde o início do governo Fernando Henrique Cardoso.

9
André Lara Resende (1951), economista carioca. Um dos formuladores do Plano Cruzado (1985), no governo Sarney. Dos mais próximos conselheiros econômicos de Fernando Henrique Cardoso.

10
OTN é sigla de Obrigação do Tesouro Nacional, papel de valor indexado emitido pelo governo federal. Para URV, ver nota 49 do capítulo 4.

11
Pedro Malan (1943), economista carioca. Foi negociador-chefe para Assuntos da Dívida Externa de 1991 a 1993. Presidente do Banco Central (1993-95). Ministro da Fazenda desde o início do governo Fernando Henrique Cardoso.

12
Trata-se do escândalo que desvendou uma vasta rede de manipulação e desvio de verbas do orçamento federal por parte de parlamentares e funcionários que atuavam na Comissão de Orçamento do Congresso. Vindo à tona em novembro de 1993, após as denúncias de um dos envolvidos, o funcionário José Carlos Alves dos Santos, provocou uma Comissão Parlamentar de Inquérito que monopolizou as atenções da área política e resultou na cassação de seis parlamentares e na renúncia de quatro.

13
Paulo César Ximenes (1943), economista carioca. Presidente do Banco Central por seis

a esse ponto, que considero fundamental. Então, o André foi aos Estados Unidos e conversou com o Malan. Depois, conversei com o Bacha. Começávamos a desenhar um caminho alternativo. Numa dada altura, estou no Rio de Janeiro e sou surpreendido pela briga do Itamar com o Ximenes, que era o presidente do Banco Central. A questão era o cheque pré-datado. O Ximenes tinha baixado uma norma dizendo que era ilegal, e era mesmo. O Itamar ficou zangado, por causa dos pequenos comerciantes, e demitiu o Ximenes.[13] Mais um problema complicado. Ximenes não tinha sido nomeado por mim. Tinha sido nomeado no governo Itamar, mas antes. Eu o mantive. Não quis mexer muito nas pessoas, porque não acredito que isso ajude. De qualquer forma, tínhamos um novo problema. Isso deve ter ocorrido numa quinta-feira, porque na sexta-feira, 13 de agosto de 93, eu tinha um jantar aqui em Brasília, com o Malan e o André, para discutir o plano. Tinha pedido ao Serra para aparecer também. Ele viria depois do jantar, para reforçar. Pois o jantar agora se dava num outro clima. Estávamos com um novo problema, que era encontrar um presidente para o Banco Central. Começamos a conversar e surgiu a idéia de levar o Malan para o cargo. Ele não queria nem amarrado. Estava morando nos Estados Unidos fazia muitos anos. Desempenhava lá as funções de negociador da dívida, e as negociações estavam avançando. Finalmente, num dado momento, o André disse: "Pedro, se você aceitar, eu assumo a negociação da dívida". Os olhinhos do Malan brilharam. Forçamos, forçamos e eu disse: "Então, está feito". O Malan ainda objetou: "Não, falta falar com a Catarina". Catarina é a mulher dele. Acabou aceitando. Então telefonei para o Itamar, e só fiz isso duas vezes — telefonar para ele à noite. Digo sempre aos meus ministros, que me telefonam dia e noite: só telefonei para o Itamar, à noite, no Palácio da Alvorada, duas vezes, porque não gosto de chatear os outros. Eram umas onze da noite. O Itamar ainda não estava dormindo. Eu o chamei e disse: "Itamar, vou lhe passar o novo presidente do Banco Central, Pedro Malan".

Estava feito. Aí eu disse: "Agora vou lhe passar o novo negociador da dívida, André Lara Resende". Foi assim que eles assumiram esses cargos.

P - *Itamar já sabia que havia essa articulação com os dois?*

R - Não. O importante é que aí ficou mais fácil. Tinha mais gente para trabalhar com o Bacha. Vou chegar ao ponto que quero. Aí teve outro atrito no governo. O Stepanenko, que era ministro do Planejamento, brigou com o presidente do BNDES, o empresário Delben Leite.[14] Era mais um cargo a preencher. Eu estava em São Paulo, na casa do Beluzzo, conversando com a Conceição, nesse dia.[15] Queria colocar o Beluzzo. Assim teria uma aliança política mais ampla. Não sei por que razão, não deu. Surgiram então três nomes, em nossas conversas naqueles dias. Um era o Motta Veiga, o outro, acho, era o Gros, e o terceiro o Pérsio.[16] Telefonei para o Itamar e disse: "Há três nomes aqui. O Pérsio, a meu ver, é o melhor. Agora, se nomear o Pérsio, como já estou com o André e o Bacha, temos a equipe do Plano Cruzado de novo". O Itamar disse: "Então, é esse". Repetir o Plano Cruzado era tudo o que ele queria. Claro, nós todos queríamos o Pérsio. Com ele no BNDES, ficamos com uma tremenda equipe. Começou a discussão, entre nós, e a equipe achava que não dava para pôr o plano em prática nas condições políticas existentes. Diziam que era preciso ter controle sobre o Banco do Brasil, a Caixa Econômica e outros ministérios econômicos... O Banco do Brasil era presidido pelo Calliari, que tinha idéias completamente diferentes.[17] Achava que não havia problemas com o banco. Na nossa equipe diziam: "Não é possível! Esse homem não entende que o Banco do Brasil está quebrado?". Na verdade, pouca gente no governo se dava conta do tamanho do abismo.

meses, em 1993. Presidente do Banco do Brasil no governo Fernando Henrique Cardoso.

14
Alexis Stepanenko (1938), sociólogo nascido em São Paulo, radicado em Minas Gerais. Ministro do Planejamento entre 1993 e 1994.
Luiz Carlos Delben Leite (1945), economista e empresário paulista. Foi presidente do BNDES entre março e agosto de 1993.
BNDES é sigla de Banco Nacional do Desenvolvimento Econômico e Social, criado em 1952 para financiar a indústria nacional. Até 1982, chamava-se Banco Nacional do Desenvolvimento Econômico (BNDE).

15
Luís Gonzaga Beluzzo (1942), economista paulista. Secretário especial de Assuntos econômicos do Ministério da Fazenda no governo Sarney e um dos formuladores do Plano Cruzado.
Maria Conceição Tavares (1930), economista nascida em Portugal e radicada no Rio de Janeiro. Deputada federal pelo Partido dos Trabalhadores do Rio de Janeiro desde 1995.

16
Luiz Otávio da Motta Veiga (1950), advogado carioca. Presidente da Comissão de Valores Mobiliários (CVM) de 1986 a 1988. Presidente da Petrobrás (1990). Francisco Gros (1942), economista carioca. Presidente da Comissão de Valores Imobiliários (1977-81). Presidente do Banco Central em 1987 e, novamente, em 1991-92. Pérsio Arida (1952), economista paulista. Secretário de Coordenação Econômico-Social (1985-87) no governo Sarney. Presidente do BNDES de setembro de 1993 a dezembro de 1994. Presidente do Banco Central do início do governo Fernando Henrique Cardoso a junho de 1996.

17
Alcir Augustinho Calliari (1938), economista catarinense. Foi presidente do Banco do Brasil entre 1992 e 1995.

18
Mário Covas (1930), político paulista. Deputado federal (1963-69), cassado pelo regime militar. Prefeito de São Paulo (1983-87). Senador (1987-95). Governador de São Paulo desde 1995. Fundador

P - *Nem os bancos privados, aparentemente, se davam conta. A inflação era uma névoa que nublava as visões.*

R - No Brasil ninguém examina as contas. O Bacha examinava, e ficava horrorizado. Mas a equipe achava que, como condição prévia para o plano, eu precisava derrubar o presidente do Banco do Brasil, alguns ministros, e colocar não-sei-quem não-sei-onde. Eu dizia: "Desculpem-me, mas de política vocês não entendem. O Itamar confia em mim, mas não tem por que atender um pedido desses. Como posso chegar a ele e dizer: 'Vou salvar o Brasil, se você derrubar esse e aquele, e eu nomear esse e aquele?'. O presidente da República não sou eu".

P - *A equipe se impacientava com Itamar?*

R - Eu sempre fui muito respeitador do Itamar. Nunca o atropelei. O que disserem sobre isso é mentira. Acho que a hierarquia tem que ser respeitada. Sou bastante amigo do Itamar até hoje, e gosto dele. Todo mundo tentava nos intrigar, porque a imprensa me dava muita força, e também a sociedade, mas nunca deixei que isso atrapalhasse as nossas relações. Ele não entendia tecnicamente as coisas que eram colocadas pela equipe econômica, nem pretendia entender. Tinha uma visão mais tradicional. Realmente, preferiria congelamento, preferiria prender atravessador. Não entendia o problema do novo ângulo, como a maioria dos nossos políticos. Mas o Itamar é um homem sério. A equipe então analisava, analisava, e concluía que não havia condições políticas para o plano deslanchar. Um dia chamei o Mário Covas, o Ciro, o Serra, o Serjão, enfim, os políticos do PSDB, e os reuni com os técnicos, que aliás também eram do PSDB, — o Bacha, o André, o Pérsio.[18] Só o Malan não era, nem é inscrito no partido. Eu queria que os políticos cobrassem dos técnicos a execução do plano, porque já estávamos em outubro de 93 e era hora de ele ser implementado. Fui aos Estados Unidos e falei com o pessoal do FMI, todos muito céticos.

P - *Céticos por quê?*

R - Há assuntos em que não posso entrar. Só mais tarde. Havia opiniões surpreendentes, sobretudo do que hoje é o segundo do FMI, Stanley Fischer.[19] Numa certa altura, ele, que ajudou muito, propôs um congelamento temporário. É muito interessante essa história. O FMI nunca apoiou formalmente o Plano Real.

P - *A essa altura o plano já estava todo estruturado?*

R - Mais ou menos. Não havia consistência macroeconômica, as contas não batiam. E a maioria não acreditava que pudesse dar certo por causa da situação política — o Congresso em pandarecos, a recente crise do impeachment, o governo transitório. Nessa reunião com os políticos do PSDB, o Mário foi muito insistente. Tínhamos que fazer alguma coisa, dizia ele. Senão íamos ficar a pé, eu e o partido. A minha tese — e nesse ponto ia contra a maioria — era que a situação política nos favorecia. Eu achava o contrário do que a equipe econômica achava. Dizia: "Vocês estão rigorosamente equivocados. A única possibilidade de pôr ordem no orçamento é aproveitar que o Congresso está em grande desordem". A Comissão de Orçamento jamais concordaria em perder poder, se já não tivesse perdido. Eu dizia: "Vou lá e tiro o orçamento do jeito que vocês querem". E tirei. Fui ao Congresso e à Comissão de Orçamento infinitas vezes. Briguei de maneira violenta com muitos deputados. Mas consegui, só na conversa, que o Congresso cortasse 50% do orçamento. Era senador, tinha essa vantagem. Podia falar de igual para igual com os parlamentares.

---

e um dos expoentes do Partido da Social-Democracia Brasileira (PSDB). Ciro Gomes (1957), político nascido em São Paulo, com carreira no Ceará. Governador do Ceará (1991-94). Ministro da Fazenda do governo Itamar Franco (1994). Sérgio Motta, o "Serjão": ver nota 3 do capítulo 3.

19
Stanley Fischer (1943), economista americano nascido em Lusaka, em Zâmbia. Ex-chefe do Departamento de Economia do Massachusetts Institute of Technology. Vice-diretor-gerente do FMI. FMI é sigla de Fundo Monetário Internacional.

20
Dilson Funaro (1933-89), empresário paulista. Secretário do Planejamento e Fazenda (1968-70) do governo paulista de Abreu Sodré. Como ministro da Fazenda do governo de José Sarney (1985-87), implantou o Plano Cruzado.

P - *O senhor acha então que, sem o escândalo do orçamento, não conseguiria criar as condições para o plano?*

R - Ah, sim. Sem escândalo não sairia. Minha visão era a seguinte: nenhum poder banca um plano como este. Ele é contra o poder. Ele mina o poder dos poderosos. Portanto, só pode passar numa situação caótica, em que não haja força política organizada. Se nós temos um rumo, vamos avançar que o momento é este. Aí optamos por um caminho que era o que queriam o Pérsio e o André — explicar. Explicar tudo exaustivamente. O país em princípio não acredita em economista, porque muitos planos fracassaram. O país não acredita em governo, porque acha que governo mente. Só há então uma coisa a fazer: falar, explicar. Falei todos os dias. Falava no rádio, na televisão. Explicava e dizia tudo o que ia fazer. Falei com os sindicalistas. Nada do Plano Real foi feito sem ser anunciado. E o pessoal, sempre: "Ministro, a quanto vai estar a inflação no fim do ano?". Eu dizia: "Não sei". Eles só queriam saber isso, para me pegar, para não dar certo. Há na tecnocracia o medo de entrar em muitas explicações — medo de sabotagem, de manipulação na bolsa. Minha tese, e também a do André e do Pérsio, era que, ao contrário, devíamos explicar.

P - *Mas Funaro também cansou de explicar o Plano Cruzado. O plano foi lançado de surpresa, ao contrário do Real, mas depois Funaro passou meses e meses explicando.*[20]

R - E teve sucesso. É que explicar não basta. O plano precisa ser consistente.

P - *No que o Plano Real foi mais consistente?*

R - Acho que a grande idéia do Real foi a URV. Para arrancar a URV, foi outra luta. Houve uma reunião que durou horas, com o governo — o Itamar e alguns ministros. O Barelli, apavorado, era contra, porque achava que ia tirar dinheiro dos trabalhadores. Os militares do EMFA eram contra, porque achavam que seus salários perderiam.[21] O Itamar estava temeroso, mas ao mesmo tempo confiava em mim. Pensei em pedir demissão duas vezes. O Mário Henrique Simonsen tinha uma frase interessante: "A URV é como alguém que está esquiando. Pode deslizar bem, mas pode também haver um tombo fatal".[22] Saí desse dia dificílimo e fui anunciar ao país a novidade: a partir de 1º de março de 94 — no dia seguinte — teríamos a URV. Sobretudo, expliquei bem as coisas numa entrevista com o Boris Casoy. Acho que fui melhor do que na Globo.[23]

P - *No Plano Cruzado não só houve muitas explicações, como também se deu a faísca, semelhante àquela que o senhor diz ter provocado o curto-circuito do Plano Real. O povo já estava saturado. Tanto assim que houve grande entusiasmo, e surgiram os "fiscais do Sarney".*

R - O problema do Cruzado não foi a falta da faísca, nem falta de explicação da parte do Funaro. Ao contrário, o Funaro conseguiu segurar o plano. O problema é que se errou na partida. É sempre fácil falar depois, mas acho que se errou em dois pontos. Um é que se deu um aumento real ao salário mínimo, no ponto de partida. Quiseram fazer a mesma coisa no Plano Real, mas eu resisti. A elite brasileira tem uma consciência culpada — e tem que ter mesmo —, então o primeiro impulso é resolver a pobreza no ato, na lei. Deram um aumento brutal de salário no ponto de partida do Cruzado, e isso teve um efeito explosivo. Nós garantimos o Plano Real quando convencemos o Congresso de que o ajuste dos salários tinha de ser feito pela média, e não pelo pico. O Delfim sempre pregava isso, e apostava que não iríamos conseguir. Foi muito difícil convencer a esquerda de que se tinha que fazer o ajuste pela média, e que isso não significava roubar o trabalhador. Se tivéssemos feito o ajuste de salário pelo pico, ocorreria o mesmo que com o Cruzado — arrebentava o plano.

21
Walter Barelli (1938), economista paulista. Diretor técnico do DIEESE (ver nota 8 do capítulo 2) de 1968 a 1990. Ministro do Trabalho (1992-93) no governo Itamar Franco. Desde 1995, é secretário do Trabalho no governo paulista de Mário Covas. EMFA é sigla para Estado-Maior das Forças Armadas.

22
Mário Henrique Simonsen (1935-97), economista carioca. Professor na Fundação Getúlio Vargas e um dos mais influentes porta-vozes do liberalismo econômico no Brasil. Ministro da Fazenda (1974-79) no governo Geisel. Ministro do Planejamento (1979) no governo Figueiredo.

23
Boris Casoy (1941), jornalista paulista. Apresentador, à época, do Telejornal Brasil, noticioso do Sistema Brasileiro de Televisão (SBT).

24
Michel Camdessus (1933), economista e administrador público francês. Diretor-gerente do Fundo Monetário Internacional (FMI) desde 1987.

P - *Qual foi o outro ponto em que o Plano Cruzado errou?*

R - O outro é que se tem que preparar a mudança nos chamados fundamentos da economia. Só deu certo o Real porque, primeiro, eu renegociei — eu, não, o Malan — a dívida externa. Essa renegociação foi penosa e terminou em Toronto, no dia 30 de novembro de 93. Ou melhor, ficou faltando uma coisa. Seria preciso que o Tesouro americano emitisse bônus, para trocarmos os títulos de nossa dívida externa. Para isso, seria bom que o FMI nos ajudasse. Conversei com o Camdessus pelo telefone em março.[24] Depois o Malan me chamou para ir aos Estados Unidos — se não fosse, dizia ele, não ia sair nada. Fui. Camdessus me recebeu privadamente — ele é uma pessoa de visão — e disse: "Não tenho condição técnica de dar apoio a seu plano, mas tenho o seguinte...". Ele puxou uma carta que tinha escrito, em francês. "Escrevi isso ontem, numa reunião", explicou. Na carta dizia aos bancos, num tom mais ou menos pessoal, que referendava o que nós estávamos fazendo. "Isso eu posso fazer", ele disse. Eu disse: "Isso é muito bom, Michel, mas há o seguinte: para fazer a renegociação, os bancos exigem que eu tenha os bônus de trinta anos do Tesouro americano, para lhes servir de garantia". Ele disse: "Mas você já tem os bônus". Realmente, nós tínhamos, porque eu e o Malan tomamos uma decisão corajosa e histórica, sem que ninguém soubesse, nem o presidente da República, e compramos secretamente os bônus. Geralmente, quando você quer comprar esses títulos, você negocia com o governo americano, e eles então emitem uma série especial para o país. Nós não fizemos isso. Compramos no mercado secundário, sem que ninguém soubesse.

P - *Nem o governo americano?*

R - Ninguém. Eles só descobriram no final, o Camdessus também, porque foi muito bem-feito. O Malan conversou comigo, e sugeriu a compra. O Malan é reservadíssimo. Ele disse: "Você autoriza?". Eu disse: "Pode fazer". Não informei nem o Itamar, assumi a responsabilidade sozinho. Tinha medo de que, se mais gente soubesse, e saísse na imprensa, o preço dos títulos subisse. O Gilberto Miranda, quando fui uma vez ao Senado, quis me questionar por isso e provar que tinha havido negociata.[25] Foi o contrário. O Malan fez uma coisa limpa no Banco Central, não se pagou comissão. Mas então, como estava contando, eu disse ao Camdessus: "Tenho os títulos, mas eles devem ser depositados numa instituição oficial, e não posso fazer o depósito sem o aval do FMI". Ele disse: "Você pode depositar no BID. Já me informei sobre isso e vou falar com o Iglesias".[26] A conversa terminou aí. Tivemos um almoço e depois demos uma entrevista coletiva, Camdessus e eu. Ele fez elogios ao programa brasileiro, mas o FMI continuou sem apoiar. Não deu o aval. Saí dali e encontrei o Iglesias, que me disse: "Tudo bem, pode depositar os títulos no BID". Então fui ao Tesouro americano, falar com o secretário Larry Summers.[27] Ele me recebeu de pé, dizendo: "Congratulations, mr. Minister". Ele sabia que tínhamos os títulos, e não se opôs a que os usássemos. Já tínhamos a negociação da dívida externa, portanto, quando fui com o Malan ao Canadá, onde assinamos a maior negociação já havida no mundo capitalista. Eram não sei quantos milhões de papéis, com setecentos bancos. Passamos a manhã assinando, e isso foi fundamental. Sem esse trabalho, não teríamos como levar adiante o Plano Real. Depois disso nunca mais ninguém falou de dívida externa no Brasil.

P - *E por que o FMI não quis dar o aval?*

R - Porque nossas contas eram muito ruins. Mas o Camdessus ajudou com seu empenho pessoal, e graças a isso, mais o fato de que tínhamos comprado os títulos, conseguimos fazer a negociação.

25
Gilberto Miranda (1947), empresário e político paulista, com atuação no Amazonas. Senador pelo Amazonas desde 1995.

26
Enrique Iglesias (1930), economista uruguaio. Diretor do BID desde 1988.
O BID, sigla de Banco Interamericano de Desenvolvimento, fundado em 1959, é um organismo internacional destinado ao financiamento de projetos de desenvolvimento dos países americanos.

27
Lawrence (Larry) Summers (1954), economista americano. Professor da Universidade de Harvard. Subsecretário do Tesouro (o que equivale a vice-ministro da Fazenda) do governo dos Estados Unidos desde 1993.

28

*O livro em referência é
Aventura e agonia — Nos
bastidores do Cruzado,
do jornalista Carlos
Alberto Sardenberg
(1987).
Na reunião de Carajás, no
Pará, realizada de 30 de
maio a 1º de junho de
1986, o então presidente
José Sarney convocou a
equipe econômica para
discutir os rumos do Plano
Cruzado. Reunidos na sede
do projeto de mineração
levado a efeito na região
pela Companhia Vale do
Rio Doce, os economistas
do governo, contra
a expectativa de Sarney,
levantaram então várias
objeções ao plano.
João Sayad (1945),
economista paulista.
Professor da Universidade
de São Paulo. Ministro do
Planejamento (1985-87)
no governo Sarney.*

29

*O Plano Cruzado II,
lançado no dia 21
de novembro de 1986,
consistiu basicamente em
aumento de impostos e
descongelamento parcial
de preços e tarifas, como
tentativa de salvar
o já então desacreditado
Plano Cruzado.*

P - *Não foram as imposições eleitoreiras, em 86, que puseram
o Plano Cruzado a perder? O congelamento foi sendo estica-
do até depois das eleições daquele ano, quando não havia mais
condições de mantê-lo.*

R - Sim. Nós apertamos a política monetária e a fiscal. No
Plano Cruzado, não se fez isso. Quando você lê os livros sobre o período — um deles é o do Sardenberg —, verifica
que na reunião de Carajás, em julho, os economistas, sobretudo João Sayad, diziam ao presidente da República que
o plano estava perdido.[28] Aí entrou o fator político, por causa das eleições. Ninguém queria tomar medidas de contenção. O Funaro foi ao Senado, em maio — eu era o líder do
governo no Senado —, e disse em sua exposição que ia acabar com o controle de preços em maio. Isto é: três meses
depois de o plano ter sido desencadeado, em fevereiro.
Apoiei o Dilson Funaro: "Acho que o ministro tem razão".
Mas o Sarney chamou a atenção do Funaro, porque a classe política brasileira sempre foi fascinada pelo congelamento. Fascinada por duas coisas: congelar e, no plano fiscal,
gastar. Já no nosso caso o Itamar estava de acordo conosco,
mesmo que não captasse todas as implicações do plano. Ele
confiou, e não pressionou pelo gasto.

P - *Eleitoralmente, houve muitos beneficiários do prolonga-
mento do congelamento, no Plano Cruzado.*

R - O PMDB ganhou a eleição de 86 de ponta a ponta. Mas
ganhou porque não se teve a coragem, ou, talvez, não a coragem, mas a visão, de que aquilo não podia ser feito. Em
fevereiro, tínhamos plantado tragédias futuras. Depois da
eleição, o que foi feito? O Cruzado II, que foi uma decepção
geral.[29] Quando inventaram que havia um FHC-2 foi para
fazer pendant com o Cruzado II. Era para atacar. Eu sempre disse: "Não há FHC-2 , é sempre o mesmo plano". E o
tempo todo havia gente dizendo que ia haver mudança. Era
o pior que podia acontecer. A população perderia a con-

fiança. "Agora que começou a mudar, quando vai parar?" A luta política, ou melhor, ideológica, nossa, nesse momento, era de convencimento. Era dizer que o plano era o mesmo, que não estávamos mudando nada. O clima em meio à população era de muito pouca credibilidade. Não só o Cruzado II desvalorizou o Cruzado I, como depois veio o Collor dizendo que o Lula ia mexer na poupança, e mexeu ele mesmo.[30] O trabalho foi técnico e político ao mesmo tempo. Tinha-se que refazer a credibilidade.

P - *O Plano Real, ao que parece, coincidiu com uma grande novidade, digamos, doutrinária: a percepção clara de que as grandes vítimas da inflação eram os pobres.*

R - Não há dúvida.

P - *No Cruzado essa consciência não tinha se espalhado pela sociedade. A implantação do Real não foi beneficiada por esse fato?*

R - Não há dúvida. Eu insistia muito nisso na explicação do plano, sobretudo com os líderes de sindicatos. Falei com todos, chamei todos ao Ministério da Fazenda. Nenhum, incluindo o Vicentinho, argumentou contra, quando eu explicava. Todos, ao sair, falavam contra.[31]

P - *Por que teria demorado tanto para surgir a consciência de algo tão simples?*

R - É que havia interesses organizados em torno da inflação, interesses materiais e interesses mentais. Muitos teóricos escreveram a favor. Havia também interesses financeiros. E o sindicalismo vivia disso, vamos ser claros: reivindicar aumento. Toda uma massa de sindicalistas se acostumou a ser altamente reivindicatória, e era um comportamento fácil, porque os empresários davam o aumento, muitas vezes até queriam dar o aumento, e o governo não se opunha. Era

30
Luís Inácio Lula da Silva (1945), militante político e sindicalista nascido em Pernambuco, com atuação em São Paulo. Presidente do Sindicato dos Metalúrgicos de São Bernardo do Campo, em São Paulo de 1975 a 1979. Principal líder do Partido dos Trabalhadores (PT). Como candidato do PT, disputou o segundo turno das eleições presidenciais de 1989 com Fernando Collor de Mello.

31
Vicente Paulo da Silva, o Vicentinho (1956), líder sindical nascido no Rio Grande do Norte, com atuação em São Paulo. Presidente do Sindicato dos Metalúrgicos de São Bernardo do Campo de 1987 a 1994. Presidente da Central Única dos Trabalhadores, CUT, desde 1994.

32
Antônio Britto (1951), jornalista e político gaúcho. Porta-voz do presidente eleito Tancredo Neves (1985). Ministro da Previdência Social no governo Itamar Franco (1992-94). Governador do Rio Grande do Sul desde 1995. Tasso Jereissati (1948), político cearense. Governador do Ceará de 1987 a 1991 e, novamente, desde 1995. Uma das principais lideranças do Partido da Social-Democracia Brasileira (PSDB).

33
Carlos Augusto Montenegro (1954), diretor do Instituto Brasileiro de Opinião Pública e Estatística, o IBOPE, tradicional empresa privada especializada em pesquisa de opinião. Eduardo Jorge Caldas Pereira (1942), funcionário do Congresso Nacional, nascido no Ceará. Assessor de Fernando Henrique Cardoso desde os tempos de Senado. Secretário-geral da Presidência da República desde o início do governo Fernando Henrique Cardoso.

tudo muito simples, porque depois vinha a inflação e comia o aumento. Era um jogo. Vinha um deputado e propunha: "Dobra o salário mínimo". Eu vetei aumentos do salário mínimo. Vetei como presidente e pedi para o Itamar vetar, como ministro. E me elegi. Por quê? Porque já havia a idéia de que os aumentos eram uma mentira.

P - *O senhor sentia que havia aprovação popular ao plano?*

R - Deixe-me contar um outro caso, já que estou com essa mania de pensamento selvagem, fugindo do abstrato e indo sempre para o concreto. Deixei o Ministério da Fazenda no início de abril, para me candidatar a presidente da República. Depois de muita discussão, se saía ou não saía, se me candidatava ou não, afinal resolvi sair, porque pensei: se eu não for candidato, o Itamar não tem em quem apostar. E, não tendo ele em quem apostar, eu, como ministro, não vou ter mais força. Vamos fazer o plano para entregá-lo ao Lula? Tentei lançar outros candidatos — tentei o Britto, tentei o Tasso —, mas não funcionava, não havia jeito.[32] Outros podem achar que não era assim, mas, na minha cabeça, ou eu era candidato ou acabava o Real, acabava o plano de estabilização.

P - *O senhor realmente cogitou outro candidato?*

R - Se houvesse um candidato com chance efetiva de ganhar, eu podia ficar no Ministério e assegurar o plano. Mas não apareceu. O Itamar também precisava concordar com isso, mas o Itamar sempre quis que fosse eu. Quer dizer, sempre não sei, mas, nesse ano de 94, ele queria. Então, o jeito era arriscar, porque, se eu ganhasse, o plano estava salvo. Além disso, as pesquisas me eram favoráveis. O Montenegro, do IBOPE, conversou comigo na casa do Eduardo Jorge e disse: "Ou é você ou o Britto, um dos dois, o candidato mais forte, mas o mais provável é você".[33] Então afastei-me, mas ainda houve outra complicação, porque, chegando maio, a equipe econômica voltou a ter medo de avançar. Faltava outro passo decisivo, que era sair da URV para chegar ao real, mas foi se postergando a mudança da moeda. Os empresários começaram a duvidar que eu pudesse ganhar a eleição. Conversei com o Itamar mais de uma vez. Ele também queria a implantação da nova moeda. Na equipe econômica, havia um que queria a mudança só depois da eleição. Eu lhes dizia: "Se for assim, vocês terão que discutir com o Lula, porque a população vai achar que não cumprimos o que prometemos. A URV está muito bem, mas é um estágio transitório. É só uma passagem para outra moeda". Chegamos enfim a um entendimento. Eu queria que a mudança fosse no começo de junho. A equipe, que fosse em julho. Chegamos ao acordo de que seria em julho, mas que uma medida provisória baixada em junho já fixasse a data. Assim foi feito. Eu tinha medo de que eles recusassem mais uma vez, se a data não estivesse previamente anunciada. Então, em 1º de julho, mudou a moeda. No dia 11 de julho — estou chegando no episódio que queria contar — fui à Bahia, a um comício preparado pelo Antônio Carlos Magalhães na cidade de Santa Maria da Vitória. Por alguma razão, o avião que tinha que me levar de Bom Jesus da Lapa a Santa Maria da Vitória não apareceu.[34] Peguei carona num outro avião particular. Estava com a Ana e o Chico, creio.[35] Sempre tive horror de entourage numerosa. Quando cheguei, me disseram que o Antônio Carlos estava irritado, por causa de meu atraso. Veja que eu era ainda um candidato fraco: os outros podiam se dar ao luxo de ficar irritados comigo. Ao chegar, entramos num carro. As cidades do sertão são bonitas. Em geral brancas, com ruas estreitas. Fazia um sol danado, e o comício seria ao meio-dia, na praça. No caminho, nas ruas, as pessoas gritavam: "Olha o homem do real", e pediam que eu desse um autógrafo, escrevendo nas notas. Alguém me disse para não fazer isso porque era ilegal. Eu disse: "Não é ilegal, porque minha assinatura já está nestas notas". As primeiras tinham sido assinadas por mim, como ministro da Fazenda. Então eu assi-

34
Antônio Carlos Magalhães (1927), político baiano. Deputado federal (1959-67 e 1970-71). Governador da Bahia (1971-75, 1979-83 e 1991-95). Ministro das Comunicações (1985-89) no governo Sarney. Senador desde 1995. Uma das principais lideranças do Partido da Frente Liberal (PFL).
Bom Jesus da Lapa e Santa Maria da Vitória são municípios do Oeste da Bahia, no vale do rio São Francisco, a mais de oitocentos quilômetros de Salvador.

35
Ana Tavares e Francisco Graziano eram à época os assessores mais próximos de Fernando Henrique Cardoso.

36
Luís Eduardo Magalhães (1956-98), filho de Antônio Carlos Magalhães; político baiano. Deputado federal. Presidente da Câmara dos Deputados (1995-96). Líder do governo na Câmara de 1997 até sua morte.
Paulo Souto (1943), político baiano. Governador da Bahia desde 1995.

nava em cima da assinatura já existente. E eles festejavam mais a mim do que ao Antônio Carlos. Quando chegou a hora do comício — estavam lá o Luís Eduardo, o Paulo Souto, que era candidato a governador, e vários outros —, as pessoas levantavam as notas na minha direção.[36] Levantar dinheiro na sua frente, em geral, é sinal de que você é ladrão. Mas ali era o oposto. Eles diziam: "Vale mais que o dólar". Pessoas que nunca viram um dólar na vida tinham orgulho, porque aquela nota valia mais que o dólar! Onze dias depois! A cabeça deles tinha mudado. Tinha mudado a relação da população com o dinheiro. O dinheiro passava a ser símbolo de algo positivo, e não aquela porcaria que vai embora, que se joga fora, que não vale nada.

6

GLOBALIZAÇÃO

A EXPANSÃO DO CAPITALISMO — INTEGRAÇÃO
DOS MERCADOS E DOS PROCESSOS DE PRODUÇÃO —
O CAPITAL ESPECULATIVO — NECESSIDADE DE DISCIPLINÁ-LO
— A CRISE DO ESTADO NACIONAL — PROPOSTA
DE DISCUSSÃO DE UMA NOVA ORDEM INTERNACIONAL
— AS CRÍTICAS DA ESQUERDA — FUNÇÃO DOS FUNDOS
DE PENSÃO — GLOBALIZAÇÃO E IMPERIALISMO
— GLOBALIZAÇÃO E CULTURA

28 e 29 / 10 / 97

Pergunta - *Que é globalização?*

Resposta - Ontem li um artigo de jornal dizendo que a globalização não é nada mais, nada menos do que a continuação do sistema capitalista. É verdade. É a continuidade do sistema...

P - *...favorecida pelos meios de comunicação.*

R - Pelos meios de comunicação. O que há de novo? Na época do capitalismo comercial, o que você teve? Uma expansão do sistema...

P - *...favorecida pelos novos meios de transporte.*

R - Exatamente. Foi o que permitiu a expansão do capitalismo no mundo. Quando se lêem os grandes clássicos, crí-

1
*Karl Marx: ver nota 10
do capítulo 4.
Rosa Luxemburg
(1870-1919),
revolucionária e ideóloga
socialista alemã, de
origem polonesa.
Ao liderar, juntamente
com Karl Liebknecht,
um levante comunista,
foi fuzilada em plena rua.
Autora de A acumulação
do capital (1913).*

ticos ou não do capitalismo, percebe-se que todos eles pensam no capitalismo em nível mundial. Marx, Rosa Luxemburg.[1] A vocação do capitalismo é sua expansão universal, revolucionando os outros sistemas. Isso é Marx. Mudando todos os demais sistemas, submetendo-os. Não cabe entrar muito na história do capitalismo. O que há de novo, nesse mesmo processo, hoje? Muita coisa. Primeiro, o que você mencionou: comunicação. Comunicação instantânea, em tempo real. Ontem, antes de dormir, acompanhei a bolsa de Hong Kong. Era de manhã lá. Segundo, temos a informática dentro do sistema produtivo. Ela permite a distribuição espacial da produção de uma maneira nunca pensada antes. Pode-se fabricar um pedaço do produto aqui e outro longe. E o controle da produção não depende de estar perto da máquina. Isso vem com as multinacionais. Quando escrevi o livro sobre dependência e desenvolvimento, não tínhamos palavras para expressar o que estava acontecendo. Não se falava nem "multinacional", era "truste", quanto mais "globalização". Mas usei uma expressão que indicava o que está acontecendo: eu falava numa internacionalização dos mercados. Nesse mesmo livro, falava numa industrialização da periferia. Ora, a industrialização da periferia é trazer para os países periféricos, como o Brasil, o sistema produtivo. E quando se faz isso, eu dizia lá nesse livro, entre várias outras coisas que escrevi nos anos 60 e começo dos 70, modifica-se a relação entre o "interno" e o "externo". Toda hora me criticam, sobre essa questão da dependência, atribuindo a mim pensamentos tão bobos, tão sem sentido...

P - *O que o senhor queria dizer, que não foi compreendido?*

R - Eu descrevia uma nova forma de vinculação. Uma mudança que não ocorria só nos mercados, mas também na produção. Essa nova forma fazia com que o que era "externo" — a produção — virasse "interno". Estava solidarizando a produção estrangeira com o mercado interno. Isso me rendeu grandes brigas, nos anos 70. Diziam-me: "Então, você está justificando...". Não estava justificando nada — descrevia um processo objetivo do que hoje se chama "globalização". E dizia que isso provocava uma mudança nas relações sociais de produção. Criava uma classe trabalhadora, uma nova classe média, modificava a sociedade. Era uma relação diferente de vender matérias-primas e importar produtos industrializados. Na época eu debatia com a esquerda — comunista, guevarista etc. —, para a qual só haveria mudança com revolução. Dizia: "Está havendo mudança sem haver revolução. E está havendo com desenvolvimento". Nesse quadro, quais eram os laços de dependência? Eram o tecnológico e o financeiro. Isso está no meu livro de 66-67.

P - O senhor quer dizer que seu livro já previa tudo o que está acontecendo hoje?

R - Tive apenas um bom palpite. Depois, muitos outros trabalhos foram escritos, muito mais importantes. Naquele momento eu defendia pontos de vista diferentes dos que normalmente circulavam, mas fazia isso de forma incompleta. Não tinha a percepção efetiva de muito do que estava ocorrendo. De qualquer forma, o que importa, agora, é outra coisa. O que temos hoje é a interligação dos mercados e a interligação do sistema produtivo. O Embraer-145, fabricado em São José dos Campos, tem um pedaço feito no Chile e outro na Espanha. A Embraer, por sua vez, faz para a Boeing um pedaço de asa. O sistema produtivo passou a se espalhar por várias partes do mundo numa nova logística, para maximizar recursos. Isso é um aspecto da globalização. O aspecto da produção. A nova maneira de operar das multinacionais, ou transnacionais, ou que nome tenham. Mas há um outro aspecto, que é o financeiro, o capitalismo financeiro.

2
Lord John Eatwell (1945), cientista político inglês.

P - *O capital não é internacional faz muito tempo?*

R - Sim, mas ficou muito mais. E trouxe consigo um fenômeno que não sei se poderia existir separadamente da globalização da produção, que é a alta especulação possibilitada pelos computadores e pela conseqüente virtualização do dinheiro. A riqueza virtual somou-se à globalização da produção e à interligação dos mercados. Os anos 70 e 80 não eram assim. Inclusive, os bancos deixam de ter a função principal nesse sistema, cedendo lugar aos fundos de pensão e fundos de especulação. Porque os bancos, de certa maneira, são estruturas fixas. Têm interesses na economia produtiva, um portfólio de investimentos em empresas. O grande capital financeiro foi criticado a vida inteira. Mas o capital financeiro tradicional é benigno diante desse de hoje, perverso como jamais houve na história. Ele é talvez a explicitação, em sua forma mais acabada, de que o sistema capitalista contém um elemento de azar, de jogo, de especulação pura. Agora, o que é mais grave — grave e interessante ao mesmo tempo, grave para o político, interessante para o sociólogo —, é que o virtual passou a comandar o real. A especulação pode acabar comandando o processo produtivo. Claro, na crise clássica já se dizia isso. Joga-se na bolsa, perdem-se ativos... Mas, jogando na bolsa, estava-se jogando sobre papéis com correspondência na produção. Agora não é mais assim. Joga-se sobre apostas futuras. Li, recentemente, um livrinho muito interessante, um pouco desatualizado mas muito interessante, de um inglês, Eatwell, diretor do Queens College.[2] Ele diz: "Está tudo de cabeça para baixo, e o grave é que esse sistema internacionalizado, altamente especulativo, condiciona o comportamento de todas as economias".

P - *Por quê?*

R - Porque, como tudo passou a ser expectativa, os gestores da economia, no mundo inteiro, funcionam olhando para o que chamam de "mercado", e o que chamam de mercado é isso. Em cada país, as regras de câmbio, as regras de juros, todas as medidas de monitoramento da economia, passam a funcionar ligadas aos movimentos desse mercado especulativo. E tem que ser assim mesmo, pois esse mercado, que não teria importância se não afetasse a economia real, na verdade afeta. O primeiro político que manifestou preocupação com isso, em conversa comigo, depois que fui eleito presidente, foi o primeiro-ministro do Canadá, Jean Chrétien. É um homem interessante. O Canadá tinha sofrido um ataque especulativo, como se diz hoje, embora pequeno, e ele estava preocupado.[3] Depois fui à CEPAL, e fiz um discurso dizendo o seguinte: "Se eu fosse diretor da CEPAL, pararia tudo para me concentrar num estudo sobre possíveis maneiras de disciplinar os novos fluxos de capital internacional e seus movimentos selvagens. O Sistema de Bretton Woods não funciona mais. O Fundo Monetário e o Banco Mundial são insuficientes para resolver os problemas".[4]

P - O senhor diria que a própria governabilidade dos países fica comprometida?

R - No limite sim, e é isso que tenho dito. No limite, o que está acontecendo, em conseqüência dessa globalização, é que você não tem mais autoridade. Nenhum banco central tem. Nem o Fed americano tem.[5] Ele pode, até, mexer na taxa de juros, defender-se um pouco quando sente a economia americana ameaçada, mas não tem instrumentos reguladores disso. Isso não vai ser resolvido se não tivermos regras, aceitas internacionalmente, e não instituirmos instrumentos para fazê-las valer. Pateticamente, na última reunião do Fundo Monetário Internacional a que o Brasil esteve presente, eles propuseram o oposto. A liberação plena. Acabar com todos os controles. O Brasil se opôs a isso. Cada vez que houve reunião do G-7, mandei cartas aos presidentes e primeiros-ministros participantes — pode ver, estão aí nos arquivos — alertando para o descontrole eventual

3
Jean Chrétien (1934), político canadense. Líder do Partido Liberal e primeiro-ministro desde 1993.

4
CEPAL, sigla de Comissão Econômica para a América Latina. Criada em 1948, é organismo das Nações Unidas, com sede em Santiago do Chile, destinado ao estudo de políticas de desenvolvimento para os países latino-americanos. Sistema de Bretton Woods: acordos e instituições financeiras estabelecidos na Conferência de Bretton Woods (New Hampshire, Estados Unidos), que reuniu 44 países, em julho de 1944, para estudar a reorganização das relações econômicas internacionais, após a Segunda Guerra Mundial. Ali se originaram o Fundo Monetário Internacional (FMI), encarregado de zelar pelo equilíbrio entre as moedas e a estabilidade das trocas internacionais, e o Banco Mundial, ou BIRD (Banco Internacional de Reconstrução e Desenvolvimento), voltado para projetos de desenvolvimento dos países-membros, em especial, nos anos do pós-guerra, para a reconstrução da Europa devastada.

5
"Fed" é abreviação de Federal Reserve Board, o Banco Central dos Estados Unidos.

6
"G-7" é como é conhecido o grupo dos sete principais países industrializados (Estados Unidos, Alemanha, França, Grã-Bretanha, Itália, Canadá e Japão), que costuma manter reuniões periódicas para tratar de problemas econômicos e financeiros de interesse comum.

e a crise nesse sistema.[6] A conjuntura é vantajosa, para discutir essa questão com os países ricos, porque não estamos numa situação clássica de dependência. Nessa, há um fator em que o mais forte pode destruir o mais fraco. Agora, não. Temos uma situação em que todos podem ser atingidos, fortes e fracos. Hong Kong tem uma economia forte, com dezenas de bilhões de dólares de reserva, e, no entanto, tem sido submetida a duras pressões especulativas.

P - *Fortes sistemas previdenciários nacionais não desarmariam esse esquema? Não esvaziariam o nervosismo com que os fundos de pensão atuam, ou mesmo não os deixariam sem sentido?*

R - Isso se eles se limitassem a atuar em seguros.

P - *Para ser um pouco reducionista, e mesmo simplório, tudo não se resumiria à falta de um forte sistema previdenciário do Estado americano? Embora sabendo que isso nunca vai acontecer, pela filosofia mesma em que se assenta o Estado americano, um sistema de previdência nesse país não esvaziaria pela metade a correria dos fundos em busca de lucros cada vez maiores e mais rápidos, ao redor do mundo?*

R - O problema é global, portanto temos que procurar soluções globais para ele. Você tem razão em imaginar que na raiz da questão está a incerteza com relação ao futuro. Os fundos procuram garantir o futuro de seus associados. Nós vivemos uma crise do bem-estar social. Não só do Estado de bem-estar social, mas do bem-estar social em si. Este é um problema central no mundo. Pensar no futuro. E que não tem resposta globalizada. Temos que pensar em humanidade, como Gorbatchóv propôs. De qualquer maneira, parafraseando Marx, um fantasma ronda o mundo — o fantasma dos capitais especulativos. Até que ponto isso pode provocar uma crise do capitalismo, mesmo? E provocando, qual a alternativa?

P - *Seu discurso, fazendo a crítica da globalização, parece o de um oposicionista.*

R - Não, a oposição está errada, porque olha isso do ângulo nacional. Não há solução nacional para a questão. Vivo dizendo: globalização não é um valor, não é algo que você queira. Existe. E precisa de controles, porque está indo para um caminho perigoso. A oposição erra ao confinar o debate ao Brasil, ou ao governo, ou ao meu governo. A crítica da globalização tem que ser global. E essa crítica faço sempre que posso. Há essa acusação ridícula, contra a qual me rebelo sempre, de "neoliberalismo". Você é a favor do neoliberalismo? A favor de quê? Da inexistência de regra? Isso não funciona. Eu quero regras. Na questão da reforma do Conselho de Segurança da ONU, desde que fui chanceler, tenho dito a mesma coisa: não adianta ter uma cadeira permanente no Conselho de Segurança, do que precisamos é de um sistema de segurança.[7] Precisamos, colocando as coisas utopicamente, de um governo mundial. Até há pouco, eu podia fazer uma boutade: "O melhor para o Brasil não é ordem nova, é desordem". Há alguns anos dei um depoimento em que dizia isso. Desordem é melhor do que uma ordem, na qual você será submetido. Mas agora não posso mais dizer isso. Tem de haver uma ordem. Isso é uma questão para o terceiro milênio. Imaginar que o governo é a favor da globalização, ou que a apóio, é idiota. Trata-se de um fato real, da estrutura do sistema produtivo.

P - *Por tudo isso que o senhor diz, o Estado nacional está em crise?*

R - Total. É o que estou dizendo. Não temos instrumentos para enfrentar o problema. Falta um Estado mundial, uma espécie de Constituição do mundo, que declare os direitos dos povos, diante da especulação. Claro, estou no terreno da utopia. Não posso me permitir entrar muito nele como presidente da República, mas como intelectual gostaria mui-

7
O Conselho de Segurança, principal órgão das Nações Unidas, tem por objetivo garantir a paz mundial, o que significa arbitrar os conflitos entre países, censurá-los, impor sanções e, no limite, determinar intervenções militares. É composto de quinze países, sendo cinco membros permanentes, com direito a veto a qualquer resolução (Estados Unidos, Rússia, Grã-Bretanha, França e China), e dez temporários, eleitos de forma rotativa. Discute-se atualmente a reforma do Conselho de Segurança, com o objetivo de ampliar o número de seus membros, sobretudo os permanentes. O Brasil é candidato a uma cadeira permanente.

8
Francis Fukuyama (1952), cientista político americano. Autor de O fim da história e o último homem *(1992), livro em que defende que o desmoronamento do comunismo representa a vitória definitiva do liberalismo político e econômico.*

9
Arthur Schlesinger Jr.(1917), historiador americano. Autor de Mil dias — John Fitzgerald Kennedy na Casa Branca *(1965).*

to. Não concordo com o Fukuyama, com essa história de fim da história.[8] Não tem fim da história nenhum. Mas há uma nova história. É cedo, talvez, para vê-la com nitidez. Mas há, ou vai haver breve, uma nova história.

P - *Arthur Schlesinger é autor da seguinte frase: "O Estado nacional ficou pequeno demais para resolver os grandes problemas e grande demais para resolver os pequenos".*[9]

R - Bem posta a frase. Quando me perguntam: "Qual é o principal problema do Brasil?", digo sempre: "Não é aqui. O principal problema daqui não é aqui". As questões que dependem do Estado brasileiro, do nosso sistema político, por mais precário que seja, e da sociedade brasileira, temos condições de processar. Tome-se um problema dramático: reforma agrária. Nós vamos processar isso. Demora mais tempo, menos tempo, não vamos provocar nenhuma solução insensata, mas já entrou na agenda, o governo tem noção clara da questão e vamos processar isso. A crise fiscal do Estado brasileiro? Também dá para enfrentar. Não tenho medo. Agora, essa questão dos capitais selvagens surgida com a globalização, essa tem origem fora de nossas fronteiras. É um problema que não posso resolver sozinho.

P - *Como seria esse governo mundial, ou sistema mundial, de que o senhor fala?*

R - Não tenho isso formulado em concreto. Como é que a ordem mundial funcionou, desde sempre? Basicamente, pela força. A *ultima ratio*, nas relações internacionais, é a força. Quem tem exército pode mais do que quem não tem. Isso ainda é verdade, mas ficou mais complicado. O presidente Clinton, aqui mesmo, nesta sala, me disse algo muito interessante: "O Congresso americano pensa que é possível fazer relações internacionais com medidas legislativas". Ele citou como exemplo a Lei Helms-Burton. Há outros. Na questão do clima, discutida em Kioto, o Congresso decidiu que os Estados Unidos não podem pagar mais que outros países. O Congresso também não quis dar o *fast track* para o presidente negociar acordos comerciais.[10] Qual a conseqüência disso? Uma espécie de paralisação do sistema decisório, em matéria de relações internacionais, mesmo num país que é hegemônico. Há bloqueios internos e externos. Há constrangimentos impostos pela ausência de legitimidade para adotar certos procedimentos. Mesmo quando os Estados Unidos usaram a força, como no Vietnã, não atingiram seus objetivos. São ingredientes que levam a gente a concluir: os países mais fortes não têm mais a facilidade de outrora para impor uma ordem. Quando o presidente Clinton, que é um homem de sensibilidade, vem ao Brasil, ele percebe que não dá para chegar e impor seus pontos de vista, sobre a ALCA ou qualquer outra coisa.[11] O que ele nos diz é que é preciso fazer alianças, alinhavar parcerias. O mesmo ele faz com a Europa, com a China...

P - *O senhor está querendo dizer que a nova ordem mundial, dado esse quadro, terá de ser negociada?*

R - Isso mesmo. Na minha utopia, e utopia realista, como gosto de dizer sempre, embora seja uma contradição nos termos, já estão sendo assentadas as bases para a repactuação da ordem mundial. Não digo que seja amanhã. É diferente o tempo do intelectual e o do presidente. O do presidente são quatro anos. O intelectual pode pensar em cinqüenta anos, com tranqüilidade. Creio que, entrados no novo milênio, assistiremos a uma repactuação. E o que tenho a fazer, como presidente, é tentar assegurar para o Brasil um lugar na mesa de negociação.

P - *Mas como seria, substantivamente, essa nova ordem?*

R - Não posso ter isso em detalhes. Mas acho que vamos precisar de uma peça que seja uma nova Constituição do mundo. A Carta de San Francisco nasceu de uma guerra,

---

10
William Jefferson (Bill) Clinton (1946), político americano. Presidente dos Estados Unidos desde 1993. Visitou o Brasil em outubro de 1997. A Lei Helms-Burton, do nome de seus proponentes, senador Jesse Helms e deputado Dan Burton, aprovada em 1996, reforça o bloqueio econômico imposto pelos Estados Unidos a Cuba, prevendo inclusive sanções a empresas e cidadãos estrangeiros que venham a negociar com Cuba. Em Kioto, no Japão, realizou-se em dezembro de 1997 a Conferência das Nações Unidas sobre Mudanças Climáticas. O fast track, ou "caminho rápido", é um instrumento pelo qual o Congresso americano conferiria plenos poderes ao presidente para negociar acordos comerciais.

11
A ALCA, sigla de Área de Livre Comércio das Américas, será, de acordo com tratado assinado em 1994 pelos países americanos, um mercado comum unindo as três Américas. Os Estados Unidos desejariam vê-lo efetivado no ano de 2005. O Brasil defende um período de preparação mais dilatado.

12
A Carta de San Francisco é o acordo assinado por cinqüenta países, entre abril e junho de 1945, na cidade americana de San Francisco, instituindo a Organização das Nações Unidas.

de uma crise aguda.[12] Não vai acontecer isso no futuro. Não será a partir de uma guerra que se chegará a esse novo acordo. Mas temos de chegar a ele. E esse acordo não pode ser uma carta de princípios sem condições de ser imposta na prática. Tem de ser acompanhado de instituições que sancionem esses princípios, que os tornem obrigatórios e implementem punições a quem desrespeitá-los.

P - *Há países que perdem mas também os que ganham com a atual ordem — ou desordem — internacional. Não será difícil engajar a todos nisso que o senhor propõe?*

R - Acredito na razão. Nesse ponto continuo iluminista. Será ou a razão ou o caos, e é por isso que gosto de citar Gorbatchóv — ele dizia que é melhor a razão do que o caos. Tomemos um outro assunto — a luta contra as drogas. O Clinton disse coisas interessantes, a esse respeito, quando esteve aqui. Ele disse: "O que pode ameaçar os Estados Unidos, no futuro? É o crime organizado internacional". O crime que traz a droga, a violência. Isso na verdade ameaça todo o mundo. E está levando, queiramos ou não, a repensar muita coisa de interesse comum. As Forças Armadas devem entrar ou não no combate? Que regras devem ser impostas ao sistema financeiro, para evitar que haja lavagem de dinheiro? Pouco a pouco, está se criando uma legislação internacional sobre essas matérias. Não quero entrar nesse assunto muito delicado que é o da "soberania limitada", inventada pelos europeus...

P - *Mas não há uma limitação do conceito de soberania?*

R - Sim, quando se faz um acordo sobre o clima, ou sobre a droga, isso é sempre uma limitação. Quando se fala em limitar a soberania, isso, aqui, é sentido como ameaça ao território. Essa não é mais a ameaça. O mundo é outro.

P - *A questão toda não está sobretudo nas mãos dos Estados Unidos, a superpotência que restou?*

R - O problema dos Estados Unidos é enfrentar a si mesmos. Melhorar seu sistema de tomada de decisões, enxergar o mundo. Vivemos num período da história em que os países de maior peso são do tipo continental — os Estados Unidos, a China, o Brasil. Uma coisa é uma ilha, como a Inglaterra, dominar o mundo. A ilha sempre está olhando o mundo, é forçada a isso. Já os países continentais têm a tendência de olhar para si próprios. É por isso que eu disse uma vez que somos caipiras. Ficaram danados comigo, mas somos mesmo, nesse sentido, e os Estados Unidos também são. A diferença é que os Estados Unidos têm obrigações mundiais, e nós não temos. Nossas obrigações são mais regionais.

P - *O senhor acha que nossos vizinhos no continente ainda olham o Brasil como uma ameaça, como faziam num certo período do regime militar?*

R - Ainda agora dei uma entrevista para a imprensa da Venezuela. Eles queriam que eu admitisse que o Brasil terá um papel hegemônico na América Latina. Eu rechaço isso. Agora, não posso negar que o Brasil tem que ser um fator de organização, pelo menos, do espaço sul-americano. E a capacidade de liderança do Brasil dependerá de sua — vou usar uma palavra subjetiva — humildade. Tento agir assim. Quando houve essa questão com a Argentina, em torno da cadeira no Conselho de Segurança, o que eu disse? Disse ao Menem e disse em público: "O Brasil prefere uma boa relação com a Argentina a uma cadeira no Conselho de Segurança".[13] Porque se quisermos nos impor pelo argumento de que somos maiores, somos mais fortes, podemos até pegar a cadeira, mas vamos ficar sentados nela sozinhos. Isso não adianta. Temos que construir uma relação de liderança compartilhada.

13
Carlos Saúl Menem (1930), político argentino. Presidente eleito pela primeira vez em 1989, reeleito em 1995.

P - *Que papel caberia à China, nas negociações que o senhor imagina para uma nova ordem?*

R - Acho que a absorção da China, nesse sistema de decisões, é fundamental. Os americanos sabem disso. Olhando para a metade do próximo século, eles sabem que a China poderá ser ou o grande rival ou o grande companheiro. O lado do mundo que me parece mais complicado, para sentar à mesa, é o fundamentalista. Porque, para se construir um mundo compartilhado, é preciso ter valores mais flexíveis. Acho que a tolerância é o nome da paz, no futuro. O Brasil leva uma vantagem nisso. Aquilo que em outras épocas e outras situações foi nossa fraqueza — o espírito de conciliação, de tolerância — pode vir a ser a nossa força. O maior inimigo desse ideal de um mundo de decisões compartilhadas é o fundamentalismo, qualquer que ele seja. E mais intolerante ele fica quando tem raízes religiosas, como é o caso do fundamentalismo muçulmano. A China não é assim. É mais fácil pensar nela como parceira.

P - *Ela não seria fundamentalista do ponto de vista político?*

R - Se é que é assim, não acredito que dure muito.

P - *Mas se o regime muda, a China sobrevive?*

R - A China é muito forte. Eu a conheço pouco, mas acho que é muito homogênea. Tem Confúcio, tem fatores profundos de homogeneização. Ela não vai explodir, não vai se dividir.

P - *Como nação a China pode ser muito forte, mas como Estado já explodiu muitas vezes, ao longo da história.*

R - Mesmo como Estado, nesses anos todos de comunismo, a China deve ter se fortalecido. Não sei se isso se enraizou na nação chinesa, mas tomara que sim.

P - *Essa questão da globalização é um dos pontos em torno dos quais a esquerda implica com o seu governo...*

R - Porque não entende. A esquerda, ou essa parte da esquerda, confunde processo histórico com escolhas políticas. A globalização não é algo para você ser contra ou a favor. Ela existe, simplesmente. Pior ainda é que confundem também processo histórico com pessoas. O tempo todo, querem me derrotar. E se eu morro? Não vai mudar nada, substantivamente. Tenho falado sempre em aspectos do sistema que estão errados, tenho apelado por regras que o disciplinem. Portanto, há muita coisa com a qual não concordo. Mas e daí? O sistema é esse. Não tem outro. O que tenho que fazer, como governo, é, diante dessa realidade, ver de que forma posso melhor tirar proveito e de que forma posso melhor preservar os interesses do meu país. Eles confundem isso com a idéia de que apoiamos a globalização. Agora, nunca, nem teoricamente, colocam a questão: se estivessem no meu lugar o que fariam?

P - *A pergunta era essa: se a esquerda estivesse no seu lugar, o que faria?*

R - Não ficaria no poder, ou mudaria. Veja, como amostra, o que ocorre no poder local. No Espírito Santo, o governador deixou o PT porque o partido lhe impunha idéias e métodos incompatíveis com as exigências de governo, com o ato de governar. Aqui em Brasília não acontece isso porque eu estou por trás do governo. Quem paga a conta é o governo federal. E não vou fechar a torneira. Pergunte ao Cristovam Buarque.[14]

P - *Segundo algumas teorias, o crescimento dos fundos de pensão, ao redor do mundo, responderia tanto à necessidade de reforço dos sistemas previdenciários dos diversos países quanto à pressão do sistema financeiro para engrossar os capitais*

14
O governador do Espírito Santo que deixou o PT é Vitor Buaiz. Eleito em 1994, desligou-se do PT em agosto de 1997, após crônicas divergências com os militantes da seção local do partido.
Cristovam Buarque (1944), economista, acadêmico, romancista e político nascido em Pernambuco. Foi reitor da Universidade de Brasília. É governador do Distrito Federal desde 1995.

disponíveis, ou talvez até mais ao segundo fator do que ao primeiro. O que o senhor diz disso?

R - Qual é o problema que gera a necessidade do fundo de pensão? No caso brasileiro, a previdência, tanto para o setor estatal quanto para o privado, está montada com base num sistema de repartição, e não de contribuição. Isso quer dizer que a geração atual de trabalhadores e as gerações futuras, mesmo sem ter noção disso, estão assumindo a responsabilidade de manter as aposentadorias das gerações passadas. Se as passadas, ou mesmo as presentes, não contribuíram, ou não contribuem, na proporção do que vão receber, está se empurrando uma dívida para a frente. O sistema carrega um déficit crescente, com o qual alguém tem de arcar. Normalmente, pagava-se sob a forma de inflação, já que o Estado tinha de emitir para honrar o compromisso. O sistema contém, portanto, um furo. Por isso, queremos mudar, na reforma previdenciária que estamos propondo, do sistema de repartição para o de contribuição. No de contribuição, cada um contribui, pelo menos idealmente, na proporção daquilo que vai receber. O sistema será mais justo, mas isso não quer dizer que teremos altas aposentadorias. No setor público, algumas terão seu valor diminuído. E é aí que entram os fundos de pensão. Essa é a sua razão de ser. Quem quiser aumentar sua aposentadoria, contribui com um fundo de pensão.

P - *Mas o crescimento desses fundos não tem contribuído para aumentar enormemente os capitais que giram pelo mundo?*

R - Isso em si não é mau. Os fundos de pensão são de fato fundos de acumulação. O Chile hoje desfruta da condição de exportador de capitais. Por quê? Por causa dos fundos que se criaram lá. O Chile tem uma população de 14 milhões de pessoas, sua economia não absorve o capital disponível e então exporta os capitais mobilizados pelos fundos. Isso é bom porque gera recursos para investimentos.

Quando é que fica mau? Quando, em vez de investir na economia real, os fundos entram na ciranda financeira.

P - *Do que quase não dá para escapar.*

R - Sim, mas não é no fundo em si que está o problema. O problema é a ciranda. O sistema que gerou a ciranda.

P - *Mas o fundo acelera a ciranda.*

R - Sim, há um feedback nisso. Realmente o fundo acelera a ciranda. Nos Estados Unidos, há regras sobre os fundos. Por exemplo, eles não podem se apropriar de uma empresa porque, como existem para garantir a aposentadoria das pessoas, não podem se arriscar além de determinado limite. E se eles compram uma companhia siderúrgica e, de repente, a siderurgia entra em crise? Então, só podem comprar uma certa proporção das ações, e não virar dono das empresas. Para manter-se seguros, têm de aplicar seus recursos em várias empresas. Os fundos são geralmente de empregados, e empregados não são empresários. Eles não podem assumir riscos empresariais. Podem assumir riscos financeiros, contratando técnicos, não riscos empresariais. No Brasil, temos essa distorção. Os fundos estão se tornando empresários. Compraram, por exemplo, essa empresa de metais não ferrosos, a Caraíba.[15] Então, voltamos ao que digo sempre: precisamos de regras. Defendo o oposto do neoliberalismo, que prega a não-regra. O que está faltando no mundo é regra. Precisamos de regras mundiais e também de um Estado regulamentador, e essa questão dos fundos se inscreve nisso.

P - *Quais as instituições internacionais que poderiam formular e impor as regras de que, a seu ver, o mundo carece?*

R - Eu disse que sempre escrevo cartas para o G-7. O G-7 agora criou uma instituição chamada Sherpas, nome dos

15
A Caraíba Metais, empresa controlada pelo grupo Arbi, Cia. Paraibuna de Metais, Banco da Bahia e Banco Icatu, foi vendida em dezembro de 1995 a um consórcio de fundos de pensão de empresas estatais — Previ (dos funcionários do Banco do Brasil), Petrus (Petrobrás), Sistel (Telebrás) e Centrus (Banco Central).

16
O BIS, Bank for International Settlements, ou Banco para Compensações Internacionais, é um organismo com sede em Basiléia (Suíça), que tem como objetivo promover a cooperação entre os bancos centrais dos diversos países e facilitar as operações financeiras internacionais. É conhecido como "o banco central dos bancos centrais".

guias que atuam no Himalaia. Temos mantido conversas regulares com alguns "sherpas". O Brasil, por essa via, está participando das discussões do G-7. Mas o G-7 produz diretrizes mais simbólicas do que efetivas. Não tem legitimidade para se constituir em diretório do mundo. O FMI tenta ter uma atuação mais efetiva na área financeira. Mas sua missão é a de pregar uma maior liberalização do mercado, principalmente a ausência de regras, o que já se mostrou, pelo menos, muito arriscado. O BIS iniciou um processo regulamentador, com os acordos de Basiléia, e fez algumas sugestões, mas os países não os cumpriram.[16] Já a ONU está passando por uma crise financeira que se reflete na burocracia mas, de fato, vai muito além — é uma crise de vontade política. Não sei que instituições cuidarão do assunto, mas acho que ele merece um aprofundamento. Esse é um problema político global. Assim como temos uma economia global, temos um problema político global, e ele não aflorou de forma muito consciente. Não tenho visto muita coisa escrita sobre esse tema. Pouca gente está realmente apontando para essa direção.

P - O fato de não haver regras, nem se querer impô-las, não indica que, na verdade, muitos estão se beneficiando da atual situação?

R - Os especuladores...

P - Os especuladores e os países dominantes. Se não estivesse funcionando a favor deles, eles não estariam mais preocupados com a ausência de regras?

R - Talvez funcione a favor, mas com alta taxa de risco.

P - A pergunta então é: sua proposta de estabelecer regras não é, na verdade, a repetição de uma reivindicação de mais de vinte anos, no sentido de uma ordem internacional mais favorável ao mundo em desenvolvimento?

R - Mas não estou pensando no mundo em desenvolvimento. Eu já disse: esse capitalismo especulativo pode danificar o próprio centro do sistema. É claro que os países mais frágeis sofrem mais, mas veja o Japão — ele não está imune. Os Estados Unidos estão numa situação de muita prosperidade, mas podem vir a ter problemas também. Acho o seguinte: o mundo ocidental pós-Segunda Guerra Mundial e, sobretudo, pós-Muro de Berlim, ficou tão próspero que imagina que essa prosperidade é infinita. Um dia desses caiu-me nas mãos um livro chamado *O fim da inflação*. Estão pensando, de novo, que é o fim da história. Estão imaginando que houve um desfecho e que o capitalismo assegurou sua prosperidade para sempre. Não tenho a visão do século XIX e começo do século XX, de que a crise é inevitável — a catástrofe seria inevitável. Mas, entre não pensar que a catástrofe é inevitável e imaginar que a prosperidade é permanente, vai uma distância. A prosperidade não é permanente. E por que não? Porque o sistema é irracional. Ou seja, os fundamentos da crítica ao capitalismo, como um sistema irracional, são válidos. O que não se vê é o que colocar em seu lugar.

P - *Que fazer, diante disso?*

R - Acho que precisaria surgir, não digo um novo keynesianismo, mas uma nova teoria geral do capital, para explicar que não dá para o sistema funcionar sem regras. Por que falo em Keynes?[17] Porque, à sua maneira, ele disse que o sistema é irracional. E propôs, como solução, os investimentos do Estado e a criação de empregos. Por outro ângulo, ele levantou a mesma questão, quer dizer: ou tem governo, ou a coisa não funciona. Ou há um Estado que investe, numa fase de crise, ou se espera que o mercado opere a recuperação. O mercado pode até conseguir fazer a recuperação, mas a que preço? Arrasando muita gente. Mesmo que você argumente que os países ricos têm mais vantagens, e por isso não têm por que sentar à mesa, o que reconheço

17
John Maynard Keynes (1883-1946), economista inglês, dos mais influentes do século. Pregou a intervenção do Estado na economia para criar empregos e corrigir os desequilíbrios do mercado. Autor de Teoria geral do emprego, do juro e da moeda *(1935).*

que é verdade, cabe-nos insistir com eles para que concordem em sentar. Como o mundo nunca se defrontou com situação igual à atual, em que houve realmente uma unificação, uma "mundialização", como dizem os franceses, da economia, convém definir um certo número de instituições controladoras e estabelecer regras para o funcionamento delas.

P - *Essa sua visão não é um pouco fatalista? Não sugere que nada nos resta fazer senão aguardar um novo arranjo internacional?*

R - Quando analiso essa questão da globalização, não o faço diferentemente de quando analisava a questão da dependência, no meu livro sobre o assunto. O que eu dizia lá — e a teoria não é minha, é apenas uma aplicação — é que existem fatores universais, que condicionam os comportamentos de maneira universal, mas existem também fatores específicos, locais. A dinâmica da história não se dá pela imposição dos universais sobre os locais, nem com a explosão dos universais, que se contrapõem aos locais. Existem formas de inter-relação. No caso atual, da globalização, é a mesma coisa. Existem fatores que são de homogeneização global, e um deles foi essa crise das bolsas, com origem na Ásia. Mas esses fatores não obrigam, de maneira taxativa, a uma linha determinada de ação. Há variantes, e quanto mais você for capaz de organizá-las a seu favor, mais poderá tirar vantagens da situação.

P - *O senhor falou em dependência. O senhor concorda que a globalização é uma nova forma de dominação, ou pelo menos traz em si novos elementos de dominação?*

R - Concordo.

P - *Ela não seria então um novo nome para o velho imperialismo, como alegam setores da esquerda?*

R - Veja bem. Qual era a questão do imperialismo? A idéia era que havia dois tipos de países. Um que tinha capacidade, pela força, de impor suas regras, e que, no limite, fazia colônias, e outro que, dominado, não tinha função senão abastecer de matérias-primas e produtos primários o país central. Este tinha o monopólio da industrialização e da agregação de valor. O imperialismo era então sinônimo de não-desenvolvimento. Daí os livros publicados sobre estagnação, ou sobre a necessidade de revolução. Não se tinha alternativa, dentro da estrutura do mundo imperialista, em que ficavam mão-de-obra e matéria-prima de um lado, e tecnologia e poder de outro. Tendo em vista que, com a globalização, e aliás antes mesmo de se falar em globalização, capitais se deslocam para a periferia, temos um quadro diferente desse do imperialismo. Alguns autores clássicos do marxismo já haviam pensado nisso. Os revisionistas europeus, Bernstein, Rosa Luxemburg.[18] O próprio Marx pensava assim, na medida em que dizia que o capitalismo tem força expansionista, porque está sempre em busca do lucro, e com isso acaba se espraiando. A teoria do imperialismo é do século XX, não do século XIX. No século XIX, a visão era de que o capitalismo era revolucionário. Vejam-se os trabalhos de Engels sobre o Norte da África, ou as apreciações terrivelmente negativas de Marx sobre Bolívar.[19] Ou sobre a Índia, onde a penetração do capital inglês era saudada como indutora do progresso. No século XX, veio a teoria do imperialismo.

P - *Mas hoje também não temos duas classes de países?*

R - É diferente. A Europa se homogeneizou formidavelmente. Se se pega a Europa do século XIX e a de hoje, a diferença é brutal. Há o avanço do Sudeste da Ásia, mesmo da China. Há os NICs, os "newly industrialized countries", que agora chamam de "emergentes". Não há o mesmo quadro, e por isso não estamos repetindo a mesma história. Você pode dizer que há dominação — e há —, mas é outro tipo de do-

18
Eduard Bernstein (1850-1932), teórico e político socialista alemão. Um dos primeiros a revisar o pensamento de Karl Marx, propunha o conceito de "evolução" no lugar de "revolução". Autor de As suposições do socialismo e as proposições da social-democracia *(1899) e* Sobre a história e teoria do socialismo *(1901-04).*

19
Friedrich Engels (1820-1895), ideólogo e militante socialista alemão. Parceiro de Karl Marx em várias obras e iniciativas políticas. Autor de A situação da classe operária na Inglaterra *(1845) e* A origem da família, da propriedade privada e do Estado *(1884).*

minação, com outras conseqüências, e a formação de outras camadas sociais. Há possibilidades de outros tipos de
acumulação e um grau de liberdade maior. Há hoje um grau
de liberdade maior do que no passado. Temos mais liberdade, no Brasil, do que nos anos 30, 40 ou 50.

P - *O senhor está se referindo ao grau de liberdade do país,
em suas possibilidades de ação, ou das pessoas?*

R - Há um grau de liberdade maior do país e das pessoas,
mas estou me referindo ao do país. Não está havendo a repetição da história, com outra linguagem. Os fenômenos
são diferentes, e é diferente a natureza das relações sociais,
das relações econômicas e das relações políticas que sur-
gem em conseqüência.

P - *Quais serão os efeitos da globalização na cultura? Haverá
uma tendência à homogeneização?*

P - Aqui eu venho de novo com a minha utopia. Imagino
que no futuro, nesse mundo de poder mais compartilhado
e de responsabilidades compartilhadas, haverá mais respeito e tolerância, e, portanto, respeito à diversidade. Acho então que, em vez de um mundo homogeneizado, teremos o
mundo da diversidade. Haverá lugar para a afirmação nacional, e a cultura será o principal elemento disso. Nós aqui,
internamente, estamos indo nesse caminho. Nosso esforço
no Ministério da Educação, na mudança dos currículos, é
no sentido de valorização da diversidade e combate aos preconceitos. Sou a favor da radicalização da democracia, e isso implica o respeito à pluralidade e à diversidade. Não acredito que estejamos marchando para um mundo opressivo.

P - *As línguas nacionais não tendem a perder terreno para o
inglês?*

R - Acho que, crescentemente, o inglês será a língua de comunicação universal. O que não quer dizer, diga-se de passa-

gem, que nos próprios Estados Unidos o inglês seja a língua única. Os Estados Unidos já são, no mínimo, bilíngües. O espanhol é uma língua americana. O fato de você ter uma língua de comunicação universal não é novo. O latim foi isso. Como é que as pessoas se comunicavam, no Renascimento, à época da primeira globalização? Em latim. Em que língua escrevia grande parte dos autores? Em latim. Mas a língua de comunicação universal nunca é a nossa língua. Para expressar seus sentimentos, você recorre à sua língua. Você tem uma língua sua, que vai ser sua e acabou. O Brasil tem a vantagem de ter uma só língua, se é que isso é vantagem. E uma língua que não marca muito as diferenças entre as classes sociais. A televisão tem um papel nisso, a televisão e o rádio. Muitos ingleses não entendem o *cockney* de Londres. Eu não entendo. Nos Estados Unidos, não entendo o inglês do Sul e o inglês dos negros. Os americanos que não são do Sul e não são negros também não entendem. Mesmo no Chile — e note-se que o espanhol é uma língua muito homogênea —, a língua da classe erudita é muito diferente da do povo. Aqui, não. Concluindo, não creio que o fato de o inglês se tornar crescentemente uma língua de comunicação internacional seja em detrimento das outras línguas.

P - *Talvez seja em detrimento do próprio inglês. Shakespeare não reconheceria a língua que se fala na Internet.*

R - Exatamente, é outro inglês. Então, não acho que isso seja um fenômeno que deva nos angustiar. Veja, a queda da União Soviética nos oferece aqui, de novo, um exemplo interessante. A União Soviética impunha o russo como língua comum em suas fronteiras. Caiu a União Soviética, e as línguas nacionais voltam com força.

P - *Porque foi uma imposição. A Espanha franquista também impunha o espanhol a todo o país. Caiu Franco, e o catalão, o basco e o galego voltaram com força.*

20
Raúl Prebisch (1901- 96), economista argentino. Principal formulador das teorias desenvolvimentistas para a América Latina. Secretário executivo (1948-62) e principal inspirador da CEPAL (ver nota 4 deste mesmo capítulo).

21
Claude Lévi-Strauss (1908), etnólogo francês. Um dos principais teóricos do estruturalismo, o qual transportou da lingüística para as ciências do homem. Autor de Tristes trópicos *(1955) — em que recorda o período que viveu no Brasil como professor da Universidade de São Paulo, nos anos 30 —,* As estruturas elementares do parentesco *(1949) e da tetralogia* Mitológicas, *publicada entre 1964 e 1971.*

22
Hélio Jaguaribe (1923), sociólogo carioca. Autor de A filosofia no Brasil *(1957),* Condições institucionais do desenvolvimento *(1958),* Problemas do desenvolvimento latino-americano *(1967). Celso Furtado: ver nota 5 do capítulo 4.*

R - Já o inglês não é uma imposição. É natural, e aí não é grave. Essa história de originalidade na cultura é complicada. Veja o caso do barroco mineiro. Ele é barroco, o molde veio de Portugal, mas é também mineiro, porque aqui, com base no molde, fez-se outra coisa. Uma vez escrevi um artigo chamado "A originalidade da cópia". Era sobre Raúl Prebisch e a CEPAL.[20] Eu dizia que quase tudo o que foi feito na CEPAL, e incluo meus trabalhos nisso, outros já tinham feito. Não obstante, fizemos coisas originais. Os meios de comunicação hoje levam e trazem influência com muito mais velocidade, mas não vejo ameaça nisso. Tudo depende da noção de cultura. Cultura não é estática. Tem um dinamismo muito grande, embora também possua alguns invariantes em setores básicos, estruturais. Precisa-se pensar à la Lévi-Strauss para distinguir o que é invariante do que não é.[21] De qualquer forma, você tem uma enorme capacidade de reelaboração. E isso é que é cultura. Cultura não é repetir o molde, é reelaborá-lo. Uma vez fiz uma viagem ao Paquistão, com Hélio Jaguaribe e Celso Furtado, que me impressionou muito.[22] O Norte do Paquistão tem marcas do encontro entre as civilizações da Grécia e do Oriente. É o berço da arte gandara. Toda a Índia, quero dizer, o subcontinente indiano, é isso: o encontro da Grécia clássica com o Oriente. E depois há também a influência muçulmana. Grandes monumentos da Índia, como o Taj Mahal, são de inspiração muçulmana. A cidade que achei mais interessante, no Paquistão, é Lahore. É uma cidade lindíssima. E é o mundo islâmico encravado no subcontinente indiano. Cultura é isso. Não vá buscar a pureza do molde, isso é coisa platônica, um arquétipo. É cultura de armário.

7

A QUEDA DO MURO DE BERLIM. OS ATORES NA HISTÓRIA

O DESMORONAMENTO DO MUNDO COMUNISTA
— A SURPRESA QUE CAUSOU — OS EUA COMO
A SUPERPOTÊNCIA QUE RESTOU: HEGEMONIA
OU PREDOMINÂNCIA? — O PAPEL DA FRANÇA,
DA ALEMANHA E DA RÚSSIA — AVALIAÇÃO DE ALGUNS
ATORES NA HISTÓRIA: LÊNIN, STÁLIN E TRÓTZKI
— MAO TSÉ-TUNG — DE GAULLE E MITTERRAND
— HELMUT KOHL — FIDEL CASTRO, CHE GUEVARA
E A REVOLUÇÃO CUBANA

29 / 10 / 97

Pergunta - *Onde o senhor estava quando caiu o Muro de Berlim? Como recebeu a notícia?*

Resposta - Foi um soco no estômago. Estava no Brasil, em Brasília, no Congresso, pois era senador.

P - *Exatamente o que o senhor estava fazendo quando recebeu a notícia — estava no Senado, em casa?*

R - Não me recordo. Tenho até um pedacinho do Muro que um amigo alemão me deu. Eu tinha estado muitas vezes em Berlim. Fui à Alemanha Oriental, atravessei o Check-Point-Charlie.[1] Aquilo era amedrontador. Era impensável que tudo fosse ruir do jeito que ruiu.

[1] *O Check-Point-Charlie era um ponto de passagem entre Berlim Ocidental e Berlim Oriental, severamente vigiado dos dois lados, pelo qual se passava entre soldados armados e forte aparato militar, após minuciosa verificação de documentos. Um dos locais mais emblemáticos da guerra fria que dividia o mundo em duas metades.*

2
Albert Otto Hirschman (1915), cientista social nascido na Alemanha e radicado nos Estados Unidos. Auto-subversão, publicado em 1995, foi lançado no Brasil em 1996.

P - *Em que aqueles acontecimentos modificaram sua visão de mundo?*

R - O primeiro impacto foi um pouco na linha que já descrevi, com relação à França em 68 e à Polônia em 81. Como as pessoas, de repente, tomam decisões tão fora dos quadros? Há um livro do Albert Hirschman, *Auto-subversão*, cujo primeiro capítulo é sobre a queda do Muro de Berlim.[2] O Hirschman tem aquela teoria do "exit, voice and loyalty", que são, segundo ele, as possibilidades de ação — saída, voz ou lealdade. Quer dizer, ou você cai fora do jogo, ou tenta mudar o jogo, ou se submete. Ele diz que Berlim era interessante porque tinha televisão do outro lado e, de alguma maneira, os alemães orientais viviam, vicariamente, a experiência da liberdade. Havia gente que caía fora — *exit*. Saíam do cerco. Atravessavam o muro e fugiam. Mas não havia muita *voice*, não havia protesto, inclusive por causa dessa experiência de viver a liberdade pela televisão. Isso amorteceria a insatisfação. No entanto, eles acabaram criando aquele clima de desabafo que levou à queda do Muro.

P - *O que levou a isso?*

R - O Muro era a expressão de toda uma ordem antiga, e isso tem a ver com aquilo sobre o que já falamos, a teoria da mudança nas sociedades. Foi uma mudança, mutatis mutandis, do tipo da que houve no Brasil, do autoritarismo para a democracia. Aqui não houve a mesma dramaticidade, até porque a situação não apresentava o mesmo tipo de sufoco. Havia várias teorias de como o regime iria quebrar. Acabou quebrando porque houve uma mutação dos que tinham "voz", dos que protestavam, coincidindo com uma mutação dentro do sistema, que acabou afrouxando. Não é que, ao afrouxar, o sistema não pudesse reagir materialmente. É que tinha perdido a convicção de que era uma alternativa sustentável. É um momento em que se assiste a uma espécie de revolução. Na Europa Oriental, a sociedade ferveu por via dessas mesmas mutações, dentro e fora do sistema. As sociedades mediáticas mudam freqüentemente, em conseqüência das mudanças de estado de espírito. Nós, no Brasil, ficamos todos surpresos com o que acontecia no Leste europeu, mas talvez porque não estivéssemos acompanhando o que se passava por lá. Se houve alguém que previu essa mudança, e apostou nisso, foi Willy Brandt, antigo líder do Partido Social Democrata alemão.[3] Eu me encontrei com o Willy Brandt algumas vezes. Uma vez foi em Bonn. Ele tinha a convicção de que isso iria acontecer. Não era só uma análise, era uma aposta, quer dizer, ele apostou que isso iria acontecer.

P - *Mas ele certamente se atinha ao quadro alemão. Não chegava à União Soviética.*

R - Somente ao quadro alemão. Ninguém chegava à União Soviética. Com relação à União Soviética, só me lembro de ter ouvido algo semelhante uma vez, numa reunião na Itália, num convento próximo de Veneza. Lembro-me de que era Carnaval, porque um dia fui ver o Carnaval de Veneza. Nessa reunião havia uma delegação russa — estávamos em pleno regime soviético — e um dos membros dessa delegação fez uma exposição defendendo que mudanças profundas estavam ocorrendo na União Soviética. Ninguém levou a sério. Isso acontece com muita freqüência. Num outro plano, Mário Soares veio ao Brasil alguns meses antes da Revolução dos Cravos.[4] Há muitos anos tenho relação de amizade com Mário Soares. Ele foi a São Paulo, esteve no Cebrap, e tive dificuldade para reunir dez pessoas, num mesão que tínhamos no Cebrap, para escutar Mário Soares dizer que as coisas iam mudar em Portugal. Nunca me esqueço. Alguns meses depois, na data de aniversário da República Portuguesa, o Círculo Português Republicano organizou uma solenidade em São Paulo, como fazia todos os anos. Eu fui mais de uma vez. Era no bairro do Brás. Nessa ocasião, fiz um discurso cujo mote era que Portugal, para

3
Willy Brandt (1914-92), político alemão. Prefeito de Berlim (1957-66). Chanceler (primeiro-ministro) da então Alemanha Ocidental entre 1969 e 1974. Arquiteto da histórica Ostpolitik — política de reaproximação da Alemanha Ocidental com a Alemanha Oriental e com os demais países comunistas do Leste europeu. Prêmio Nobel da Paz em 1971.

4
Mário Soares (1924), político português. No exílio, foi um dos principais opositores da ditadura que, iniciada em 1926, e conduzida na maior parte do tempo por António de Oliveira Salazar, chegou finalmente ao fim com a chamada Revolução dos Cravos, desencadeada no dia 25 de abril de 1974. Com a restauração democrática, Soares, à frente de seu Partido Socialista, foi primeiro-ministro (1976-78, 1983-85) e presidente da República (1986-96) em dois mandatos consecutivos.

5
Lênin, pseudônimo de Vladímir Ilitch Ulianov (1870-1924), revolucionário russo e teórico do socialismo. Principal dirigente do Partido Comunista, líder da Revolução Russa (1917) e criador da União Soviética, da qual foi governante até a morte. Autor de O imperialismo, etapa superior do capitalismo (1916) e O Estado e a Revolução (1917).
Antonio Gramsci (1891-1937), militante e pensador político italiano. Um dos fundadores do Partido Comunista Italiano (1921), passou onze anos na prisão durante a ditadura fascista de Benito Mussolini. Autor de uma obra que abrandava a ortodoxia marxista-leninista, em especial negando o conceito de ditadura do proletariado. Escreveu Cartas da prisão (1947), O materialismo histórico e a filosofia de Benedetto Croce (1948), Os intelectuais e a organização da cultura (1948).

nós, que combatíamos o autoritarismo no Brasil, funcionava como uma espécie de farol, pois, mesmo diante da impossibilidade prática de realizar mudanças, a resistência portuguesa mantinha viva a chama. Não foi bem nesses termos, mas foi mais ou menos isso. Meses depois, o regime em Portugal mudou. Ninguém imaginava. Creio que em Berlim foi um pouco assim, mas não é que muda de repente. Nós é que não percebemos quando as coisas começam a se fragmentar, em diferentes níveis da sociedade. Num certo momento, dá-se o curto-circuito. Curto-circuito não se dá sempre. Só quando, em diferentes níveis da sociedade, já existem rachaduras, que às vezes não são nem perceptíveis, e em outras são perceptíveis mas não são reconhecidas.

P - *Sempre que o senhor fala da maneira como as sociedades mudam, e expõe sua tese do curto-circuito, no fundo parece que o que está querendo dizer é: não adianta revolução, as sociedades não mudam mais por revolução, entendida esta como luta armada. É isso?*

R - Em certo sentido, sim. O curto-circuito, a revolução, não se dá necessariamente como se dava no passado, ou seja, pela luta armada. Evidentemente, Lênin jamais acreditaria nisso. Ele não acreditaria em Gramsci, e muito menos em mim.[5] Essa revisão que fazem hoje de Lênin mostra que ele tinha uma visão muito pragmática. Com ele era pão, pão, queijo, queijo. Velho bolchevique é assim.

P - *Com o desmoronamento dos regimes comunistas, o mundo ficou à mercê dos Estados Unidos?*

R - Não creio. Há ainda uma dúvida de que mundo será este, terminada a bipolaridade. Qual a nossa disjuntiva, hoje? É: este mundo vai ser de hegemonia americana ou de predominância americana?

106

P - *O que temos hoje é hegemonia ou predominância?*

R - Acho que ainda não é hegemonia, mas pode vir a ser. Quando consideramos pólos como o Mercosul ou a União Européia,[6] concluímos que não há espaço para a hegemonia. Por que falo tanto da China? Porque a China, nesse jogo do futuro, se aceitar sentar-se à mesa, dificultará a hegemonia. Ela levará mais para o lado da predominância. Nesse lusco-fusco da queda do Muro de Berlim, ficou um vazio tão grande que deu a impressão de que caminhávamos para a hegemonia americana. Ocorre que não acho que a história acabou, com a queda do Muro.

P - *Há uma certa reação européia à predominância — ou hegemonia — americana, especialmente da França. Isso conduzirá a algum resultado?*

R - Há uma reação da Alemanha também.

P - *Da Alemanha por outros métodos, menos retóricos talvez.*

R - A Alemanha não vocaliza, mas tem muita consciência disso. Conversei bastante com o Kohl e com o Chirac e sei o que eles pensam a respeito.[7] A Alemanha, segundo os próprios alemães, tem duas obrigações fundamentais. Uma é manter a relação com a França e organizar a União Européia. Outra é ajudar na absorção da Europa do Leste. Acho que eles estão cumprindo esses dois objetivos. A jogada da unificação levada a efeito por Kohl foi de alto risco. Teve um preço econômico altíssimo, mas foi, politicamente, de grande valor. A Alemanha passou a ser central no jogo, mais ainda do que já era.

P - *E a Rússia? Que papel está reservado a ela?*

R - Esse é um parceiro que por enquanto está encoberto, até já deu a impressão de ser carta fora do baralho, mas não

6
O Mercosul (Mercado Comum do Sul), bloco econômico que unifica os mercados do Brasil, Argentina, Uruguai e Paraguai, foi criado pelo Tratado de Assunção, assinado em março e 1991, e começou a funcionar oficialmente em 1º de janeiro de 1995. A União Européia, antes chamada Comunidade Econômica Européia, e antes ainda Mercado Comum Europeu, é uma associação de países formada com o objetivo de unificar os respectivos mercados, estabelecer regras econômicas, financeiras e sociais comuns, e perseguir a unificação política. Criada em 1957 por seis países (França, Alemanha Ocidental, Itália, Bélgica, Holanda e Luxemburgo), ao longo dos anos agregou Grã-Bretanha, Dinamarca, Irlanda, Espanha, Portugal, Grécia, Finlândia, Áustria e Suécia, totalizando hoje quinze países.

7
Helmut Kohl (1930), político alemão. Chanceler federal (primeiro-ministro) desde 1982. Jacques Chirac (1932), político francês. Primeiro-ministro (1974-76, 1986-88). Presidente da República desde 1995.

8
Boris Iéltzin (1931), político russo. Prefeito de Moscou, nos anos 80. Presidente da Rússia desde 1991. Antigo quadro do Partido Comunista, transformou-se num dos líderes da transformação do regime.

9
ONG é sigla de Organização Não Governamental — qualquer tipo de entidade que, fora da órbita do Estado, dedique-se a atividades de cunho social, ou comunitário.

é não. Existem tentativas recentes de aproximação da Rússia com a Europa Ocidental, com seu conseqüente distanciamento dos Estados Unidos. A Rússia de Iéltzin passou a ser um aliado próximo dos Estados Unidos.[8] Os americanos ajudaram muito, inclusive permitindo a participação russa nas reuniões do G-7. Mas sinto que os russos, hoje, estão vendo essa posição com mais nuances. Eles percebem que teriam vantagens estreitando suas relações com a Europa.

P - *Esses movimentos da França, da Alemanha ou da Rússia indicariam a formação de um bloco de resistência à hegemonia americana?*

R - Não. Ainda recentemente, a França assinou um acordo de exploração de petróleo com o Irã, por meio da empresa Total, o que desagradou profundamente os americanos. Houve também uma viagem do Chirac ao Oriente Médio, em que ele foi marcar uma posição independente. Mas isso não quer dizer que esteja em marcha uma aliança antiamericana. O mundo não dá para isso. A predominância dos Estados Unidos continuará porque ela deriva da força. Eles são a única potência militar mundial, e por mais que se diga: "Vamos sentar ao redor de uma mesa", em política internacional sempre vale a pergunta: "Quantos fuzis você tem?". De qualquer forma, olhando para o século XXI, essa questão da hegemonia ou predominância vai estar em jogo, e eu aposto na predominância. Mesmo porque não dá mais para enxergar o mundo como um jogo de potências, como no passado. Na cena internacional, e isso é uma coisa curiosa, antes só tínhamos os Estados, as diplomacias e os exércitos. Agora, temos as empresas, as ONGs, o entrecruzamento das sociedades civis do mundo, a volta da questão religiosa e o papel das religiões — o papel de um personagem como o papa ou, num outro sentido, o do fundamentalismo muçulmano.[9] Há o declínio dos partidos, como força internacionalizadora, coincidindo com o declínio dos partidos comunistas, que tinham essa vocação, mas em com-

A QUEDA DO MURO DE BERLIM. OS ATORES NA HISTÓRIA

pensação surgiram muitos outros atores nesse jogo. A cena internacional ficou muito mais variada e diferente.

P - *O senhor falou em Lênin. Que avaliação faz dele?*

R - Não sou muito versado em Lênin. Li, claro, algumas coisas dele, e acho que devia ser uma personalidade muito forte, muito atraente, mas não vejo generosidade em seus escritos. É o contrário, por exemplo, de Trótzki.[10] Nunca fui trotzkista na vida, nunca tive entusiasmo por suas idéias. Mas Trótzki é uma pessoa de generosidade. Era um espírito empolgante. Era um visionário, como Lênin, e não quero dizer que não fosse capaz de fazer qualquer maldade. Isso é outra coisa. Mas era um visionário com domínio da palavra. Ele tem uma coisa que de vez em quando cito, porque acho muito bonita; ele diz assim: "O verdadeiro orador, quando fala, por ele fala a voz de Deus". Isso mostra esse lado a que estou me referindo, ele tem essa empolgação. Não senti isso no Lênin, e sim algo mais metálico, mais frio, mais pai ou avô do Stálin, mesmo.

P - *Durante muito tempo atribuiu-se a Stálin a ditadura soviética e suas derivadas do Leste europeu, tanto que se chamou essa modalidade de regime de "stalinismo". Mas, ultimamente, surgiu a tendência de equiparar Lênin a Stálin. Ou seja, um seria tão culpado quanto o outro pela feição monstruosa que o regime acabou assumindo. O que o senhor pensa disso?*

R - Não sei. Lênin, de qualquer maneira, tinha uma visão mais intelectualizada do mundo do que Stálin. Não era a mesma coisa. Agora, como família psicológica, espiritual, aí sim, os dois podem estar próximos. Não estou elogiando o Trótzki politicamente. Os homens do coração, da emoção — e isso já está na teoria do "homem cordial" do Sérgio Buarque —, às vezes são mais perigosos.[11] Hitler mo-

10
Leão Trótzki, pseudônimo de Lev Davidovitch Bronstein (1879-1940), revolucionário e teórico comunista russo. Um dos líderes da Revolução Bolchevique de 1917, caiu em desgraça com a ascensão de seu rival Stálin depois da morte de Lênin. Assassinado no exílio, no México, por um militante stalinista. Autor de Guerra e revolução *(1925),* A revolução permanente *(1930),* A revolução traída *(1937).*

11
O "homem cordial" é uma teoria esboçada por Sérgio Buarque de Holanda (ver nota 3 do capítulo 1) em seu livro Raízes do Brasil *para explicar o temperamento do brasileiro.*

12
Adolf Hitler (1889-1945), líder da ditadura nazista na Alemanha (1933-45). Arquiteto da política expansionista que conduziu à Segunda Guerra Mundial e adepto das teorias raciais que levaram à perseguição e massacre dos judeus na Europa.

13
Mao Tsé-tung (1893-1976), revolucionário comunista chinês. Fundador do Partido Comunista Chinês (1921) e da República Popular da China (1949). Inspirador das correntes comunistas mais radicais nas décadas de 60 e 70.

14
A Revolução Cultural, como foi chamado o período de maior radicalização do regime chinês (1966-76), resultou em massacres, prisões, censura e perseguição a artistas e intelectuais.

15
Jiang Zenmin (1926), presidente da China desde 1993. Fernando Henrique Cardoso esteve em visita oficial à China em dezembro de 1995.

via-se pela emoção, e fez desastres.[12] Acho que um tipo capaz de galvanizar pode ser desastrado, e produzir mais desastres. Estou simplesmente transmitindo a impressão de que não vejo generosidade em Lênin, mas repito: sou muito pouco versado em Lênin.

P - *Já que o senhor aponta para uma revalorização dos atores na história, falemos de mais alguns deles. Mao Tsé-tung — como o senhor o avalia?*[13]

R - Tenho dificuldades de avaliá-lo. Estive na China recentemente, perguntei um milhão de vezes por Mao Tsé-tung e não sei avaliá-lo. Certamente a Revolução Cultural foi um desastre.[14] Foi patética.

P - *E a Revolução Chinesa, em si?*

R - Aí a avaliação é diferente. O problema da China é ser um país de 1 bilhão de pessoas, com praticamente a mesma língua escrita, o mesmo povo, a mesma cultura, mas muito atrasado, carente de regras para organizar-se. Nessas circunstâncias, a Revolução Chinesa teve um papel importante, na história do país e do mundo. Não há dúvida de que representou um salto. Conversei recentemente com o presidente da China, Jiang Zemin.[15] Os herdeiros de Mao Tsé-tung não são iguais aos herdeiros de Bréjnev. Jiang Zemin é um homem com visão do mundo. Ele fala inglês, o que facilita a comunicação. Dizem que é "um homem sem carisma". *Carisma* é uma palavra que tem sido usada de maneira um pouco livre. O que é ter carisma?

P - *Passou a ser sinônimo de* charme, simpatia.

R - Sim, mas carisma, sociologicamente, é outra coisa.

P - *E religiosamente é outra ainda.*

R - Exatamente. A idéia, em sociologia, vem da religião. Das conversas que tive com muitos dirigentes chineses — com Li Peng, por exemplo, ou com o chefe das Forças Armadas —, fiquei com a sensação de que são mais ocidentais, ou, pelo menos, menos antiocidentais, do que os russos.[16] Acho que os chineses têm um modo de perceber o mundo mais compatível com o modo ocidental do que o modo eslavo, ou modo russo. Estou me permitindo divagar sobre um assunto que não conheço bem. Talvez por causa da burocracia confuciana, ou do mandarinato chinês, que no fundo é um sistema de racionalização, com suas carreiras cheias de avaliação, a sociedade chinesa é fundada na regra. Na ritualização da regra. E o mundo ocidental, o que é? Igualmente, o mundo da regra. Do Direito. A origem é judaico-cristã, mas o mercado impôs a necessidade do Direito, o que por sua vez permitiu a democracia, que só existe quando fundada na regra. Não conheço suficientemente a China para dizer o que estou dizendo, mas tenho a impressão de que no mundo chinês a regra é mais aceitável que o arbítrio, embora a Revolução Cultural tenha sido arbitrária. Já o mundo eslavo tradicional é arbitrário. É o mundo da contra-regra e, portanto, do poder mais personalizado. Não sei, em conseqüência disso, se o poder de Mao Tsé-tung era dele mesmo ou simbolizava um poder mais disperso, oriundo das regras e submetido a elas.

P - *Continuando na mesma linha: qual sua avaliação de de Gaulle?*[17]

R - Aí é outra história. De Gaulle é ocidental, cristão, mas acho que é mais ordem e progresso, muito mais ordem e progresso do que democracia. A França, historicamente, sempre foi ordem, nem sempre progresso, mas ordem. De Gaulle, nesse sentido, tinha a capacidade de simbolizar a França, como ocorreu na reação gaullista a maio de 68. Maio

16
Li Peng (1928), primeiro-ministro chinês entre 1988 e março de 1998, quando foi eleito presidente da Assembléia Nacional do Povo, o Parlamento chinês. Esteve em visita ao Brasil em 1997.

17
De Gaulle: ver nota 8 do capítulo 4.

18
François Mitterrand: ver nota 19 do capítulo 4.
Michel Rocard (1930), político socialista francês. Primeiro-ministro de 1988 a 1991.
Lionel Jospin (1937), político socialista francês. Candidato derrotado à Presidência em 1995. Primeiro-ministro desde 1997.

de 68 era a antiordem, a desordem. A França gaullista era a ordem. A ordem significa a incorporação da vontade comum, a vontade do povo, no Estado.

P - *De Gaulle não seria também, num certo sentido, um gênio da fraude, na medida em que conseguiu transformar um país derrotado em vencedor, na Segunda Guerra Mundial? Até hoje a França é incluída entre as potências vencedoras, quando na verdade esteve do lado perdedor. Não foi um golpe fantástico?*

R - Foi fantástico. Ele estava do outro lado, quando a França se rendeu aos alemães, e passou a simbolizar "la France éternelle". Mas para conseguir isso precisava haver uma identidade muito grande entre "le peuple français" e o Estado, e entre a história francesa e sua pessoa. Acho que, nas suas circunstâncias, no seu quadro histórico, foi um ator extraordinário. Mitterrand não foi muito diferente no estilo imperial, que é afim com a idéia de ordem. Já Chirac tem um lado mais democrático.

P - *Como o senhor avalia a presidência Mitterrand?*

R - Houve mais de um momento. Houve coabitação, houve diferentes fases mesmo no socialismo. O sistema francês é difícil... Li alguns livros sobre Mitterrand. Ele tinha um problema: não deixava consolidar-se uma liderança a seu lado. Esterilizava tudo em volta, e acho isso meio complicado. Mitterrand, como de Gaulle, jogava com a distância e com o silêncio. Eu sou amigo do Rocard, na França, e o Rocard é o oposto disso: ele fala, envolve-se, argumenta, brilha. Mitterrand não lhe deu chance. Conheço Jospin mal.[18] Ele jantou uma vez na minha casa em São Paulo, mas não sei avaliá-lo. A mim impressiona muito o Helmut Kohl. Estive algumas vezes com ele. À primeira vista parece um camponês alemão, forte. Ele só fala alemão, mas deve entender outras línguas. Uma vez contou-me uma história. Ele nasceu perto de Bonn, num lugar que foi zona de ocupação francesa, e teve um tio que morreu na guerra. Na sua adolescência, quando vinha um oficial francês na mesma calçada, saía de lado para lhe dar passagem. Ele disse que entendeu no que isso ia dar no futuro: mais guerras e mais mortes. Ou a França e a Alemanha se reconciliavam ou não haveria paz nem prosperidade na Europa. Toda a vida, por isso, caminhou na direção de fazer aproximar a Alemanha da França. Ele considera isso, com razão, a peça central da unidade européia. Kohl tem uma visão histórica. E tem qualidades de líder, se não fosse assim não teria feito a unificação da Alemanha, que foi arriscadíssima. Kohl acha que Brasil e Argentina têm de ter uma relação muito próxima, porque são a França e a Alemanha da América do Sul.

P - *E Margaret Thatcher?*[19]

R - Margaret Thatcher eu só vi uma vez. Ela almoçou, ou jantou comigo, em Londres. A primeira pergunta que me fez foi: "How long is your mandate?". Eu disse quatro anos e ela disse: "Ridiculous!". Naquele estilo dela. Não tenho afinidade com a visão de Margaret Thatcher, tão ligada ao mercado, mas é indiscutível que se trata de uma pessoa com um pulso danado. O que essa mulher fez na Inglaterra e no mundo é de tirar o chapéu. E essa força é visível nela. Percebe-se imediatamente que é uma pessoa que tem chispa, nervosa, curiosa. Oposta ao Major, seu sucessor no Partido Conservador.[20]

P - *Mudando para a América Latina, como explicar que o regime cubano dure tanto? Como conseguiu sobreviver à queda do comunismo na Europa?*

R - Por causa de Fidel Castro.[21] Há pouco falamos de de Gaulle, que conseguiu transformar uma derrota em vitória, e que se comportava na Inglaterra, durante a guerra, como se representasse um país vitorioso, armado. Da mesma forma

---

19
Margaret Thatcher (1925), primeira-ministra britânica de 1979 a 1990. Renovou o Partido Conservador com uma forte política de privatizações, combate aos sindicatos e ao assistencialismo do Estado, e reforço da liberdade de mercado. Transformou-a em modelo para os conservadores ao redor do mundo.

20
John Major (1943), sucessor de Margaret Thatcher na liderança do Partido Conservador e no cargo de primeiro-ministro britânico (1990-97).

21
Fidel Castro (1926), revolucionário cubano. Liderou a guerrilha que derrubou a ditadura de Fulgencio Batista e instaurou o regime socialista no país (1959). Dirigente máximo de Cuba desde então, quer como primeiro-ministro (1959-76), quer como presidente (a partir de 1976).

22
Alfredo Bosi (1936), crítico e historiador literário paulista, professor da Universidade de São Paulo. Autor de História concisa da literatura brasileira *(1970)* e Dialética da colonização *(1992). Fernando Peixoto (1937), ator, diretor e crítico teatral gaúcho. Autor de* O teatro em questão *(1989).*

que havia uma identidade, naquele momento, entre o sentimento francês e de Gaulle, há uma identidade entre o sentimento cubano e Fidel. Todas as análises que partem de que Fidel se impõe em função de um regime de força são parciais. Ele realmente se impõe, mas ao lado disso há uma identidade com seu povo, e essa identidade está baseada numa transformação efetiva realizada em Cuba. Só fui a Cuba uma vez, e foi curioso. Era senador, líder no Senado, mas fui como intelectual, para o Prêmio Casa de las Américas, e não souberam que era um político que estava lá.

P - O senhor foi jurado do prêmio?

R - Sim. Foi ótimo ir nessa condição, porque pude observar o país como uma pessoa normal. Fui ao interior de Cuba, visitei uma fábrica de níquel na extremidade sul da ilha, andei por cidades pequenas. Percorri as livrarias das cidadezinhas do interior, onde só havia literatura soviética, o que era patético. Depois, no final, descobriram que eu tinha funções políticas no Brasil e resolveram me dar uma atenção menos sumária. Veio um ministro e falou comigo, depois veio outro que tinha lido meus trabalhos. Aí já estava na hora de ir embora.

P - Fidel Castro não apareceu, para cumprimentar os convidados ao Casa de las Américas?

R - Não. Essa viagem foi na década passada. Para ir a Cuba precisei primeiro ir ao Peru e pegar o visto lá. Foi bom para olhar o povo, para ver o país com olhar de sociólogo. Fui a um jogo de basquete, por minha conta, visitei uma igreja. Estavam comigo o Alfredo Bosi e o teatrólogo Fernando Peixoto.[22] Cuba se parece muito com o Brasil, o povo é muito simpático. O que eu vi lá? O povo está bem nutrido, foi isso que vi. Não sei hoje, mas na época estava bem nutrido, com bom atendimento de saúde e educação. Visto de fora, o regime é uma ditadura. Claro que há gente farta de tudo aquilo. Mas, de acordo com minha sensibilidade, o país estava distante da catástrofe que se descrevia. Do ponto de vista político sim, havia opressão, e do ponto de vista de quem se exila deve ser bastante duro. Nunca fui daqueles que, para ter um passaporte para o céu, perdoa tudo de Cuba e vive assinando manifestos bondosos sobre o país...

P - *Nunca assinou?*

R - Nunca.

P - *No começo da Revolução, o senhor não se entusiasmou?*

R - No começo todo mundo se entusiasmou. Mas, quando passou a ficar clara a repressão, nunca fui de pôr panos quentes e fingir que não havia, ou justificar que no fim das contas era para o bem de Cuba. Tampouco fui dos que só vêem o lado negativo de Cuba.

P - *O que o senhor acha de Che Guevara?*[23]

R - Esse é do estilo Trótzki. Já li uma boa parte dessa nova biografia dele, do americano John Anderson. Não li ainda a do Castañeda.[24] O estilo dele era romântico, embora com um lado stalinista. Ele tinha verdades. Por isso, digo que uma pessoa apaixonada, muitas vezes, é perigosa. Nunca vi Che Guevara. Conheço Fidel, já como presidente estive várias vezes com ele — mas o Fidel que conheço é um homem já mais velho, simpático, com um senso de humor incrível. Ele domina uma reunião, tem o *physique du rôle*. É ator. Quando estive com ele em Valparaíso, no Chile, na reunião de cúpula ibero-americana, ele se apoiava em mim para descer as escadas.[25] É um homem grande, está ficando com a barba rala. E sempre com muita verve. Num almoço que tivemos, ele dizia: "Vocês ficam falando que sou ditador, mas não sou nada. Todas as decisões em Cuba são tomadas pelo Colégio. Eu sozinho não decido nada. Vocês não. Vocês

23
Ernesto "Che" Guevara (1928-67), revolucionário argentino, com atuação de destaque na Revolução Cubana (1959). Ministro da Indústria no governo de Fidel Castro, decide-se no entanto por novas empreitadas revolucionárias e é morto nas selvas da Bolívia, onde tentava organizar uma nova guerrilha.

24
Os livros em questão são Che Guevara — Uma biografia, de John Lee Anderson, e Che Guevara — A vida em vermelho, de Jorge Castañeda, ambos de 1997.

25
As cúpulas ibero-americanas reúnem anualmente, desde 990, os chefes de Estado e de governo de Espanha, Portugal e países americanos de fala espanhola e portuguesa. A reunião em referência foi realizada no Chile em novembro de 1996.

26
A reunião em questão, à qual compareceram os representantes de 34 países das três Américas, realizou-se em maio de 1997. Sobre ALCA, ver nota 11 do capítulo 6. O vice-presidente de Cuba que visitava o Brasil na ocasião é Carlos Lage.

mandam em seus países". Ele dizia isso e ria. Sempre se mostra muito atencioso para comigo — não por mim, pelo Brasil. Mas sua visão é aquela visão muito chapada, do imperialismo etc. No fundo, ele levou Cuba a uma situação sem saída.

P - *Qual seu prognóstico sobre o regime cubano?*

R - Não resiste à morte dele, provavelmente.

P - *E aí vira o quê?*

R - O que foi feito de bom, fica — a educação, a saúde, embora no modelo soviético isso tenha dado para trás. De qualquer maneira, Cuba tem hoje um povo mais preparado do ponto de vista cultural. Era muito difícil sustentar uma política contra os Estados Unidos numa ilha como Cuba, dependente economicamente. Só havia uma trilha a seguir, a da resistência. Foi o que Fidel Castro fez, e o erro foi optar sem nuances por esse caminho. Os Estados Unidos também estão errados. Tenho certeza de que o presidente Clinton, por ele, não seguiria o caminho do bloqueio, e muito menos o da Lei Helms-Burton, mas o Congresso, os interesses eleitorais, os cubanos no exílio, acabaram empurrando nessa direção. A posição do Brasil é uma posição equilibrada. Em primeiro lugar, ainda não temos nenhum interesse estratégico no Caribe, embora estejamos trabalhando para nos aproximar dos países da área. Então, somos mais frios nessa matéria. Em segundo lugar, continuamos achando que Cuba tem que ser reintegrada ao sistema interamericano. Em terceiro lugar, não discriminamos. Meses atrás, recebi cinco deputados da esquerda tradicional — um deles do meu partido — que vieram reclamar porque Cuba não tinha sido convidada à reunião da ALCA em Belo Horizonte.[26] O vice-presidente de Cuba estava em visita ao Brasil, estaria comigo no dia seguinte, e eles achavam que ele viria colocar essa questão. Respondi que eles estavam completamente enganados. Cuba não tem interesse algum na ALCA, não faria sentido convidá-la. No dia seguinte, quando recebi o vice-presidente, um rapaz jovem, o que aconteceu? Eles vieram me agradecer, em nome do governo cubano, por nossas doações quando Cuba teve uma grave crise de alimentos. Quer dizer, a relação do Brasil com Cuba é correta, e os cubanos sabem disso. Nessa matéria, o Brasil tem algumas vantagens sobre outros países. Não ficamos mudando ao sabor do vento, e também nunca pretendemos nos transformar em mensageiros entre Cuba e Estados Unidos. Houve muitas tentativas nesse sentido — não vou dar detalhes porque não posso —, mas sempre nos recusamos...

P - *Agora no seu governo?*

R - Agora e antes. Nunca achamos que isso fosse correto, e os cubanos não acham que precisam disso. A posição do Brasil nunca foi oportunista com relação a Cuba, desde que as relações foram reatadas no tempo do Sarney, e por isso mesmo não vamos querer faturar uma aproximação que, se existir, não ocorrerá por esse caminho. Agora, o Fidel nomeou o irmão seu sucessor.[27] Acho que dificilmente o sistema resiste. Esse estilo de liderança não é transmissível. Não dá para dizer: "Toma que o bastão é teu". Não adianta. Não me cabe dar lições a terceiros países, muito menos como presidente da República, mas Fidel poderia ter seguido outro curso.

27
Raúl Castro (1930), ministro da Defesa de Cuba, desde 1960. Foi nomeado sucessor na Presidência pelo irmão Fidel em fevereiro de 1997.

8

O MERCOSUL E O SIGNIFICADO DA PALAVRA SUL

BLOCOS ECONÔMICOS OU BLOCOS POLÍTICOS?
— A RELAÇÃO BRASIL-ARGENTINA — O URUGUAI
E SANGUINETTI — O CHILE: ALLENDE, AYLWIN, FREI
— MERCOSUL E ALCA — O PAPEL DA CULTURA NA
INTEGRAÇÃO — A FALTA DAS INSTITUIÇÕES — VENEZUELA
— INTEGRAÇÃO PELA ENERGIA — AMÉRICA DO SUL
E AMÉRICA LATINA — A ESTRATÉGIA DA POLÍTICA EXTERNA

29 / 10 / 97

1
Mercosul: ver nota 6 do capítulo 7.
José Sarney: ver nota 2 do capítulo 5.

Pergunta - *O senhor acha que os blocos, como a União Européia e o Mercosul, tenderiam a exercer um papel político que os assemelhe aos Estados nacionais, tais como os conhecemos hoje?*

Resposta - O Mercosul, parece-me, está tendo um papel político crescente, baseado na relação Brasil-Argentina, assim como a União Européia se baseia na relação Alemanha-França. Acho que a mudança provocada pelo Mercosul foi de natureza essencial. Ela condicionou aquilo que no passado se chamava de "geopolítica" do continente. Existe um estado de espírito positivo na relação Brasil-Argentina. Isso se deve ao Sarney, que deu início ao processo.[1] A continuidade foi assegurada pelo Itamar, e esse espírito positivo não se limita à relação entre Estados, ou entre governos. Há interesses, há muita empresa argentina no Brasil e vice-ver-

118

sa, muito comércio e turismo, e até o fluxo de relações intelectuais é grande. Sou um pouco suspeito nesse assunto, porque sempre fui muito pró-Argentina. Meus primeiros amigos argentinos são dos anos 50. Um é o irmão do Guido di Tella, o Torcuato. Outro foi o Gino Germani.[2] Fiz pesquisas na Argentina, com Leôncio Martins Rodrigues, sobre empresários argentinos. Estávamos na Argentina, em Buenos Aires, quando mataram o Kennedy.[3] Sempre tive uma relação muito fácil com os argentinos e sempre achei que o Brasil tinha que ter uma relação próxima com a Argentina, numa época em que não havia um relacionamento cultural intenso entre os dois países, nem econômico, nem militar, nem de governo. Isso mudou profundamente. Ainda temos alguns problemas porque alguns setores da opinião pública e da imprensa argentina ainda mantêm desconfiança com relação ao Brasil. Criaram até um termo que é muito ruim, *Brasil-dependência*. É um termo negativo, que não ajuda. Mas, no geral, os interesses coincidem crescentemente. E os interesses de política externa também. Hoje já temos a capacidade de "afinar a viola" para os assuntos internacionais. Por exemplo, quando Clinton veio aqui, nós, antes da visita, tivemos nossos contatos, para saber até que ponto ia nossa percepção da importância da visita, da reação de cada um dos países...

P - *Inclusive de presidente a presidente?*

R - Não. Eu até tinha proposto um encontro entre os presidentes, mas não chegou a haver. O contato foi entre as chancelarias.

P - *Não houve conversa por telefone?*

R - Não. Mas falo de vez em quando com Menem por telefone, e com muita naturalidade. Também tenho uma relação, muito mais antiga e também próxima, com o Sanguinetti, presidente do Uruguai.[4] Sanguinetti é um intelectual,

2
Guido di Tella (1931), ministro das Relações Exteriores da Argentina. Torcuato di Tella, membro da direção da Universidade Torcuato di Tella, e Gino Germani (nascido na Itália, radicado na Argentina) são sociólogos.

3
Leôncio Martins Rodrigues (1934), sociólogo paulista, especializado em questões trabalhistas. Autor de Conflito social e sindicalismo no Brasil *(1966),* Sindicalismo e sociedade *(1968),* Industrialização e atitudes operárias *(1970). John F. Kennedy (1917-63), presidente dos Estados Unidos eleito em 1960, foi assassinado durante uma visita a Dallas, no Texas, no dia 22 de novembro de 1963.*

4
Julio Maria Sanguinetti (1936), político uruguaio. Presidente de 1985 a 1989 e, novamente, desde 1995.

5
Felipe González: ver nota 16 do capítulo 4. Enrique Iglesias: ver nota 26 do capítulo 5. Michel Camdessus: ver nota 24 do capítulo 5.

6
O NAFTA, sigla de North American Free Trade Agreement, ou Acordo de Livre Comércio Norte-Americano, é um acordo de unificação de mercados que, em efeito desde 1994, reúne os Estados Unidos, o Canadá e o México.

7
Patricio Aylwin (1918), político chileno. Presidente de 1989 a 1994. Primeiro presidente civil depois da ditadura militar que se prolongava desde 1973. Salvador Allende (1908-73), político socialista chileno. Eleito presidente em 1970, foi derrubado por um golpe militar em 1973. Morreu no palácio presidencial de La Moneda, no dia do golpe (11 de setembro) — suicidou-se, segundo os militares; foi assassinado, segundo seus partidários. Tencha (Hortência) é a viúva de Allende, e Isabel, sua filha. Salvador Allende mereceu exéquias de Estado, negadas por ocasião de sua morte, em setembro de 1990.

sua mulher, Marta, também, e tínhamos uma relação de amizade já antes de ocuparmos a presidência de nossos países. Sanguinetti é um homem que tem visão de mundo. Ele anima um organismo chamado Círculo de Montevideo, formado por grupos que se reúnem para discutir problemas diversos. Touraine participa do Círculo, o Luciano Martins também. A próxima reunião será no Brasil. Às vezes vêm espanhóis também. O Felipe González já participou, Enrique Iglesias e Michel Camdessus também.[5] Com o Paraguai, temos uma relação umbilical, via Itaipu. Isso tudo vai dando uma certa afinidade de percepção político-cultural entre os nossos países, e começa a conformar uma unidade política.

P - E o Chile: seu destino afinal é o Mercosul ou o NAFTA?[6]

R - O Chile se associou ao Mercosul, uma decisão extremamente importante. Os chilenos tinham tudo para manter uma posição discrepante, do ponto de vista de seus interesses imediatos. Por quê? Porque o Chile tem uma economia complementar à economia do Norte. Tem fruta quando lá não tem, por causa da sazonalidade. Exporta celulose, cobre, farinha de peixe, *commodities* que faltam aos países do Norte. O Chile se inseriu bem no mundo comercial. Quando o presidente era o Patricio Aylwin, outra grande figura, estive lá, para assistir às exéquias de Salvador Allende. Fui porque sou bastante amigo da família Allende — da Tencha e da Isabel.[7] Foi interessantíssimo porque no cemitério havia uma manifestação contra Aylwin. Houve dois grandes discursos, emocionantes. Um do Rocard. O outro foi do Aylwin, que quando começou a falar, foi alvo dos protestos, porque apoiou o golpe contra Allende. Ele fez um discurso belíssimo, reconhecendo o que tinha feito, falando que faria de novo naquelas circunstâncias, mais isso e aquilo, e ganhou todo mundo. Depois estive no Chile, de novo, como chanceler. O ministro da Fazenda era o Alejandro Foxley.[8] O Foxley é meu amigo de muitos anos. Sou até hoje membro do centro de pesquisas que ele fundou, ainda no tempo do governo militar. Eles fizeram lá o equivalente do Cebrap que fizemos aqui. O Foxley esteve algumas vezes em Ibiúna, na minha casa, já nos encontramos nos Estados Unidos e no Chile — enfim, somos bastante amigos. Naquela época, ele estava com uma visão muito NAFTA. Até diziam que o Foxley — não sei se era maldade — não gostava nem de receber os embaixadores, ou os chanceleres latino-americanos. Aí eu disse: "Quero ver o Foxley não me receber".

P - *Por que tanta prevenção contra os latino-americanos?*

R - O Chile se sentia, naquele momento, no caminho do Primeiro Mundo. O Brasil tinha uma inflação altíssima. Para que se tisnar nessa confusão? Mas é claro que o Foxley veio ao meu encontro. Muito simpaticamente foi à embaixada, junto com a mulher — só gente de que gosto. Eu me encontrei também com Frei, o atual presidente, nessa ocasião. Era candidato, e foi à embaixada conversar comigo. Não o conhecia. Conheci o pai dele, que era uma pessoa marcante.[9] E o Frei me disse que achava o Mercosul fundamental para o Chile. O chanceler do Aylwin, Enrique Silva, ao contrário do ministro da Fazenda, era mais pró-Mercosul.[10] Acho que o Aylwin também, dentro de uma visão mais antiga, que vem do Prebisch. De qualquer forma, o Frei foi muito taxativo. Já naquela época era a favor do Mercosul, e continuou sendo. Na reunião que tivemos recentemente em Assunção, ele foi extraordinário.[11] Eu até falei: "Assino embaixo de tudo o que ele disse". O Frei tem uma visão política do Mercosul, uma visão estratégica. E foi dentro dessa visão que nós acertamos a colaboração com o Chile. Nós consideramos o Chile um membro político do Mercosul, embora não possa ingressar como membro pleno, já que os sistemas tarifários são diferentes, e os interesses são outros. A Bolívia está em situação semelhante, e houve uma dis-

8
Alejandro Foxley (1940), engenheiro e cientista social chileno. Autor de Chile y su futuro — Un país posible *(1987)* e Latin American experiments in Neo Conservative *(1988).*

9
Eduardo Frei Ruiz-Tagle (1942), político chileno. Presidente da República desde 1994. É filho de Eduardo Frei Montalva (1911-82), presidente entre 1964 e 1970.

10
Enrique Silva Cimma, ministro do Exterior do Chile entre 1990 e 1994.

11
A reunião em referência, a décima segunda do Conselho do Mercosul, ocorreu no dia 19 de julho de 1997.

12
*Romano Prodi (1939),
professor universitário
e político italiano.
Primeiro-ministro
desde 1996, à frente
de uma coalizão
de centro-esquerda.
O Tratado de Maastricht,
assinado em 1991 na
cidade holandesa que lhe
empresta o nome, prevê,
em seu ponto principal, a
circulação de uma moeda
única, o euro, entre
os países que formam a
União Européia. O euro
deverá entrar em
circulação em 1999,
mas a ele só estarão
credenciados os países
que atingirem certas metas
de austeridade financeira
e fiscal, particularmente
um déficit público nunca
superior a 3% do produto
interno bruto.*

13
*ALCA: ver nota 11 do
capítulo 6.*

cussão sobre a participação ou não do Chile e da Bolívia nas reuniões, e em que qualidade. A posição do Brasil foi clara: eles devem participar como iguais, por causa da questão política. O Mercosul, para nós, não é só uma união aduaneira, é mais que isso. Acho, respondendo à sua pergunta, que estamos avançando no sentido de criar realmente uma unidade, da mesma forma que a Europa está fazendo.

P - *O senhor não sente que, na Europa, perdeu-se um pouco o ímpeto nesse sentido? A união da Europa Ocidental não se deu muito em oposição à Europa do Leste e ao sistema comunista? E, depois da queda do Muro de Berlim, perdida essa motivação, não se perdeu junto um certo "nacionalismo europeu" que chegou a se esboçar num determinado momento?*

R - Essa parece ser a visão do papa. Ele me disse que achava difícil que a Europa deixasse de ser a "Europa das pátrias", como dizia de Gaulle. O papa nesse sentido tem algo que lembra de Gaulle. Encarna a Polônia como de Gaulle encarnava a França, e é carismático como foi de Gaulle. Ele acha difícil a volta do velho nacionalismo, mas também não acredita na diluição das nacionalidades. Hoje, sinto que os mais europeizantes são os latinos — Portugal, Espanha e Itália. Na Itália, o Prodi, que é um intelectual, de quem gosto muito, apóia fortemente Maastricht. Ele me disse que Maastricht exerce uma pressão de fora sem a qual não poria a casa em ordem. A Itália precisa arrumar suas contas, para ingressar no sistema de moeda única. [12]

P - *Aplicando o mesmo raciocínio ao continente americano, a ALCA não exerceria uma pressão benfazeja, no sentido de o Estado e as empresas, no Brasil, sanearem suas contas, azeitarem seus mecanismos, atualizarem seus procedimentos e ganharem competitividade, para enfrentar os competidores da América do Norte?*[13]

O MERCOSUL E O SIGNIFICADO DA PALAVRA SUL

R - Sim, mas dentro de que regras? O Brasil não é contra a ALCA. O que queremos é saber que regras prevalecerão. Vai ser uma regra para nós e outra para eles ou a mesma para todos? Vai ter protecionismo lá e não aqui?

P - *O problema central então é o protecionismo americano? O protecionismo disfarçado, aquele que não leva esse nome?*

R - O protecionismo disfarçado. Aquele que eles chamam de "barreiras não alfandegárias". Temos dois problemas: por um lado, as barreiras não alfandegárias, e, por outro, a capacidade competitiva ou não da indústria. Um exige negociação, e o outro requer tempo e ação. Acho que temos que insistir sempre em dizer: "Cuidado! Assimetria não". Politicamente — e foi por isso que gostei de sua visita ao Brasil —, o Clinton reconheceu a importância do Mercosul. Isso não quer dizer que a ALCA deixe de estar no seu horizonte, mas há uma questão política que tem precedência sobre a mera questão tarifária. Essa foi a minha tese o tempo todo. Eu já tinha mandado uma carta a ele, depois insisti, e falei em público o seguinte: os povos não se comovem com tarifa aduaneira. Os povos se comovem com valores, com liberdade, com igualdade. No nosso caso, como já temos liberdade, aspiramos à igualdade, e o instrumento fundamental disso é a educação. Quero pôr a educação na pauta da integração interamericana. Se a ALCA se resumir a uma questão tarifária, não vai motivar senão os empresários. Mas, se for vista com um grau maior de generosidade, como um instrumento para alavancar a igualdade e melhorar a educação, ganha outro sentido. Acho, voltando ao seu tema, que nesse processo é importante, politicamente, a constituição de um pólo Mercosul. E isso depende muito da atitude do Brasil, que não pode ser arrogante, não pode pretender ser hegemônica, mas que é chave, até por seu tamanho.

P - Esse sentimento argentino de "Brasil-dependência" — como superá-lo?

R - Acho que isso é propagado por alguns setores da imprensa argentina. Até já convidei jornalistas argentinos, eles almoçaram aqui comigo. Precisamos intensificar a troca de gente e de informação, para eles sentirem melhor o que é o Brasil e vice-versa. Temos também de ter bem claros os interesses. A Argentina está ganhando com o Mercosul. Ela exporta para o Brasil 30% a 40% de sua produção. Ganha dinheiro aqui. Qual é então a dependência? Ah, eles dizem, e se o Brasil um dia fechar? Como, fechar? Não vai fechar. Não estamos diante de casamentos dissolúveis com facilidade. Não se pode mudar tudo de um dia para o outro, até porque tudo está inter-relacionado. As fábricas de automóveis têm uma parte aqui e outra lá, e vai ser progressivamente assim. Temos investimentos brasileiros crescentes na Argentina e vice-versa. O setor agrícola, que era o mais delicado, está investindo na Argentina. Acho que precisamos intensificar o relacionamento de núcleos estratégicos, inclusive culturais.

P - O intercâmbio cultural não é dificultado pela predominância da cultura americana? Há uma dificuldade de trânsito entre Brasil e Argentina em matéria de livros, teatro, cinema... Isso não seria conseqüência da esmagadora predominância americana?

R - A esmagadora influência americana, por outro lado, faz com que o universo de discussões seja o mesmo. Discutimos os mesmos livros, os mesmos filmes, os mesmos temas...

P - Nós não conhecemos os autores argentinos, a não ser os grandes. Não conhecemos, ou não conhecemos como deveríamos, o cinema, os artistas plásticos...

R - E vice-versa é mais dramático ainda.

P - *Aliás, para chegar a nós um produto cultural argentino, ou de qualquer outro país latino-americano, precisa receber antes o certificado de qualidade americano ou europeu. Só depois disso passa a ser bom.*

R - Isso tudo é verdadeiro. E onde se vê a predominância americana maior, na ciência política, aí é arrasador. Mas o que acontece? Tanto no lado de lá como no de cá, os cientistas políticos se formaram nos Estados Unidos. Foram colegas nos Estados Unidos. Pelo menos por aí, têm um ponto de entendimento. De qualquer forma, não acho que esse seja o caminho. O caminho é intensificar muito a questão cultural e, aí, os obstáculos são dramáticos. Os Estados, tanto o brasileiro quanto o argentino, não absorvem com facilidade a importância da cultura como fator político, nem internamente, quanto mais para relação externa. Estamos fazendo um grande esforço para repor um papel, digamos, mais estimulador do Estado na cultura. Isso começou a ser feito no cinema, com o Itamar. Agora eu fiz com a música e com o teatro. Estamos recuperando o patrimônio histórico, o que é caríssimo. Para isso, jogamos as empresas estatais como um braço do Ministério da Cultura. Caso se for comparar o que gastava o Ministério da Cultura e o que gasta hoje, vai se ver que há uma grande diferença. Estamos fazendo 35 grandes obras de recuperação do patrimônio simultaneamente. O Weffort tem se desdobrado, e sua dobradinha com o Sérgio Motta, que pode lançar mão das "teles" para financiamentos, tem tido um efeito grande.[14]

P - *Mas isso teria repercussões no intercâmbio cultural com outros países?*

R - Se você examinar a área cultural do Itamaraty, não. Ainda não. Desde que fui ministro das Relações Exteriores, queria fazer uma exposição de Lasar Segall na Argentina, e até agora não consegui.[15] O Brasil, para começar, tem em Buenos Aires uma embaixada linda. Tem também uma boa sa-

14
*Francisco Weffort: ver nota 4 do capítulo 1.
Sérgio Motta: ver nota 3 do capítulo 3.*

15
Lasar Segall (1891-1957), artista plástico brasileiro, nascido na Lituânia.

16
Guerra de Canudos
(*1997*) *é um filme
de Sérgio Rezende;*
O quatrilho (*1996*), *de
Fábio Barreto, e* O que
é isso, companheiro?
(*1997*), *de Bruno Barreto.*

17
*Carlos Menem: ver nota
13 do capítulo 6.
Juan Carlos Wasmosy
(1939), empresário
e político paraguaio.
Presidente desde 1993.*

la para exposições, bem localizada. Acho que o cimento cultural não é nem cimento, é mais que isso — é fermento —, e vai ser indispensável. Neste mundo que está se organizando em novos pólos políticos, neste mundo da globalização, é preciso entender a cultura como peça fundamental na relação entre os povos. Estamos falando da Argentina e do Chile — o que sabemos desses países? Nada. O Chile tem uma literatura muito boa. O Brasil, onde é mais forte, nesse sentido, é na música. Agora começa a ter de novo cinema. Recentemente vi *Canudos*. É um belo filme. Há o *Quatrilho, O que é isso, companheiro?*, e muitos outros que estão aparecendo.[16]

P - *O senhor imagina um trânsito grande de mão-de-obra entre os países do Mercosul?*

R - Acho que o trânsito maior vai ser o de profissionais qualificados.

P - *E de trabalhadores comuns? Se falta mão-de-obra para a construção civil num determinado país, outro não pode fornecer? Isso não ajudaria a alocação de mão-de-obra e, conseqüentemente, o combate ao desemprego?*

R - Há um problema nisso: a previdência social. Quando houver um deslocamento de mão-de-obra, o que pode acontecer no futuro, quem paga a previdência? O Mercosul tem um problema que os governos hesitam em enfrentar, que é o de se institucionalizar mais. Nós, brasileiros, inventamos a teoria de um Mercosul não institucional, baseado na relação direta dos governos e, fundamentalmente, dos presidentes. Quando há crises, eu, Menem, Wasmosy e Sanguinetti conversamos.[17] Decidimos até problemas menores, como, por exemplo, se se pode ou não financiar a produção disso ou daquilo. Bobagem. Presidente não tem que se meter nisso. Se diminui ou aumenta a cota de automóveis, isso acaba na nossa mão. Tive de resolver um problema desses com o Menem, em São Paulo. Isso deu certo até agora, mas temos que começar a pensar em instituições, com cuidado, para não repetir a Europa, que se institucionalizou demais e criou uma burocracia enorme. Como vai ser a previdência social? Como será o contrato de trabalho? O Menem avançou uma idéia que não está fora de esquadro: no futuro, vai se impor a necessidade de uma moeda comum. Se a aduana será comum, a moeda também pode ser. Para se ter uma moeda comum, será necessária uma mesma macropolítica econômica. Ora, a Argentina tem câmbio fixo e nós não. Como se resolve isso?

P - *O "sul" da palavra Mercosul, deve ser interpretado como alusão ao Cone Sul ou a toda a América do Sul, como perspectiva futura?*

R - O Mercosul por enquanto é o Cone Sul, mas acho que pode ser o pivô, ou pilotis, da organização de toda a América do Sul. Acho que devemos fazer tudo para ter a Venezuela ao nosso lado, por exemplo. O presidente Caldera é um grande presidente, um homem já bastante idoso que se tornou uma referência numa Venezuela que estava em crise.[18] Ele e o Itamar tiveram a sensibilidade de inaugurar uns encontros periódicos, aos quais estou dando continuidade. Fui lá no Dia de Bolívar e me prestaram todas as homenagens possíveis a um presidente estrangeiro. Depois recebi o Caldera em Boa Vista. Assinamos acordos de petróleo e de energia elétrica. Pela primeira vez, um presidente da Venezuela olha para o Sul. Não podemos perder de vista esse olhar, porque, na minha cabeça, e isso eu digo desde que assumi o Ministério das Relações Exteriores, o Mercosul é o pólo com base no qual vamos organizar o espaço da América do Sul.

P - *Como é que se "organiza um espaço"?*

R - Acho que estamos fazendo aqui o que os europeus fizeram, em outro momento. Como começou a integração européia? Com a integração da bacia do Ruhr. A comunidade

18
Rafael Caldera Rodrigues (1916), político venezuelano. Presidente de 1969 a 1974 e, novamente, desde 1994.

19
Joel Rennó (1939), funcionário de carreira da Petrobrás, nascido em Minas Gerais. Presidente da empresa desde 1992.

20
O MTCR, sigla de Missile Technology Control Regime, ou Regime de Controle de Tecnologia de Mísseis, é um fórum internacional de controle de exportação de equipamentos e tecnologia que possam ser utilizados para a construção de mísseis e outras armas de destruição de massa. Foi estabelecido em 1987, por iniciativa dos países do G-7. Em 10 de outubro de 1995, o Brasil tornou-se o vigésimo sexto país a aderir a suas disposições. O Brasil se recusava a assinar o Tratado de Não-Proliferação Nuclear (TNP), pelo qual os países renunciam à posse e uso de armas nucleares, desde que o tratado foi proposto à comunidade internacional, em 1968, por iniciativa das duas superpotências da época, Estados Unidos e União Soviética. Em junho de 1997, o governo enviou ao Congresso mensagem manifestando sua intenção de aderir ao TNP. Em abril de 1998, o Congresso ainda não tinha aprovado a mensagem.

do carvão e do aço. Veja bem: carvão, energia. O Brasil tomou a decisão estratégica, de grande importância, de não mais pensar nas matrizes energéticas em termos de autarquia. Tomou a decisão de "depender" dos países vizinhos. Quando fui para o Ministério das Relações Exteriores, não comprávamos uma gota de petróleo da Argentina e da Venezuela. Chamei o Rennó, presidente da Petrobrás, e disse: "O que é isso?".[19] Comprávamos do Iraque, do Irã, da Arábia Saudita. Isso vinha dos militares, que tinham uma visão estratégica de aliança com o Oriente e influência na África. Quando fui para o Ministério essa visão já estava abalada, mas nos meus discursos como ministro das Relações Exteriores enfatizei essa mudança com toda a clareza. Eu dizia: "O Brasil tem que ter uma relação correta com os Estados Unidos"...

P - *Por quê? Não tínhamos uma relação correta?*

R - Os militares tinham uma relação atritada com os Estados Unidos. Havia divergências em torno de direitos humanos, dependência tecnológica etc. Hoje temos uma relação correta, madura, com os Estados Unidos. A visita do Clinton foi uma demonstração disso. Às vezes, temos interesses que se chocam, mas também temos valores em comum. Dá para trabalhar juntos com respeito, não escondendo um do outro os problemas a enfrentar. Pode ver o meu discurso de posse como chanceler, que foi de improviso. A relação com os Estados Unidos, eu disse, é ordenadora do resto. Se vamos brigar, é uma coisa. Se não vamos, é outra. A partir daí, entramos em negociação em tudo o que era contencioso: lei de patentes, o MTCR, que é o tratado de controle de mísseis... Porque assinamos esse tratado, podemos mostrar ao mundo que temos veículos lançadores. Se não o tivéssemos feito, era suspeita total e bloqueio. Assinamos também o Tratado de Não-Proliferação Nuclear, o Congresso aprovou uma lei sobre a exportação de material sensível...[20] Enfim, organizamos a relação com os Estados Unidos. Mas, como eu estava dizendo, fazia parte também, desse legado do regime militar, a questão do petróleo. Decidi que íamos comprar petróleo da Argentina. Não cabe conceber a Argentina como inimigo potencial, um inimigo que, portanto, podia cortar o abastecimento — e então ir buscar o petróleo no Iraque. Isso era insensato. Vamos ter boa relação com a Argentina e comprar da Argentina. Agora compramos 1 bilhão de dólares por ano da Argentina. Com relação à Venezuela, fiz a mesma coisa: 600 milhões este ano, e estamos aumentando as compras. Outro exemplo: gás. Nunca se trouxe gás da Bolívia, apesar de negociações que se arrastam há trinta anos. Eu forcei, na época do Itamar, e fizemos o acordo.

P - *Forçou por quê?*

R - Itamar relutava em ir a Santa Cruz para assinar o acordo. Já estava tudo acertado pelo Paulino Cícero, quando o Aureliano entrou na sala, atrapalhou e o Itamar mandou suspender a viagem.[21] Não suspendi, e no dia seguinte disse isso a ele. Acabamos indo e assinamos o acordo. Na última hora, já em Santa Cruz, ainda tive de brigar com o representante da Petrobrás, que começou a colocar novas dificuldades. A Petrobrás, na época, não queria o acordo por causa da importação do diesel, que era melhor para ela. Talvez fosse, mas não era melhor para o Brasil. Fizemos o acordo com a Bolívia e o gasoduto está em construção. Por isso teremos Paulínia, agora.[22] Também fizemos um acordo de gás com a Argentina, para abastecimento do Sul do Brasil. Assinei esse acordo em Uruguaiana, com o Antonio Britto. Fizemos um acordo de energia hidrelétrica com a Venezuela, financiado pela CAF — Corporación Andina de Fomento. Levei dois anos para conseguir do Banco Central que o Brasil entrasse na CAF, primeiro como ministro, depois como presidente. Mesmo para um ministro, ou para um presidente, não é fácil fazer as coisas funcionarem. Você aperta o botão e a luz não acende — alguém corta o fio. Temos

21
Paulino Cícero (1937), político mineiro. Deputado federal (1971-85). Ministro das Minas e Energia (1992-93) no governo Itamar Franco. Aureliano Chaves (1929), político mineiro. Deputado federal (1967-75). Governador de Minas (1975-78). Vice-presidente da República (1979-85). Ministro das Minas e Energia (1985-89) no governo Sarney.

22
Paulínia, cidade nas proximidades de Campinas, em São Paulo, é sede de uma importante refinaria de petróleo.

também negociações com a Colômbia, sobre carvão para siderurgia. E estamos discutindo com o Peru o gás de Camisea, tentando viabilizar um gasoduto que o traga para cá. Então, estamos redesenhando a matriz energética do continente...

P - *O Brasil precisa de tudo isso?*

R - Precisa de mais. O Brasil é o grande consumidor de gás, de energia. O negócio é aqui. Por que estamos pensando no Peru? Porque o gás da Bolívia não basta. O consumo de São Paulo é uma coisa louca, o de Minas também. Então, o que ocorre é que nós, na América do Sul, estamos nos integrando mesmo. Isso não se percebe, no dia-a-dia, porque as pessoas pensam que o governo não tem projeto. Tem projeto, nacional e internacional, e o está executando. Claro que não se tem que ficar trombeteando a toda hora, até porque pode atrapalhar, mas há um projeto e ele compreende a integração física da América do Sul. Como a integração física se faz por meio de energia, geramos os recursos para que esses países façam o intercâmbio conosco. Para quem nós exportamos manufaturas? Para a América do Sul e para os Estados Unidos. Não é para a Europa, não é para a Ásia. Isto aqui é um espaço muito importante para nós.

P - *Por que o senhor pensa em América do Sul, e não em América Latina?*

R - Sempre tive a concepção de que esse conceito de América Latina é muito amplo. Culturalmente, podemos falar em Ibero-América. Agora, do ponto de vista da organização do nosso espaço econômico, temos que pensar em América do Sul. A Venezuela, nessa visão, é parte importante, até porque nos dá acesso ao Caribe. Estamos concluindo uma estrada, a BR-174 — e desde que fui chanceler estou em cima desse assunto —, que vai de Manaus à fronteira da Venezuela, onde uma estrada venezuelana prossegue até

Caracas. A 174 está sendo feita com o apoio dos governadores Amazonino e Neudo Campos.[23] Quem pôs mais dinheiro lá até hoje foi o Amazonino. Essa estrada vai viabilizar a exportação da Zona Franca para o Norte, e também o escoamento da soja, cultivada naqueles campos imensos de Roraima. É importante que tenhamos presente essa visão sul-americana. Mas repito: só teremos êxito nesse caminho se formos capazes, como fomos até hoje, de ser companheiro dos outros países. Não podemos sufocar. Tirar vantagem desnecessária. A vantagem é estratégica, não é para o dia de amanhã. Sempre tivemos uma balança comercial superavitária com a Argentina. Agora, é deficitária. Por quê? Porque comprávamos petróleo no Oriente Médio e passamos a comprar da Argentina. Então, é 1 bilhão de dólares a mais a favor deles. Mas esse bilhão ia para o Oriente Médio. Então, é melhor pôr na Argentina, onde gera recursos, gera negócios, gera trocas.

P - O senhor acha que essa é uma política em condições de permanecer, num prazo mais longo? Não há risco de vir um governo que de novo entre em conflito com a Argentina e ache que a prioridade estratégica é o Iraque?

R - Se houver aqui uma patriotada, quer dizer, uma explosão daquele nacionalismo que não é sadio, vai atrapalhar. Os discursos da direita e da esquerda, quando se radicalizam, são quase sempre patriotadas. Eles não sabem o que estamos fazendo porque não percebem, ou não querem perceber, que estamos defendendo os interesses estratégicos do Brasil. Essa política que descrevi não nasceu assim, ao deusdará. Vem desde o tempo em que eu estava no Ministério das Relações Exteriores. E não sou o único, há muita gente que pensa assim. O chanceler Lampreia pensa assim, o embaixador Rubens Barbosa, que hoje está na Inglaterra, e que era secretário econômico quando eu era ministro, pensa assim.[24] O Itamar sempre pensou assim, sempre foi latino-americanista, até por nacionalismo, digamos. Sarney tam-

23
Amazonino Mendes (1939), político amazonense. Senador (1991-95). Governador do Amazonas desde 1995. Neudo Campos (1946), político de Roraima. Governador do estado desde 1995.

24
Luiz Felipe Lampreia (1941), diplomata de carreira. Embaixador em Portugal (1990-92). Secretário-geral do Ministério das Relações Exteriores ao tempo em que Fernando Henrique Cardoso foi ministro (setembro de 1993 a março de 1994). Ministro das Relações Exteriores desde o início do governo Fernando Henrique Cardoso. Rubens Barbosa (1938), diplomata de carreira. Subsecretário de Assuntos de Integração Econômica (1992-93), período em que foi o principal negociador brasileiro para o projeto do Mercosul. Embaixador em Londres desde 1994.

bém. E os nossos empresários estão cada vez mais afinados conosco nessas políticas. Pouco a pouco, acho que isso foi virando quase consensual no Brasil. Não sei se as pessoas têm noção concreta dos passos já dados, dos passos a serem dados, de qual é a estratégia, mas elas têm pelo menos um sentimento. Concluindo, o que eu queria passar é: o Brasil tem um rumo. Não é só a estabilização. Dizem: "O governo só fez o Real". Ah, não estão vendo as coisas. Nós mudamos o rumo do Brasil em tudo. Essa visão estratégica de que falei, isso traz desenvolvimento, traz infra-estrutura. Estamos fazendo as estradas. Vejo todo dia no jornal: "O 'Brasil em Ação' é plataforma de campanha do presidente Fernando Henrique". É preciso ser muito idiota para acreditar nisso. Isso não é plataforma para mim, é projeto para o Brasil. Campanha é uma coisa pequena. Esse amesquinhamento cotidiano das coisas no Brasil precisa acabar. Estamos envolvidos num projeto que aponta um caminho que faz sentido. Claro, nem tudo sai como a gente quer, mas que temos um rumo, temos.

9

VIOLÊNCIA E DROGAS

CAUSAS DA VIOLÊNCIA — PARALELOS HISTÓRICOS —
POLÔNIA E RÚSSIA — A VIOLÊNCIA TRADICIONAL
E A NOVA — A DROGA — CRIME ORGANIZADO E LADRÕES
DE FUNDO DE QUINTAL — A DROGA E O RISCO
DE CONTAMINAÇÃO DO PODER — DIFICULDADES
DO COMBATE AO TRÁFICO — A OPÇÃO DA LIBERALIZAÇÃO —
O CONTROLE DAS FRONTEIRAS — A POLÍTICA AMERICANA
E O PRECONCEITO CONTRA OS "LATINOS" — A CRISE
DA SEGURANÇA PÚBLICA — A REFORMA DAS PMS —
CONTRABANDO E FRONTEIRAS POROSAS — UMA INVASÃO
DA BOLÍVIA – NEM O PRESIDENTE É POUPADO

31 / 10 / 97

Pergunta - *Quais são as causas da violência hoje? Essa violência de rua — assaltos, assassinatos, seqüestros —, que mais choca e parece inerente ao mundo contemporâneo.*

Resposta - Não tenho uma noção precisa disso. Não é um tema fácil, e nunca me debrucei diretamente sobre ele. Vou começar com algum paralelo histórico. Em vários momentos, você tem sensação de aumento de violência — às vezes real, às vezes não. Por exemplo, antes da Revolução Francesa houve o que eles chamaram de La Grande Peur — um medo enorme, durante muito tempo. Esse medo não era urbano, era rural.[1]

1
La Grande Peur, "o grande medo", é o nome que se dá ao período de miséria, fome, assaltos, mendicância e revoltas camponesas que ocorreram por toda a França às vésperas da Revolução Francesa (1789), entre outros motivos por causa de safras agrícolas malogradas, desemprego e carestia.

O PRESIDENTE SEGUNDO O SOCIÓLOGO

2
Ignacy Sachs (1928), sociólogo francês, estudioso do Brasil. Autor de Estratégias de ecodesenvolvimento para o trópico úmido *(1975) e* Por uma economia política do desenvolvimento — Estudos de planificação *(1977). Atual diretor do Centro de Estudos sobre o Brasil Contemporâneo da Maison des Sciences de l'Homme.*

3
Andrej Wajda (1926), cineasta polonês. Diretor de Kanal *(1957),* Cinzas e diamantes *(1958),* O homem de mármore *(1976) e* Danton — O processo da revolução *(1982).*

P - *Era o medo de atravessar uma estrada, à noite...*

R - Ou uma ponte... Era uma coisa terrível. O *Ancien Régime* já estava em decomposição e por isso mesmo aumentou a insegurança, tanto a psicológica quanto a objetiva. As pessoas eram assaltadas. Assistimos, na formação das cidades modernas deste século, nos Estados Unidos, à mesma coisa. Chicago, Boston. Aí a violência estava ligada ao crime organizado. Estava também ligada ao contrabando decorrente da Lei Seca. Depois tivemos, mais recentemente, também nos Estados Unidos, e um pouco na Inglaterra, uma onda de violência racial. Ela foi muito forte, nos anos 60, e estava ligada ao fato de que estava havendo ascensão social dos negros. Quando há luta anti-racismo nos Estados Unidos também há um surto de violência. Havia uma anterior, da Ku Klux Klan, mais tradicional, que era uma violência contra o negro mais indefeso. Então, cada um desses surtos de violência obedece a causas diversas e, às vezes, elas se acavalam. Temos simultaneamente vários tipos de violência. E você ainda tem uma violência que é típica das sociedades altamente urbanizadas e industrializadas, que é a violência com alto grau de premeditação, ou então a violência do desequilibrado — do serial killer, do louco. São muitas as formas de violência, e às vezes elas se dão em conjunto.

P - *Que tipo de violência teríamos no Brasil?*

R - Vou fazer um outro contraponto histórico, depois volto ao Brasil. Eu disse aqui que estive em 81 na Polônia. Um amigo meu, o Ignacy Sachs, francês de origem polonesa, preparou, antes de minha viagem, umas cartinhas para eu conversar com amigos dele.[2] Uma delas era para o Andrej Wajda, o famoso diretor de cinema.[3] Fui até a casa de Wajda e ele não estava, não o vi. Mas o que importa é a sensação que tive no caminho. Ele morava num bairro de Varsóvia cheio de árvores, residencial. Não conheço bem Varsóvia, e tive dificuldades de me localizar. Era de noite.

P - O senhor estava sozinho?

R - Sozinho. E tive uma sensação estranha, andando por ali, estrangeiro. "Será que não vou ser assaltado?" Depois conversei com muita gente, e soube que não havia esse perigo, e essa sensação não era partilhada na Polônia. Nada, era zero.

P - Era um cacoete de brasileiro, que o senhor estava levando para lá?

R - Sim. Havia ali uma civilização urbana sem violência. É inegável que isso tinha relação com o regime, num duplo sentido: o fato de todo mundo ter mais trabalho, no sistema socialista, e o regime policial. As duas coisas juntas. Depois da queda do regime soviético, na Rússia, parece que Moscou virou uma cidade de gangues. Eu tenho uma parte da família na Rússia, em Moscou. Uma das minhas primas...

P - Como se explica esse lado russo de sua família?

R - Otávio Brandão, o dirigente comunista, era primo de minha mãe.[4] Em 31 ele se exilou na Rússia. Teve vários filhos lá. Depois voltou, mas alguns filhos ficaram, e casaram lá. Tenho primos que não falam português. São russos, e me comunico com eles em inglês. Então, uma dessas minhas primas, um dia, me mandou um SOS. A casa do pai dela tinha sido assaltada por mafiosos, e estava impossível a vida lá. É uma modalidade de assalto das mais descaradas. Os assaltantes chegam, dão um prazo para sair da casa, pegam tudo o que tem dentro — se tiver dólar, melhor ainda —, e o sujeito assina um termo de que vai embora, vai abrir mão da casa. Essa minha prima é física, e hoje trabalha na Universidade Federal do Rio de Janeiro.

4
Otávio Brandão (1896-1980), jornalista e militante comunista alagoano. Um dos fundadores do Partido Comunista Brasileiro (1922). Preso várias vezes ao longo de 1930 e 1931, foi deportado em abril desse último ano, exilando-se na União Soviética. Voltou em 1946, reintegrando-se ao Comitê Central do PCB, até ser afastado por desentendimentos com o partido em 1956. Perseguido pelo regime militar a partir de 1964, manteve-se na clandestinidade até a anistia de 1979.

P - *É uma modalidade de crime que tem a ver com a decomposição do regime...*

R - Sim, tem a ver com o regime político, também, e com o sistema econômico. Estamos assistindo na Rússia à reorganização da economia por meio da forma mais primitiva de acumulação, que é o roubo. A história voltou para trás também nesse sentido. Criou-se o clima para uma acumulação rápida, na sua expressão mais direta, que é a violência. Voltando ao Brasil, na zona rural a violência é a de sempre, talvez minorada. Onde ela é mais presente é nas zonas em que se mistura com a política, com o domínio oligárquico. Nessas áreas se mata. Aqui em Goiás, por exemplo, até recentemente havia mercado de matador, algo repulsivo e que mostra quanto precisamos agir para assegurar a decência nos costumes.

P - *Há pistoleiros em várias partes. Mato Grosso, Alagoas...*

R - Pode ser. Em todas essas áreas do Brasil mais antigo, de fronteira, e sem muita presença do Estado, há esse tipo de coisa, mas o que quero dizer é que isso é antiqüíssimo. Não há nada de novo. Alagoas, certas zonas de Pernambuco, ainda hoje — há nesses casos uma mistura de dominação política, exploração econômica e violência, inclusive violência paga, para matar o seu rival, o adversário. Isso não é novidade. O que é novidade? É a grande cidade. A grande cidade sofreu o impacto das migrações. Curioso é que o período forte das migrações não coincidiu com o maior medo — talvez porque houvesse também expansão do emprego urbano. Não sei, é uma hipótese. Mas há uma coisa nova, ultimamente, que é o crime organizado...

P - *Leia-se "droga", não é? A coisa nova não é a droga?*

R - Droga. No fundo, agora é esse o problema.

VIOLÊNCIA E DROGAS

P - *A droga não é realmente o centro da questão?*

R - É a droga. Não é nem a contravenção. O jogo do bicho tinha uma certa violência, mas não na atual escala. As máfias da droga precipitaram um aumento da violência. Basicamente é uma violência de tipo urbano e organizado. E uma violência que gera personagens trágicos — as crianças usadas como "avião", o jovem que morre cedo... O viciado na droga, mesmo não estando nas máfias, também tem problemas de violência. Envolve-se em acidentes de automóvel por excesso de velocidade, por exemplo. As estatísticas sobre a mortalidade de jovens no Brasil são assustadoras e têm ligação com isso.

P - *O seqüestro freqüentemente também tem relação com droga. Ou os seqüestradores são drogados, ou traficantes fazendo caixa para comprar a mercadoria.*

R - Sim. Então, eu diria que a que é característica do momento atual, entre as modalidades de violência, é aquela ligada à droga. Porque as outras sempre houve. Ladrão de fundo de quintal sempre houve também, e mesmo mais do que simples ladrão de fundo de quintal, mas não estavam inscritos num sistema. O que há de novo agora é o sistema. A corrupção policial também se vincula à droga. Então, esse é um tipo de violência mais difícil de ser combatida. Ele agrega interesses. Acho que aqui ainda não chegamos a esse estágio, e espero que não cheguemos, mas em outros países os interesses da droga, e portanto a violência a eles inerente, já se vinculam à política, ao poder.

P - *Em alguns estados o fenômeno já não aparece, no Brasil?*

R - Geralmente em estados de fronteiras com países produtores de droga, mas ainda não há o cartel da droga. O esquema não está articulado de maneira sólida com o sistema de poder, em nível de decisão. Em nível de polícia, sim. Prova-

5
Tancredo Neves (1910-85), político mineiro. Deputado federal (1950). Ministro da Justiça de Getúlio Vargas (1953-54). Primeiro-ministro (1961-62) no período parlamentarista que se sucedeu à renúncia de Jânio Quadros. Senador (1978-82). Governador de Minas Gerais (1982-84). Candidato vitorioso à Presidência da República (janeiro de 1985), no final do regime militar, morreu no entanto sem tomar posse, no dia 21 de abril de 1985. José Sarney (ver nota 2 do capítulo 5), eleito vice-presidente na mesma chapa, assumiu em seu lugar. Olavo Setúbal (1923), empresário, banqueiro e político paulista. Prefeito de São Paulo (1975-79). Ministro das Relações Exteriores (1985-86).

velmente a corrupção também contamina certos tipos de funcionários, mas não existe a conexão mais perigosa, que atinge os altos escalões. Temos complicações grandes para entender o fenômeno, no Brasil. Em primeiro lugar, porque sempre se associa a violência com a pobreza e o desemprego. Fiz aquele longo histórico para mostrar que, se existe algum tipo de violência relacionado à pobreza, não é esse que está provocando o pânico no Brasil. Essa idéia de que a violência está ligada à pobreza é um preconceito contra o pobre. Não é pobre quem organiza a violência. Em segundo lugar, há dificuldade de entender a importância da ligação da violência com o crime organizado e a droga. Lembro que, na primeira reunião do ministério do Tancredo, presidida pelo Sarney, enquanto Tancredo estava no hospital, o Olavo Setúbal, que era o ministro das Relações Exteriores, causou perplexidade ao levantar a questão das drogas.[5]

P - *Por quê?*

R - Acharam que não era tema adequado. Não era político. Não tinha a ver com relações exteriores. Como o Olavo era uma pessoa de leitura internacional, e andava para cá e para lá, sabia que isso já era um tema. Disseram: "Está se vendo que esse aí não é do ramo". Hoje o tema existe com mais força, mas temos problemas para enfrentá-lo — problemas na polícia, na Justiça. O Código de Processo brasileiro traz dificuldades para uma punição mais rápida, e como esse pessoal tem dinheiro para contratar advogados e articular uma defesa, entorpece a ação na Justiça.

P - *O senhor não acha que essa questão começa na ambigüidade com que a sociedade, e não só a brasileira, encara a questão da droga? Tanto as famílias como os meios de comunicação e até os governos hesitam entre reprimir...*

R - Na família há duas políticas: reprimir ou fingir que o problema não existe...

138

P - ...entre reprimir e achar que não faz mal porque, paralelamente às campanhas de repressão, convive-se com uma ampla cultura de glamourização das drogas. Faz-se a apologia delas, aberta ou disfarçada, no cinema, na televisão, no rock... Afinal, o que queremos?

R - Há uma ambigüidade nisso, realmente. Os "bem-pensantes" muitas vezes se envergonham de ser contra a droga. Dizem: "Ah, a droga não é tão ruim".

P - O senhor é a favor da liberação das drogas, uma vez que as políticas de repressão têm fracassado?

R - Esse é um tema complicado. Existem algumas experiências de liberação — na Suíça, na Holanda —, nem todas bemsucedidas. Não sei avaliar as conseqüências da liberação. A inclinação liberal é a de que liberar é sempre melhor. Eu não tomaria uma decisão dessas. Não tenho elementos para dizer que esse caminho está certo. O resultado pode ser um desastre. Enfim, não temos certeza sobre qual é o melhor caminho.

P - Na sua opinião, o que falta para que se forme essa certeza?

R - Acho que falta mais conhecimento para decidir sobre as diversas opções colocadas. Por um lado dizem que, se se liberar, acaba a corrupção e diminuem os viciados. Outros dizem: "Não, a liberação aumentará os viciados enormemente. Mesmo que se comece liberando a maconha, por supostamente ser mais inofensiva, cria-se uma cultura da droga, e de uma droga os viciados passarão para outra". Outros ainda dizem que não há droga que seja negativa. Ninguém tem certeza. A sociedade coincide em que é preciso reprimir. Então, quando você vai reprimir, esbarra com o quê? Com a incapacidade da repressão. Com a corrupção, com a falta de meios, com os impedimentos legais. O nosso caso é muito dramático, porque o sistema federativo brasileiro é complicado. Ele atribui à União responsabilidades que ela não pode ter, e tira da União outras que ela deveria ter. O combate à droga é da União, da Polícia Federal, como o combate ao contrabando em geral. Mas o tráfico interno é com a Polícia Militar e as polícias civis, que são dos estados.

P - *Não dá para trabalhar em colaboração?*

R - É complicado. Por quê? Porque, na concepção tradicional brasileira, o poder significa duas coisas: caneta para nomear e polícia para prender. Então, a polícia, o controle sobre a polícia, é visto como um símbolo de autonomia e de poder. E o controle sobre a informação da polícia também. Isso está mudando. Está-se trabalhando no sentido de haver sistemas mais interconectados, mas ainda há dificuldades.

P - *Qual sua posição sobre a participação do Exército no combate ao tráfico?*

R - De vez em quando surge essa idéia: "Põe o Exército na jogada". As Forças Armadas se opõem, e a meu ver com razão. Por que elas se opõem? Primeiro, porque o nosso Exército não é de profissionais. É composto de jovens recrutas. Só uma pequena parte é de profissionais. Eles não têm experiência, e vão ser objeto de corrupção. Podem virar alvos fáceis, como os policiais. Na minha concepção, o Exército tem que ficar para a defesa do Estado, num sentido mais geral, e da integridade do território. As Forças Armadas podem cooperar no sistema de inteligência, nos transportes etc., mas não podem ter um papel protagônico nessa questão, porque não foram feitas para isso. Fora isso, fora essas questões que dizem respeito ao aparelho repressor, há outro problema, que é a lavagem do dinheiro, conseqüência da transnacionalização do crime. A resistência a medidas eficazes para controlar a lavagem de dinheiro é muito grande. Vivemos mandando projetos para o Congresso, tentando obter aprovação de mecanismos que permitam uma ingerência maior da Receita Federal e do Banco Central, mas aí apelam para o sigilo, o direito à liberdade individual... Qualquer coisa que se diga em relação a controle de conta bancária, imediatamente vem um pseudoliberalismo em sentido contrário.

P - *Quem está por trás disso? Os bancos?*

R - Sempre há obstáculos que aparecem sob a forma jurídica, e muitas vezes vindos de pessoas que, honesta e sinceramente, acreditam no que estão dizendo. Acham que o Estado vai usar esses poderes para fazer perseguição. Ora, você sabe que hoje, no Brasil, se há um setor que dispõe de informações bancárias, não é o governo, é a oposição. Via sindicato etc., ela tem acesso às contas. O argumento é frágil, mas com base nele sempre bloqueiam as medidas no Congresso. Para se ter uma idéia de como o Estado brasileiro estava, e está, pouco armado — no sentido bélico e no legal —, para fazer alguma coisa, mandei uma lei ao Congresso para legalizar a ordem de derrubar aviões em tempo de paz. Por quê? Porque temos informações seguras de aviões que entram aqui com contrabando, numa certa faixa do Brasil. Vamos ter em todas, se o Sivam for implantado. Possivelmente, uma parte de oposição ao Sivam vem daí, porque teremos controle do território nacional, do tráfego aéreo. É o escândalo mais falso que já houve na República. Nunca houve escândalo nenhum no Sivam. Escândalo foi não aprovar o Sivam logo. Não obstante, só se falava em escândalo do Sivam. A decisão nem foi tomada por mim, foi tomada no governo Itamar. Não participei, mas defendi a decisão, até porque era certa. Não obstante, apareceu a opinião pública, e havia aí uma mamata...[6]

P - *Teria havido favorecimento da empresa vencedora da concorrência...*

R - Claro, havia interesses econômicos contrariados, havia interesses políticos dos que atacavam o governo, mas havia também interesses de outro tipo. Todos se juntaram. Agora

6
Sivam é sigla de Sistema Integrado de Vigilância da Amazônia, um conjunto de mecanismos para rastrear ocorrências na região. Em novembro e 1995, veio à luz a transcrição de uma conversa entre o embaixador Júlio César Gomes dos Santos, chefe do cerimonial da Presidência, e o empresário José Afonso Assunção, representante da empresa americana Raytheon no Brasil, a qual sugeria uma tentativa de favorecimento dessa empresa na concorrência para a compra de dezenove radares para o Sivam, um negócio de 1,4 bilhão de dólares. O ministro da Aeronáutica, brigadeiro Mauro Gandra, demitiu-se, na seqüência do episódio.

O PRESIDENTE SEGUNDO O SOCIÓLOGO

7
A lei que altera o Código Brasileiro Aeronáutico, permitindo a derrubada de aviões, foi finalmente aprovada pela Câmara, e o presidente da República a sancionou em 5 de março de 1998.

estão fazendo o Sivam, e já aumentou — antes mesmo do Sivam, porque estamos instalando alguns radares e mudando os antigos — nossa capacidade de controle, mas não é suficiente ainda. Nessa região central, nossa informação já é grande. Mas é uma informação passiva — sabemos que o avião entrou, mas não temos o que fazer. Então, fizemos a lei para derrubar avião. A muito custo ela passou no Senado. Agora está na Câmara. Alguns ridicularizam: "Para que derrubar avião em tempo de paz?". Ninguém vai derrubar. Quer dizer, eu não hesitarei em mandar derrubar, se realmente for necessário. Mas o importante é saberem que se pode derrubar. Há muitos problemas nessa área. Estou mencionando só um.[7]

P - *Não se pode derrubar avião, mas pode-se apreender a mercadoria, quando ele pousa...*

R - Não se pode. Só se pode fazer isso em operações conjuntas da Polícia Federal, Receita Federal, não sei mais o quê. Senão, a ação é anulada.

P - *Por que não se fazem operações conjuntas?*

R - Porque não se sabe onde o avião vai descer. É muito complicado.

P - *Aí a questão é dos aeroportos clandestinos, que não são rastreados devidamente.*

R - Agora estamos fazendo um esforço grande, sobretudo na Amazônia. Os aeroportos são muitos e, em certos casos, usa-se a técnica dos vietnamitas, de fazer aparecer e desaparecer aeroportos. Não é uma briga fácil. E repito: o Estado não estava aparelhado, e ainda não está, para fazer frente a esse tipo de desafio.

P - *Esse assunto foi abordado pelo presidente Clinton, em sua visita ao Brasil?*[8]

R - Não. Pode ser que tenha sido abordado nos níveis técnicos. Pelo Clinton, não. O fato é que, como a questão se transnacionalizou, também o interesse pela repressão se transnacionalizou. E entre outras questões surge a de saber até que ponto a atitude americana a respeito é legítima ou não. Você sabe que os americanos têm aquele sistema a que chamam de "certificado", ou "certificação". A cada ano, eles julgam se o governo dos países produtores ou exportadores de droga está agindo bem ou não — o que é uma coisa inaceitável. Eles não têm legitimidade para isso. Aqui surge de novo, como na questão da globalização, a necessidade de um governo mundial, ou de organismos mundiais. Esse organismo poderia ter legitimidade, um governo particular não. Nas minhas conversas com Clinton, aqui em Brasília, o único ponto em que toquei foi nesse da certificação. Acho esse sistema maluco...

P - *O senhor disse isso a ele?*

R - Disse, e ele não discorda. Também acha que é preciso encontrar outra fórmula, porque todo ano há uma crise — com o México, o Peru, a Bolívia, a Colômbia. Todo ano é aquela expectativa: vão dar o certificado ou não?

P - *O senhor não acha que os Estados Unidos dão excessiva ênfase ao tráfico, em relação à que dão ao consumo da droga? E ao fazerem isso não aumentam o preconceito contra aqueles que eles chamam de "latinos"?*

R - É uma forma equivocada de lidar com a questão, que reforça a percepção de que isso é "imperialismo". Que há um interesse de dominação por trás, e não o legítimo interesse de controlar a droga. Todos os presidentes e todos os governos dos países afetados têm a mesma reação, que é di-

8
Presidente Clinton e sua visita ao Brasil: ver nota 10 do capítulo 6.

9
O DEA, sigla de Drug Enforcement Agency, é a agência do governo americano encarregada da repressão à produção e tráfico de entorpecentes.

zer o seguinte: "Nós produzimos, digamos, 10 bilhões por ano. Quem trafica transforma 10 em 100, e isso ocorre lá nos Estados Unidos. Por que não combatem lá e combatem aqui? Por que não combatem o consumo e o crime organizado lá, e combatem a produção aqui?".

P - *Há filmes americanos, hoje, em que o vilão, que já foi o índio, depois o nazista, depois o comunista, é o traficante de drogas — um sujeito de pele morena e fala espanholada cujo objetivo é corromper os indefesos jovens americanos.*

R - Isso contribui para reforçar o preconceito anti-hispânico. Há outros problemas. Nós aqui, no governo brasileiro, tomamos certos cuidados. Os jornais até publicaram que o Jobim, quando era ministro da Justiça, não aceitou uma doação de recursos do DEA.[9] Por quê? Porque isso era feito de uma maneira que significava uma intromissão muito direta na nossa administração. Era feito sem clareza nos acordos e também com um caráter discricionário na decisão sobre quem receberia o dinheiro. Houve então uma renegociação do ministro da Justiça daqui com o de lá, para estabelecer que o controle é do nosso governo, e que não aceitamos um dinheiro que vá controlar funcionários. Não quero entrar em detalhes nesse assunto, porque é complicado. A pretexto de controlar informantes, e coisas parecidas, havia até um certo risco de aumentar a corrupção. Também não aceitamos algumas propostas de integração das Forças Armadas com vistas ao combate ao narcotráfico. Fizemos outra coisa: aceleramos os nossos programas de controle de fronteira e de informação. Dispusemo-nos até a trocar informações, mas não aceitamos a subordinação a um sistema interamericano de controle de droga, de contrabando e de tráfico. Não é que não quisésse a colaboração dos Estados Unidos. Pelo contrário, precisamos de uma atuação efetiva e equilibrada dos americanos conosco.

P - *Deixando de lado essa face internacional da questão, como deve ser uma política interna de combate à droga?*

R - Uma política realmente efetiva de controle do crime e da droga começa pela educação. Educação e saúde. E implica também o envolvimento das famílias. Isso não é assunto que o Estado possa resolver sozinho. Implica, digamos, a "despreconceitualização" do tema, porque até hoje ele não é discutível em família. Trazê-lo à tona é considerado uma vergonha. Implica repressão de uma maneira mais eficaz. Implica reforma da Justiça e da polícia. Acho que a questão das polícias, a questão da segurança pública, é central. Tenho a sensação de que, assim como temos um tremendo problema de saúde pública, de gestão da saúde pública, de instituições da saúde pública, de articulação dos vários níveis de governo — União, estados, municípios — e dos setores privado e público em torno da saúde, temos um problema semelhante de segurança pública. Não estamos institucionalmente preparados para discutir segurança pública no mundo de hoje. A reação mais torpe e mais imediata é o esquadrão da morte, em que se criminaliza a segurança, muitas vezes com o apoio da sociedade. Vai-se então da impunidade, que é o mais freqüente, à criminalização da própria segurança. Acho que a crise das polícias militares, embora provocada por outras razões — salários, hierarquias, falta de treinamento —, teve a virtude de começar a colocar a questão na mesa.[10]

P - *A questão foi dramatizada pelos filmes na televisão mostrando policiais praticando torturas.*

R - Nós aproveitamos a ocasião. O Mário Covas foi o primeiro que, a meu ver, trouxe uma proposta que dava margem para discussão. Mais adiante, fizemos uma proposta audaciosa ao Congresso.[11] Cadê o eco? Vão dizer: "Falta vontade política". Mas como? Se a sociedade não aceita, não discute, o governo também é impotente. Não foi fácil fazer

---

10
A crise das polícias militares em referência é a série de greves e motins protagonizados por PMs em vários estados — Minas Gerais, Alagoas, Pernambuco, Ceará —, alguns com enfrentamentos violentos, e todos com grave afronta à autoridade dos governadores, em julho de 1997.

11
Em abril de 1997, os noticiários da TV Globo mostraram cenas gravadas clandestinamente em Diadema, São Paulo, e na Cidade de Deus, no Rio de Janeiro, em que PMs envolvidos em batidas policiais espancavam pessoas. No caso de São Paulo, um PM chegou a atirar e matar o passageiro de um automóvel. O governador de São Paulo, Mário Covas, propôs que o policiamento nas ruas passasse para a Polícia Civil. A Polícia Militar restringiria sua ação ao policiamento rodoviário, de trânsito, florestal e a missões de choque.

12
O Exército interveio em Alagoas, diante do colapso da segurança pública causado pela rebelião dos PMs grevistas, em julho de 1997.

aquela proposta de emenda constitucional, porque, é claro, feriu diretamente o interesse das hierarquias das polícias militares. Acho que o Congresso e a sociedade não sentiram, nesse início de debate, a urgência que o problema tem. Essa crise vai voltar.

P - *Dizem que no Congresso, especialmente no Senado, é difícil passar uma reforma das polícias militares por causa dos ex-governadores que ali têm assento, e que seriam muito ligados aos oficiais das PMs.*

R - É verdade, mas acho que para avançar nessa questão você tem que ganhar as polícias militares. Não é uma questão de queda-de-braço, porque não adianta: você ganha a queda-de-braço, faz passar certas medidas no Congresso, mas depois elas não têm eficácia. Um auditor da PM de São Paulo uma vez me disse que, ao remodelar a polícia, ou você consegue que ela tenha confiança no novo caminho, e até orgulho dele, ou não vai adiantar. É um problema político-cultural que existe dentro das polícias. É preciso haver um pensamento reformador dentro da polícia. Porque, de fora para dentro, não adianta. O que fazer? Alguns dizem: "Põe o Exército". Como, o Exército? O Exército não foi feito para isso.

P - *O Exército não foi posto em Alagoas?*[12]

R - Sim, mas isso na crise, quando tudo se deteriora. E depois? Depois, ou você regenera a polícia, ou faz o Exército virar polícia. E, se o Exército virar polícia, vai apresentar os mesmos inconvenientes da polícia. O tema não foi ainda percebido com clareza. Falta na mídia, no Congresso, a visão cultural de como essa questão da segurança é chave para a democracia. Também não se decantou, ainda, a consciência de que é preciso que a própria polícia crie núcleos de regeneração. Não vou dizer que não haja. Em São Paulo há, graças aos avanços obtidos pelo governo Mário Covas.

146

A polícia de Minas é a que tem merecido mais consideração, historicamente. No Rio é onde a situação é mais dramática, porque lá há um embate maior com a questão da droga. Mas não quero particularizar. Soma-se a esse quadro a questão de que as altas hierarquias das polícias militares têm altos salários, enquanto o soldado ganha pouco. O salário médio de um coronel da PM de São Paulo era de 11 mil reais. Em São Paulo, há mais de novecentos coronéis reformados e uns cinqüenta em atividade, porque a passagem pelo cargo é rápida. Esse sistema, claro, é inviável.

P - *O senhor disse que a crise vai voltar. Por quê?*

R - Vai voltar porque a situação continua a mesma. Quando digo isso pode-se perguntar: por que eu, como presidente da República, não paro com isso? Porque não tenho poderes constitucionais para tanto. Alguns governadores têm consciência disso. Há pouco, as polícias militares quase asseguraram mais vantagens, por causa do projeto de emenda constitucional que as incluiria entre as "instituições permanentes".[13] Tivemos de atuar para evitar sua aprovação. Como se faz isso sem, ao mesmo tempo, cristalizar na polícia a idéia de que o governo federal é contra elas? Elas também são indispensáveis. Não acho que se deva julgar em bloco, negativamente, nem as polícias militares, nem as polícias civis. Se você julga em bloco, está perdido. Ou você acredita que existem núcleos de regeneração, e lhes dá a mão, ou não se faz nada. Essa é uma questão da democracia mal pensada pelos democratas do Brasil, inclusive por causa da repressão do passado etc. Generaliza-se o julgamento de que a polícia é ruim, corrupta. Não é tão simples assim.

P - *Por que a questão seria mais aguda no Rio de Janeiro? Porque o consumo de drogas lá é maior? Ou porque a cidade seria passagem para o tráfico internacional?*

13
Um projeto de emenda do artigo 142 da Constituição que tramitou no Congresso no primeiro semestre de 1997 equiparava a Polícia Militar ao Exército, Marinha e Aeronáutica, na condição de "instituições nacionais permanentes e regulares". O projeto, que tornaria mais difícil a reforma das PMs, acabou rejeitado.

R - Passagem é. Mas passagem importante, não sei se é. Não sei quais são os caminhos efetivos. Acho que no Rio, primeiro, houve um aproveitamento da rede do jogo do bicho, que ali era maior...

P - *Aproveitamento para quê? Para distribuição no próprio Rio ou para a conexão com as máfias internacionais?*

R - Para distribuição no Rio.

P - *Isso teria gerado um mercado consumidor maior?*

R - É provável. Não sei dizer porque não tenho as informações. Tudo costuma ser maior em São Paulo, mas de qualquer forma a questão é mais concentrada no Rio. Houve também essa coisa, digamos, morfológica, geográfica, de áreas "liberadas", sob o controle do tráfico. Pode ser que haja também em São Paulo, mas é menos visível. Isso desmoraliza a autoridade.

P - *Mas, se esses quistos permanecem, não é porque o Estado está comprometido?*

R - Claro. Isso não ocorre só aqui. Marselha, na França, é uma coisa mais ou menos desse tipo. O Sul da Itália também. Isso não alenta muito. O problema parece ser maior do que as condições atuais para seu controle.

P - *O senhor não acha que a questão da descriminalização da droga escapa ao alcance nacional? Ou seja: tem de ser feita, caso se decida fazê-la, de forma concertada, entre vários países, a começar pelos Estados Unidos, sem o que o país que se aventure por esse caminho será vítima de isolamento e do opróbrio da comunidade internacional, além de se transformar em santuário de diversas máfias?*

R - Acho. Descriminalizar aqui, e não em outros países, dá confusão. Todo mundo nos pressionará e tentará provar

VIOLÊNCIA E DROGAS

que a descriminalização é um erro. É o tal negócio, voltamos à questão da globalização. Você não escolhe se quer ou não a globalização. Não pode fechar a fronteira para ela. A droga é a mesma coisa. Você não pode imaginar que, fechando a fronteira, resolve. Há ameaças, digamos, até à coesão social, que são transnacionais. Portanto, não se pode lidar com elas numa perspectiva somente nacional. Em muitas áreas isso acontece dessa forma. No contrabando, por exemplo. Temos problemas agudíssimos de contrabando: de cigarros, de discos. Recebi, recentemente, um grupo de artistas e produtores desesperados. Diziam que há um maciço contrabando de fita cassete. Há uma quase-nucleação do contrabando. Por que não conseguimos evitar isso? Mas se nem os Estados Unidos conseguem evitar o contrabando através da fronteira mexicana... E lá são 3 mil quilômetros. Aqui, de fronteira terrestre, temos 15 mil. Como é que se faz? Uma vez, eu e a Ruth[14] invadimos a Bolívia sem saber. Depois que fui eleito presidente, fui ao Pantanal passar três ou quatro dias. No Pantanal você pega aqueles barquinhos rápidos — para pescar, quando se sabe pescar, ou só para passear, quando não se sabe, como é o meu caso. Fomos eu, a Ruth, um segurança e o barqueiro — aquilo é lindíssimo, o Pantanal é o lugar de que mais gosto. Você vai se entusiasmando: vê bicho para cá, pássaro para lá, jacarés. Uma coisa lindíssima se sucede a outra, e você vai avançando. De repente vejo uma bandeira e digo: "Uai, esta não é a bandeira brasileira". Andamos um pouco mais, e apareceu outra bandeira. Agora não havia dúvida: estávamos na Bolívia. Aproximamo-nos de uma guarnição militar. Paramos. Mandei chamar o comandante e disse: "Olha, eu sou o presidente eleito do Brasil. Passa um telegrama para seu presidente e lhe diga que o primeiro país que estou visitando como presidente é a Bolívia". O sujeito deve ter pensado: "É louco!". Um sujeito num barquinho solitário, com pouca gente, de calção de banho, dizendo que era presidente do Brasil... Mas passou o telegrama — para o Sánchez de Lozada, que era o presidente da Bolívia. Aquilo não tem jei-

14
Ruth Leite Cardoso (1930), antropóloga paulista, é a esposa do presidente.

15
O bairro do Morumbi, basicamente residencial e destinado às classes média e alta, está situado numa região isolada da Zona Sul de São Paulo e é pontilhado de áreas ermas.

to. Não tem conversa de passaporte, controle de fronteira. Estou contando uma experiência pessoal. Como presidente entrei na Bolívia com armas e bagagens. Certamente, os contrabandistas fazem a mesma coisa quando entram no Brasil.

P - *O senhor já foi vítima da violência urbana?*

R - Não.

P - *Nunca foi assaltado?*

R - Não. Mas minha casa, sim. Quando morava no Morumbi, em São Paulo — tinha acabado de voltar da França —, fomos assaltados duas vezes.[15] Não estávamos em casa. Foi no regime militar, e eu tive medo até de dar queixa.

P - *O que os ladrões levaram?*

R - Arrebentaram um cofre que eu tinha na parede. Levaram umas jóias que tinham sido da mãe da Ruth, e outros objetos, mas não levaram as coisas de que mais gosto, que são os quadros. Eles não sabiam que eram valiosos. Tinha um Di Cavalcanti, um Portinari, vários quadros. O que levaram, nunca mais recuperei. Naquele tempo, ao dar queixa à polícia, você tinha a sensação de que o criminoso era você. Demos queixa, mas não adiantou nada. Uma outra vez eles entraram na casa para roubar um carro que eu tinha — um carro meio esporte, de capota de vinil, vermelho e preto. Eu não estava em casa, mas o pessoal estava. Tínhamos um motorista, na época. Ameaçaram o motorista e levaram o carro. Ele foi descoberto dois dias depois, todo metralhado. O carro tinha sido usado para assaltar. Na época o Morumbi era complicado — não sei se hoje ainda é assim. As crianças estavam crescendo, a gente vivia assustada, então alugamos a casa e mudamos para um apartamento. Mas a casa continuou a dar trabalho.

P - *Por quê?*

R - Um dia o inquilino foi embora, e a casa ficou vaga. Eu nunca me ocupei muito dessas coisas... Nem eu nem ninguém lá em casa — o pessoal não tem muita vocação para gerir as poucas coisas que temos. Então, ficamos um bom tempo sem dar muita atenção à casa. Não sabíamos o que fazer — alugamos de novo, vendemos? Um dia, a pedido da Ruth, fui à casa com duas empregadas, para limpá-la. Quando cheguei, estava fechada. Não conseguia entrar. Fiz um barulho, e veio um homem dizendo: "O que o senhor quer?". "Eu é que pergunto", eu disse. "O que o senhor quer?" Ele disse que estava morando lá. Quase entrei na casa. Não percebi, de início, do que se tratava. Então, uma das empregadas me chamou. Tinha conversado com um vizinho, inquilino de uma casa de propriedade do João Carlos Martins, o pianista, e sabido que recentemente tinha havido uma festa na minha casa. Essa casa fica próxima do Palácio do Governo, a uns cem metros da avenida Morumbi. Então fui até a guarita do palácio, reclamei. Depois dei queixa na polícia, acabaram retirando a pessoa que ocupava a casa. Para resumir, tinham instalado na minha casa aquilo que chamam de "mocó", ou seja, um lugar para guardar mercadorias roubadas. Durante um mês, a casa tinha servido para esse fim. O homem que ocupava a casa foi preso. Depois que saiu da prisão, andou me telefonando, com ameaças. Queria uma indenização, porque eu fora responsável por sua prisão... Estou falando de experiências pessoais, banais. Na verdade nunca fui, diretamente, assaltado.

P - *De qualquer forma, são experiências reveladoras do grau de insegurança de nossas cidades. Nem mesmo alguém conhecido, que ocupou vários cargos importantes, e que viria a ser presidente da República, escapa...*

R - Mesmo depois que fui eleito presidente, tive problemas desse tipo. Até há pouco eu usava como escritório uma ca-

O PRESIDENTE SEGUNDO O SOCIÓLOGO

16
A rua dos Ingleses é uma das principais ruas do bairro da Bela Vista, ou Bexiga, na região central de São Paulo.
Beatriz (1960) é a filha mais nova do presidente. Seus outros filhos são Paulo Henrique (1954) e Luciana (1958).

sa na rua dos Ingleses. É uma casinha que foi de minha filha Beatriz, há muitos anos.[16] Depois a Ruth usou como escritório, depois passei eu a usá-la como escritório. Quando já estava na Presidência, decidi levar para lá os livros que tinha em meu apartamento — livros e meus documentos pessoais, cartas etc. Possuo muitos livros, e não tinha mais onde pô-los. Livro é uma coisa que não pára de crescer. Então, resolvemos pôr quase todos os nossos livros lá — não todos, porque tenho livros espalhados por toda parte. Pois essa casa foi assaltada duas vezes, depois disso. Entravam lá por uma clarabóia. Levaram fax, máquinas — esse tipo de equipamento.

P - *O senhor teve a sorte de ser assaltado por ladrões iletrados. Os livros e papéis tinham muito mais valor...*

R - Tinham. Aí, eu falei para botar polícia lá. Afinal, sou presidente da República, não sou?

P - *Agora tem polícia lá?*

R - Tem. Por sinal, um dos guardas começou a usar o telefone, à noite, para um desses serviços de pornografia. O resultado foi uma conta de 2 mil reais. Mas já desisti de manter a biblioteca nessa casa. Vagou um apartamento de minha outra filha, Luciana, e estou mudando os livros para lá. Mandei vender a casinha da rua dos Ingleses. Se ficar vazia, ocupam. Veja: se é assim comigo...

10

POLÍTICAS DA VIDA

AS CIDADES BRASILEIRAS — AS GRADES QUE ENFEIAM
AS CASAS — ANDAR NAS RUAS — NAS CIDADES MÉDIAS
E PEQUENAS, SOCIEDADES QUE NÃO SE DESORGANIZARAM
— O SUPLÍCIO DO TRANSPORTE PÚBLICO — A MELHORIA
DAS FAVELAS — A OBSESSÃO DA CASA PRÓPRIA E SUAS
CONSEQÜÊNCIAS — A DESEJÁVEL VOLTA AO CENTRO
DAS CIDADES — OS AUTOMÓVEIS E SEUS ESTRAGOS
— A QUESTÃO AMBIENTAL — ATUAÇÃO DO MINISTÉRIO
PÚBLICO: O EXEMPLO DA HIDROVIA ARAGUAIA — TOCANTINS
— A BELEZA DO CERRADO E SUA DESTRUIÇÃO

31 / 10 / 97

Pergunta - *O aspecto das cidades brasileiras não está cada vez mais sinistro, com a proliferação das grades e dos sistemas de segurança?*

Resposta - Lá em Higienópolis, o bairro onde morro, é assim.[1] Nós fomos os últimos a resistir — a Ruth é muito contra as grades e resistiu o quanto pôde, lá no prédio, mas sucumbimos. Em todas as ruas, só se vêem grades e luz em cima delas. Sistema de penitenciária. Os ricos do Brasil são prisioneiros deles próprios. Mas agora os pobres também são. Vá à periferia de São Paulo — há grades nas casas. Os pobres sempre ficam com o ônus maior, em tudo — isso é sabido. A mercadoria do pobre é mais cara e, da mesma forma, o pobre é a maior vítima dos assaltos. A violência maior

---

1
O bairro de Higienópolis, na região central de São Paulo, constitui-se basicamente de edifícios de apartamentos, destinados às classes média alta e alta.

2
O largo do Arouche, com seus canteiros arborizados e suas floriculturas, foi outrora um recanto aprazível do centro de São Paulo. As salas de cinema ali instaladas hoje exibem filmes pornográficos.

é praticada pelo pobre contra o pobre. O pobre é também a maior vítima da droga.

P - *O senhor conhece Alphaville, um bairro construído nos arredores de São Paulo, todo murado e com um grande aparato próprio de segurança?*

R - Conheço.

P - *Aquilo não é a concretização de um sistema de apartheid — nós aqui, o resto do Brasil lá fora?*

R - Acho essa coisa da separação muito desagradável. Gosto de bairros como Higienópolis. Nunca tive, pessoalmente, sensação de medo de assalto. Sempre andei sozinho, nunca tive arma. Agora não, porque sou presidente, mas mesmo quando era ministro da Fazenda andava sozinho e guiava o meu carro. Essa sensação de não poder andar, de estar cercado por guardas, torna a vida sem prazer. Mesmo no Morumbi, eu andava, a Ruth também. Sempre andamos à noite. Íamos ao cinema a pé quando mudei para Higienópolis. O cinema era no centro, que todo mundo agora abandonou. Era muito bom ir ao cinema no largo do Arouche.[2] É uma perda de qualidade de vida, quando as pessoas acham que não podem mais andar em sua cidade.

P - *Sem querer diminuir a dimensão do problema da violência no Brasil, não lhe parece que muito do que se chama de violência, hoje, é mais uma "sensação de violência"?*

R - Sim, sensação de violência.

P - *Geralmente, o grau de violência é medido por meio de pesquisas de opinião, onde se pergunta: "Você se sente inseguro?" — e as pessoas tendem a responder que se sentem, crescentemente, inseguras.*

R - Crescentemente, elas se sentem inseguras, o que não quer dizer que tenham vivido uma situação de insegurança.

P - *Em Alphaville, de que falávamos, precisa-se mostrar documento para entrar.*

R - É a penitenciária.

P - *Ali plantam uma África do Sul, não lhe parece?*

R - Aquilo é um modelo inaceitável. As pesquisas de opinião mostram que o pessoal que vive nas cidade médias e pequenas vive melhor, desse ponto de vista. A sensação de insegurança é menor. Claro que eles têm desvantagens — não têm o acesso à cultura das grandes cidades. Contudo a sensação de insegurança é menor, pode-se usufruir da cidade. Não por acaso, o próprio governo tem mais aprovação nas cidades médias e pequenas. No interior, está se conseguindo um certo desenvolvimento sem essas manifestações patológicas das grandes cidades. Fui outro dia a Uberlândia, que é uma cidade de uns 350 mil habitantes. Quando você sobrevoa Uberlândia de helicóptero, vê que as zonas pobres não são tão pobres. Cidades de até 500 mil habitantes — não é que não tenham droga, devem ter. No interior de São Paulo algumas são, inclusive, pontos de passagem do tráfico. Ainda assim, nessas cidades há recursos, na própria sociedade, que proporcionam maior controle.

P - *O que o senhor quer dizer com isso?*

R - Sempre fiquei muito surpreso, positivamente, com o interior de São Paulo. Como nasci no Rio, e fui menino para São Paulo, sempre vivi em grandes cidades. E, por mais paradoxal que isso possa parecer, tinha a sensação de maior segurança na grande cidade. Talvez porque me sinta mais em casa na cidade do que no campo. Comecei a ir ao interior por causa da Ruth — Araraquara, São Carlos, aquela

O PRESIDENTE SEGUNDO O SOCIÓLOGO

3
Araraquara e São Carlos são cidades do interior paulista, próximas entre si, situadas entre 250 e 280 quilômetros a noroeste da capital. Araraquara é a cidade natal da esposa do presidente.

4
"Perueiros" são os motoristas de "peruas" (como se chamam em São Paulo os veículos do tipo furgão) que passaram a operar na cidade um sistema de transporte coletivo paralelo e ilegal. Em outubro de 1997, entraram em conflito com a prefeitura, que os reprimia, e encenaram diversas manifestações em favor da legalização de sua atividade.

região.[3] Em Araraquara, havia instituições da sociedade — não do Estado — que cuidavam dos pobres: a Santa Casa, o Lions Clube etc. Elas prestavam um certo atendimento. Não havia mendigo. Não sei se hoje é ainda assim, não vou lá há alguns anos. O que quero dizer com isso? A sociedade, quando não está passando por um ritmo muito grande de expansão, ou quando passa por uma expansão que não a desorganiza, consegue, enquanto sociedade, sem depender do Estado, dar conta dos problemas sociais mais agudos.

P - *Por que acontece isso?*

R - Porque essas sociedades se mantiveram organizadas. Elas prosperaram na agricultura, algumas na indústria, mas sem que isso as desorganizasse. Quando você tem uma explosão demográfica combinada com uma migração muito forte, o que aconteceu em São Paulo, ninguém dá conta dos problemas. Só aumenta a sensação de desamparo. A mudança muito rápida desorganiza mais depressa do que a capacidade de reorganizar. A questão da desorganização das sociedades tem a ver com a curva demográfica. A taxa de crescimento demográfico, no Brasil, era muito alta. Hoje é mais baixa. São Paulo e Rio não crescem há cinco anos. Se São Paulo e Rio continuarem não crescendo, e a prefeitura, o estado etc., continuarem a receber impostos, conseguiremos reorganizar o espaço urbano. Um pouco disso que nós dissemos aqui — a violência, a droga — tem a ver com o fato de o Estado ter ficado pequeno e pobre para o tamanho dos problemas. O nome disso, em economia, é crise fiscal do Estado.

P - *O senhor não acha que um dos maiores fatores de desorganização das cidades grandes é o transporte público, ou a falta de transporte público eficiente? Ainda há pouco, em São Paulo, essa questão foi dramatizada pelo episódio protagonizado pelos chamados "perueiros".[4]*

156

R - O que aconteceu com São Paulo, desse ponto de vista? Como São Paulo cresceu? Com os loteadores. O que eles faziam? Compravam um pedaço de terra — que não valia nada. Abriam uma rua — que não era bem uma rua. Demarcavam os lotes, e começavam a vendê-los. Os lotes eram vendidos em prestações na verdade altíssimas mas que pareciam baixas. Aí começavam a pressionar a prefeitura para colocar linhas de ônibus. Para isso precisavam ter alguma ligação com um vereador. Entrava aí um pouquinho de corrupção, ou de clientelismo, seu primo. Depois, pressionavam para ter luz. Conseguiam a luz, mas não tinham esgoto. Como esses loteamentos vão crescendo desordenadamente, atendê-los com linhas de ônibus passa a ser um problema. Quando fui candidato a prefeito tomei conhecimento das discussões sobre linhas de ônibus.[5] Era infernal. Como é que você faz para atender a aqueles bairros todos, com ruas que se desdobram sinuosamente? O sistema de esgoto também é uma catástrofe. A cidade cresceu muito, depressa, e, dessa maneira que descrevi, vinculada à especulação. Por isso surge o "perueiro".

P - *É a resposta do mercado.*

R - Sim, o mercado faz o "perueiro". Mas o "perueiro" não tem normas, não é controlável, ocorrem mais desastres — é uma tragédia ligada à expansão rápida e desorganizada dos centros urbanos, movida a grande especulação imobiliária e fraqueza do poder político, minado pelo clientelismo e a corrupção. É um pacote só. Claro, depois, com o tempo, as coisas se consolidam. Os loteamentos vão se urbanizando e alguns até prosperam. Se você for à Vila Paranoá, aqui perto, verá que ela mudou. Dificilmente se encontrará, na Vila Paranoá, uma casa que já não tenha telha, ou pelo menos aquele telhado Eternit. Há alguns anos não era assim. Eram choças, barracos. Se for ao Rio, verá que as favelas estão sofrendo uma modificação radical.

5
Fernando Henrique Cardoso foi candidato à prefeitura de São Paulo nas eleições de novembro de 1985. Perdeu para Jânio Quadros que, com 1,5 milhão de votos, obteve 140 mil a mais do que o adversário.

6
Leonel de Moura Brizola (1922), político gaúcho, da tradição trabalhista fundada por Getúlio Vargas. Governador do Rio Grande do Sul (1958-62). Governador do Rio de Janeiro (1982-86 e 1990-94). Candidato derrotado à Presidência em 1989 e 1994.

P - *Na Rocinha, as casas são de alvenaria.*

R - Ainda não estão pintadas, mas se as crises mundiais não nos atrapalharem, e se o Real continuar melhorando a condição de vida da população, daqui a cinco anos as casas da Rocinha vão ser pintadas. Vai ser tudo colorido, e muda o aspecto. Só não muda uma coisa: é muito difícil levar condução e esgoto. Luz se leva. Mas como levar condução e esgoto para cima do morro?

P - *Brizola propunha um teleférico, ou algo parecido.*[6]

R - Quem sabe? Há outra coisa que no Brasil gerou um enorme problema: aqui, todos querem ter casa própria. O ideal do cidadão do povo é ter uma casa, não importa onde, e acaba tendo. Veja as estatísticas: o número de pessoas que têm casa, por mais precária que seja, proporcionalmente é enorme.

P - *Maior do que na Europa, onde as pessoas costumam viver a vida inteira numa casa de aluguel.*

R - Aqui não se aluga, o ideal é ter casa. Até porque, com a experiência da inflação, o aluguel, que já era alto, subia sempre. Então, a casa é fixa, mas o emprego não.

P - *O que leva as pessoas a morar cada vez mais distantes do emprego...*

R - Isso cria um problema de transporte brutal. Nos Estados Unidos o pessoal muda. Muda de emprego, muda de cidade e muda de casa. Aqui, muda-se de emprego, mas a casa é um invariante. Se você fizer programas para habitações de aluguel, não vão dar certo. Apartamentos de aluguel a preços baixos, como em Nova York, onde há enormes conjuntos construídos na era Roosevelt, aqui acabariam por se deteriorar, porque as pessoas não se sentem na obrigação de conservar o que não é delas, e seriam condenados ao abandono. É um valor cultural: o sujeito quer ter a casa. Agora, isso cria um problema tremendo de transporte e a pessoa leva, como em São Paulo, mais de duas horas para ir e voltar do trabalho. São quatro horas por dia passadas no trânsito.

P - *Como se resolvem esses problemas?*

R - Primeiro pressuposto: crescimento da economia. Não há solução sem crescimento da economia. Se não tiver, vai distribuir o quê? Se hoje se tirar tudo de quem tem para dar a quem não tem, ficam todos pobres. Depois, acho que deve haver intervenções urbanas mais audaciosas. Começa a haver uma certa consciência disso — em São Paulo há. Uma das estratégias que se impõem é a volta ao centro das cidades. Como sou urbano, e gosto do centro, acho fantástico voltar ao centro. Se você abandona o centro, transforma-o em foco de violência. Houve um momento em que se abandonou o centro. Depois houve um momento de "subúrbia" — essas opções como Alphaville. Espero que, no futuro, os "alphavillenses" percebam que é melhor viver de uma maneira menos isolada. Quando houver mais folga de caixa dos estados e das prefeituras, precisamos ter programas de reconstrução dos centros.

P - *Há uma coligação de interesses contra isso — especuladores imobiliários, empresários de transporte, as próprias prefeituras...*

R - Mas essa é uma tendência mundial. Vai acabar acontecendo no Brasil também. Veja uma cidade como Londres — imensa e com uma qualidade de vida que melhorou muito...

7
A citação é do livro Tristes trópicos (*ver nota 21 do capítulo 6*).

8
Anthony Giddens (1938), sociólogo inglês. Diretor da London School of Economics e um dos ideólogos da renovação do Partido Trabalhista. Autor de The constitution of society (*1984*), The Nation-State and violence (*1985*) *e* Sociology (*1989*). *No Brasil, há ensaios de sua autoria em seletas como* Modernização reflexiva (*1995*) *e* Reinventando a esquerda (*1997*).

P - *As cidades européias em geral conservam uma qualidade de vida boa. Não lhe parece que a deterioração das cidades, e especialmente de seus centros históricos, é um fenômeno americano?*

R - É americano. Até existe aquela famosa frase do Lévi-Strauss: "As cidades americanas entram em decadência sem chegar ao apogeu".[7] Isso é um fenômeno, realmente, americano, com a diferença de que, nos Estados Unidos, as pessoas se movem e criam coisas novas. Abandonam um pedaço da cidade, mas criam um outro novo. Aqui não. Não se cria com a mesma presteza. Mas mesmo nos Estados Unidos — em Nova York, por exemplo — há uma valorização muito grande do centro. Reconheço, como presidente, que falta dinheiro para empreendimentos dessa ordem, no Brasil. Mas acho que nem por isso devemos deixar de insistir nesses temas. São temas centrais para a cidadania. O tema da qualidade de vida é fundamental...

P - *Um dos autores que o senhor costuma citar, Anthony Giddens, chama essas questões de "políticas de vida".*[8]

R - Que não têm nada a ver com a infra-estrutura etc. São esses temas de que estamos falando: violência, trânsito. Esses crimes no trânsito — eles são a demonstração de uma civilização doente. Engarrafou, buzina, fica com raiva, puxa o revólver e mata.

P - *Não lhe parece haver um paradoxo, na história do desenvolvimento brasileiro? Quer dizer: o automóvel puxou a industrialização. Mas à custa de estragar as cidades.*

R - Sim. Pela poluição, pelo trânsito difícil...

P - *...e pela mentalidade dos prefeitos, que ficaram obcecados pelas obras que facilitem a circulação dos carros, mesmo que* *estraguem tudo o que está em volta. O Minhocão, de São Paulo, por exemplo...*[9]

R - Em Madri derrubaram vias elevadas...

P - *Isso tem acontecido em cidades americanas, também. E o prefeito do Rio, Luís Paulo Conde, meio brincando, meio a sério, já andou falando em derrubar a via elevada da praça Quinze.*[10]

R - Aquilo estragou a praça Quinze. Melhorou o trânsito, mas estragou a praça Quinze. São opções que têm que ser discutidas.

P - *Em São Paulo, a última gestão Maluf caracterizou-se pela construção das vias expressas...*[11]

R - Vai rápido aqui para entupir lá adiante.

P - *Como mudar a cabeça de administradores assim?*

R - Já está mudando. Está mudando culturalmente. Há mais gente falando no assunto. Basta ler as seções dos jornais dedicadas a assuntos da cidade. O problema é que o assunto está relegado a essas seções. Tem que chegar à primeira página. E tem que haver debate sobre o tema, um debate que o considere politicamente relevante. Temos de entrar mais, nesse e em outros tipos de tema. A poluição mesmo — deveria ser mais discutida. Nós temos ainda uma reação um pouco rude nessa matéria. Discute-se agora a elevação da temperatura no mundo. O Clinton falou bastante comigo sobre isso. A posição normal da burocracia brasileira é de que esse é um tema que interessa ao imperialismo. Não é verdade, embora haja aspectos de exploração. Buraco de ozônio, aquecimento do clima — não são questões que se possam discutir de uma perspectiva estreita. Você não pode dizer: "O Brasil vai tomar conta da Floresta Amazônica e eles lá continuam emitindo gases". Temos que assumir que

9
Minhocão é o nome pelo qual ficou conhecido o Elevado Presidente Artur da Costa e Silva, *de 347 metros de extensão, entre a Zona Oeste e a região central de São Paulo. Foi construído durante a primeira gestão* (1969-71) *de Paulo Maluf na prefeitura.*

10
A praça Quinze de Novembro fica no centro do Rio de Janeiro, e abriga monumentos históricos como o Paço Imperial, o Arco do Teles e o Chafariz do Mestre Valentim. O elevado em questão, conhecido como Perimetral, tem o efeito de separá-la do mar, sobre o qual antes se debruçava. Luís Paulo Conde (1934), *arquiteto carioca. Prefeito do Rio de Janeiro desde* 1997.

11
Paulo Maluf (1931), *político paulista. Prefeito de São Paulo duas vezes* (1969-71 e 1992-96). *Governador de São Paulo* (1979-82). *Candidato derrotado à Presidência da República em 1985 e 1989.*

12
Em Estocolmo, em 1972, realizou-se a I Conferência Mundial sobre o Meio Ambiente. A segunda, a Rio-92, teve lugar no Rio de Janeiro, em 1992.

13
A referência é ao artigo 129 da Constituição Federal: "São funções institucionais do Ministério Público [...] III — promover o inquérito civil e a ação civil pública, para a proteção do patrimônio público e social, do meio ambiente e de outros interesses difusos e coletivos".

também temos responsabilidades na questão. E isso, para entrar na grande burocracia, não é fácil. Porque se confunde, imediatamente, com a questão da dominação. O tema ambientalista é central na nova forma de fazer política, assim como o da violência. É um tema difícil. Como atravessa muitas decisões de governo e da sociedade civil, tem que ser posto de forma cultural. Não pode ser posto de forma burocrática.

P - *Já não houve avanços, na questão ambientalista? Hoje praticamente todos a têm na cabeça.*

R - Avançamos. Da Rio-92 em diante, tem sido diferente. Na Conferência de Estocolmo, de 72, o Brasil tinha uma posição absolutamente irracional.[12] "Bendita poluição", era a famosa frase. Hoje não é mais assim. Hoje, em todos os grandes projetos brasileiros insere-se o tema ambiental. A Constituição de 88 deu um passo importante ao estabelecer que o Ministério Público pode proteger os interesses difusos.[13] Isso dá trabalho para o governo, mas é bom. Os interesses a que a Constituição se refere não são de alguém, são de todos, e por isso difusos. Então o Ministério Público, em nome disso, pode entrar com ações — e tem entrado até demais, em alguns casos de forma irracional. Isso fere, muitas vezes, os meus interesses, como presidente. Vou dar um exemplo: a construção da hidrovia Araguaia—Tocantins. Toda hora ela pára. Aparece um procurador, alguém do Ministério Público, ou uma ONG, e levanta uma questão ambiental. Isso reduz a velocidade da obra, e na hora você fica irritado. Mas no final é bom, porque obriga, ao se fazer a hidrovia, a prestar atenção no ambiente.

P - *Que tipo de entrave tem sido levantado, no caso da hidrovia Araguaia—Tocantins?*

R - Há umas pedras, numa certa região, por exemplo, que eles não deixam tirar, porque dizem ser importantes para a reprodução dos peixes. Até saber ao certo se são importantes ou não, é preciso fazer um estudo. Demora não sei quanto tempo. Às vezes passamos do oito ao oitenta, no Brasil, como nesse caso, mas, vou dizer, é melhor o oitenta do que o oito. É melhor ter essa preocupação. Também na área da exploração do petróleo, hoje, não há um projeto que não tenha salvaguardas ambientais. E na construção das hidrelétricas é a mesma coisa. A energia elétrica é limpa, mas a edificação das barragens costumava ser muito destrutiva. Agora, não dá para destruir mais. Os construtores têm que prestar atenção, têm de replantar etc. Isso encarece a obra, mas preserva o meio ambiente.

P - *De todo modo, há muita destruição, no Brasil.*

R - Sim, a fúria destruidora é muito grande. Houve ganhos líquidos, mas ainda perpetramos muitos atentados ao meio ambiente. A dinâmica dessa questão tem que ser cultural. Veja esta região do cerrado. É uma região da qual não se gosta de imediato. É preciso aprender a gostar dela. Você visita a Mata Atlântica, o Pantanal ou a Amazônia, e fica transtornado no primeiro instante. Aqui não. Aqui me lembra um pouco o Chile — a geografia é bem diferente, mas me lembra a sensação que tive quando cheguei pela primeira vez ao Chile. Eu olhava para os Andes, e a sensação era estranha. Os Andes no verão são cinzentos, e não têm árvores. Para nós, montanha é verde, tem sempre árvores. Para ver beleza, naquela paisagem, leva algum tempo. Aos poucos, você vai se dando conta do contraste entre o céu azul — porque fica muito azul — e o cinza da montanha. Também percebe que o cinza não é uniforme, mas tem várias nuances. O cerrado é um pouco assim. Você, de imediato, não percebe beleza nas árvores tortas. Aos poucos, vê que são bonitas, algumas dão flor. Eu gosto muito das veredas, dos buritis. Tem muita água no cerrado, além da vegetação retorcida. E o que aconteceu? Com a ocupação da região pelos gaúchos, a depredação é imensa. Eles transformaram o cerrado para abrigar pastos feitos à maneira do Sul. Aqui mesmo, nestes altos, perto de Formosa, ou indo para Minas, há amplas regiões em que o cerrado virou coxilha. É uma luta, para eles não destruírem a vegetação nativa. O cerrado é muito rico em pássaros. Mas, com a destruição, eles tendem a desaparecer.

11

SOB O REINADO DA MÍDIA

MEDIATIZAÇÃO: A VERSÃO E O FATO — A INFORMAÇÃO
E SEU CONTEXTO — OS POPULISTAS E SEUS SINAIS:
O HISTRIONISMO DE JÂNIO, O CHARUTO DE GETÚLIO
— IMPRENSA E ALIENAÇÃO — APOSTA NO ATO
DE EXPLICAR — O QUE SAI ERRADO NOS JORNAIS —
A MÍDIA DISPUTA O PODER — "ESQUEÇAM O QUE ESCREVI"
— "A INFORMAÇÃO VERAZ" — LIMITES ENTRE VIDA
PÚBLICA E PRIVADA — HÁBITOS SEXUAIS E FUNÇÃO
PÚBLICA — "POLÍTICO PODE ENRIQUECER
POR TELEFONE" — OS DONOS DE JORNAL E A OLIGARQUIA
DOS EDITORES — A QUEM A IMPRENSA PRESTA CONTAS?
— SEXO E VIOLÊNCIA NA TV: O SUSHI ERÓTICO.

13 / 11 / 97

Pergunta - *O senhor fala muito sobre a "mediatização" no mundo contemporâneo — "mediatização" dos atores, dos eventos. Que se deve entender por isso? Que é "mediatização"?*

Resposta - É a generalização da famosa frase atribuída aos políticos mineiros: "A versão vale mais do que o fato". O problema, numa sociedade como a nossa, toda impregnada de comunicação — e uma comunicação não direta mas quase sempre indireta —, é que não basta fazer uma coisa, digamos, boa. É preciso que essa coisa seja transmitida e percebida como boa. Isso tem ainda mais importância quando se passa a viver num mundo virtual, como é grandemen-

165

te o nosso — deduz-se que algo vai acontecer, e antecipa-se. Nesse mundo, os atores — aqueles que produzem o fato social — continuam a existir, mas eles não bastam. É preciso que haja uma sintonia entre o ator e a mídia. Não se trata de uma ação em que um lado é ativo e o outro é passivo. Nenhum lado aqui é só ativo ou só passivo. O ator não é "vítima", entre aspas, de uma conspiração da mídia, nem a mídia pode fazer o que bem deseja. Isso tudo tornou as coisas muitíssimo mais complicadas. Por que hoje, para governar, é preciso fazer sondagem de opinião pública? Para saber como as coisas estão sendo percebidas. Não basta ter feito algo, nem alguém dizer que você fez. É preciso saber como a população sentiu sua ação, como ela a leu.

P - *Sendo a mídia, como o próprio nome indica, uma intermediária, uma transmissora, qual o papel ativo que lhe cabe?*

R - Um papel importante é recolocar as pessoas e as coisas em seu contexto. Como vivemos num mundo crescentemente complexo — e, portanto, crescentemente difícil de ser entendido em seus meandros —, restabelecer o contexto é um papel fundamental desse intermediário que é a mídia. A maior distorção que pode haver — e que há, consciente ou inconscientemente — não é a mentira, é a falta do contexto. Quando se tira a informação do contexto, quem a recebe não fica situado. Estamos chegando ao paroxismo da descontextualização, com a informação on-line, em tempo real. Quando é em tempo real, é tudo fragmentado. Os que têm os quadros mentais correspondentes repõem a informação nesse quadro mental. Quem não tem, fica perdido. E não se tem quadro mental sobre tudo. Mesmo pessoas bem informadas muitas vezes não são capazes de entender o significado de informações que lhes chegam fragmentadas. Neste nosso mundo, em que tudo é mediatizado, o papel da mídia é totalmente político. Ela pensa que é objetiva, neutra, mas não é. É política.

P - *Por quê? Ela toma posições?*

R - Não, não no sentido partidário. Às vezes acho até que seria preferível que fosse, porque aí se poderiam identificar mais facilmente o contexto e o significado das coisas. Vou dar um exemplo simples. No meu gabinete, aperto toda hora um botãozinho no computador para saber das notícias. Se o título me interessa, aperto de novo a tecla e leio a notícia. Um dia, li: "Economista fulano disse tal coisa". Aperto a tecla, e o tal economista expõe a posição dele. Ocorre que ele não é apenas um economista — é o sócio de um fundo. Como essa informação não passa para o público, fica parecendo a opinião desinteressada de um técnico, mas na verdade ele está defendendo um interesse.

P - *Casos como esse não são uma exceção?*

R - Admito que o político tem mais dificuldade de esconder seu interesse. A mídia já descobriu que, nesse caso, tem que desmistificar. O político é um ser visado e, portanto, tem sua ação mais limitada, nesse sentido. Ele até está sendo o tempo todo posto em dúvida pela mídia. Quem formalmente não é político, ou aparece como não sendo, ou não tendo interesse a defender — e todos têm —, é mais capaz de usar os mecanismos de mistificação. Os próprios profissionais da mídia às vezes aparecem como neutros e objetivos sem sê-lo — e há casos em que até se crêem, honestamente, neutros e objetivos, e não são. Este é um mundo novo, em que não se pode mais separar a política da comunicação. Nesse sentido, todos são políticos, quer dizer, todos os que aparecem na mídia — os atores políticos, os atores econômicos, os membros da intelligentsia. E parece que todos se dirigem a um público que não conhecem bem e que supõem capaz de engolir qualquer coisa.

1
*Jânio Quadros: ver nota 6
do capítulo 3.*

2
*Getúlio Vargas: ver nota 6
do capítulo 1.*

P - *E não engole?*

R - Não engole. Por mecanismos que não conheço, a população seleciona as coisas à sua maneira. Como é que as pessoas decodificam o conjunto de informações? Tenho visto poucos sociólogos ou psicólogos dedicando-se a essa questão, que é fundamental. E a verdade é que elas decodificam. Sempre me surpreenderam certos personagens, no passado, quando o mundo era menos mediatizado. O que mais me surpreendeu foi Jânio Quadros, porque ele farejou com muita acuidade esse novo mundo.[1] Dava a impressão — a nós, que éramos contra ele — de que encenava uma farsa. E até certo ponto era isso mesmo. Mas, por outro lado, era uma manipulação. Ele sempre brigou com a mídia. Com suas histrionices, de alguma maneira — acho que intuitivamente —, ele anulava o efeito negativo da crítica da mídia e emitia sinais que iam direto à população. A mim parecia extraordinário ele andar de pés cruzados, vestir-se de japonês, comer sanduíche nos comícios, exibir a caspa nos cabelos. Eram símbolos toscos, mas eficazes, de comunicação com essa massa.

P - *O nome disso não é "demagogia", a velha demagogia?*

R - É, isso é velho, é do passado. Hoje, não funcionaria. Mas, naquele tempo, quando começou tudo, com os nossos chamados "populistas", funcionava. O Jânio anulava o efeito negativo, destrutivo, que a mídia poderia exercer sobre ele brigando com ela e mandando símbolos que, embora toscos, a calavam. Assim, ele desacreditava eventuais críticas que apontassem para o ridículo de seu comportamento, a farsa que ele representava. Nem todos os populistas iam por esse caminho. Getúlio tinha um estilo completamente diferente.[2] Getúlio jamais fez uma concessão em nível pessoal, nem nos discursos, à demagogia. Quando se lêem hoje os discursos do Getúlio, ou se ouvem gravações deles, percebe-se nele um político tradicional. Mas também ele

SOB O REINADO DA MÍDIA

soube usar certos símbolos. Por exemplo, o charuto, que era o símbolo — e ainda é — de ostentação, de riqueza e de distância. Ele o transformou num símbolo, digamos, de pai longínquo. Também deixava que se criasse uma imagem simpática de sua pessoa ao estimular músicas sobre ele, no Estado Novo — falando do "Gegê", do "baixinho" etc.[3] Naquele tempo, como não havia ainda a mídia como é hoje, sempre pronta a desmistificar, só ficavam indignados os bem-pensantes. A população, não.

P - *O mundo ainda não estava mediatizado...*

R - Estávamos ainda nos primórdios desse tipo de relacionamento social via mídia que temos hoje. Isso tudo mudou muito porque a massa de informações é muito grande e os meios são outros. Qualquer desses caminhos hoje cairia entre o patético e o ridículo. Ainda assim, o Collor, por exemplo, descobriu algumas fórmulas de comunicação, como usar camisetas com slogans ou transformar os "marajás" em alvos.[4]

P - *E o senhor, descobriu alguma fórmula?*

R - Ainda estou tentando... Já vou falar sobre mim. Mas o Collor conseguiu algum sucesso nesse gênero, e a mídia de alguma maneira acabou sendo vítima desse estilo. A mídia precisa de heróis ou de vilões. Precisa simplificar tudo numa pessoa, o que facilita o trabalho de alguém como Collor.

P - *E no seu caso?*

R - Eu procurei fazer outra coisa. Pode ser que eu perca, mas minha aposta é parte do que disse no início: acho que o número de informações aumentou e que o grau de compreensão também aumentou. Nos anos 60 e 70, toda a teoria de comunicação era de que a mídia alienava. Era o reforço da ideologia dominante e, sendo assim, a classe dominante

---

3
Estado Novo é o nome do período em que, a partir do golpe de 10 de novembro de 1937, Getúlio Vargas passa a governar ditatorialmente. Vai até a deposição de Vargas, em 29 de outubro de 1945.

4
Fernando Collor de Mello: ver nota 6 do capítulo 3. Adepto das corridas como exercício físico, Collor costumava usar, nessas ocasiões, camisetas em que mandava inscrever mensagens de conteúdo político. Antes, durante seu mandato como governador de Alagoas, dizia-se "caçador de marajás" — funcionários públicos que ganhavam muito e produziam pouco.

5
No segundo semestre de 1997, uma crise financeira de amplas proporções alastrou-se pelos países asiáticos da franja do Pacífico, derrubando as bolsas de valores, provocando a desvalorização das moedas e levando à falência de bancos. A crise contaminou outros países do mundo e, em especial, o Brasil, onde também houve queda acentuada nas cotações das bolsas de valores e ameaças à estabilidade da moeda. Para enfrentar a conjuntura, o governo baixou, no dia 10 de novembro, quando a crise atingia seu momento mais agudo, um pacote de 51 medidas, entre as quais, cortes de gastos e subsídios e, sobretudo, um forte aumento nas taxas de juros, que subiram de 22% para 46% ao ano.

6
Rubens Ricupero (1938), diplomata de carreira. Embaixador do Brasil em Washington (1991-93). Ministro do Meio Ambiente no governo Itamar Franco (1993-94). Sucessor de Fernando Henrique Cardoso como ministro da Fazenda entre abril e setembro de 1994.

se perpetuava pela mídia. Isso não é verdadeiro. Nunca aceitei — porque não aceito que o receptor seja passivo — essa história de que a mídia leva à alienação. Aumentou o grau de informação das pessoas, assim como seu interesse e capacidade de seleção. Então, o que preciso é explicar. Se tentar ser populista, vou perder, porque não consigo, não é o meu jeito. Não consigo fazer um papel histriônico. O que poderia usar é da ironia, que é mais afim com meu estilo. Mas a ironia é uma arma perigosa. Ela faz sucesso no pequeno círculo intelectualizado. Na massa, parece presunção. Então, não posso usar essa arma. Posso usar o bom humor, e uso, porque tenho bom humor. Posso brincar, não levar as coisas a sério de vez em quando, quebrar um pouco o formalismo das situações. Mas o importante, mesmo, é a capacidade de explicar, e a ela é que mais tenho me dedicado. Em lugar dos símbolos, que jogam para o ar alguma coisa que não se entende bem, eu jogo com o entendimento. Penso sempre: "Tenho que me fazer entender bem". Por exemplo, se fosse explicar as medidas baixadas agora, explicaria de outra maneira.

P - *O senhor está se referindo ao pacote de medidas para contrabalançar a crise das bolsas e os ataques especulativos à moeda...*[5] *O senhor explicaria de outra maneira com relação a quem? Aos ministros incumbidos de anunciá-las?*

R - Sim. Explicaria mais didaticamente, de maneira menos técnica.

P - *Por que o senhor não explicou, então?*

R - Porque sou presidente da República. Não cabe a mim. Não posso me expor toda hora. Quando era ministro da Fazenda, não saía da televisão e do rádio. O Ricupero também não.[6] Mas o presidente não pode, porque isso desgasta e, quando se precisar dele, sua presença não terá mais o mesmo impacto.

P - Como o senhor reage ao tratamento que a mídia lhe dá?

R - A primeira coisa que procuro fazer, conscientemente — pelo menos conscientemente, porque inconscientemente pode ser que aja de outra forma —, é nunca considerar a mídia como adversária, nem conspiradora. Sempre procuro me colocar nessa visão. Distorceu? Eu penso: "É porque não sabem contextualizar, não se habituaram a contextualizar". Claro que há coisas de que não gosto. As perguntas para colocar casca de banana no caminho, por exemplo. A mídia, não só aqui, acha que ilumina melhor a realidade pegando não só a fraude mas mesmo a possível fraude. Quer dizer, mesmo que não seja fraude, mas, quem sabe, possa eventualmente vir a ser. Também ocorre de freqüentemente analisarem minhas intenções.

P - Quando ocorre isso?

R - Digo sempre, brincando: vou ler os jornais para saber o que estou querendo fazer. Freqüentemente, lê-se: "FHC resolveu...". Resolvi nada. A questão nem chegou a mim. Bem, não adianta deblaterar contra isso. Desmentir não resolve, porque, cada vez que se faz um desmentido, vêm dez outros argumentos para mostrar que não, que estava certa a afirmação. Como temos um jogo de poder — e a mídia é parte do poder — ela está sempre disputando comigo. Disputando poder — comigo, com o Executivo, com o Congresso, com o setor econômico-produtivo. A mídia não fez sua auto-análise ainda, mas ela é, sim, parte do poder. Por isso acho que essa neutralidade é um engano. Ela está brigando também por um pedaço do poder. Ou, talvez mais precisamente, por sua influência nos mercados, na sociedade, na cultura, quase se instituindo em árbitro do bem e do mal.

7
Otávio Frias Filho (1957), diretor de redação do jornal Folha de S.Paulo.

8
Olavo Setúbal: ver nota 5 do capítulo 9.
Celso Lafer (1941), jurista paulista. Ministro das Relações Exteriores no governo Collor (1992). Embaixador do Brasil junto às organizações internacionais em Genebra desde 1995. Autor de A reconstrução dos direitos humanos *(1988),* Desafios — Ética e política *(1995).*
Claudio Bardella (1938), industrial paulista. Principal acionista da Bardella S. A. Indústrias Mecânicas e ativo porta-voz das classes empresariais.

P - *E as frases que dizem que o senhor disse e que o senhor diz que não disse? Por exemplo: "Esqueçam o que escrevi".*

R - Ah, não, essa eu nunca disse.

P - *E por que dizem que o senhor disse?*

R - Alguém achou que eu havia mudado de posição e que deveria ser criticado por isso, e então inventou essa frase. Quem? Não sei. Foi na *Folha*. O Frias gostou da frase — ele me disse que gostou.[7] Ele disse que achava fantástico alguém dizer isso. Pode até ser, só que eu não disse, nem penso assim. Isso derivou de um encontro em São Paulo, num restaurante, quando eu era ministro do Exterior. Havia vários empresários. Lembro-me de que estavam lá o Setúbal, o Celso Lafer, o Bardella.[8] O Celso Lafer fez uma pergunta e eu disse: "Celso, você, que escreveu tanto, sabe que, muitas vezes, quando se está numa função pública e vai se ver o que escreveu, conclui-se que não era bem assim". A frase foi essa. Contada por terceiros, virou uma frase forte e contra mim.

P - *Mediática?*

R - Mediática, exatamente. Quando uma frase dessas cola, não adianta. Desminto e não adianta. Os adversários vão usar porque acham que a frase me desmoraliza. Outros acham formidável eu ter mudado de opinião, e também vão usar. Também não ligo muito para isso, não.

P - *Mas o senhor não tem contradições?*

R - Todo mundo tem algumas. Acho que tenho poucas. Se for ler o que escrevi nos anos 70, não é muito diferente do que digo hoje. Não vou negar que o mundo mudou e que também mudei, mas não esqueço o que escrevi. O modo fundamental como eu via o que estava acontecendo no mundo — na questão da globalização, por exemplo, e já conversamos sobre isso — é o mesmo. De qualquer forma, às vezes as frases não são verdadeiras, mas são boas, assim como às vezes são verdadeiras, mas são ruins. Não adianta brigar — não com o jornalista, ou com a mídia, mas com o mecanismo de poder no qual estamos inseridos. Você tem que ganhar dele, não brigar.

P - *Como se faz isso?*

R - Você tem que fazer com que sua posição avance, do ponto de vista político. É claro que, do ponto de vista intelectual, você discute: "Não disse isso, disse aquilo"; "Cadê a prova?". Mas não é esse o mundo do mediático. Isso é geral, ocorre no mundo todo. Na reunião ibero-americana, na ilha de Margarita, o Caldera, presidente da Venezuela, que é um homem de cultura, um intelectual, pôs-se a defender uma tese chamada "informação veraz".[9] Cheguei à reunião e lá estava o Caldera, no discurso de abertura, numa diatribe enorme em defesa da informação veraz. Num primeiro momento, pensei: "Quem pode ser contra a informação veraz?". Não obstante, o discurso tinha sua razão de ser, porque a imprensa, a SIP etc., desde que ele falou nisso pela primeira vez, estavam achando que ele queria censurar.[10] Ele estava explicando que não era isso, e argumentava, naquele discurso, com seu passado de democrata — mas não adiantou. Ao propor a "informação veraz", o Caldera ficou carimbado como um homem que quer calar a boca da imprensa. É poder que está em jogo. Evidentemente, a questão proposta por ele é complicada: quem julga o veraz? Por isso se diz que é censura. Minha posição é que não se tem que julgar nada, não há como colocar nenhum mecanismo de seleção da informação. Você tem que ter multiplicidade de canais de informação, e acesso variado a ela, e capacidade de lidar com essa multiplicidade.

9
Rafael Caldera: ver nota 18 do capítulo 8. A sétima Reunião de Cúpula Ibero-Americana foi realizada na ilha de Margarita (Venezuela) nos dias 7 e 8 de novembro de 1997.

10
SIP é sigla de Sociedade Interamericana de Imprensa, entidade que reúne os proprietários de jornais das três Américas. Periodicamente, a SIP avalia as condições de liberdade de imprensa nos diferentes países americanos e denuncia as violações ou limitações a seu exercício.

11
Ruth Leite Cardoso: ver nota 14 do capítulo 9.

P - *Os políticos e outras pessoas que aparecem na imprensa freqüentemente se queixam de invasão de sua vida privada. Para o senhor é clara a fronteira entre público e privado, quando a imprensa joga suas luzes sobre um governante ou um candidato?*

R - Invade-se a esfera privada quando se exploram aspectos que não têm conseqüência sobre suas ações como homem de governo. Se vou passar férias aqui ou ali, não digo que não se deva noticiar na televisão, mas isso não traz conseqüências. Se eu vivesse tirando férias, aí sim, haveria conseqüências. Então, há aí uma fronteira. As relações de família, os meus filhos... Se eles tiverem função pública, ou se estiverem usando a minha função pública para interferir em alguma coisa, então há razão para vasculhar suas vidas. Senão...

P - *Muitas vezes, não é com a intenção de denunciar ou vigiar que a imprensa cobre o presidente e sua família. É para mostrar como é a vida do rei.*

R - Aí, acho normal. Mas tem que haver respeito pela família do presidente.

P - *Quando sai alguma coisa sobre seus filhos, como o senhor reage?*

R - Depende do que sai. Por exemplo, hoje saiu uma notícia sobre o meu filho, sobre quem ele estaria namorando. A Ruth até tinha perguntado isso ontem, aqui em casa.[11] Eu não sei e ela não sabe. Pode ser verdade, pode ser mentira, mas não importa. Agora, meu filho não tem nada a ver com o governo. A notícia dizia que ele trabalha na Light, que foi privatizada. Só que ele trabalhava no grupo antes da privatização e antes dos atuais donos. Não tem nada a ver com a privatização, portanto. É pura insinuação. Então, numa notícia assim, joga-se com uma certa ambigüidade, como se houvesse uma eventual podridão. Isso a mim não chega a abalar, mas a Ruth sente mais do que eu, e sempre quer que eu desminta.

P - *Tirando-se uma possível maldade nessa questão de ele trabalhar na Light, o fato de um namoro de seu filho virar notícia não é porque existe curiosidade em torno de sua família? Isso não é normal, em se tratando da família do presidente?*

R - Não acho isso grave. Mas há lados que são desagradáveis. Por exemplo, minha filha Beatriz fez uma operação — uma operação delicada, mas, enfim, não grave. Fui a São Paulo. Ficaram loucos, porque não disse aonde iria. Não queria que a imprensa perturbasse. Depois disso saiu com minúcias a descrição da operação. Onde é que foi, como é que foi. Aí, acho um exagero. Noticiar que foi operada, tudo bem. Mas transformar essa operação num objeto de consumo, só porque é a filha do presidente, já é um exagero.

P - *O senhor parece ter dificuldades em distinguir até onde se pode ir. Dizer que ela foi operada, pode. Já detalhar a operação, não.*

R - Esmiuçar, contar detalhes, para quê? Não acrescenta nada, é mórbido. Outro dia a Beatriz foi defender tese de doutoramento. Nós aqui somos pouco dados a transformar em espetáculo as coisas normais da nossa vida. Então, não fui ao doutoramento, porque, se fosse, virava um evento e atrapalhava tudo. Só fui ao jantar. Em outros momentos precisamos de paz. Tiram-se férias de dois ou três dias — e todo mundo vai atrás. Alugam helicóptero, voam em cima, fotografam. Não se pode estar de roupa de banho. Aí acho que deveriam ter respeito. Não é respeito ao presidente, mas ao descanso de qualquer ser humano. Qual é o proveito disso? Havia uma mania de tirar fotografia da Ruth de short. Para quê? Não é grave, mas ela não gosta, nem eu.

12
*Referência a Bill Clinton,
presidente dos Estados
Unidos desde 1993 (ver
nota 10 do capítulo 6),
e sua esposa, Hillary
Clinton (1947). A filha
única do casal, Chelsea,
iniciou seus estudos na
Universidade Stanford
em setembro de 1997.*

13
*O jornal Miami Herald
publicou, no dia 3 de maio
de 1987, a notícia de que o
ex-senador e então possível
candidato a presidente
Gary Hart havia passado
o fim de semana com a
modelo e atriz Donna
Rice. O escândalo levou
Hart a desistir de disputar
a indicação do Partido
Democrata à Presidência,
no ano seguinte.*

P - *Isso não é conseqüência inevitável da sociedade mediatizada? Nos Estados Unidos essas coisas acontecem em uma escala muito maior. Quando o casal Clinton levou a filha à Universidade Stanford, onde ela estudaria, houve ampla cobertura de imprensa.*[12]

R - Para a menina deve ter sido terrível. Os Clinton manejam bem essas situações. Os dois, tanto Clinton quanto Hillary, entendem dessa sociedade mediatizada, e usam esse entendimento de maneira adequada. Para a menina deve ser terrível. Meus filhos já são maiores, e não reclamam. Eles se queixam da segurança. Disso ninguém gosta. Agora mesmo a Bia vai para Buenos Aires. Ontem queriam que eu assinasse uma autorização, para um segurança ir com ela. Eu disse: "Não precisa, não precisa. Ela vai a Buenos Aires, para um compromisso acadêmico". Você sabe o que significa estar em uma reunião científica com um guarda-costas? Não pega bem. Ela fica louca com essa história. A Ruth, nem se fala. Eu não reclamo. Faz parte. Não estou sozinho nunca.

P - *Nos Estados Unidos, um pré-candidato muito bem cotado no Partido Democrata, Gary Hart, teve sua candidatura inviabilizada porque foi flagrado em uma aventura extraconjugal. A justificativa da imprensa, ao defender a publicação da notícia, é de que isso revela o caráter da pessoa, e portanto tem a ver com a maneira como essa pessoa administraria os negócios públicos. O senhor concorda?*[13]

R - Não. Isso é tão variável e tão hipócrita... Provavelmente revela mais do caráter de quem fotografa do que do fotografado. Esse comportamento pode ser revelador da maneira de gerir os negócios públicos, dependendo das circunstâncias. O sujeito faz de que maneira? Com que propósito? É habitual? Com quem?

P - *Um livro recente sobre John Kennedy atribui a ele uma insaciável voracidade sexual...*

176

R - Será que era verdadeira? Atribui-se tanta coisa aos homens públicos...[14]

P - *O autor do livro sustenta que esse comportamento de Kennedy trouxe grandes riscos à sua administração. Supondo que os relatos sejam verdadeiros, isso realmente prejudica o exercício da função pública?*

R - Acho que, também aí, varia. Em alguns casos, pode prejudicar, em outros, não. Se formos pegar a história dos reis, dos líderes, dos guerreiros, a quantos não se atribuem extravagâncias assim? Isso prejudicou? Vai prejudicar se o sujeito só fizer isso. Ou então, pergunta-se: essa pessoa com quem ele teve esse tipo de relação aproximou-se dele por quê? Por que é presidente? Aí complica. O presidente, ou o líder, é um ser humano. Tem paixões. Se não tiver, é pior, porque não vai ter capacidade de entender os outros, nem de liderar. Agora, de novo, se está usando a função para isso, acho errado — é a famosa questão do assédio sexual. Fico espantado de ver o que dizem sobre Kennedy. Ele não tinha um bando de gente com ele, não tinha segurança para todo lado? Será possível, será que é verdade? Não creio que haja regra para essas coisas. Nem para saber se prejudica ou não, nem para saber se é legítimo, para a imprensa, entrar em certas áreas. Depende. Alguns líderes são homossexuais. Isso prejudica? E por quê? Não há resposta para essas questões. Qual é o limite? O privado está afetando o público? Acho que depende do contexto.

P - *Sua conclusão, então, seria a de que não existe possibilidade de estabelecer regras? Cada caso seria um caso?*

R - Não há possibilidade de estabelecer regras para a mídia. Numa sociedade mediática, costuma-se bisbilhotar. Diante dessa realidade, cada um se ajeita como pode. Não adianta instituir códigos de ética. Qual ética? Qual código? De maneira geral, pode-se interferir nos aspectos da vida

14
O livro em referência é The dark side of Camelot, *do jornalista americano* Seymour Hersh *(1997). Foi lançado no Brasil, em março de 1998, sob o título* O lado negro de Camelot.

O PRESIDENTE SEGUNDO O SOCIÓLOGO

privada que têm efeito sobre a condução dos negócios públicos. Vamos sair da relação amorosa e entrar nas relações econômicas. Alguns homens de Estado e alguns líderes são ricos e têm negócios. Até que ponto isso é incompatível com a vida pública? Estão se beneficiando? Mesmo virtualmente? Como? Também não é fácil responder. Agora, se você disser: "Se tem negócios, não pode ir para a vida pública", num regime como o nosso, é deixar de fora uma parte ponderável dos que têm qualidades para desempenhar funções públicas. Diz-se: "Quando o sujeito entra na vida pública, deve deixar à parte seus negócios". Os Estados Unidos têm regras nesse sentido.

P - *Lá os ocupantes de cargos políticos têm que vender ações...*

R - Alguma regra tem que haver. Mas se o sujeito não tiver espírito público, se for desonesto, não há regra que o segure. Vender ações não vai resolver, porque ele vende pro forma. Uma pessoa que tenha função de poder, num país como o nosso — não precisa ser presidente —, enriquece na hora, se for desonesto. Enriquece pelo telefone. Fica-se milionário com uma informação, uma decisão. Geralmente, no Brasil, a questão não é nem se o sujeito tem negócios. A acusação é mais direta e mais grave: não tendo negócios, ficou rico.

P - *Como o senhor avalia a imprensa brasileira?*

R - Ela é extremamente atualizada. Ela opera numa velocidade enorme e tem uma capacidade extraordinária de gerar informação. Fico até bestificado de ver a quantidade de repórteres que há no Brasil. Quando sair daqui haverá uns vinte na porta. Em qualquer lugar há repórteres, em grande quantidade e numa competição feroz. Essa competição dos meios de comunicação — agora não pelo poder mas entre si — freqüentemente leva a distorções. A parte econômica da nossa imprensa é muito boa. O Brasil virou um país, digamos, eletrizado pelo mercado. Os serviços governamentais de informação são quase dispensáveis, hoje em dia. Basta ler os jornais, e sabe-se de quase tudo. Fico espantado de ver como conversas que tenho, aqui e no Planalto, no máximo em 48 horas estão nos jornais.

P - *Fielmente reproduzidas?*

R - Não, nem sempre. No caso, não é que se queira distorcer. É que uma informação, ao passar pela terceira ou quarta mão, modifica-se. Há estudos sobre o boato. Como ele sai, por onde vai, como chega. Isso vale para a conversa, também. É muito difícil que as pessoas que vêm falar com o presidente da República não dêem uma versão qualquer do que falaram. Até têm que dar, porque a imprensa pergunta. Quando não é a imprensa, são os amigos. Há também a questão das "fontes privilegiadas" de que os jornalistas se servem. Nem sempre elas são boas. Passam por boas, fingem que são boas. Há outra coisa, que também tem a ver com a sociedade mediatizada: a imprensa antecipa. Isso atrapalha, mas é função dela. Ela antecipa, porque está antenada, o que é importante. Ela tem contatos com os dois lados, e força a produção da informação.

P - *O senhor citaria um exemplo do que está dizendo?*

R - Ainda hoje, numa reunião aqui no palácio, eu disse: "Acabei de ler na *Gazeta Mercantil* uma decisão que não tomei". Não tomei, mas uma decisão possível estava noticiada direitinho. O que ocorreu? Alguém passou para a imprensa uma decisão que não tinha chegado a mim. Digamos que, nesse caso, ou em qualquer outro, depois que sai na imprensa eu diga: "Não, não fiz isso". Não adianta. Acham que fiz. Se tomo a decisão contrária, dizem que recuei. É claro que não foi a imprensa que deu origem a isso. Foi quem passou a notícia para a imprensa. Mas a imprensa força essa pessoa a passar a notícia, e não quer saber se esse fulano estava bem situado para passá-la, se a notícia é verdadeira. Vai em frente. De qualquer forma, acho que no conjunto a imprensa tem grande capacidade de antecipação, capilaridade e, mais do que isso, imantação. Ela pega no ar o que vai acontecer, sobretudo a tragédia, e cristaliza logo a tragédia. Vou dar outro exemplo. Antes de sair no jornal, eu já sabia o que iam dizer do "pacote", como eles chamam. Iam dizer que fere a classe média.

P - *O senhor está se referindo de novo ao pacote de 51 medidas para combater a crise da quebradeira asiática...*

R - Ninguém examinou direito quem seria atingido ou não. A reação é ir pelo mais fácil, pelo clichê. Os jornalistas às vezes estão interessados em saber como as medidas afetam seu próprio imposto de renda, o que é compreensível. Isso ocorre no Congresso também — os parlamentares querem saber como serão afetados. Há interesse recíproco, de alguns membros do Congresso e de jornalistas, em evitar o aumento do imposto de renda. Então, tacham as medidas como "anti classe média". Depois dizem: "O pacote não vai passar". Não é certo. Vai passar com a maior facilidade, porque exige maioria simples. Não consigo convencer, nem na minha casa, quando digo que nós pagamos pouco imposto de renda no Brasil. Mas é o que acontece, é só comparar. No Brasil há 8,6 milhões de pessoas que declaram imposto de renda. Dessas, 5 milhões não pagam nada, ou já pagaram sua parte, deduzida na fonte. Quem paga são 3,6 milhões de pessoas. Ora, a classe média é muito maior do que 3,6 milhões de pessoas. Essa é a alta classe média. Quem paga realmente o adicional é essa alta classe média. Muito mais gente paga o CPMF. Há no Brasil não sei quantos milhões de contas bancárias. Não obstante, passa-se a imagem de que o CPMF não pega o povo, e o imposto de renda pega. E, depois que se espalha essa imagem, não se consegue desfazê-la.

180

SOB O REINADO DA MÍDIA

P - *O que o senhor acha da estrutura econômica da imprensa brasileira, em geral baseada na propriedade particular, freqüentemente familiar?*

R - Isso hoje tem um efeito menor do que no passado. No passado, o dono do jornal mandava no jornal. Hoje não manda tanto. Há hoje no Brasil uma outra oligarquia, que não é a dos donos. É a dos editores. Claro que, no limite, o dono pode mandar o editor embora. Tem esse poder, e o exerce. É curioso, porque é um pouco como o presidente da República — a relação entre o presidente da República e os poderes reais. Não pertencemos necessariamente à classe dominante, nem os jornalistas nem o presidente da República. Eventualmente, algum presidente da República pode pertencer à classe dominante, mas não é o meu caso. Na imprensa, quem exerce o mando, no dia-a-dia, é o jornalista. O poder dos donos é estrutural, é limitante. Eles dão o limite do poder, mas não têm seu exercício.

P - *Eles não operam no dia-a-dia.*

R - Não operam o poder no cotidiano. Então, a família dona de uma empresa jornalística cada vez exerce menos o poder. Há exceções — famílias cujos membros têm capacidade jornalística e política. Mas, quando a família não tem essa veia, nem tem vontade de influenciar, o jornal vira uma empresa como qualquer outra, e quem influencia são os editores. Nesse aspecto, a imprensa democratizou-se. E, como há competição, não só entre os donos, como entre os jornalistas, os jornais não têm mais linha política definida. Talvez um ainda tenha — *O Estado de S. Paulo*. A *Folha* definiu como sua linha não ter linha, e os outros acabaram indo por esse mesmo caminho. Isso deu poder ao jornalista — não ao repórter, mas ao editor. E é um poder que não presta contas. Esse é o problema da democracia. O problema que se coloca hoje, com relação à imprensa, não é o de

181

ela ter mais ou menos liberdade. É a quem ela presta contas. Dizem sempre o seguinte: "Presto contas ao meu público".

P - *Não é uma maneira de prestar contas? Se o público não aprova, não compra o jornal.*

R - Isso é muito relativo. Eu presto contas ao eleitor, porque o eleitor me penaliza mesmo. Agora, no caso da imprensa, como os jornais dizem todos mais ou menos a mesma coisa, o argumento se enfraquece. Se o leitor deixar de comprar tal jornal, vai comprar outro que diz mais ou menos a mesma coisa. Não há mais linha. Então, não se prestam contas realmente a ninguém, politicamente falando.

P - *O senhor diz que a imprensa está democratizada, mas esse seu raciocínio leva à conclusão contrária.*

R - Democratizada num outro sentido — com relação aos donos. Não com relação à responsabilidade social. Isso não é fácil solucionar. Voltamos à questão da "informação veraz".

P - *Que se deve fazer, então?*

R - Não vejo alternativa, realmente, a não ser mais órgãos de imprensa, e mais responsabilidade pública.

P - *Na televisão, há alternativas ao sistema brasileiro de propriedade. O sistema europeu, mesmo com as privatizações dos últimos anos, continua pesadamente baseado no conceito de propriedade pública das emissoras.*

R - Sim, e é menos competitivo também. Aqui, a informação flui sem regras. Ninguém consegue, no Brasil, dar uma linha, controlar. Nem o governo, nem ninguém. Os donos dos jornais não conseguem evitar que se fale deles, no próprio jornal ou nos outros jornais, ou que se fale mal dos

182

amigos deles. Isso é ruim? Não, não é ruim. É bom: coloca-se a informação para fora. Realmente, não vejo como instituir um poder supremo que diga o que é certo e o que é errado. Não havendo esse poder supremo, não havendo um deus na terra, tem que deixar solto. O importante nisso seria aumentar a discussão entre os próprios jornalistas. Pode ser que seja utópico, mas talvez seja bom que a própria mídia crie conselhos que avaliem a responsabilidade de suas mensagens diante da sociedade. Há o ombudsman, mas esse fala para dentro do jornal. Seria preciso haver quem falasse para fora.

P - *Há temas em que essa discussão pode se tornar mais clara. Por exemplo, sexo e violência na televisão. Teria que haver um limite? Que limite?*

R - Não tenho uma resposta fácil. Acho que devia haver um autolimite.

P - *O senhor certamente não está alheio a essa discussão sobre os programas de TV dos domingos.*[15]

R - Não.

P - *Se os seus netos assistem a esses programas, isso lhe causa algum tipo de desconforto?*

R - Pessoalmente, não. Os meus netos...

P - *Houve um programa em que se apresentou uma mulher nua, sobre a qual se dispunham fileiras de sushi.*

R - Acho isso de muito mau gosto, é coisa que deseduca. Nesse sentido, sim. Não é pelo lado moral, apenas. Quando nossos filhos têm outro tipo de convivência, dá para corrigir. Meus filhos estudaram em escolas públicas, na Califórnia, onde se emitiam relatórios mensais sobre o avanço

15
No segundo semestre de 1997, os programas vespertinos de Fausto Silva, na TV Globo, e de Gugu Liberato, no Sistema Brasileiro de Televisão (SBT), disputavam audiência apresentando atrações de conteúdo sexual.

das drogas: quantos por cento tomavam marijuana, quantos tomavam cocaína, heroína. Tudo isso na escola deles! E eles passaram imunes por esse tipo de coisa. Por quê? Porque temos uma convivência doméstica aberta, em que se discutem essas coisas. Funcionou.

P - *A discussão familiar talvez contrabalance o efeito nocivo que vem de outras partes, mas não o anula. A família não pode construir uma redoma em torno de seus filhos.*

R - Sim, há uma competição entre as diversas influências. Então, não creio que ver esse sushi não-sei-o-quê seja inofensivo. A repetição disso acaba incutindo nas crianças uma dose de mau gosto e uma distorção do que é o sexo, do que é o amor, e até do que é erotismo. Porque isso não é erotismo, é mau gosto mesmo.

P - *Então, incomodaria. O senhor admite que se sentiria incomodado, caso seus netos assistam a esse tipo de programa?*

R - Estou dizendo que incomoda. A crítica que está havendo agora é boa, mas como parar com essas coisas?

P - *Qual sua reação, se surpreende os netos assistindo a esse programa? Desliga a televisão? Dialoga?*

R - Dialogaria e tentaria desligar.

P - *E se eles quiserem ver?*

R - Não tive a experiência. Deixe-me dizer uma coisa. Sou uma pessoa — entre aspas — "bem-educada". Nunca suportei ouvir meus filhos dizerem palavrão, o que é hoje uma coisa comum, na frente da minha mãe. Isso me incomodava profundissimamente. Não tive essa experiência, mas se vir um neto assistindo a uma coisa dessas na televisão, também vou me incomodar profundissimamente. Eu, pessoalmente, fico profundissimamente incomodado, porque acho que é uma distorção. No palavrão não há essa mesma distorção, mas palavrão me choca, até hoje. Quando meus filhos, numa certa fase, começaram a falar palavrão diante da minha mãe, isso me deixava absolutamente perturbado. Não diante de mim, engraçado. Se diziam diante de mim, eu não gostava, mas não ficava perturbado. Diante da minha mãe, ficava perturbado, pois fui educado mais tradicionalmente. Então, seguramente, embora não tenha tido essa experiência, se souber que meus netos e minhas netas vêem essas coisas, não vou gostar. Agora, o que fazer? Essa é a questão. Proibir? Eles começam a ver escondido. A proibição não tem eficácia. É melhor fazer a crítica, tanto para as crianças, quanto, se for o caso...

P - ...*para a televisão.*

R - Para a televisão, para o público. A competição está levando a uma banalização da televisão. Nunca vi isso em outros países, sinceramente. Há programas eróticos, pornográficos até, em outros países, mas em canais fechados, com proibição. Num canal aberto, não tem cabimento. Digo isso não por moralismo, no sentido bobo da palavra, mas por formação moral mesmo.

P - *Estamos concluindo, então, que falta responsabilidade social da parte dos detentores do poder na televisão.*

R - Falta. Agora, quem são eles? Voltamos à questão. Não creio que, se o dono quiser parar, consiga. Ele vai olhar o IBOPE, todos vão olhar o IBOPE...

P - *Conseguir, consegue, mas fica com medo de estar atuando contra seus próprios interesses comerciais. Não é isso?*

R - Exatamente. Esse é o limite da liberdade do próprio editor. Ele está muito livre, enquanto o jornal der lucro. Quando não dá lucro, seu caminho acaba. Essa não pode ser a regra da democracia — dar lucro ou não dar lucro. Não vejo saída fácil para isso, a não ser o aumento da consciência social, e o esforço para politizar os temas. Acho a maior hipocrisia pensar que essas coisas não são políticas. São. Argumentam: "Somos isentos da política, somos neutros, estamos cumprindo nosso dever de divulgar". Não é verdade. Estão tomando partido, todos os dias. É melhor ter partido, mesmo, mas que assumam. O jornalista fulano, qual é o partido dele? Ou, quando não for bem o caso de um partido político: qual o conjunto de idéias que o move? Se eu souber isso, posso situar o que ele está dizendo. A mesma coisa que eu disse a respeito daquele "economista", entre aspas — aquele "economista" que era sócio de um fundo —, pode-se dizer dos jornalistas. Este é do PT, este outro do PSDB. Acho que deveriam identificá-lo assim: fulano de tal é do PT, fulano de tal é do PSDB. Isso não diminuiria o valor da informação do jornalista, mas o situaria. O maior problema que temos hoje, na área da informação, é que a fonte não é situada. Passa-se a impressão de que a informação é neutra, e não é. Por que não situar?

P - *O senhor está falando da fonte ou do jornalista?*

R - Do jornalista e da fonte. Não são situados. Não se põe lá todo dia: "FHC, 66 anos, PSDB, presidente da República"? Então, por que não identificar todo mundo da mesma forma? Quem é tal jornalista? Está falando com base em que ponto de vista, em que posição?

12

RELIGIÃO, POLÍTICA E SOCIEDADE

OS ATORES DA POLÍTICA E O SAGRADO — ULYSSES, TANCREDO
E O ESQUECIMENTO — SER ESQUECIDO OU SER LEMBRADO
— UM INTELECTUAL NA POLÍTICA, NÃO UM POLÍTICO
INTELECTUAL — MITTERRAND, GETÚLIO E A ASPIRAÇÃO
À ETERNIDADE — A POLÍTICA COMO SUBSTITUTIVO
DA RELIGIÃO — EDUCAÇÃO RELIGIOSA: INFORMAÇÃO
OU CATEQUESE? — CATÓLICOS × PENTECOSTAIS
— AS RELIGIÕES ENTRE O ESTABLISHMENT E O POVO
— A TEOLOGIA DA LIBERTAÇÃO — MARXISMO
E CATOLICISMO — CUBA E NICARÁGUA, MARX E ROUSSEAU

13 / 11 / 97

Pergunta - *Quando o senhor diz que os atores precisam ser "mediatizados", hoje em dia, para bem cumprir o seu papel — como o papa, como Gorbatchóv —, de certa forma isso não supõe um rito, ou uma liturgia, que os aproxima da religião?*[1]

Resposta - Na medida em que a mídia permite uma comunhão, sim. É um cimento, e portanto uma religião, mas uma religião dessacralizada. Não há religião que não suponha uma transcendência e a idéia de um espírito absoluto.

P - *Mas os atores que se utilizam da mídia não reivindicam um lugar parecido com o sagrado?*

> [1]
> *Papa João Paulo II: ver nota 22 do capítulo 4. Mikhail Gorbatchóv: ver nota 27 do capítulo 4.*

O PRESIDENTE SEGUNDO O SOCIÓLOGO

2
Carlos Menem: ver nota 13 do capítulo 6.

3
Mao Tsé-tung: ver nota 13 do capítulo 7. Lênin: ver nota 5 do capítulo 7. À morte desses dois líderes, seus corpos foram embalsamados e expostos permanentemente à visitação pública, em santuários erguidos na praça da Paz Celestial, em Pequim, no caso de Mao, e na praça Vermelha, em Moscou, no de Lênin.

4
Ulysses Guimarães: ver nota 44 do capítulo 4. Ulysses Guimarães morreu no dia 12 de outubro de 1992, vítima de um acidente de helicóptero no mar ao largo de Angra dos Reis, Rio de Janeiro.

5
Tancredo Neves: ver nota 5 do capítulo 9. Tancredo Neves morreu, eleito presidente mas impossibilitado pela doença de tomar posse, depois de prolongada agonia, que monopolizou as atenções e comoveu o país, em abril de 1985.

R - Menem, recentemente, me contou uma história em que ele ia para o céu e virava Deus.[2] É uma piada que circula na Argentina. É claro que ele estava brincando, mas, no limite, muitos gostariam de ser Deus. Ao se dessacralizar o mundo, tirando dele a idéia de uma transcendência, de Deus, de uma hierarquia divina, de uma cosmovisão de inspiração divina, com uma idéia de criação etc., a tentação de substituir na terra essa transcendência é muito grande. No passado, quantas vezes o partido virou Deus? O ditador substitui o absoluto. A secularização da cultura, depois do Renascimento, quando mais tarde se dá realmente a separação entre o sagrado e o profano, quando se acaba com o direito divino e se retira a política do reino do sagrado, deixou espaço para esse tipo de atuação. Como se limita isso? Pela democracia, porque, quando se têm muitos deuses, não se tem nenhum. Se há competição, com vários partidos e vários líderes, o risco diminui. Nos regimes comunistas, quando se considera um Mao Tsé-tung, ou um Lênin, depois de mortos, realmente houve uma sacralização.[3] Depois de morta, a pessoa fica lá embalsamada, e multidões vão vê-la. É uma relíquia que está lá, quer dizer, é uma sacralização nesse tipo de regime. Nos regimes democráticos não há isso, mas há um fenômeno que pode ser cruel: o esquecimento. Outro dia, fez cinco anos da morte do Ulysses...[4]

P - *...e ninguém se lembrou?*

R - Todo mundo que conheceu o Ulysses, como eu, disse: "Puxa vida, ninguém falou nada!". Você se lembra do que o Ulysses representou. Durante anos, ele foi o contraponto do regime autoritário. Foi um símbolo, foi ator de primeira ordem. Tancredo, a mesma coisa.[5] É muito rápida, não havendo a sacralização, a voragem da política. O que você fez, de bom ou de mau, vai para a história apenas. Aliás, vai para os historiadores, não para a história, porque a história significa uma continuidade na memória da população. Vai para os arquivos. Mas é melhor pagar esse preço, porque de outra forma é querer ser Deus, outra vez. Por que vou ter que ser lembrado *per omnia*? Não há razão. É querer ser Deus: "Sou tão único que não posso ser esquecido".

P - *O senhor não quer ser lembrado?*

R - Não tenho essa aspiração, porque procuro sempre ver o contexto e me pôr no contexto. Muita gente acha que sou de uma vaidade infinita. Que em primeiro lugar considero a mim mesmo. Até acho engraçado. Digo: "Se eu fosse assim, seria um idiota". Uma vez disse: "Sou mais inteligente do que vaidoso". A frase pode até reforçar a idéia de vaidade — podem achar que estou me vangloriando de ser inteligente —, mas não é isso. O que quis dizer é que minha dose de inteligência é maior do que a dose de vaidade. Por outro lado, me considero basicamente um intelectual. Já disse isso: não sou basicamente um político, sou basicamente um intelectual que está na política. O que não é fácil, porque o tempo todo isso me obriga a tomar distância das coisas. Estamos numa tremenda crise, e tomo distância. Procuro entender o que está acontecendo. Não me ponho como Deus. Não me ponho no centro.

P - *Há políticos que não só aspiram a não ser esquecidos, como procuram construir sua própria posteridade. Mitterrand é um exemplo disso.*[6]

R - Outro que é interessante nesse aspecto é o Getúlio. A famosa carta-testamento: "Saio da vida para entrar na História".[7] As memórias de Getúlio revelam que, quando foi fazer a Revolução de 30, ele já dizia que ou ganhava ou se matava.[8] Acabou se matando, vinte e tantos anos depois. Uma pessoa que se coloca na história com essa disjuntiva está pensando na eternidade, não tenha dúvida.

6
François Mitterrand: ver nota 19 do capítulo 4. Nos meses que antecederam sua morte, já desenganado pelo câncer, Mitterrand antecipou-se aos biógrafos e desvendou episódios obscuros de sua vida, como um período de colaboração, na juventude, com o regime de Vichy, que na França, durante a Segunda Guerra Mundial, seguia as ordens de Hitler, e um romance clandestino do qual nasceu uma filha.

7
Getúlio Vargas: ver nota 6 do capítulo 1. Getúlio Vargas suicidou-se, em pleno Palácio do Catete, então sede da Presidência da República, no Rio de Janeiro, no dia 24 de agosto de 1954, respondendo assim a uma ofensiva política e militar que tinha por objetivo sua deposição. Deixou uma "carta-testamento" na qual escreveu: "Serenamente dou o primeiro passo no caminho da eternidade e saio da vida para entrar na História".

8
Um "diário" de Getúlio Vargas, compreendendo o período entre 1937 e 1942, foi publicado em 1997, por iniciativa de sua neta Celina Vargas do Amaral Peixoto.

9
Eunice Durham: ver nota
5 do capítulo 1.

P - *Em Mitterrand aparece toda uma carpintaria da imagem póstuma. No fim da vida, ele quis acertar o passado político, a família...*

R - Ele passou a limpo tudo. Tentou construir um futuro para sua memória. Mas não sei se vai ter êxito. Isso é outra questão. Agora, voltando ao tema que você colocou, realmente há uma relação entre a religião e a política, no mundo de hoje. Na verdade, é a negação da religião que vira religião. A política substitui, vira um *Ersatz* da religião. Por outro lado, é muito difícil viver sem religião. Tenho uma amiga que é antropóloga de formação, Eunice Durham, que trabalhou no Ministério da Educação e estudou na mesma faculdade que eu, numa turma posterior à minha.[9] Outro dia, estávamos discutindo a questão do ensino de religião. A Igreja está pleiteando que o governo pague professores de religião nas escolas públicas. Alega que seriam aulas ecumênicas, de informação religiosa, não de catequese. A Eunice é contra. Ela disse: "Acho que está errado. As aulas precisam ser de religião mesmo. É fundamental hoje haver catequese, porque no mundo em que estamos vivendo, de droga e de angústia, se não houver religião, o Estado não segura".

P - *Mas o Estado não é leigo?*

R - Sim, essa era a conclusão dela. Sendo as aulas de catequese, o governo não pode pagar, porque não pode privilegiar esta ou aquela crença. No fundo, ela tocava num velho tema sociológico: a função social da religião. Existem muitas funções sociais da religião. E quando a religião deixa um espaço, outros aspiram ao seu lugar, aspiram ao carisma. Isso é o que acontece com os atores da política, inconscientemente.

P - *Quando Fidel Castro nomeia seu irmão para sucessor, não está aspirando à eternidade?*[10]

R - A sucessão é uma coisa complicada, nos países onde não há regras. Então, o sucessor pode ser o irmão.

P - *Na Coréia do Norte foi o filho.*[11]

R - O filho, pois é. É a sacralização, de novo. É a família real de direito divino. Por que passar para o irmão? Só porque tem o mesmo sangue? É espantoso ver como, nesses regimes que não são democráticos, que não têm regras de sucessão, automaticamente criam-se dinastias. Às vezes, isso ocorre mesmo em países que têm regras de sucessão. Na Índia, os Nehru-Gandhi viraram uma dinastia. Falam agora de Sonia Gandhi. Ela é italiana, mas, como é viúva de um Gandhi, cogitam dela como candidata.[12] Quer dizer, essas coisas precisam mesmo é de antropólogo. Não é sociólogo que entende disso. É antropólogo, porque tem a ver com a parte mais simbólica do poder, a divindade.

P - *Como o senhor vê a disputa, hoje, entre a Igreja católica e as denominações pentecostais?*

R - O que está acontecendo? A religião predominante, a católica, mais próxima do poder, está perdendo força e tenta mostrar que não é próxima do poder. As denominações protestantes, sobretudo as pentecostais, ganham força — não porque proponham substituir a idéia de Deus pela idéia de poder, mas porque buscam uma comunhão direta com Deus, porque cultivam a transcendência. O que fazem as religiões pentecostais? O Espírito Santo está presente, em suas celebrações. O Verbo. Isso proporciona uma ligação direta com a divindade, sem intermediação. Há alguns ritos propiciatórios, alguns cantos, mas muito menos do que na Igreja católica. Trata-se de uma relação menos mediada pela liturgia.

10
Fidel Castro e o irmão Raúl: ver notas 21 e 27 do capítulo 7.

11
Kim Il Sung, fundador do regime comunista da Coréia do Norte, em 1948, e seu dirigente máximo desde então, foi sucedido, à sua morte, em 1994, pelo filho Kim Jong Il.

12
Jawaharlal Nehru (1889-1964) foi primeiro-ministro da Índia de 1947 a 1964. Indira Gandhi (1917-84), filha de Nehru, foi primeira-ministra nos períodos 1966-77 e 1979-84. Rajiv Gandhi (1944-91), filho de Indira, foi primeiro-ministro entre 1984 e 1989. Sonia (1947), a viúva italiana de Rajiv, chegou a ser cogitada para primeira-ministra, nas eleições de fevereiro de 1998.

P - *O senhor acha que o avanço das religiões pentecostais se deve à identificação da Igreja católica com o sistema?*

R - De novo, interfere aqui a mediatização. Não que a Igreja hoje queira se identificar com o sistema — pelo contrário, não quer. Mas o papa é o papa. Os cardeais são os cardeais. São parte do *establishment.* Sem querer, então, ela emite esses signos de poder. Mesmo que ela queira agir diferentemente — e quer, quando se despe dos trajes sacerdotais, quando se identifica com o MST —, ainda assim, pelo fato de durante tanto tempo ter sido poder, tão próxima do poder e tão expressão dele, até pela configuração física das grandes catedrais, pela força, pela riqueza, por tudo isso, ela se distancia do povo, do homem comum.

P - *Sua conclusão, então, é a de que elas fazem bem ao povo, essas novas denominações?*

R - Isso não me compete dizer.

P - *O senhor diria que fazem mais bem do que mal?*

R - Acho que sim, desde que não se entre no aspecto da comercialização. A católica também faz bem, nessa luta popular. Pode ser contra mim eventualmente, mas no conjunto fazem bem.

P - *As denominações protestantes não estariam mais presentes na vida das pessoas do que a Igreja católica?*

R - Na vida cotidiana, sim. Conheço uma moça, Cristina, aluna da Ruth, que está fazendo um estudo sobre os brasileiros que vivem em Boston. Não li, a Ruth é que me contou. Lá há igrejas católicas e protestantes. Ela está estudando isso. Na área protestante, recria-se a comunidade num recinto não tão sagrado quanto no caso dos católicos. A festa é lá, a conversa é lá, a sociabilidade é lá. Não se sente tanto o peso dos símbolos. Já uma igreja católica está repleta de simbologia. Aquilo pode deixar a pessoa meio sufocada, sem entender. Antigamente, celebrava-se em latim, e aí não se entendia nada mesmo, embora se pudesse ficar embevecido pelo ritual. Por que houve um avanço tão grande das denominações protestantes entre os pobres no Brasil? Acho que tem algo a ver com o que estamos dizendo. Com uma certa linguagem.

P - *A teologia da libertação, mais ajudou ou mais atrapalhou a Igreja católica?*

R - Ajudou no sentido de que rompeu com certas amarras da Igreja, da imagem da Igreja como classe dominante. Agora, o maior desastre que ela provocou foi nas ciências sociais... Porque, realmente, esse casamento desafortunado entre o marxismo e o catolicismo nunca consegui aceitar...

P - *Por que desafortunado?*

R - Porque resultou numa simplificação enorme do marxismo, pulverizou-o de uma maneira tremenda, modificando os pressupostos fundamentais da análise marxista, e fragilizou a capacidade de convencimento da religião, dando-lhe uma linguagem ambígua. Isso do ponto de vista acadêmico. Do ponto de vista prático, além de contrabalançar a imagem de classe dominante da Igreja, teve o efeito também de ajudar na formação de movimentos sociais que são importantes, queiramos ou não, como o que se chama, agora, de "via campesina", aqui trilhada pelo MST.

P - *O senhor poderia explicar melhor o que vê de desastroso no casamento entre catolicismo e marxismo?*

R - Politicamente, qual é a proposta? Qual o modelo de sociedade que se propõe, qual o modelo de economia? Na visão marxista, isso é claro. Há uma crítica do sistema capitalista que é válida até hoje. O que Marx disse, está acontecendo hoje, com a crise asiática. Marx entendeu o funcionamento do sistema capitalista. Terá feito previsões equivocadas, sobretudo na parte política, que não desenvolveu muito, e sobre a catástrofe final a que estaria destinado o capitalismo, mas havia ali uma análise do sistema e uma proposta de mudança. Tinha-se uma utopia que partia de uma análise. Os bens de produção teriam de ser coletivos, e uma classe, o proletariado, seria a portadora da boa nova, para falar em linguagem religiosa. Ele se equivocou, ao apontar a tendência ao empobrecimento do proletariado, absoluto ou mesmo relativo. Houve vários equívocos — equívocos da época. O sistema foi se modificando e a teoria ficando curta para explicá-lo em seu conjunto, mas havia uma teoria e uma visão — materialista — segundo a qual o fundamental são as relações sociais de produção, por sua vez embasadas nos sistemas produtivos, no modo de produção. Na teologia da libertação, essa parte desaparece. O centro passa a ser a teoria da alienação, com forte conteúdo humanista. O inspirador é o chamado jovem Marx, que o velho Marx não tomava mais ao pé da letra. A teologia da libertação luta para acabar com a alienação, mas não tem uma proposta viável de organização da sociedade.

P - *Por quê?*

R - Os teólogos da libertação esqueceram que o mundo se mediatizou, que o sistema produtivo cresceu enormemente, que a sociedade, hoje, é de base técnica brutal. E acabaram propondo, como agentes de transformação, os deserdados da terra. Isso Marx nunca aceitaria. Os deserdados da terra não são portadores de futuro. Portador de futuro era o proletariado, porque estava na condição mais moderna. A visão de Marx e de Lênin é uma visão de progresso. Aqui não, a visão não é de progresso, é de solidariedade. É de resgate do valor de coesão. Isso tem um peso moral e religioso, mas não resolve os problemas.

P - *Pode-se dizer que a utopia passou a ser a regressão a um éden perdido? Nesse sentido, não seria parecida com o fundamentalismo islâmico?*

R - É um éden perdido, exatamente. Parecido com o fundamentalismo. Nesse sentido é que é incompatível com o marxismo. Eles pensam que são marxistas, mas não são. Não estou dizendo que é bom ou que é mau. Estou dizendo que não é o que eles pensam ser, e que a tentativa de misturar marxismo e catolicismo resultou inconsistente.

P - *A teologia da libertação teria fragilizado a Igreja católica a ponto de ser um fator determinante no avanço pentecostal?*

R - É possível. Qual é a tentativa dela? Dissociar a Igreja das classes dominantes e ligá-la às classes populares. Ela avançou em parte nesse sentido, mas manteve a ambigüidade. Na CNBB há ambigüidade.[13] Como resolver certas questões? Omitindo-se? O mais grave não é a teologia da libertação, mas as conseqüências dela: a Igreja passou a imaginar que entende de assuntos dos quais não entende. Ela não entende de economia moderna, não entende de produção. A Igreja concentra sua atenção no consumo. Ela é favorável à distribuição de renda. Eu também sou, mas ligo a distribuição de renda à produção. A Igreja não tem uma proposta de produção, tem proposta de consumo: tem que ampliar e ser igual para todos. Como é que se faz isso? Ela não apresenta uma proposta de produção.

P - *A Igreja, ou setores dela, têm se manifestado contra as privatizações. O que o senhor acha disso?*

R - Eles não sabem do que estão falando. São setores, por certo. Quando a Igreja começa a falar sobre privatização, não sabe do que está falando. Em nome de quê? Não há nem o valor da igualdade, da solidariedade envolvido nesse caso. É um assunto de outra natureza. Inspirada na teologia

13
CNBB é sigla de Conferência Nacional dos Bispos do Brasil, entidade criada no Rio de Janeiro em 1952, por iniciativa do então bispo auxiliar do Rio de Janeiro, d. Hélder Câmara, com o objetivo de centralizar as decisões da Igreja católica no Brasil.

14
Almir Gabriel (1932), médico e político paraense. Senador (1987-95). Governador do Pará desde 1995.

da libertação, a Igreja entrou por caminhos complicados. Outro dia o governador do Pará, Almir Gabriel, telefonoume preocupado porque havia uma reunião da CNBB no Amazonas querendo discutir política de mineração.[14] Eles não podem discutir isso. Não sabem. Não têm informações para isso. E também, rigorosamente, o assunto não compete a eles, porque dividirá os católicos. Os católicos não precisam unificar seu pensamento em matéria de mineração. Uns serão favoráveis a um tipo de solução, outros a outro. A teologia da libertação levou à politização da Igreja. Mas como a Igreja não tem realmente uma visão política, pois não é partido nem Estado, não tem soluções para os problemas que coloca.

P - *Não há um aspecto positivo na denúncia da miséria e das injustiças?*

R - Há sim. A meu ver isso continua sendo positivo: a crítica da chaga social, da desigualdade. Alguém tem que levantar essas bandeiras, e acho que corresponde legitimamente aos líderes religiosos — não sei se cabe a mim dizer isso — cuidar do bem-estar do povo, dos valores morais, da coesão. O que não corresponde a eles é entrar na discussão de como é que se faz isso. Isso cabe aos partidos. Aqui na América Latina, primeiro tivemos Cuba. Cuba fascinou os anos 60. Opôs-se aos Estados Unidos e, ao colocar-se como resistência ao imperialismo, inscreveu-se numa luta mundial. Depois, Cuba foi perdendo o fascínio. Pela repressão política, pela vinculação à União Soviética, mais tarde pela incapacidade do sistema soviético de melhorar as condições cubanas e, finalmente, pelo colapso da União Soviética. O país que mais espelhou uma visão da teologia da libertação não foi Cuba. Foi a Nicarágua.

P - *Mesmo porque, quando houve a Revolução Cubana, não havia teologia da libertação.*

R - Não havia. Foi na Nicarágua que prevaleceu essa visão do éden, e uma visão salvacionista. Até a própria guerrilha foi justificada assim. É difícil justificar a violência, mas sempre se pode lançar mão de Robin Hood como argumento. No Brasil, uma parte do PT ficou fascinada por isso. Outra parte era mais ortodoxa, tinha uma visão mais marxista, mais leninista...

P - *Mais bolchevique?*

R - Bolchevique. Os católicos não são bolcheviques. A teologia da libertação não é bolchevique, porque não tem a mesma visão do partido, a visão da centralização do poder. O bolchevique centraliza para quebrar tudo e, no futuro, promover o bem geral. Nesse caso, como sou democrático, sou mais católico. Acho o bolchevismo muito destrutivo. Não vejo elementos destrutivos na teologia da libertação, nem do ponto de vista humano nem do político. Vejo elementos incompletos. Eles são ineficazes, são utópicos — mas não são destrutivos. Não levam à formação de uma ordem que centralize e que limite. Pelo contrário, entre eles é tudo muito assembleístico, muito rousseauniano. Eles são mais rousseaunianos do que marxistas.[15]

P - *O centralismo acabou levando ao totalitarismo.*

R - O bolchevismo leva ao totalitarismo. A teologia da libertação é mais compatível com um tipo de democracia rousseauniana, uma democracia de comunidade, todos decidindo tudo em assembléias. Você pode discutir a eficácia disso numa sociedade de base técnica, mas, pelo menos, não há risco em fazê-lo. Posso dizer: "Bem, isto aqui não vai funcionar". Mas não: "Isto, se funcionar, vai me matar". Do outro modelo, digo: "Se funcionar, mata a mim e mata mi-

---

15

Referência a Jean-Jacques Rousseau (1712-78), filósofo suíço, um dos mais destacados do período chamado iluminista e um dos ideólogos da Revolução Francesa. Autor de Discurso sobre a origem da desigualdade entre os homens (1755) e O contrato social (1762).

O PRESIDENTE SEGUNDO O SOCIÓLOGO

lhões". A teologia da libertação é uma releitura da Bíblia em função dos desafios contemporâneos e da necessidade de acabar com a dominação e com as injustiças.

P - *Uma releitura banhada no marxismo.*

R - Aí é que complica — quando se banha no marxismo sem ter a capacidade que o marxismo tinha, certo ou errado, de formular uma visão conseqüente da história e uma proposta. O que seria o Estado teológico e libertado? Como seria a produção? Vai-se voltar à Idade Média, ao justo preço, à lei contra a usura? Esses elementos estão presentes na teologia da libertação. Ela é muito anticapitalista, assim como o marxismo. Só que o marxismo era uma superação do capitalismo. Passava pelo capitalismo, até via nele uma força criadora, e propunha outra coisa. A teologia da libertação vê no capitalismo o mal.

13

ILUSÕES DA POLÍTICA: CAMPANHAS, PARTIDOS, DIREITA, ESQUERDA

AS CAMPANHAS E SEUS MALES: O FINANCIAMENTO
— A DURAÇÃO DA CAMPANHA — O PAPEL DO MARKETING
— SISTEMA ELEITORAL E CUSTO DE CAMPANHA —
FINANCIAMENTO PÚBLICO E PRIVADO — VOTO
DISTRITAL E PAROQUIALISMO — SISTEMA PARTIDÁRIO
EUROPEU E AMERICANO — A FORÇA DAS IDÉIAS
E A FORÇA DAS LIDERANÇAS — PULVERIZAÇÃO
E CONCENTRAÇÃO DO QUADRO PARTIDÁRIO BRASILEIRO
— OS PERIGOS DO CRESCIMENTO DO PSDB — A FALTA
QUE A DIREITA FAZ — OS POLÍTICOS DE COSTAS
PARA O MERCADO — DIFERENÇAS E SEMELHANÇAS
ENTRE DIREITA E ESQUERDA — "O PT PRECISA CONVERSAR
COMIGO" — NO CENTRO, SEM VERGONHA — ADENDO:
DIREITA, IGUALDADE E INCLUSÃO

14 / 11 / 97

Pergunta - *Do jeito que vão, as campanhas políticas não acabarão por arruinar a democracia?*

Resposta - Aqui e no mundo. Primeiro, pelo financiamento. A desmoralização das instituições republicanas, em muitas partes do mundo, começa na pergunta: "De onde vem o dinheiro de campanha?". Isso ocorre, ou já ocorreu, em

O PRESIDENTE SEGUNDO O SOCIÓLOGO

1
Mário Covas: ver nota 18 do capítulo 5. A campanha nacional em que Covas se envolveu foi a candidatura à Presidência da República, em 1989.

dado momento, em quase todos os países — na Espanha, na França, na Itália, em Portugal, nos Estados Unidos. Por quê? Porque se custou a admitir, primeiro, que a política custa, que campanha tem gastos. E, segundo, que quem paga é quem tem. A resposta para isso? Alguns sugerem o financiamento público de campanha. É um caminho. Eu mesmo apresentei uma proposta nesse sentido, no Senado, com outros senadores, há tempos. Recebi em troca um editorial da *Folha* que nos acusava de querer mais uma mordomia: "Dinheiro do povo vai para a campanha". Pode vir mesmo a ser abusivo. Para ter o financiamento público de campanha, precisamos primeiro baratear as campanhas. Senão o povo não agüenta.

P - *Elas precisam ser tão caras?*

R - Não. Vou contar um fato. Há muito tempo, não me lembro se na campanha do Mário Covas ou de algum outro, mas uma campanha nacional, nós nos reunimos em São Paulo e um dos participantes da reunião disse: "Vai custar x".[1] Eu disse: "Só se for para alguém roubar!". "Não, mas custa..." A discussão era para fazer uma previsão. Então, fomos detalhar esses custos. Não conseguimos chegar senão a uma quinta parte daquele x. E depois, na campanha, arrecadamos só a metade da quinta parte do x. Tenho uma velha teoria sobre esse assunto. Quando se aproxima a campanha, começa-se pela mídia a dizer que ela será caríssima. É aí que começa a funcionar o mecanismo de torná-la cara. Não que a mídia tenha consciência disso, mas é ela que dispara o mecanismo. Aí vem a notícia de que o candidato tal vai gastar tanto, que o marketeiro cobra não sei quanto — e os números vão subindo. É um momento em que certos setores da sociedade ganham muito, porque se cria um clima de que é assim e tem que ser assim. Se fulano recebe x, o outro tem que receber x mais Delta y, e lá vai. Há uma espécie de endeusamento de certos profissionais. O político não está corrompendo, nem está sendo corrompido. É o mercado que está exigindo preços absurdos para a prestação de serviços profissionais. Por outro lado, toda vez que você tenta diminuir o período de campanha...

P - *O senhor acha que a duração é importante nisso?*

R - É básica. Diminuindo a duração, barateia-se a campanha. Se você diminuir o número de emissões de televisão, barateia. Todo mundo sabe que há uma curva de audiência nas campanhas. Essa curva começa baixa, depois sobe e, a partir de um certo momento, cai. Quanto mais se espicha a duração das emissões, mais se faz propaganda à toa. Todo mundo sabe também que muita exposição na televisão é fator negativo. Só os políticos resistem a entender isso. Há uma ilusão de que, ao aparecer na mídia, ganha-se. Não, a mídia pode também arruinar. Veja as discussões no Congresso. Muitos lá acham que é democrático ter muito tempo à disposição, e obrigar todo mundo a ver. São dois equívocos. Agora, o Congresso reduziu o período de campanha e o tempo de exposição. Isso barateia.[2]

P - *Também há o hábito de distribuir camisetas, bonés... Isso funciona?*

R - É outro tipo de propaganda inútil, com um custo que ninguém avaliou ainda. Papel, santinho, isso tudo, depois da mídia eletrônica, é de uma utilidade muito questionável. As batalhas de boca de urna — qual é o efeito delas? Não são feitas de má-fé, são uma tradição. Mas custam.

P - *O senhor seria capaz de citar o exemplo de um profissional de marketing que realmente foi decisivo? Sem o qual o candidato não teria ganho?*

R - Acho que no caso de São Paulo, na campanha do Pitta, houve muita competência. Na minha, para presidente, também.

2
A lei eleitoral aprovada em setembro de 1997 estabeleceu que a propaganda política gratuita no rádio e na televisão, relativa às eleições de 1998, terá a duração de 45 dias. Antes, o período de propaganda era de sessenta dias.

3
Celso Pitta (1946), economista e político nascido no Rio de Janeiro, com carreira em São Paulo. Prefeito de São Paulo desde 1997. A campanha eleitoral em que concorreu ao posto foi coordenada pelo publicitário Duda Mendonça. A campanha de Fernando Henrique Cardoso à Presidência foi coordenada pelo publicitário Nizan Guanaes.

4
Voto distrital misto é a fórmula como é conhecida, no Brasil, a mistura entre os sistemas majoritário e proporcional para a eleição dos deputados. Pelo sistema majoritário, divide-se o país em distritos e cada um deles elege um deputado — aquele que obtiver a maioria dos votos. Pelo sistema proporcional, várias candidaturas se apresentam, numa circunscrição maior (o Estado, no caso brasileiro), e as vagas no Parlamento são distribuídas proporcionalmente à votação que cada partido obteve. Nos Estados Unidos, vigora o sistema majoritário. No Brasil, o proporcional. Na Alemanha, vigora o sistema misto, pelo qual metade do Parlamento é eleita de forma majoritária, em distritos, e a outra metade de forma proporcional.

P - *Mas o decisivo não foi a popularidade do antecessor e padrinho de Pitta?*[3]

R - O marketeiro não faz você ganhar. Ele pode arruiná-lo, mas não faz ganhar. Você pode ganhar melhor, pode ter vantagens — mas as condições decisivas são as políticas.

P - *Ele é realmente necessário, esse profissional?*

R - Você precisa de alguém que lhe dê boas orientações no modo de falar, de se apresentar. Uma coisa extremamente perigosa são esses spots na televisão. Aí você vira sabonete mesmo. Sou contrário a isso. A melhor proposta que já vi foi do Mário Covas, há um tempo — fazer o candidato falar ou debater sem truques, expondo-se sozinho. Agora, a televisão tem uma linguagem diferente das outras. Como fazer campanha sem lançar mão dos instrumentos da televisão? É difícil. Em suma, não acho que o marketing ganhe eleição. O PT sempre fez campanhas muito boas, do ponto de vista do marketing, e nem sempre ganhou.

P - *Além de elevar o custo, o marketing não contribui para esvaziar o conteúdo da campanha? Sem debate, sem prioridade a uma boa exposição de idéias, os conteúdos virtualmente não desaparecem?*

R - Desaparecem. A campanha passa a ser uma espécie de galvanização de sensações. Se acha que o povo está querendo isso ou aquilo, o candidato emite esse ou aquele sinal. Agora, voltando à questão do financiamento, o melhor seria o financiamento público. Mas, para isso, teríamos que mudar o sistema eleitoral. Na Inglaterra, o custo da campanha é infinitamente mais baixo do que aqui ou nos Estados Unidos, por causa do sistema eleitoral. Entre outras razões, sou favorável ao voto distrital misto por isso.[4]

202

P - *Nos Estados Unidos, o sistema também é distrital e as campanhas são caras.*

R - Mas o deputado lá sai mais barato do que aqui, não tenha dúvida. O custo global da campanha é mais barato. Com o voto distrital misto, há menos candidatos e o eleitor pode saber o que está em jogo, além das pessoas. O primeiro passo para moralizar essa questão do custo das eleições seria mudar o sistema eleitoral. Depois, diminuir o tempo de campanha. Na Europa, são vinte dias. Com a mídia eletrônica, o povo acompanha tudo. Será que o povo não sabe quem é Lula, Brizola, Sarney, Itamar, Fernando Henrique? Sabe. Mesmo um candidato novo, o povo logo aprende quem é. Mas há uma confluência de interesses que acaba alongando as campanhas. Os candidatos e os partidos ficam aflitos e acham que precisam de tempo. A mídia gosta porque rende matéria, preenche o tempo. O pessoal do marketing político porque é a profissão deles. E os financiadores porque acham que assim os candidatos ficam na mão deles. A partir daí, imaginam-se números extraordinários. Houve um progresso, no Brasil, no sentido de que hoje se pode declarar o quanto se recebeu, e de quem se recebeu. Não tive um único problema com o financiamento da minha campanha eleitoral, não houve uma acusação...

P - *Houve acusações de que sua campanha foi muito cara.*

R - Isso é outra coisa. Não houve acusação de ilegalidade. Por quê? Porque havia um "livrão" em que se registrava quem pagou cada coisa. Está tudo lá. Havia uma regra, no passado, de que empresa não podia financiar. Ora, só quem tem dinheiro é empresa. Então, vivia-se uma farsa. A empresa financiava pelo caixa dois. Nesse sentido, houve um avanço. Na minha campanha, fiz questão de que declarassem o custo real. Por isso disseram que foi cara. Foram quarenta e poucos milhões de reais. Disse: "Vamos declarar o custo real da campanha, mesmo que seja muito. O outro vai dizer que gastou oito ou dez, mas é mentira". Se você disser ao país: "Vai custar 100 milhões e os que estão pagando são estes aqui", o país aceita. Se disser: "Vou gastar 10 milhões e estou tirando só destes", depois começam as denúncias e é pior. O financiamento público provocaria uma mudança de mentalidade muito grande. Mas há um problema: não se pode ter financiamento público enquanto não houver limites à criação de partidos. Ia-se começar a criar partidos para obter dinheiro. Para haver financiamento público, temos que ter outro sistema eleitoral e outro sistema partidário. Enquanto isso não acontece, o melhor é o que eu disse: transparência. Mostra-se quem deu e quanto.

P - *Falando de reforma eleitoral, o voto distrital não tornará o Congresso ainda mais paroquial do que já é?*

R - Tem que ser distrital misto.

P - *Mesmo misto.*

R - Mais paroquial? O presidente Clinton me disse que, no Congresso americano, há mais de cem parlamentares que nunca tiraram passaporte. E decidem sobre o mundo...

P - *Decidem sobre o mundo, mas com os olhos em sua circunscrição eleitoral...*

R - Tomam a decisão e acabou. Eles tomam decisões sobre política internacional via lei doméstica. Isso é um problema da democracia. Como a democracia é o governo da maioria, e como a maioria não tem interesse por problemas que não sejam os paroquiais, e talvez nem mesmo a formação para ir além deles, teremos sempre essa tensão.

P - *Aí entraria o papel dos partidos, que são frutos de uma tradição européia. Eles não existem exatamente para genera-*

lizar os problemas e combater a tendência a paroquializar a política?

R - Eis aí o *x* da questão. Você perguntou: "O voto distrital vai tornar o Congresso mais paroquial ainda?". Não acredito, porque, sendo misto, temos a lista dos partidos.[5] Você colocaria na lista os candidatos com interesse e vocação para as questões nacionais. Hoje não existe isso. Só por acaso uma pessoa com interesse pelas questões nacionais se elege. Já houve no Brasil uma regionalização do voto, uma distritalização no mau sentido. Há deputados que têm distrito eleitoral fechado. Como houve essa regionalização, o que acontece? O contrário do que uma parte da esquerda pensa. O sistema hoje funciona em detrimento das grandes massas urbanas. Os habitantes da cidade de São Paulo são representados por quantos deputados? Um, dois? Com o voto distrital, São Paulo vai ter, digamos, dez ou vinte distritos, talvez até mais, e vai eleger um deputado por distrito. Será que eles serão mais provincianos, mais paroquiais do que os eleitos pelo atual sistema?

P - *Pode-se garantir que as listas dos partidos, que elegerão a outra metade do Congresso, serão preenchidas por candidatos realmente atentos às questões nacionais?*

R - Aí há outra questão séria. A democracia representativa consolidou-se na Europa e nos Estados Unidos. E de maneira diferente, num e no outro caso. Nos Estados Unidos, prevaleceu o espírito da comunidade, da comuna. Da coesão, da religião. Até hoje é assim. Pesa mais a comuna do que a idéia geral. Fora alguns conceitos gerais, que grosso modo estão na Constituição, porque são consensuais, não há discussão sobre os grandes temas. Na Europa é o contrário. Há discussões sobre os grandes temas, e elas são feitas por meio dos partidos. O partido é o quê? Primeiro, é uma idéia, um valor, um conceito. Depois, ele agrega interesses. E depois, é uma organização. Nessa ordem: ele é uma

---

5

Pelo sistema de listas, adotado em grande parte dos países onde vigora a eleição de deputados pelo voto proporcional, em vez de se votar num candidato, individualmente, vota-se na lista apresentada pelos partidos, organizada pela ordem de preferência desse mesmo partido com relação a seus diferentes candidatos. Assim, o partido colocará no topo da lista os candidatos em cuja eleição tem mais interesse. Realizada a eleição, se o partido A obteve 10% dos votos — e supondo que estejam em jogo cem vagas de um Parlamento —, terá direito, de acordo com a proporcionalidade que rege o sistema, a dez vagas. Os eleitos serão então os dez primeiros nomes de sua lista.

idéia, agrega interesses e se organiza. E isso tudo precisa ser equilibrado. Se um partido tem muita idéia e se esquece da agregação de interesses, fica ideológico e se distancia das questões concretas. Se agrega muitos interesses, fica corporativo. E se dá muito peso à organização, a burocracia domina. Mas partido na Europa são essas três coisas, grosso modo. Classicamente, é assim. O primeiro elemento é a idéia. Você começa a separar os partidos pelas idéias.

P - *E nos Estados Unidos não é assim?*

R - Nos Estados Unidos nunca foi assim. A Constituição americana, grosso modo, resume as aspirações nacionais. Faz as vezes das idéias, que são as mesmas da Revolução Americana. A Revolução Americana ainda está aí. Por outro lado, como se trata de uma sociedade altamente mediatizada, a liderança — o ator — assumiu mais força do que a máquina e do que a idéia. No Brasil, como há ausência de idéias fortes, que discriminem os partidos, e a sociedade é mediatizada, estamos indo mais para o lado americano. A sociedade de massa projeta o líder e diminui a força do burocrata. Veja que no PT os mais ligados a estruturas de aparelho não queriam o Lula como candidato, mas tiveram de ceder. Por quê? Porque o Lula, nesse aspecto, é renovação. Ele, como tem liderança, pode se contrapor à burocracia do partido. No dia em que o PT optar por um candidato burocrata, o partido acaba. O que o salva é alguém que simbolize, e o Lula simboliza.

P - *Mas o Brasil não tem a base comunitária da sociedade americana.*

R - Não tem. Então, o que acontece? Esse jogo de espelhos, que é a luta política. Quer dizer, vai-se para o lado pessoal. Faltando essa base de comunalidade e faltando, por outro lado, uma distinção clara de idéias, de caminhos, ficamos na pobreza dos ataques pessoais.

P - *O sistema americano tem como característica importante ser bipartidário. Estaríamos caminhando também para isso?*

R - Não acho. Mas vejo uma tendência a diminuir, no Brasil, a pulverização dos últimos anos. Existem hoje, grosso modo, cinco partidos: o PMDB, o PSDB, o PFL, o PPB e o PT. Ao redor do PT há o PCdoB e o PSB e mesmo o PDT, e ao redor dos quatro primeiros o PTB. O PPS não chegou ainda a ter expressão. Então, o quadro está diminuindo. Mas não está ainda representando valor, conceito. Pode ser pretensão da minha parte, mas conceito, idéia, quem tem hoje somos nós.

P - *Nós quem — o governo ou o PSDB?*

R - O governo. Devo dizer com franqueza que o governo saiu do PSDB. Nossos economistas são todos do PSDB: o Bacha, o André, o Mendonça.[6] Pertencem todos a uma certa intelligentsia que girava em torno do antigo MDB e que foi para o PSDB. O programa do PSDB foi basicamente escrito pelo Serra e por mim, depois de discussões com o André, o Bacha, o Hélio Jaguaribe, o Bresser.[7] Foi um núcleo de idéias, de conceito. Não se move o mundo sem conceito. Se você voltar ao discurso do Mário Covas chamado "Choque de capitalismo", verá que as idéias gerais do atual governo estão lá.[8] Alguém disse: "Vocês estão fazendo o que o Collor fez". Não, antes do Collor já dizíamos isso.

P - *O PSDB não está repetindo uma velha trilha da política nacional: crescer e se desfigurar?*

R - Eu disse sempre o seguinte: o PSDB tem que ser o partido da convicção. O número não importa, o número nós obtemos fazendo alianças. Dizia isso cada vez que me traziam novos quadros do partido: "O partido tem que ser o partido da convicção". Convicção é vestir a camiseta do governo e brigar. Ou então se deixa o governo, não se candidata. Não se pode ficar na dúvida. Alguns se assustavam com qual-

---

6
Edmar Bacha: ver nota 7 do capítulo 5. André Lara Resende: ver nota 9 do capítulo 5. José Roberto Mendonça de Barros (1944), economista paulista. Secretário de Política Econômica do Ministério da Fazenda do início do governo Fernando Henrique Cardoso até abril de 1998, quando foi nomeado secretário executivo da Câmara do Comércio Exterior.

7
Hélio Jaguaribe: ver nota 22 do capítulo 6. Luís Carlos Bresser Pereira: ver nota 8 do capítulo 5.

8
Ao anunciar sua plataforma de candidato à Presidência da República, no dia 28 de junho de 1989, o então senador Mário Covas, falando no plenário do Senado, disse que o Brasil não precisava apenas de um choque fiscal. "Precisa, também, de um choque de capitalismo, um choque de livre iniciativa, sujeita a riscos e não apenas a prêmios." A expressão "choque de capitalismo" marcou a campanha de Covas, desde então.

quer grito da chamada esquerda. Não tinham convicção do que estávamos fazendo, sentiam vergonha. Não têm por que sentir vergonha do que estamos fazendo. Não têm que ficar se desculpando. Se estamos aliados a esse ou aquele, sabem a razão disso. Explico sempre a razão. O PSDB conseguiu chegar à Presidência da República e a vários governos não porque tinha número, mas porque tinha idéia. Num dado momento, o PSDB tentou ser majoritário no Congresso. Isso tem a ver com a dinâmica do Congresso, não com a do país ou a do governo.

P - *O Congresso tem outra dinâmica?*

R - Lá a questão é quem vai ganhar a Mesa, quem vai ser isso, quem vai ser aquilo. Precisa-se de número. Essa é uma tensão permanente. Os partidos querem ter influência no Congresso, e para isso é preciso ter número. Minha posição é mais fácil — posso ter número com os outros. Compreendo as razões deles, mas se o PSDB inchar, perde — não digo a eleição, mas perde, digamos, a capacidade propulsora. As lideranças mais responsáveis do PSDB partilham desse ponto de vista.

P - *O senhor diz que não há direita no Brasil. Não seria bom, para o senhor, ter uma direita?*

R - Não posso inventar a direita.

P - *Se o senhor tivesse uma oposição pela direita, isso não ajudaria a definir o quadro partidário e, também, a tornar mais clara a identidade de seu governo?*

R - Mas eles não são direita. Não têm o conceito, não adianta. Os partidos, do ponto de vista do conceito, são mais ou menos a mesma coisa. O PMDB tem tinturas mais nacionalistas. O PSDB mais social-democratas. O PPB, qual é a tintura? O PFL tem mais jeito de um partido de centro-direita,

208

mas quer ter cada vez mais uma coloração social. Além disso, é um partido que também nasceu no Estado. Costumo dizer que se devem fazer duas perguntas ao político brasileiro. A primeira é: ele sabe que existe mercado? Uma boa parte acha que o mercado depende do governo, e que o governo fabrica dinheiro. Segunda: ele sabe que o Estado não foi feito para seus amigos e familiares? Esse é o corte no Brasil. É um corte atrasado, e atravessa todos os partidos. Até posso me complicar politicamente com o que estou dizendo, mas muita gente no PFL não tem nada a ver com liberalismo. Porque nasceu no Estado, ou muito próximo do Estado.

P - *O PPB tem Roberto Campos e Delfim Netto. Eles não encarnam uma direita?* [9]

R - O Roberto Campos é um liberal. O Delfim não. No poder, não foi.

P - *Mas eles não encarnam uma direita?*

R - Mas qual é o significado disso, hoje, a não ser na nossa cabeça de intelectuais? Ou nas nossas cabeças formadas no passado? Estava lendo uma entrevista do Anthony Giddens.[10] Ele dizia que essa classificação de direita/esquerda atrapalha, porque sua proposta é o que ele chama de "centro-radical" — o novo Labour. Essas classificações à primeira vista parecem ajudar, pelo menos a nós, que temos noção dessas coisas. Parecem um previsor de comportamento. A direita é tipicamente mais autoritária, não é isso? Nem toda. Há um conservadorismo que não é autoritário. Ela é mais favorável ao mercado e, em tese, seria menos favorável à igualdade. Por outro lado, há pessoas consideradas "de esquerda", como Brizola, que vão para a televisão e defendem o Getúlio. Dizem: "Eu gosto do Getúlio de 54". Não, não. As idéias que ele está defendendo são do Getúlio do Estado Novo.[11] E por quê? Porque temos um autoritarismo de es-

---

9
Roberto Campos (1917), economista, diplomata e político nascido no Mato Grosso. Embaixador em Washington (1961-64) e Londres (1975-82). Ministro do Planejamento no governo Castelo Branco (1964-67). Senador pelo Mato Grosso (1983-91). Deputado pelo Rio de Janeiro desde 1991. Um dos principais defensores do liberalismo econômico no Brasil. Autor de A lanterna na popa — Memórias (1994). Delfim Netto: ver nota 1 do capítulo 5.

10
Anthony Giddens: ver nota 8 do capítulo 10.

11
Estado Novo: ver nota 3 do capítulo 11.

querda, que vem do bolchevismo... Brizola nunca foi bolchevista, nem coisa nenhuma, mas tem a idéia do Estado forte, que não era alheia à esquerda. Então, você encontra pessoas que querem o Estado forte de um lado e do outro do espectro. No Estado Novo, é claro que você tinha a direita. O Estado Novo era de direita, embora fosse populista e, no final, mais favorável aos trabalhadores.

P - *Tinha um componente fascista, também.*

R - Fascista também. Com atenção ao trabalhador, mas fascista. E com uma visão do Estado comandando tudo.

P - *Ser de direita não implica dar as costas aos trabalhadores. Mussolini tinha muita atenção para com eles.*

R - Não. A questão é a forma dessa relação com os trabalhadores, e isso passa pela noção de como se usa o Estado. Usa-se muitas vezes a autoridade do Estado sem dar atenção ao mercado. Muito freqüentemente a direita é antimercado. Roberto Campos, que você citou, é liberal. Mas ele é um dos poucos realmente liberais. Ele não tem essa visão autoritária.

P - *Mas trabalhou para o regime autoritário.*

R - Quase toda a nossa classe dominante se acomoda ao governo. Mas o que estou dizendo é que ninguém reivindica que o político se defina como de direita ou de esquerda. Seria bom que reivindicasse? Talvez até fosse — clareia —, mas ninguém está reivindicando. O eleitor não vota nos candidatos porque são de direita, ou passaram pelo regime de direita. Vota porque gosta deles, porque não sei o quê. Também não há esquerda, nas eleições. Ou você acha que o eleitor do Lula vota nele porque ele tem uma visão de esquerda? Vota no Lula por outras razões, porque simboliza o trabalhador, talvez — é um motivo.

P - *Qual a evolução que o senhor consideraria ideal, no que se refere ao quadro partidário?*

R - Gostaria que os partidos tivessem mais valores, idéias, conceito. Isso começaria se houvesse um diálogo entre o governo e a esquerda — a esquerda neste caso é o PT —, para cristalizar, para dizer onde está a diferença. Uma discussão que saísse da ideologia e viesse para o conteúdo, para as coisas práticas. Onde está a diferença? Se aqui há diferença, que votem contra. Mas, se não há diferença, que votem a favor. Se isso acontecesse, a direita se formaria. Porque ela não vai gostar de que o governo dialogue com a esquerda. É a única maneira de formar a direita. Eu não tenho com quem dialogar à direita. Com a direita não dialogo — ela adere. Como ela não tinha um projeto em marcha, somou-se a este que aqui está. Respeito o PFL. O PFL tem um projeto de partido e não aderiu — escolheu um caminho.

P - *De partido ou de poder?*

R - De poder, mas que passa pelo partido. Todo partido tem que ter um projeto de poder. O liberalismo não funciona no Brasil, nem vai funcionar. Por quê? Por causa da desigualdade. Ninguém vai acreditar que o mercado resolva, nem que, sem o Estado, a coisa avance. Não dá para haver um partido liberal puramente, e o PFL sabe disso. O PSDB, na minha cabeça, é um partido que sabe que o mercado existe mas acredita que o Estado tem que existir também, e que para ser mais eficiente tem que desinflar. Se o PSDB tiver essa convicção, e não só abstratamente, ganha um espaço. Qual? Tony Blair diz que o Labour é um partido de centro olhando para a esquerda.[12] O PSDB teria que se situar nesse mesmo espaço: no centro, olhando para a esquerda. No Brasil as pessoas têm horror de dizer que são de centro. Na verdade, numa sociedade moderna, ou você tem um forte bloco no centro ou um dos lados se impõe ao outro. Não tenho vergonha de dizer isso. O espaço do PSDB é no cen-

---

12
Tony Blair (1953), político britânico. Líder do Labour Party, ou Partido Trabalhista, e responsável por sua renovação ideológica. Primeiro-ministro desde maio de 1997.

tro, sim — olhando para a esquerda. E o PFL? Pode ser um partido de centro olhando para a direita. Agora, tem que haver uma esquerda e uma direita. A esquerda existe. A direita, não. Isso tudo pode soar muito abstrato. Estou dizendo como gostaria que fosse. Para isso, precisaria conversar com a esquerda, e a esquerda não quer conversa. Na medida em que não quer conversa, paradoxalmente, me fortalece. Não do jeito que eu queria, mas me fortalece, e anula a direita.

ADENDO: DIREITA, IGUALDADE E INCLUSÃO

20 / 11 / 97

P - *O senhor diz que não há direita, no Brasil.*

R - ...política.

P - *Mas há uma prática de direita, não há?*

R - Há. Há uma prática conservadora. Se você quiser chamar o atraso de direita, então a direita é enorme no Brasil. Na verdade, esquerda e direita já não significam progresso e atraso, porque há atraso na esquerda também. Mas há uma prática conservadora. Ela não é uma direita política, ela não formula valores de autoridade, não formula que os valores de mercado devem se sobrepor ao social. Não formula, nem acredita nisso. Agora, em termos, digamos, sociais, não tenha dúvida de que essa direita existe. É fisiológica e conservadora.

P - *O neoliberalismo é direita?*

R - Claro que sim. Por isso, fico sempre contra quando se diz que o governo é neoliberal. É um conservadorismo modernizado, que não tem compromisso fundamental com a mudança social. Com a mudança, sim, mas para reforçar o mercado, e não a igualdade. Não tem compromisso com a idéia de igualdade. E nem com a idéia de inclusão. São duas coisas diferentes. Nossa condição, no Brasil, não permite ainda diminuir de maneira significativa as desigualdades entre os grupos de renda. Mas é preciso incluir mais gente, nem que seja na camada mais baixa, e temos que aumentar o piso de renda. Mesmo que o teto suba, se subir o piso, alivia. São duas demandas. Uma de igualdade, outra de inclusão. Podem ir numa mesma direção, mas não são a mesma. A direita não está comprometida nem com uma, nem com outra. Há, aliás, mais horror à igualdade do que à inclusão. A direita é menos exclusionista e mais inigualitária.

P - *Quer dizer que, para aceitar a igualdade, vai demorar muito?*

R - Nosso problema ainda é tão fortemente a inclusão que a igualdade não aparece como eixo de separação política. E, na questão da inclusão, é mais fácil estar de acordo, pelo menos nas palavras. Ninguém vai ser a favor do analfabetismo, ou do desemprego, ou de que o pessoal fique sem terra. Quer dizer: sem terra já não sei, porque envolve a propriedade.

14

A FISIOLOGIA, A BUROCRACIA
E A ARTE DE NOMEAR

———

MINISTÉRIOS COMO PREÇO DO APOIO POLÍTICO — OS
PARTIDOS E A PARTICIPAÇÃO NO PODER — ONDE MANDA
O PSDB E ONDE MANDA O PFL — FISIOLOGIA — NOMEAÇÕES
POLÍTICAS E BUROCRACIA — VANTAGENS DO DAS — OS BONS
FUNCIONÁRIOS — PISTOLÃO E PROMOÇÃO DE DIPLOMATAS
— ESCOLAS DE SERVIÇO PÚBLICO — CONDIÇÕES PARA
AS NOMEAÇÕES POLÍTICAS — OS PARLAMENTARES
E O DOMÍNIO DOS ASSUNTOS

14 / 11 / 97

1
Os ministros da Justiça, Íris Resende, e dos Transportes, Eliseu Padilha, ambos do PMDB, foram nomeados, em maio de 1997, na seqüência de uma campanha desse partido em favor de maior participação nos altos cargos do governo.

Pergunta - *Funciona dar ministério para obter apoio dos partidos?*

Resposta - Não.

P - *Então, por que se faz? O senhor nomeou ministros do PMDB, por exemplo, para assegurar o apoio do partido.*[1]

R - Nesse caso, se eu não nomeasse, haveria uma desagregação. Agora, no geral, isso é uma ilusão. Porque, mal você nomeia alguém, o partido desse alguém esquece que ele é do partido. A pessoa nomeada acaba se solidarizando com o governo. Quando o governo tem liderança, ele é ministro não do partido, mas do presidente. Então, a sensação de insatisfação no Congresso continua: "Não fui atendido, nem pelo meu partido". O caso do PSDB é dramático. Há vários ministros do PSDB, e o PSDB sempre acha que não está no governo. Acha que o outro está mais. Quando se confere, percebe-se que o governo basicamente é do PSDB. Quer dizer, não do PSDB, de gente do PSDB. O governo é meu, e tenho compromisso com o programa. Mas quando ouço: "Ah, mas o PFL manda no governo", pergunto: "Onde?". Manda no Congresso, o que é outra coisa.

P - *Por que manda no Congresso?*

R - Porque tem líderes competentes, porque tem gente treinada, tem posição institucional. O PMDB também. Eles confundem governo com Congresso e, como há competição dentro do Congresso, dizem que o outro partido manda no governo. Pergunto: "Onde manda? Qual é o ministério que está sob o controle do partido tal ou qual e, estando sob esse controle, atua de maneira diferente da do governo?".

P - *Depender de um tão largo espectro de partidos não significa depender da fisiologia?*

R - Aí há muita confusão entre duas coisas diferentes. Em qualquer sistema político, os ganhadores têm um séquito. Há um conjunto de pessoas e de interesses com os quais, ao ganhar, você governa. E governar significa nomear, dar cargos. Isto está em Weber, não preciso ir longe.[2] Em qualquer lugar do mundo é assim. Ganhou o Labour, na Inglaterra, caem fora os conservadores e se nomeiam os do seu lado. Isso não se confunde com fisiologia. A fisiologia é diferente, e é difícil acabar com ela. O clientelismo está acabando, por um certo lado. A fisiologia é mais difícil.

P - *Colocar os seus e tirar os dos outros, quando se ganha a eleição, não é a "derrubada", como se dizia no Brasil?*

2
Max Weber: ver nota 10 do capítulo 4. Em Parlamentarismo e governo em uma Alemanha unificada (1918), Weber descreve o papel do séquito dos políticos na partilha do poder.

> 3
> *DAS é sigla de Direção de Assessoramento Superior, mecanismo pelo qual o governo federal remunera os detentores de cargos de confiança.*

R - Há uma derrubada. De formas distintas, há derrubada em toda parte. Na Europa, derruba-se menos do que se derrubava nos Estados Unidos ou do que se derruba aqui. Por quê? Porque as burocracias são mais estáveis, e o sistema é parlamentarista. As grandes armas que se têm para diminuir as pressões por nomeações são a reforma do Estado e a estruturação de carreiras. Quando cheguei ao governo tinha preconceito contra o chamado DAS, que é a possibilidade de trazer gente de fora para governar.[3] Só que, no Brasil de hoje, ou se tem isso, ou não se governa direito, porque dentro da burocracia, embora haja muita gente competente, não se têm quadros suficientes.

P - *O DAS abre a possibilidade de trazer pessoas de qualidade?*

R - De qualidade e que trazem idéias novas. É a maneira de se recrutar gente que não é funcionário, para participar da administração por um período. Se você estabilizar completamente a burocracia, também estiola a possibilidade de o governo inovar. Não quero diminuir — porque não acho justo — a capacidade da burocracia brasileira. Costuma-se ter dela uma visão equivocada. Há inchaço, há relapsos, mas há também muita gente com competência e dedicação. Se você percorrer essa Esplanada dos Ministérios, e não só ela, vai constatar que há gente que se mata de trabalhar, e não ganha bem. E há pessoas com competência técnica, também — no Banco Central, no Banco do Brasil, no Ministério do Planejamento, no Itamaraty, nas Forças Armadas. Por trás dos melhores há sempre escola. A chave é escola. Por que o Itamaraty funciona bem? Porque tem escola, tem o Rio Branco. O diplomata tem o Rio Branco a vida inteira. Devo dizer que ajudei a, digamos, completar o Itamaraty. Acabou a influência política na ascensão funcional...

A FISIOLOGIA, A BUROCRACIA E A ARTE DE NOMEAR

P - *O senhor se refere à interferência política na promoção dos diplomatas?*

R - Quando fui chanceler, me mandavam pedidos. Sempre houve isso. O Juscelino dizia que o momento mais difícil da vida dele era quando se aproximavam as promoções do Itamaraty, porque, como os diplomatas pertencem a uma elite burocrática e têm ligações com a política e a sociedade, os pedidos não param.[4] Depois que fui eleito presidente, quase não houve mais pedidos, porque logo que chegou um dos primeiros, um de meus assessores devolveu com uma cartinha dizendo que, se as pessoas eram competentes, não precisavam de padrinhos, pois certamente seriam promovidas. Respeitamos o critério de análise do próprio Itamaraty. É complicado, mas há um critério de ascensão. Para embaixador nomeio eu, mas com base numa lista, e geralmente respeito a lista. É preciso tomar cuidado, ter sempre uma janela aberta, porque o *inbreeding* é muito ruim, também. Pode levar a uma burocratização. Mas também é ruim a pressão de fora, ou seja: "Foi nomeado porque teve padrinho". Nas Forças Armadas também há critérios. Não se politiza a questão. Nem sei quem são as pessoas que promovo, nem os generais eu conheço. O caminho para se acabar com a fisiologia, ou, digamos, limitá-la, é dar mais força às carreiras.

P - *Além do Rio Branco e das escolas militares, que outras boas escolas se têm, para formar servidores públicos?*

R - Temos a Escola de Administração Pública. Já passaram por lá 15 mil pessoas, em cursos de treinamento, depois que entrei no governo. Há a Escola de Administração Fazendária, que prepara o pessoal da Fazenda. Temos que dar mais força a essas instituições, e isso leva tempo. Não se devem limitar tanto as nomeações quanto na Europa. Na Europa praticamente só se nomeia a cúpula. Aqui, vamos precisar sempre de mecanismos de vivificação do sistema. Temos

4
Juscelino Kubitschek de Oliveira (1902-76), político mineiro. Prefeito de Belo Horizonte (1940-46). Governador de Minas Gerais (1951-55). Presidente da República (1956-61).

5
Fundação Nacional da Saúde, Central de Medicamentos: ver nota 4 do capítulo 3.

que ir mudando as instituições. Tome o Ministério da Saúde. Vou diminuir, como já disse, a Fundação Nacional da Saúde, acabei com a Ceme.[5] Nesses órgãos, havia uma relação direta entre os grupos de interesse no Congresso e as nomeações. Estamos fazendo um grande esforço no INCRA para permitir nomeações cada vez mais técnicas. É difícil, as carreiras não estão constituídas, e não se corrige isso por decreto. Então, o que fazemos? Dizemos: "Tudo bem, vocês indicam, mas haverá uma triagem, sob dois critérios: o indicado tem que ser competente e tem que ser honesto".

P - *O senhor quer dizer que os políticos indicam?*

R - Com essas condições. A triagem pode até falhar, mas é feita. E quando se revela alguma desonestidade, demite-se sem outras considerações. A privatização também ajuda no combate ao fisiologismo, porque tira do butim político uma parte do Estado. Agora, às vezes há o legítimo interesse do deputado em ter influência. Aqui às vezes se confunde isso com práticas erradas. O deputado indica para ter influência, e isso não é errado, desde que o faça dentro desses dois critérios, honestidade e capacidade técnica. O deputado tem até mesmo o dever de lutar para colocar gente dele em certas áreas, se tiver uma política para aquela área, e se sua política for coincidente com a do governo. Ele aumenta com isso sua influência, e aumenta corretamente. Eu digo sempre: precisamos nos preocupar menos com os políticos e mais com as políticas. Essa é uma mudança da cabeça, difícil, mas com o tempo vai acontecer.

P - *Com a crescente especialização e abordagem técnica dos temas, não é difícil encontrar deputados que tenham políticas para esta ou aquela área?*

R - A linguagem do governo, hoje, é mais técnica. Muitas das leis que mando para o Congresso nem eu entendo. Alguém tem que me explicar. É natural que o congressista também não entenda, porque o Estado e a sociedade ficaram muito complexos, e exigem soluções técnicas. Então, a capacidade de influenciar em algumas áreas é pequena, no Congresso. Mas também me surpreende, positivamente, o fato de que cada vez há mais deputados com formação técnica, ou com interesse para estudar tecnicamente as questões. Vai se discutir, por exemplo, uma lei de águas, que é uma lei importante, mexe com a administração de bacias e o controle das águas, e há muita gente no Congresso que entende disso. Eles entram em diálogo direto com o Executivo — com o Ibama, com o Ministério do Meio Ambiente.[6] É um grupo pequeno, não é o conjunto do Congresso, mas não sou pessimista com relação à capacidade que o Congresso venha a ter de fazer frente a essas novas exigências. Vai levar mais dez ou vinte anos mas, se a sociedade continuar a progredir, isso vai acontecer. Como não temos partidos no sentido clássico, e as pessoas que se interessam por determinado problema são de partidos diversos, freqüentemente se forma uma solidariedade suprapartidária, em função dos temas.

P - *Isso não conduz ao corporativismo?*

R - Às vezes conduz e às vezes não. Há dois lados, que as pessoas também confundem. Pensam que tudo é corporativismo. Não é. Às vezes o interesse que se tem por um tema é autêntico. Outras vezes esse tema implica vantagens, e, portanto, pode haver um componente corporativo. Não acho que a defesa da corporação em si seja um veneno. Ela é um veneno quando é predominante, quando não há o valor, quando não há a política. Para evitar isso, há os partidos. Os partidos não podem virar lobbies. Têm que combater os lobbies. Eles podem até conter lobbies, mas desde que os submetam a suas idéias gerais. Veja o que ocorre no Congresso. No passado havia a frente nacionalista. Agora há a frente ruralista, a frente dos pequenos empresários, a frente

6
O Ibama é o Instituto Brasileiro do Meio Ambiente e dos Recursos Naturais Renováveis, órgão subordinado ao Ministério do Meio Ambiente, dos Recursos Hídricos e da Amazônia Legal.

dos municipalistas, a frente do não-sei-o-quê. Isso, em si, é normal, desde que os partidos tenham força para dizer: "Olhe, nesse caso seu interesse está contrariando o interesse geral. Os dois não se conciliam. Vou ficar com o interesse geral".

15

AS DEMANDAS DO CIDADÃO (UMA RESPOSTA A ALAIN TOURAINE)

RESPEITO E DESRESPEITO ÀS REGRAS — CRESCIMENTO
DAS DEMANDAS NA JUSTIÇA — A CIDADANIA MAIS ATIVA
— COBRANÇAS DE DIREITOS MAS INOBSERVÂNCIA
DE DEVERES — O PROBLEMA DAS ACUSAÇÕES GENÉRICAS

14 / 11 / 97

Pergunta - *Seu amigo e colega sociólogo Alain Touraine deu uma entrevista na televisão, recentemente, em que fez afirmações como: "O problema do Brasil não é nem econômico, nem social, é um problema de Estado de direito"; "É um problema jurídico"; "A impotência da autoridade para fazer valer as normas e a incapacidade de comportar-se de acordo com a lei"; "Não há respeito às regras do jogo e à democracia"; "É preciso recriar o liame social". Que comentários o senhor faria a isso?*[1]

Resposta - Ele disse a mesma coisa aqui, na última visita que nos fez. Ele ficou hospedado aqui por um tempo e conversamos muito, eu, ele e o Luciano Martins.[2] Uma parte do argumento é válida, mas ele não está percebendo a dinâmica do que está ocorrendo. Na minha opinião, é o oposto do que ele afirma. Nunca houve respeito às regras. Está começando a haver e, por isso, aparecem mais os desrespeitos. Ontem eu estava conversando com alguns ministros do Su-

[1] Alain Touraine: ver nota 13 do capítulo 4.
A entrevista em referência teve lugar no programa Roda Viva, *da TV Cultura de São Paulo, levado ao ar no dia 10 de novembro de 1997.*

[2] Luciano Martins: ver nota 8 do capítulo 1.

premo, e eles me disseram que, de 88 até agora, responderam a mais de mil ações diretas de inconstitucionalidade.
Quer dizer, o Congresso aprova uma lei, a parte atingida vai
ao Supremo e reclama que a lei não é constitucional. Então,
é o contrário do que o Touraine afirma. Existe fome de ju-
risdicidade. É até um exagero. Um dos ministros me disse:
"Caso se faça a soma dos tribunais constitucionais do mundo, provavelmente não se chegará a mil decisões, no mundo
todo, sobre a constitucionalidade das leis. Aqui, em menos
de dez anos, já há mil decisões dessa natureza". Está havendo no Brasil uma "jurisdicionalização" da relação social e
política.

P - *Isso não é uma velha mania nacional? Não é o bacharelismo de sempre?*

R - O bacharelismo estava aí para o governo e as classes dominantes. Agora, está aí em geral. Todo mundo recorre à
Justiça, e reclama que a Justiça é lenta — porque é lenta
mesmo — e que as leis são complicadas — porque são complicadas mesmo. Há todo um sistema de postergação de
decisões, que é mortal, é verdade. Mas hoje as pessoas recorrem de uma forma que antes era impossível, quer dizer,
recorrem do direito em si: "Vale ou não vale esta lei?". Antes, não havia nem condições legais para isso. Além disso,
há hoje uma cidadania mais ativa. Nunca foi tão ativa. Como é mais ativa, aponta mais fragilidades no cumprimento
da lei ou, pelo menos, no preenchimento das expectativas.
Gera expectativas novas e, muitas vezes, expectativas para
cujo atendimento faltam condições. Mas vejo isso como um
sinal positivo, e não negativo.

P - *O senhor não diria que hoje, ao mesmo tempo que há uma
grande demanda de direitos, não há a contrapartida da prestação dos deveres? Por exemplo: a sonegação continua grande.*

R - Não, não há. Vou lhe contar um pequeno caso. Outro dia o governador de Minas me contou que a irmã dele foi a uma loja e pediu uma nota fiscal.[3] A moça da loja respondeu: "Vou ver se esse cheque tem fundo". Quer dizer, pedir nota fiscal ainda é considerado uma quebra de normas tradicionais. E merece represália: antes de dar a nota, vai se ver se o cheque tem fundo. Uma das minhas filhas vive criando caso com esse negócio de nota fiscal. É verdade isso. Aliás, é o que se diz da Constituição de 88: ela deu direitos mas não obrigações. Outros contra-argumentam que constituições existem não para dar obrigações, mas direitos.

P - *Quem tem razão?*

R - Era para dar direitos no passado. As constituições eram para defender o povo da autoridade ou, mais ainda, defender os nobres do rei. Mas hoje não é assim. Hoje a noção de cidadania implicaria a reciprocidade. Por esse lado, o Touraine está certo: a relação social tem que ser respeitada. Tem que haver essa noção de *commitment*, de compromisso.

P - *Nos consultórios médicos e de dentistas, sonega-se abertamente.*

R - E perguntam: "Você quer x ou y?". Então, acho que isso é verdade...

P - *Estamos falando de sonegação, mas o desrespeito à lei existe em muitos outros setores.*

R - Só que não é novo, isso é velho. Estamos numa fase em que a demanda de cidadania se volta contra o Estado, contra o governo, mas o cidadão não pergunta a si mesmo qual a sua responsabilidade.

[3] *O governador de Minas Gerais é Eduardo Azevedo, eleito em 1995 pelo PSDB.*

4
A frase pertence ao discurso de posse do presidente americano John F. Kennedy (1917-63), em janeiro de 1961: "[...] não pergunte o que o seu país pode fazer por você — pergunte o que você pode fazer por seu país".

P - *Este seria talvez o ponto de Touraine.*

R - Isso é verdadeiro. Aqui todos perguntam ao governo e, se possível, ao presidente o que estão fazendo por eles, mas não perguntam, para citar aquela famosa frase do Kennedy, o que estão fazendo pelo país.[4] Nós ainda estamos na fase, digamos, de institucionalização da cidadania. De institucionalização da cultura cidadã. Ainda estamos num momento em que as demandas são genéricas, quando o exercício maior da cidadania, no mundo contemporâneo, é precisar aquilo que você deseja, até para poder assumir as responsabilidades no encaminhamento de seus desejos. Aqui, se diz: "Há muita fome no Brasil". Quando a demanda é genérica, não há solução, e também não há responsabilidades. Seria preciso indagar: "Onde está a fome? Em que região? Quantos são os famintos? O que dá para fazer?". Também se diz: "Há corrupção no país". Sim, mas onde? Por quê? Que medidas se devem tomar?

P - *De qualquer forma, não é melhor acusar, mesmo genericamente, do que não dizer nada?*

R -Acho que sim. Já foi pior. Antes o Estado de direito e as liberdades democráticas funcionavam para um pequeno grupo, para a elite, enquanto a imensa maioria ficava de fora. Hoje está havendo um alargamento do acesso às demandas de direito.

16

OS PARTIDOS E OS PRESIDENTES, DA UDN AO PT

O REGIME DE 46: PSD, UDN, PTB — DUTRA, GETÚLIO — MAIS ESTADO OU MAIS MERCADO?, EIS A QUESTÃO — JK E OS AUTOMÓVEIS — O MORALISMO DA UDN — OS PRESIDENTES COMO FORÇAS DISSOLVENTES DOS PARTIDOS — JÂNIO, JK — O BIPARTIDARISMO DO REGIME MILITAR — A CONSTITUINTE — O NAMORO COM LULA — A ATUAÇÃO DOS SINDICATOS — O PT ENTRE OS ASSALARIADOS E OS EXCLUÍDOS — "PENSAM QUE SOU O COLLOR" — POR QUE O PFL APOIOU — O PECADO DE TER DERROTADO LULA — O CONSENSO ARGENTINO — O PRESIDENTE COMO CENTRO DO PROCESSO — AS INSTITUIÇÕES E A CRISE DE COLLOR — LONGEVIDADE DO PARLAMENTO NO BRASIL

14 / 11 / 97

Pergunta - *Em alguma outra fase da história do Brasil o sistema partidário funcionou melhor? Digamos, na República de 46?*

Resposta - Houve ali o começo da formação de um regime mais à européia. Havia o PSD, que era o partido do Estado, mais do que qualquer outra coisa. A UDN, que era o partido, até certo ponto, liberal — em certas regiões também era do Estado e noutras era da classe média radicalizada. Havia o PDC e o PTB, que cresceram muito e tinham conceito — o PDC, bem ou mal, naquele momento representava a

1

A "República de 46" é o período democrático que, estendendo-se do fim da ditadura getulista do Estado Novo, em 1945, até o golpe que deu início ao regime militar, em 1964, foi regido pela Constituição de 1946. Todos fundados em 1945, os quatro primeiros partidos citados chamavam-se, por extenso, Partido Social-Democrático (PSD), União Democrática Nacional (UDN), Partido Democrata Cristão (PDC) e Partido Trabalhista Brasileiro (PTB). O Partido Comunista Brasileiro, fundado em 1922, conheceu entre 1945 e 1947 um breve período de legalidade.

2

Eurico Gaspar Dutra (1883-1974), militar nascido no Mato Grosso. Ministro da Guerra (1936-45). Presidente da República (1946-51). Getúlio Vargas: ver nota 6 do capítulo 1 e nota 7 do capítulo 12.

3

Tenentismo é o nome que se dá a vários movimentos insurrecionais ocorridos entre 1922 e 1930, protagonizados por jovens oficiais do Exército, de caráter nacionalista

---

idéia católica do solidarismo, e o PTB procurava lançar raízes nos trabalhadores, embora também muito atrelado ao Estado. E havia o Partido Comunista.[1] Não tínhamos ainda uma sociedade de massa, estávamos no começo desse processo. Era uma sociedade em que as estruturas tradicionais apresentavam-se mais estáveis e, portanto, os partidos eram mais representativos das classes, como ainda são os partidos chilenos, ou como eram os argentinos.

P - *Pode-se dizer então que o sistema partidário representava bem a sociedade?*

R - Não era perfeito. Havia um pouco mais de conceito, nos partidos, e um pouco de representação de classes. No tempo do Dutra, como havia uma maciça predominância do PSD e da UDN, os dois se diferenciavam por um conceito — um era Estado e o outro tendia a ser liberal. Logo em seguida veio o Getúlio, e o que fez?[2] Para realizar seu programa, ele somou. Chamou todo mundo, deixou de fora poucos. Getúlio governou um pouco parecido comigo. Mesmo assim, não deu. Foi acusado de tudo, e voltou um radicalismo antigo — o do tenentismo renovado, agora representado pela UDN.[3] Tinha-se uma visão. No fundo, ali se discutia o quê? Mais Estado ou mais mercado. Sem saber, eles discutiam isso: mais liberal ou mais estatal.

P - *Ganhou o "mais Estado".*

R - Naquele momento não tinha jeito. Tinha que ser mais Estado. Tanto que Getúlio ganhou e, depois dele, o Juscelino.[4] E o que fez o Juscelino? Continuou o programa do Getúlio, agregando um fator novo, que foram os investimentos estrangeiros. Houve a modernização do setor produtivo, mas sobre a base que Getúlio e Dutra haviam lançado — a base de petróleo, energia elétrica, portos. Juscelino agregou automóveis, enfim, o setor industrial mais moderno. Politicamente, ele tentou repetir o getulismo. Tentou cooptar o que pôde. A UDN foi refratária a isso, sempre na base moral, como já havia feito com Getúlio. A UDN pregava a limpeza, opunha-se a um governo dominado pela idéia de Estado e pelo clientelismo. Era muito mais isso do que propriamente uma oposição ao projeto de Brasil. Juscelino fez o que pôde para manter um leque amplo. O PTB colocou o Jango na chapa, ele tinha o PSD e, quando possível, atraía os comunistas também.[5]

P - *Pela descrição que o senhor faz, conclui-se que o quadro partidário muda à medida que se renovam os mandatos presidenciais. Os presidentes moldam o sistema partidário?*

R - Moldam. E sempre na mesma direção. Não na direção de contribuir para a formação de partidos que brigam por conceitos, que tenham uma disputa nesse nível.

P - *Os presidentes atuam então contra os partidos, contra a formação de partidos?*

R - Dissolvem os partidos.

P - *Sua Presidência está fazendo isso?*

R - Não creio. Vou voltar a isso. Depois, elege-se o Jânio, que representa o outro lado — o moralismo. O moralismo elege o presidente, mas não governa. Jânio se chocou com o Congresso e caiu — não vamos entrar nas razões da renúncia.[6] Caiu. A idéia que ele teve, idéia de Brasil, qual era? Nenhuma. O Jânio ficou como alguém que era contra — não teve idéias. Vem o Jango, e tenta reatar o getulismo, agora mais à esquerda. Fala de reformas, sente que tem que haver reformas — mas se choca com o moralismo udenista. O Jango imaginava fazer suas reformas tendo por base o Estado, não a sociedade civil. É curioso: quem representava a sociedade civil, que hoje é uma idéia de esquerda, era na época a UDN.

---

e renovador dos costumes, e voltados contra o poder das oligarquias e a corrupção eleitoral dominantes na chamada República Velha (1889-1930).

4
Juscelino Kubitschek: ver nota 4 do capítulo 14.

5
João ("Jango") Goulart (1919-76), político gaúcho. Ministro do Trabalho (1953-54) no governo Getúlio Vargas. Vice-presidente nas gestões de Juscelino Kubitschek (1956-61) e Jânio Quadros (janeiro-agosto de 1961). Presidente da República em razão da renúncia de Jânio, até ser deposto pelo golpe militar de 31 de março de 1964.

6
Jânio Quadros: ver nota 6 do capítulo 3.

O PRESIDENTE SEGUNDO O SOCIÓLOGO

7
Por meio do Ato Institucional nº 2, baixado pelo regime militar em outubro de 1965, foram extintos os partidos políticos então existentes. O Ato Suplementar nº 4, no mês seguinte, criou regras tão estritas para a formação de novos partidos que, como desejava o regime, só surgiram dois — a Aliança Renovadora Nacional (Arena), governista, e o Movimento Democrático Brasileiro (MDB), de oposição.

8
Francisco Weffort: ver nota 4 do capítulo 1. Francisco de Oliveira (1933), sociólogo pernambucano, professor da Universidade de São Paulo. Autor de Economia brasileira — Crítica à razão dualista *(1981),* O elo perdido — Classe e identidade de classe *(1987).*

9
Tancredo Neves: ver nota 5 do capítulo 9. José Sarney: ver nota 2 do capítulo 5.

10
A última Assembléia Nacional Constituinte foi convocada e eleita em 1986, reunindo-se durante o ano de 1987 e promulgando, em 31 de agosto de 1988, a atual Constituição brasileira.

P - *Ela era porta-voz da sociedade urbana, que era muito pequena.*

R - Era pequena. E também depende de que UDN. A do Nordeste era diferente. Essa de que estamos falando é a do Rio, de São Paulo, de Minas — a que dava o tom. Vêm os militares, depois disso. Implantam outro sistema, de dois partidos, mas havia uma diferença de conceito entre eles.[7] Democracia ou não? Mais ou menos? A briga foi essa. Começou a haver outra briga também, conduzida pelo MDB antigo — o MDB antigo estava cheio de esquerda —, que era a briga pelo social e a distribuição de renda. O programa de campanha de 74 do MDB, fui eu quem fez, com o Weffort, o Chico Oliveira.[8] Nós introduzimos nesses programas o índio, o negro, a mulher, enfim, demos a coloração, digamos, da nova democracia. Mas o sistema bipartidário era forçado, e tinha que acabar. Acabou. Se o Tancredo tivesse governado, o que ia fazer? A mesma coisa que Getúlio: agregar. Sarney tentou e não conseguiu. Ele não tinha, realmente, o partido majoritário com ele.[9]

P - *E tinha a Constituinte como concorrente.*[10]

R - A Constituição de 88 foi escrita sob duas pressões grandes: a defesa do povo contra a inflação, por um lado, e, por outro, a reivindicação de direitos como previdência, aposentadoria.

P - *Medidas que, hoje, são consideradas contraditórias.*

R - Exatamente. Por que se tem tanta dificuldade em reformas como a da previdência? Porque as pessoas continuam pensando num quadro inflacionário. Por outro lado, essa questão dos direitos era o pavor do regime autoritário e nesse ponto fomos muito bem. Demos todos os direitos possíveis e imagináveis à cidadania. Mas nós estávamos num momento em que a globalização não era percebida pela maioria.

228

A visão ainda era a do Getúlio, autárquica. A UDN era contra essa autarquia por razões de liberalismo abstrato. O Juscelino, por razões concretas, fez uma ligação com o sistema produtivo mundial. Nós, quando fizemos a Constituição de 88, nós que dirigíamos o processo, com idéias e lideranças, não tínhamos ainda a visão clara.

P - *Costuma-se dizer que a Constituição seria diferente se tivesse sido elaborada depois da queda do Muro de Berlim. É verdade?*

R - É verdade. Não pelo Muro, mas pela globalização. Fiz um discurso no Senado em que propunha a inserção soberana — insisti na palavra *soberana* — do Brasil no mercado internacional. Fui atacado de todo lado. Tive que ir com o Severo Gomes à UnB me explicar numa reunião de professores.[11] Como é que se falava em inserção no mercado internacional? Ressalvei que era soberana, mas mesmo assim a idéia não era de inserção no mercado internacional. A idéia era de mercado interno. Era outro mundo.

P - *Mercado internacional era imperialismo.*

R - Era imperialismo. Invoquei o então dirigente do Partido Comunista Italiano, hoje ministro do Interior na Itália, Giorgio Napolitano.[12] Numa visita ao Brasil, ele deu uma entrevista que usei abundantemente, como álibi. Eu dizia, citando Napolitano: "O problema não é se a economia vai ser internacionalizada. É se eles vão nos internacionalizar ou se nós nos internacionalizaremos". Isso ainda é verdadeiro. O problema não é saber quem é globalizado ou não. É se vamos ser vítimas cegas da globalização ou se teremos uma política para a globalização. Quando houve a eleição em que o Mário Covas competiu, participei da formulação do discurso sobre o "choque de capitalismo". As idéias já estavam bastante mais claras, mas durante a Constituinte não era assim. Nós hesitávamos muito. Lembro-me de mim e

11
Severo Gomes (1924-92), industrial e político paulista. Senador (1983-89). UnB é sigla de Universidade de Brasília.

12
Giorgio Napolitano (1925), político italiano. Ocupou altos cargos de direção no Partido Comunista Italiano, sempre defendendo posições renovadoras, e foi um dos líderes de sua transformação em Partido Democrático de Esquerda. É ministro do Interior da Itália desde maio de 1996.

13
José Serra: ver nota 5 do capítulo 5.

14
"Serjão" é Sérgio Motta: ver nota 3 do capítulo 3.

15
Ibiúna: ver nota 44 do capítulo 4.
Ulysses Guimarães: ver nota 44 do capítulo 4.
Luís Inácio Lula da Silva: ver nota 30 do capítulo 5.
Airton Soares (1945), advogado e político paulista. Deputado federal de 1975 a 1987.

do Serra desesperados, sem saber que posição tomar diante do que vinha como reivindicação da esquerda e da direita.[13] As duas nos pareciam às vezes equivocadas. Outras vezes o outro lado parecia mais certo. Politicamente, era um *non-sequitur*. Não havia horizonte. O horizonte não estava aberto ainda.

P - *E o quadro partidário já era outro.*

R - O MDB era um partido *omnibus* — foi o que eu disse. Agora me põem "ônibus" e eu fico desesperado. Serjão disse que o PSDB vai virar ônibus.[14] Eu disse *omnibus*, em latim: de todos. Quando o PT surgiu, houve uma discussão interessante. Surgiu também a possibilidade de um partido europeu, do tipo europeu. Escrevi, na época, que ele vinha velho. Não achava que era esse o passo seguinte. Eu falava de partido de assalariados na época, contra o partido dos trabalhadores. A idéia de partido dos trabalhadores é uma idéia antiga, e é um partido que vem — não usei essas palavras, mas é isso — com uma noção fundamentalista, salvacionista. O "partido da classe operária" é o partido que vai revigorar o mundo. Queira ou não, contém um germe de autoritarismo, porque ele é que é bom, os outros todos são ruins. Eu falava de partidos dos assalariados. Tentava, inclusive, fazer do MDB esse partido.

P - *Muitos de seus antigos companheiros foram para o PT.*

R - Eu fiquei no MDB, de assalariados. Aí há erros nossos. Um dia estava em Ibiúna na minha casa de campo, uma chuva danada, e tinha um encontro no meu apartamento, em São Paulo, com o Ulysses Guimarães, o Lula e o Airton Soares.[15] Eu morava na rua Joaquim Eugênio de Lima nessa época. O Airton estava tentando convencer o Lula a entrar no MDB. Ele seria o chefe do Departamento Sindical do MDB. Lembro-me disso porque, vindo de Ibiúna, furou o pneu do meu carro. Chovia muito. Deixei o carro parado,

230

pedi carona e fui de carona para casa. Quando cheguei, eles já estavam lá, conversando. Eu estava entusiasmado com a idéia. Achava melhor, naquela altura, que o Lula viesse para o MDB. Eu era suplente de senador, havia sido apoiado pelo Lula. Mas a reação do Ulysses foi fria.

P - *Por quê?*

R - Porque na cabeça do Ulysses não entrava o sindicato ainda, a importância do sindicato, nem a importância de ter uma pessoa como Lula. Ulysses achava que sindicato não tinha muito a ver com partido. O Airton queria e eu também. Bem, depois, o Lula foi para o PT. Ele não fundou o PT. Quem fundou o PT foi Benedito Marcílio, que era líder do Sindicato dos Metalúrgicos de Santo André e deputado federal.[16] Houve uma convenção de metalúrgicos em Lins, no interior de São Paulo, e lá eles criaram o PT, sob a influência do que veio a ser depois a Convergência Socialista.[17] O Lula não estava nisso. O Lula entrou porque competia com Benedito Marcílio, que era o líder maior na região. Pode verificar: o Lula entrou para o PT, porque não podia deixar o espaço para o Benedito Marcílio.

P - *Antes da fundação do PT tinha havido articulações em São Bernardo.*

R - Nós tínhamos feito o encontro de São Bernardo. Participaram o Lula, Almino, Plínio Sampaio, vários.[18] Veio o pessoal do MDB — o pessoal comunista do MDB, o pessoal nacionalista... Queríamos fazer um partido já naquela altura, mas um partido mais amplo do que o da classe trabalhadora. O Lula não tinha ainda a idéia do partido dos trabalhadores. Ele também se opunha fortemente a que trouxéssemos para o encontro o pessoal mais ligado à Igreja. O secretário direto do Lula era o Alemão, militante de uma organização de esquerda.[19] A visão do Lula naquela altura era muito mais próxima do *trade union*, do sindicato,

16
Benedito Marcílio Alves da Silva (1938), sindicalista e político paulista. Presidente do Sindicato dos Metalúrgicos de Santo André na década de 70. Deputado federal (1979-83).

17
A convenção referida é o IX Congresso dos Trabalhadores nas Indústrias Metalúrgicas, Mecânicas e de Material Elétrico do Estado de São Paulo, realizado em Lins em janeiro de 1979. Aí, foi aprovada uma resolução que, ao conclamar os trabalhadores a formar um partido político, lançou oficialmente a idéia do que viria a ser o PT. A Convergência Socialista é um grupo esquerdista de inspiração trotzkista. Integrou o PT até 1992, quando foi expulso do partido. No ano seguinte formou, com outras correntes, o Partido Socialista dos Trabalhadores-Unificado, PSTU.

18
Almino Afonso (1929), advogado e político nascido no Amazonas. Deputado federal por seu estado (1959-64), cassado pelo regime militar. Ministro do Trabalho (1963) no governo João Goulart. Deputado federal por São Paulo desde 1991.

Plínio de Arruda Sampaio (1930), advogado e político paulista. Deputado federal pelo Partido Democrata Cristão (1963-64), cassado pelo regime militar. Deputado federal pelo PT (1987-91). O encontro de São Bernardo, reunindo sindicalistas, parlamentares e intelectuais em busca de um terreno comum para o lançamento de uma agremiação partidária, realizou-se em junho de 1979.

19
Enilson Simões de Moura, o "Alemão" (1948), sindicalista nascido em Minas Gerais, com atuação em São Paulo. Era militante do Movimento Revolucionário 8 de Outubro, MR-8, no período aludido. Presidente do Sindicato dos Trabalhadores em Centrais de Abastecimento de São Paulo na década de 80. Secretário-geral da Força Sindical entre 1991 e 1996.

20
Almir Pazzianotto Pinto (1936), advogado e político paulista. Deputado estadual em São Paulo (1977-83). Ministro do Trabalho (1985-88) no governo José Sarney. Ministro do Tribunal Superior do Trabalho desde 1988.

da classe operária. Não do partido da classe operária, mas da classe operária. Ele não gostava de políticos. Então o encontro em São Bernardo não funcionou. O Lula acabou indo para o PT, e muitos dos meus amigos também foram, inclusive muitos que não estavam tão próximos das lutas do sindicalismo de São Bernardo quanto eu estava. Participei todo o tempo das greves. Estive lá com o Lula muitas vezes. Estava junto dele, quando foi cassado.

P - *Como o senhor descreve o papel dos sindicatos, nessa época?*

R - Os militares fizeram um grave erro de avaliação: acharam que os sindicatos não teriam peso político. Eles esvaziaram a ação política dos sindicatos, mas deixaram que eles crescessem, como força reivindicativa. E, como força reivindicativa, eles começaram a ganhar causas. A respeito desse assunto, acho que nunca ninguém avaliou suficientemente o papel dos advogados, e do Almir Pazzianotto em particular.[20] Assisti a uma primeira vitória junto com o Almir Pazzianotto. Ele tinha me pedido para assistir a um julgamento no tribunal, durante uma greve em São Bernardo, e eu fui. Foi a primeira vitória importante dos trabalhadores. Do tribunal fomos nos encontrar com o Lula, que estava reunido com os grevistas. O Lula queria acabar com a greve, e não conseguia. No final, saiu gritando pela greve. Depois, no carro, conosco, disse: "E agora, o que fazemos?".

P - *Por que o senhor acha tão importante o papel dos advogados?*

R - Os advogados tiveram um papel muito ativo, porque deram aos sindicatos uma base de reivindicação de direitos. Com isso os sindicatos cresceram e ganharam prestígio. Como os sindicatos tinham recursos, faziam também o assistencialismo. O assistencialismo não foi mau, foi bom, porque forneceu a base a partir da qual se deu a politização. O Lula passou por essas fases todas. Passou da fase dos sindicatos reivindicacionistas, trabalhistas, para a fase da politização dos sindicatos, até chegar ao partido. Na hora em que chegou ao partido, achei que era estreito, e não fui.

P - *Também já não surgia na época a questão das alianças?*

R - Sim, havia discordâncias em torno da idéia de alianças, a que sempre fui favorável. Não é coisa de agora, sempre fui favorável. Os comunistas foram contra o PT pelas mesmas razões. Eu achava que um partido com uma visão de classe, numa sociedade de massa, não galvanizaria. Depois o PT sofreu transformações. Levou todo mundo que era de inspiração leninista ou trotzkista para dentro. Entraram por outro lado os católicos da teologia da libertação, que não têm essa visão de classe. No fundo, o enraizamento do PT foi muito mais pela Igreja do que pelos grupos de esquerda. Por isso, virou partido dos excluídos. Aproximou-se do MST, entrou mais por essa linha. Não se transformou no partido dos assalariados do jeito que eu queria — os assalariados modernos. Tornou-se o partido dos não-assalariados — os excluídos — e dos sindicatos. Ultimamente, perdeu força na área sindical e está perdendo eleitoralmente. Está ganhando na área dos excluídos, até certo ponto, e na do funcionalismo.

P - *O senhor diz que, quando surgiu, o PT parecia um partido do tipo europeu. Não parece mais?*

R - O PT foi — e é — uma semente de possibilidade européia no Brasil. Por isso, os europeus apóiam tanto o PT. É mais fácil para o europeu compreender o PT do que os outros partidos do Brasil. O PSDB, se continuar um partido de convicção, dá para entender. O Labour entende. O socialismo português entende. Os espanhóis entendem. Mas o PT é mais facilmente inteligível porque é um partido de idéias. Nasceu com conceito — só que o conceito ficou meio capenga. Com a queda do Muro, qual a proposta? Nunca con-

21
Fernando Collor de Mello: ver nota 6 do capítulo 3.

seguem dizer. É socialista ou não? Se é, que socialismo? Se não é socialista, qual a proposta para a sociedade que aí está? A enrascada do PT não tem a ver com o que foi, na origem, mas naquilo em que se transformou. Ele ficou melhor do que eu imaginava, em termos de estrutura partidária — ficou mais aberto, não virou facção —, e pior do ponto de vista de proposta. O que havia de inovador, no PT e no Lula, foi esmorecendo por força do corporativismo burocrático.

P - *Como o senhor avalia a posição do PT com relação ao seu governo?*

R - O PT tinha que dialogar com o meu governo, mas pensa que sou o Collor.[21] O PCdoB nem se fala — tem certeza de que sou. Estão errados. Primeiro, não tenho os problemas do Collor no plano de comportamento. E, segundo, minha visão não é a dele. Aliás, não sei se ele tinha uma visão mais consistente. Por falta de proposta, eles personalizam. Falam mal de mim. Isso é uma besteira. Tinham que discutir qual é o caminho, não para aderir, mas para apresentar uma alternativa. Já disse isso a alguns deles: vocês só terão alternativas se baixarem para o nível do processo histórico. E o processo histórico é a discussão dos temas que estão postos. Se a resposta é genérica, é vaga, o país não vai lhes dar um cheque em branco. Na hora de a onça beber água, não se põe no comando alguém que não tem o que dizer.

P - *Não puseram o Collor?*

R - Puseram o Collor, mas, primeiro, ele tinha algo a dizer — veja seu discurso de posse no Congresso — e, segundo, ele foi eleito para dizer "não", e não para dizer "sim". O Collor se elegeu para dizer não ao Lula, não para dizer sim a alguma coisa. Hoje, não é essa a situação. Qualquer um de nós é destrutível politicamente. Perder a eleição é uma possibilidade. Mas não se perde à toa. Não se perde se as forças do outro não se agruparem para derrotá-lo. E as forças a que me refiro não são o Congresso, não são sequer só a massa. São um conjunto de grupos, interesses e visões que propõem um caminho. Qual é o caminho que eles propõem?

P - *Sua candidatura não pegou um resquício dessa aglutinação anti-Lula?*

R - Pegou.

P - *Nesse sentido repetiu um pouco a candidatura do Collor. Suas alianças pela direita seriam possíveis sem a ameaça do Lula?*

R - O PFL não foi por aí. O PFL achou que eu ia ganhar, mas também escolheu um caminho. Comigo, essa sensação de ameaça do Lula já não houve.

P - *Mesmo antes do Real?*

R - Antes de junho? Não, aí havia vários candidatos — o Quércia, o Brizola.[22] Se o Real não funcionasse, não ficariam comigo. Lá por abril, maio, não estavam todos comigo. Estava o PFL — os outros não. Depois, vieram, porque eu ia ganhar. Agora, uma das dificuldades que tenho é que derrotei o Lula e, como o Lula é símbolo, isso complica tudo na negociação à esquerda. É até uma coisa inconsciente. Como é possível derrotar o Lula? O pessoal não traga isso. Precisam achar que sou mau, porque derrotei o Lula, que é bom. Isso dificulta o avanço do diálogo.

P - *Retomando uma questão que ficou para trás — seu governo não está dissolvendo os partidos, como outros no passado?*

22
Orestes Quércia (1938), político paulista. Senador (1975-83). Governador de São Paulo (1987-91). Em 1989, foi candidato a presidente da República pelo PMDB. Leonel Brizola: ver nota 6 do capítulo 10. Em 1989, foi candidato a presidente da República pelo Partido Democrático Trabalhista (PDT).

23
O Partido Justicialista é a agremiação que, fundada pelo ex-presidente Juan Domingo Perón, representa a herança peronista na Argentina. De tradição nacionalista, trabalhista e populista, o partido, sob a liderança do presidente Carlos Menem, comprometeu-se no entanto com reformas marcadamente voltadas para o mercado e a abertura da economia ao exterior.

R - Não. A melhor maneira de destruir os outros partidos é fortalecer o seu próprio. Não fiz isso. Não me faltaram propostas de fazer um partidão.

P - *Existe outra maneira: dissolvê-los numa massa informe de apoio ao governo.*

R - Pode ser. Mas não estou destruindo alguma coisa. Estou construindo. Não estou impedindo que haja uma visão alternativa. É que não aparece. Achava, e continuo achando, que o melhor para o Brasil será realmente um sistema de partidos. Não vejo democracia sem partido. Mas não acho que nossos partidos venham a funcionar como os europeus, já disse por quê. E também não acho que venhamos a ter uma situação exatamente americana, porque não temos os consensos básicos que eles têm. Os argentinos sim. Os argentinos vão ficar cada vez mais americanos. O fato de o justicialismo ter feito as reformas que fez é fantástico. E o fato de a oposição dizer que está de acordo é fantástico.[23] A Argentina está mais homogênea, nesse sentido, mais sociedade de massa americana. Quanto à sua pergunta, construir partido ou destruir partido, não há um ato meu de destruição de partidos. Peço apoio aos partidos, o que é diferente. Não estou destruindo o PMDB, nem o PSDB, nem o PT. Não há um ato meu na direção de dissolver esses partidos. Acho que é preciso deixar que os partidos evoluam.

P - *Eles não perdem identidade, diluindo-se numa coalizão enorme?*

R - Por que me referi a esses presidentes todos que, quaisquer que fossem suas visões, acabaram fazendo coalizões? Você não faz a coalizão porque quer. Os que não fizeram, viraram ditadores ou caíram. Você faz porque precisa de apoio no Congresso e porque há uma diversidade regional e social tão grande no Brasil, uma tão grande heterogeneidade da sociedade, que dificilmente, com um só partido —

e quanto mais esse partido for nítido, pior —, consegue-se agregar. Isso é bom? É ruim? Não sei. É assim. Aqui entra a questão que você colocou. Como o nosso sistema político é um pouco gelatinoso, inorgânico, para usar a expressão gramsciana, o governo, o Executivo, é que é o eixo.[24] Não é o partido. Quando o Tony Blair vai para o governo, é o Labour que está indo.[25] O Tony Blair vai junto. O partido é o eixo. Aqui não. Isso tem uma conseqüência que dificulta o diálogo, porque a oposição é a mim, e não ao meu partido. Eles gritam contra mim, não contra o PSDB. Personalizam.

P - *O presidente é o centro do processo?*

R - Inclusive no caso de falhar. Num processo político mais maduro, como nos Estados Unidos ou outros países, se o presidente eleito não for bom, não for competente, conta com anteparos que lhe permitem governar. Aqui é mais difícil. Se o sujeito não tem as rédeas, não tem vontade, não tem idéias, fica tudo solto e ele não governa. Fica ao deus-dará. O ideal é que haja essas estruturas que sirvam de anteparo. No que depender de mim, continuarei ajudando na formação de partidos, não há outra saída. Primeiro, porque é melhor para quem está no governo ter anteparos. Segundo, porque se evitam tragédias. Evita-se que se vá para um beco sem saída.

P - *Sem esses anteparos, como conseguimos superar a crise do impeachment de Collor?*

R - A crise do Collor foi muito ilustrativa de como as coisas funcionam no Brasil. Veja: o Collor se elege, tinha qualidades de líder — pelo menos de ator. Agregou primeiro. Depois, desagregou. Por que fomos capazes de passar por um teste difícil de desagregação? Aí entra o Congresso, o Supremo Tribunal, a imprensa. As instituições. Elas já são fortes. É curioso, do ponto de vista de teoria política, como, no nosso caso, os partidos não são fortes mas a insti-

24
Gramsciano *é adjetivo referente a Antonio Gramsci (ver nota 5 do capítulo 7), que tinha nos conceitos de "orgânico" e "inorgânico" valores fundamentais para sua doutrina política.*

25
Tony Blair, Labour: ver nota 12 do capítulo 13.

26
O primeiro Parlamento brasileiro foi a Assembléia Constituinte de 1823, convocada por d. Pedro I. O próprio Pedro I a fecharia, seis meses depois. Também fecharam o Congresso o marechal Deodoro da Fonseca, em 1889 e em 1891, e Getúlio Vargas, em 1930 e em 1937. No regime militar, o Congresso foi fechado por Castelo Branco, entre 20 de outubro e 23 de novembro de 1964; Costa e Silva, entre 13 de dezembro de 1968 e 22 de outubro de 1969, e Ernesto Geisel, entre 1º e 15 de abril de 1977.

tuição congressual sim. Não prestamos atenção, mas o Parlamento brasileiro é um dos mais antigos do mundo, e de funcionamento contínuo — com algumas poucas interrupções. Mesmo no regime militar, e meio faz-de-conta, mesmo assim funcionou. Funciona desde 1823.[26]

P - *Sendo que na Colônia já havia câmaras municipais, o que não deixa de ser uma tradição parlamentar.*

R - Isso é engraçado. Não temos partidos, mas temos parlamentares — homens com capacidade de negociação, que passam por um partido, passam por outro mas têm um espírito cívico capaz de brotar em horas críticas. Com olho europeu não dá para entender isso. Não sou negativo, em minha visão do Congresso. Vivi lá muitos anos. Nós, paulistas, como estamos muito longe do Estado, não gostamos do Estado — e nem do Congresso. Temos uma visão distorcida. Vejo pelos meus amigos, em minha casa. É uma visão que piora o Parlamento.

P - *Como funciona, esse espírito cívico que o senhor detecta em certas horas?*

R - Sempre, no Congresso, há aquilo que o Sarney chama de "colégio dos cardeais". Não são, necessariamente, os líderes. São dez pessoas de vários partidos que conduzem a instituição. Isso é que, apesar da fluidez do sistema partidário, permite ao Congresso decidir. Veja o que aconteceu quando da crise asiática. O Congresso decidiu, de maneira rapidíssima, uma porção de assuntos que estavam lá havia tempos. Por quê? Porque sentiu no ar o seguinte: "Agora, está em jogo mais do que o partido e o presidente". Mesmo a oposição, apesar de votar contra, sentiu que não podia ir além de certo ponto, porque a situação era grave e havia interesses maiores em jogo.

17

REFORMAS POLÍTICAS

FIDELIDADE PARTIDÁRIA — BARREIRAS PARA A ASCENSÃO AO
PARLAMENTO — OS PARTIDOS E AS IDÉIAS — SISTEMA
ELEITORAL — O CASO DO PT — OS PARTIDOS NÃO
CONTROLAM A SOCIEDADE — POR QUE A REFORMA POLÍTICA
NÃO SE CONCRETIZOU — QUANDO SE CONCRETIZARÁ
— A LENTIDÃO DO PROCESSO REFORMISTA — O VOTO
DISTRITAL E OS PARTIDOS PEQUENOS — QUESTÕES
NACIONAIS E QUESTÕES LOCAIS — PARLAMENTARISMO
E PRESIDENCIALISMO — O RITMO DO CONGRESSO
— A EMENDA DA REELEIÇÃO

17 / 11 / 97

Pergunta - *Quais seriam as reformas políticas mais importantes?*

Resposta - A do sistema eleitoral, introduzindo-se o voto distrital misto, e a fidelidade partidária. Acho que temos que fazer essas duas mudanças, pelo menos.

P - *A fidelidade partidária tem duas faces. Uma é a proibição de mudar de partido, ou algum tipo de restrição a que se mude com a facilidade de hoje. A outra é abrir caminho para que as bancadas fechem questão em determinadas votações. A qual das duas o senhor se refere?*

R - Às duas. Há uma questão de princípio que complica as restrições à mudança de partido, que é o fato de que o mandato é do povo. Na nossa tradição não se pode excluir o deputado da Câmara porque mudou de partido. O que dá para fazer é algo para o qual já se caminha: estabelecer um tempo de permanência obrigatório no partido. Atualmente é um ano. Pode-se estabelecer que, se a pessoa tiver menos de dois anos no partido, não pode candidatar-se.

P - *Um mínimo de dois anos de filiação para se candidatar, é isso que o senhor propõe?*

R - Sim. Acho melhor haver regras indutoras da permanência no partido do que regras de exclusão. Como quase não existe partido estruturado, é complicado amarrar as pessoas ao que não existe. Às vezes o sujeito sai porque o partido está na mão de uma oligarquia. Deveria haver uma tendência na direção de criar mecanismos que induzam à permanência e dificultem a saída do partido. Isso vale para o voto também. Eu só amarraria o voto quando houvesse partido no sentido próprio. Senão, você estaria amarrando as pessoas a quê?

P - *Mas não é fraudar o eleitor, ser eleito por um partido e depois mudar para outro?*

R - Isso se o eleitor soubesse que está votando num partido.

P - *Em tese, ele sabe. Está escrito na cédula, ou no terminal de computador: PSDB, PFL, PT...*

R - Em tese sabe, mas não na prática. Se adotarmos o voto distrital misto, começamos a ter condições para isso. Por quê? Porque no voto distrital misto haverá muito menos candidatos em cada distrito. Haverá condições para um debate, então, inclusive sobre o partido, supondo que o partido tenha posições. Acho que se deve ir nessa direção. Se você tomar uma decisão, hoje, de fidelidade partidária, simplesmente entrega o deputado não se sabe a quem, ou a que

240

controle. Não é um avanço. Quem controla o partido, hoje, ou é uma burocracia, ou uma pessoa que tem muitos recursos. O avanço tem que ser no conjunto. Por isso, uma mudança na legislação partidária funciona se você mudar ao mesmo tempo o sistema eleitoral. Se não mudar o sistema eleitoral, engessa-se o parlamentar em uma legenda, não num partido, e nos donos da legenda, não nos dirigentes de um partido. Agora, isso não diminui a necessidade e a importância de se adotar esse conjunto de medidas. Acho bom aumentar o prazo de permanência nos partidos como condição para ser candidato, criar barreiras para o ingresso dos partidos no Parlamento, criar regras para a formação dos partidos, mudar o sistema eleitoral.

P - *Por criar barreiras o senhor quer dizer adotar um sistema como o alemão, em que um partido precisa ter um mínimo de 5% dos votos para ser representado no Parlamento?*

R - Sim. Se criamos barreiras, se mudamos a legislação eleitoral, se tornamos obrigatória a permanência por mais tempo nos partidos e se, ao mesmo tempo, aperfeiçoamos o financiamento público das campanhas — tem que ser um conjunto de medidas —, aí marchamos na boa direção. Para mim, o principal é o sistema eleitoral. Não existe partido independente do sistema.

P - *E a questão fechada?*

R - Vem junto. Havendo partido, não há nem necessidade de fechar questão. Fechar questão é uma excrescência.

P - *Mudanças na legislação realmente terão o efeito de mudar velhos hábitos políticos?*

R - Não só. Cultura também é importante. Mas a legislação pode favorecer ou não. A nossa favorece a fragmentação, ao não impor barreiras, ao não impor prazos de permanência

O PRESIDENTE SEGUNDO O SOCIÓLOGO

1
Tony Blair: ver nota 12 do capítulo 13. O livro citado é Minha visão da Inglaterra.

mais longos no partido. Nesse fim de semana li um livro do Tony Blair, para o qual escrevi o prefácio.[1] Ele diz uma coisa absolutamente interessante: "Você tem que primeiro vencer a batalha das idéias". O partido tem que ter proposta, idéia. Se não se tem conceito, não se tem partido. Quantos partidos cabem num sistema? Depende de quantas idéias mobilizadoras haja num dado momento histórico. Aqui nós nunca fomos por esse caminho das idéias. Por quê? Em parte, por causa da federação — esse é um problema que complica tudo, e que nunca foi realmente aprofundado. Cada estado tem demandas específicas. Em outra parte, pelo fato de que, aqui, você tem governo federal, estados e oposição lutando pelo poder, e só por ele. Lutar pelo poder é legítimo, mas quando isso esgota o jogo político, dificulta a formação de partidos realmente dinamizadores das mudanças na sociedade. A resposta à sua pergunta é: não é só a legislação que promove mudanças. É a cultura política também e até a existência de lideranças que contribuam para isso.

P - *De qualquer forma, o sistema eleitoral seria, na sua concepção, a pedra de toque das mudanças. Por quê?*

R - Porque é o modo como se designa o representante. Qual é o pressuposto disso? É que os partidos, no mundo moderno, são congressuais. Por isso o sistema eleitoral é tão importante. Antes, os partidos tradicionais, de esquerda e de direita, mobilizadores da sociedade, existiam fora do Parlamento. Seu universo de atuação era a sociedade, que eles pretendiam organizar. Isso vale tanto para os partidos de tipo nazista e fascista, que controlavam o quarteirão, até os comunistas, que, com outros propósitos, também controlavam o quarteirão. Hoje isso não é aceitável. Não há partidos com capacidade, nem legitimidade, para controlar a sociedade. A sociedade civil ficou muito forte. Aos partidos, então, sobrou o papel de representar a sociedade no Congresso. Seu papel ficou confinado ao Estado. O partido é um elo da sociedade com o Estado. Se é assim, o sistema eleitoral tem importância, porque define o partido. Nos partidos de forma fascista ou comunista, a lei, a regra eleitoral, tinha menos peso, porque eles exerciam pressão direta sobre o Estado, por meio da organização da sociedade.

P - *Não exercem mais?*

R - Nem aqui nem em lugar algum. Precisamos ter um pouco mais de modéstia na visão do que é o partido e para que serve. A opinião pública, a intelectualidade, a mídia, ainda vêem os partidos à moda antiga e ainda depositam sobre eles expectativas que não podem cumprir. Vêem o partido como uma alavanca da sociedade, e ele não é mais. Pode ser uma das alavancas, mas não é "a" alavanca. Da mesma forma, cobram-se do Estado coisas que ele não pode cumprir. O fato novo no mundo atual é o enfraquecimento relativo do Estado e dos partidos como instrumentos de controle da sociedade. Isso ainda não está claro. Não está claro para ninguém, nem para os partidos, nem para o Estado, nem para a sociedade. O Estado ainda pensa que domina tudo, e não domina. Os partidos ainda pensam que podem impor suas regras à sociedade por meio do Estado, e não podem. E a sociedade não aprendeu a mobilizar suficientemente os recursos não estatais e não partidários que tem hoje à disposição, para chegar a seus objetivos.

P - *Um partido como o PT...*

R - Ele é antigo.

P - *Exatamente por ser antigo, segundo os critérios que o senhor expôs, e ainda ter uma vocação mobilizadora, e a pretensão de atuar na sociedade, não transmite uma idéia mais forte do que seja um partido, e qual o seu papel?*

R - O PT gera uma expectativa falsa sobre o que é partido. Mentes como as nossas, que foram treinadas numa visão

2
Sérgio Motta: ver nota 3 do capítulo 3.

tradicional de partido, pensam: "Aí temos um partido". Será? Acho que o que temos é um pedaço do passado. Quando o PT nasceu, eu me opunha, porque dizia: "Isso é a forma antiga, é o partido da classe". Mas minha oposição não era só por isso, era também pelo fato de os integrantes do PT acreditarem demais em partido. Veja que é o único partido no Congresso que adota o centralismo democrático. Ele obriga as pessoas a votar contra a sua consciência.

P - *É a questão fechada. O PT a adota, na prática.*

R - Eles fecham questão. Pergunto: isso é bom para as mudanças na sociedade? Ou atrapalha? Não seria melhor deixar mais fluido?

P - *Mas o PT é percebido mais como partido do que os outros exatamente por isso.*

R - Mais partido à moda do que eram os partidos em outra época. Como não se têm outros tipos, não se tem outra visão de partido, então se diz: "Aí há um partido". No papel de mobilizador da sociedade, o que consegue o PT? Não que ele seja autoritário, nesse aspecto, ou jamais tenha sido. Nunca foi. Sempre foi muito mais do movimento do que da ordem. Mas, de qualquer maneira, ele tem cada vez menos capacidade de controlar a sociedade. Não controla o sindicato, nem o movimento social, nem o MST. O partido não controla, o movimento passa na frente dele. Não estou dizendo se é bom ou se é mau. É assim.

P- *Se a reforma política é tão importante, especialmente a do sistema eleitoral, por que seu governo não lhe deu a mesma ênfase e a mesma prioridade que deu a outras reformas?*

R - Porque eu perderia, de cara. Outro dia vi o Sérgio Motta dizer: "Ah, se fosse hoje, o governo começaria de outra maneira, patrocinando antes as reformas políticas".[2] É porque ele não conversou comigo sobre isso. Comecei por onde devia começar. Talvez seja por culpa da minha velha formação sociológico-estruturalista-marxista, mas achei que era preciso criar condições para o surgimento de uma sociedade civil mais dinâmica. E para isso era preciso quebrar monopólios, incentivar uma maior competição, aumentar a diferenciação na sociedade. É preciso ter uma base de sustentação maior, para que saiam as reformas políticas. Se eu começasse pelas reformas políticas, estaria nelas até agora. Não conseguiria sair delas. Provavelmente, se for candidato e se for reeleito, vou entrar nesse assunto, porque chegamos a um ponto que não dá mais. Começamos por onde podíamos começar — pelas reformas econômicas. Elas tinham apoio na sociedade e davam dinâmica à sociedade.

P - *E as reformas políticas não têm?*

R - Na sociedade têm, mas no Congresso, não. De vez em quando surge a idéia, não por acaso, de se fazer um plebiscito sobre a reforma política. Por quê? Por causa da dificuldade de fazer o Congresso mexer nisso.

P - *Então, não vai sair nunca.*

R - Não, acho que pode sair. Mas, para isso, será necessário um debate maior na sociedade, e uma pressão maior da sociedade. Eu disse logo de início: "A reforma política é necessária. O Congresso deve fazê-la, porque não é uma questão do Executivo. Os partidos têm que se acertar sobre ela". Evidentemente — não sou ingênuo — sabia que seria muito difícil, e continua sendo, fazê-la sem que o governo entrasse no assunto. Mas não podia ter o Congresso contra mim, porque aí não governava, não conseguia fazer as outras reformas. Chegará o momento da reforma política. Acho mesmo que, independentemente de eu ser candidato ou não, essa questão vai ser posta.

P - *Por quê?*

R - Depois de votadas as reformas atualmente no Congresso, o que se terá para discutir? Vamos ter a reforma do Judiciário, que é tão importante quanto qualquer outra, a reforma tributária e a reforma política. Elas entram na ordem do dia. A agenda de uma sociedade não depende da vontade do governante, depende também de outras condições. Discuti muito as reformas, no começo do governo, com os líderes dos partidos e do Congresso. Todos queriam reforma. Os ministros, nos primeiros seis meses de governo, reuniram-se com todas as bancadas, para explicar as reformas. Todo mundo dizia que era importante: "Sem reforma o Brasil não vai para a frente". Depois, fomos sofrendo o processo moroso do Congresso. Cada relator se colocava contra a reforma que lhe caía às mãos. Interesses partidários... Começavam a modificar. Cada relator queria fazer uma "miniconstituição". Compare as reformas tal qual o governo as mandou e tal qual acabaram sendo discutidas. O governo mandou um texto com, digamos, dez artigos — fez-se um código. Então, isso é complicadíssimo. As reformas que poderiam ir mais depressa foram as da área econômica. A tributária poderia ter avançado mais. Por que não avançou? Porque, quando se fala em reforma tributária, todo mundo quer, mas com objetivos diferentes. O governo, para modernizar e arrecadar mais. Os empresários, para pagar menos. O povo, também para pagar menos. Os governadores e prefeitos, para receber uma parte maior do bolo.

P - *Cada um tem uma reforma na cabeça?*

R - Por isso não avançou. Para avançar, eu quebraria a base do governo e não aprovaria as outras reformas. Havia muita gente que poderia se juntar contra o governo: governadores, prefeitos, empresários, o povo. É por isso que a reforma tributária está lá ainda. Não está na hora. E da reforma política também não. Acho que a agenda não amadureceu o suficiente. Com a reforma judiciária, que é muito importante, o que aconteceu? O Congresso tomou a frente. Não mandei nenhuma reforma do Judiciário ao Congresso. A que está lá não fui eu quem mandou. Aí, o que acontece? As corporações entram. Muitas vezes, é melhor nem ter reforma do que ter, porque a reforma é gol contra.

P - *Quando é patrocinada pelas corporações?*

R - É claro. Na questão da reforma política, está se adensando o pensamento de que é necessária. Mesmo assim, como é que se faz a reforma no sistema eleitoral, se os parlamentares imaginam que é contra eles? Na Constituinte eu tive uma conversa com o João Amazonas e o pessoal do Roberto Freire, sobre o voto distrital misto.[3] Eles eram totalmente contra.

P - *Imagina-se em geral que os partidos pequenos seriam prejudicados.*

R - É um erro. Eles estavam pensando na França, onde De Gaulle fez uma reforma para arrebentar o Partido Comunista, desenhando os distritos para isso.[4] Agora, aqui, um partido como o PT ganha. Temos simulações sobre isso. E ganha por quê? Porque teremos mais deputados urbanos, como já comentamos.

P - *Depende de como se dividir os distritos. Isso não pode causar uma briga enorme?*

R - Vai ser outra briga. Mas, em tese, numa sociedade do tipo da nossa, o voto distrital misto não leva necessariamente a um recuo das minorias. Até porque será misto e, portanto, a outra metade dos deputados será eleita pelo voto proporcional, pelo sistema de listas. Você dirá: "O sistema de listas dá força à burocracia partidária, à oligarquia par-

---

3
João Amazonas (1912), político e revolucionário paraense. Liderou a dissidência do Partido Comunista Brasileiro que veio a formar, em 1962, o Partido Comunista do Brasil (PCdoB). Dirigente máximo do PCdoB desde então.
Roberto Freire: ver nota 6 do capítulo 5.

4
Charles de Gaulle: ver nota 8 do capítulo 4.

5

Há países (Holanda, Áustria, Dinamarca, Suécia, Noruega e Grécia, além da Bélgica) em que se faculta ao eleitor interferir na ordem dos candidatos tal qual apresentada na lista dos partidos, alterando suas posições. Para o sistema de lista em eleições parlamentares, ver nota 5 do capítulo 13.

tidária". Sim, mas há maneiras de remediar isso. Na Bélgica, o eleitor pode mudar a posição do candidato na lista.[5]

P - *O senhor não acha que seria possível, dentro desse sistema misto, uma vez que o voto de distrito obececerá a imposições muito locais, fazer com que a lista seja nacional?*

R - Por que não? Com televisão, com os meios que temos hoje, isso seria possível.

P - *O eleitor poderia votar no mesmo deputado do Amazonas ao Rio Grande do Sul. Isso não favoreceria a criação de uma espécie de bancada nacional?*

R - Nunca pensei nisso, mas poderia ser uma grande vantagem. Porque, veja, a União não tem deputados. O estado tem, o município tem, a União não. Por isso, todos os problemas passam pelo crivo do interesse local ou estadual, mas não da União. As matérias só passam com muita pressão, porque, a não ser um ou outro, mais ilustrado, não há quem dê prioridade às questões nacionais. É uma boa discussão. Agora, diante da dificuldade de aprovar as reformas políticas, eu e muitos outros propusemos que ela seja feita não para entrar em vigor já na legislatura seguinte, mas para dali a algum tempo.

P - *Há algo de incompreensível nessa história. Acredita-se, basicamente, que os parlamentares não façam a reforma política de medo de não se reeleger. Mas o índice de renovação do Congresso brasileiro é altíssimo, de mais de 50%. Ou seja: eles não são reeleitos é dentro do sistema atual.*

R - É verdade. O índice de renovação é de mais da metade. Nos Estados Unidos é baixíssimo porque o voto de distrito estabelece uma relação mais direta com o eleitorado. Agora, por que também sou favorável ao voto distrital misto? Porque o voto, como o temos hoje, é o maior ingrediente de destruição dos partidos. Quem é o seu adversário? É seu colega de partido. Você está pouco se importando se o eleitor vai votar num outro partido, mas, se for no mesmo, quer saber se ele votará em você ou em outro candidato. E, se for em outro, é contra você — mais contra ainda, em tese, do que se o eleitor estivesse votando em outro partido. Então, a briga nos palanques é feroz. Com o sistema distrital, cada partido só tem um candidato num determinado distrito. Isso organiza o partido e organiza a escolha do eleitor.

P - *Dada essa dificuldade de relacionamento entre Executivo e Congresso, essa morosidade na decisão que o sistema congressual proporciona, o senhor vislumbra algum sistema — estamos no terreno da utopia, da futurologia — em que eficiência e democracia se conciliem de outra maneira?*

R - Não conheço, historicamente. Quais são os instrumentos de que dispomos, para melhorar essa relação? Um é o voto distrital e o fortalecimento do partido, com todas as limitações do partido no mundo de hoje. Outro é o sistema de governo: parlamentarista, presidencialista ou algo entre os dois. Eu e meu partido votamos pelo parlamentarismo sob a forma portuguesa, ou francesa.[6] Qual era o objetivo? Isso também requereria a mudança de sistema eleitoral e de partido. A questão era o que mudar primeiro, o sistema de governo ou o sistema eleitoral. Se antes vinha o ovo ou a galinha. Estávamos imaginando uma ruptura para poder, depois, fazer as outras reformas. Qual é a lógica disso? É que Executivo e Legislativo trabalhem mais entrosados e que o Legislativo se torne mais responsável. A utopia é esta: ter um Legislativo mais responsável. É o que acontece nos sistemas parlamentaristas.

P - *Não no sistema italiano.*

R - É verdade. No francês isso acontece mais ou menos.

6
Em abril de 1993, cumprindo o previsto na Constituição, realizou-se um plebiscito para a escolha da forma (República ou Monarquia) e sistema (presidencialista ou parlamentarista) de governo no Brasil. Quase 30% dos votantes não compareceram ou anularam o voto. Dos que compareceram, 66% votaram a favor da República e 10% da Monarquia. O presidencialismo recebeu 55% dos votos e o parlamentarismo, 25%. No sistema vigente na França e em Portugal, o parlamentarismo é mitigado pela presença de um forte presidente da República, eleito diretamente pelo povo.

O PRESIDENTE SEGUNDO O SOCIÓLOGO

7
*Maria de Lurdes
Pintassilgo (1930),
engenheira, diplomata
e política portuguesa.
Primeira-ministra em
1979-80.*

8
*O presidente de Portugal,
Jorge Sampaio, no cargo
desde março de 1996, e o
primeiro-ministro António
Guterres, desde outubro
de 1995, pertencem ao
mesmo Partido Socialista
do ex-presidente Mário
Soares (ver nota 4 do
capítulo 7).*

P - *O francês não é bem parlamentarista...*

R - Não, é um sistema incômodo, feito para resolver uma situação, quando De Gaulle voltou ao poder. Estava conversando ainda ontem com a Maria de Lurdes Pintassilgo, que está aqui, em visita ao Brasil, sobre o caso de Portugal.[7] Em Portugal a situação atual é diferente da da França, onde o presidente é de um partido e o primeiro-ministro de outro. Em Portugal, o primeiro-ministro, o presidente e até o ex-presidente são do mesmo partido.[8] Mas é complicado. São três lideranças poderosas. Não é fácil o jogo. De qualquer maneira, acho que a base lógica desse assunto é esse entrosamento entre Executivo e Legislativo. Hoje eu diria que, para isso acontecer, temos que mudar ao mesmo tempo o sistema eleitoral, o sistema partidário e o regime de governo.

P - *O senhor diria que seu governo está sendo prejudicado pelo sistema atual?*

R - Acho uma injustiça para com o Congresso imaginar que ele não tenha sido rápido nesta legislatura. Caso se faça uma lista do que o Congresso mudou depois que fui eleito, vai ver que é uma enormidade. O Congresso tomou decisões muito importantes que, em geral, em outros países, levam muito mais tempo. O problema é que a democracia requer acomodações, discussões, negociações. Portanto, o processo é mais lento. Como estamos resolvendo questões que não são da democracia, mas da sociedade, temos que ir depressa. Por isso, faz-se uma pressão muito grande sobre o Congresso. Quando o Congresso retarda uma decisão, não é porque é lento, é porque não quer. É uma questão política, de poder. Por que não anda depressa a reforma política? Porque não querem a reforma.

P - *Quando sai na imprensa a foto do plenário vazio, a idéia é de que os deputados deixaram de trabalhar. O senhor diria que, ao contrário, é porque não querem se reunir para tomar esta ou aquela decisão?*

R - É porque não querem. É uma questão política. Você pode dizer que a mudança para Brasília teve o efeito negativo de gerar um Congresso que funciona só três dias por semana. Mas eu poderia contra-argumentar que, em muitos países, o Congresso funciona quatro meses por ano. Na verdade, não é necessário que o Congresso funcione o tempo todo. Só excepcionalmente ele poderia funcionar o tempo todo. Um dos maiores problemas que tínhamos no Congresso era a falta de uma agenda preestabelecida. Vi uma vez a agenda do Parlamento Europeu.[9] Lá, a agenda é feita com seis meses de antecedência, para as pessoas poderem planejar as viagens de um país para outro. Nós, que somos quase um continente, deveríamos ter uma agenda também rígida e preestabelecida. Isso melhorou muito, mas houve tempo em que se decidia na hora o que votar. Você era apanhado de surpresa.

P - *As reformas políticas não poderiam ter sido encaminhadas junto com a emenda da reeleição?*[10]

R - Aí, não passava nem uma coisa nem outra.

P - *Por que a reeleição foi mais fácil passar do que seriam as outras reformas?*

R - Não foi mais fácil.

P - *Mas passou.*

R - Porque havia interesses, muitos. Não eram só da União e não só meus. Havia a percepção de alguns partidos de que

---

9
O Parlamento Europeu constitui, ao lado da Comissão Européia e do Conselho de Ministros, o conjunto dos principais organismos da União Européia (EU), bloco econômico formado por quinze países da Europa. Tem sede em Estrasburgo, na França, e é composto de representantes de todos os países-membros.

10
A emenda constitucional que possibilitou a reeleição para presidente, governador e prefeito, rompendo uma tradição que vinha desde o início da República, foi aprovada e promulgada pelo Congresso em junho de 1997.

era uma maneira de eles se conservarem no poder, a percepção dos governadores, dos prefeitos etc.

P - *Mas havia também interesses contrariados. Vários membros do Congresso querem ser governadores, ou prefeitos, e agora terão a oposição dos atuais detentores dos cargos.*

R - Mas foi menos forte do que a pressão favorável, e é uma coisa que interessa à classe política. Aquilo foi politizado pela mídia, que passou a identificar ali um divisor de águas. Sobre essa matéria há muitas discussões. "Ah, podia deixar para o último ano." Eu teria muito mais dificuldades. O argumento político, para mim — não administrativo, mas político —, era de que, se você não tem expectativa de poder, não faz mais nada. No sistema dos quatro anos de mandato, sem reeleição, leva-se um organizando as coisas, aprendendo, dois fazendo e no quarto não se faz quase nada. A possibilidade da reeleição diminui a politização, no sentido clientelístico da palavra, porque se passa a ter expectativa de continuidade.

P - *No segundo mandato vai aparecer esse problema.*

R - Vai aparecer, mas depois de muito tempo de governo. Nas discussões internas, aqui, o único argumento positivo para mim era a expectativa de aumentar o poder, o meu poder, o poder de quem está exercendo o cargo, para levar adiante o programa. Bem ou mal se imagina que se possa ficar mais tempo. Então, é mais fácil lidar com certas questões, aprovar medidas no Congresso. Sempre fui muito reticente à generalização da reeleição. Não há dano maior, nas cidades onde há opinião pública formada. Dei uma ou outra declaração prudente sobre isso. Até insinuei a possibilidade de reeleição só nos casos em que há o segundo turno. Isto é, nas cidades grandes e nos estados, porque aí há opinião pública formada. Continuo com a mesma preocupação. Deram-me um contra-argumento que também é ver-

REFORMAS POLÍTICAS

dadeiro: o que acontece nos pequenos municípios, onde não há opinião pública formada? Acontece uma hipocrisia: o prefeito elege alguém muito próximo, e depois volta a ser prefeito. Fica nesse pingue-pongue. Se é assim, é melhor ter logo reeleição. Não é fácil, do ponto de vista do interesse da democracia, essa questão. Conversando com o Sarney, há algum tempo, ele me disse que era melhor ter um mandato de seis anos.[11] Sim, mas há dois inconvenientes. Primeiro, no meu caso pessoal, seria inaceitável uma extensão de mandato. Poderia haver uma consulta, mas não seria eleição, não seria um mandato. Segundo, pergunto: e se o governo for ruim? Seis anos é muito tempo. Um mau governo causa um dano muito grande. Então, na média, o mais razoável é ter mandato de quatro anos e reeleição, com todos os riscos que possam existir.

11
José Sarney: ver nota 2 do capítulo 5.

18

O QUEBRA-CABEÇA
DA FEDERAÇÃO BRASILEIRA

ESTADOS SUB-REPRESENTADOS E SUPER-REPRESENTADOS
NO CONGRESSO — O ERRO DA PROLIFERAÇÃO DE ESTADOS
E MUNICÍPIOS — A DIFICULDADE DE IMPOR A DISCIPLINA
FISCAL — AUTONOMIA POLÍTICA E AUTONOMIA FINANCEIRA
— A CONSTITUIÇÃO E A DISTRIBUIÇÃO DA ARRECADAÇÃO
— POR QUE PAGAR SALÁRIO A VEREADORES? —
DESCENTRALIZAÇÃO — A ADMINISTRAÇÃO DAS GRANDES
CIDADES — A FALTA DE FISCALIZAÇÃO DO PODER LOCAL
— O PAPEL DOS GOVERNADORES

17 / 11 / 97

Pergunta - *O sistema federativo brasileiro coloca problemas que também remetem ao Congresso. Há estados maiores sub-representados e estados menores super-representados. Como estabelecer o equilíbrio entre as diversas bancadas?*

Resposta - Tem que se mexer nisso, não há dúvida. Esse é um dos pontos mais sérios.

P - *Mas, aparentemente, o Congresso está muito pouco interessado em mexer.*

R - Por isso, chegará um momento em que teremos realmente que fazer uma consulta popular. Como se fez com o parlamentarismo.

P - *O voto distrital, de certa forma, melhora essa questão.*

R - Melhora, melhora bem. Agora, não se pode imaginar que isso aconteça em condições normais. Eu estava lendo — desculpe-me por voltar ao Tony Blair, mas foi leitura desses dias... A Inglaterra tem uma Câmara dos Lordes.[1] Você imagina o que significa isso?

P - *Mas tem poucos poderes.*

R - Mas suficientes, por exemplo, para atrapalhar uma reforma fiscal, de impostos. E na Câmara dos Lordes há uma imensa maioria do Partido Conservador. São cerca de mil lordes. Há o lorde que resulta da meritocracia, que está ali porque se distinguiu na sociedade, e há o lorde hereditário. O sujeito vira lorde quando o pai morre. E o regime é democrático! A dificuldade de mudar isso é imensa. Há propostas de instituir uma Câmara dos Lordes eleita, como um Senado. Mas há, inclusive dentro do próprio Partido Trabalhista, quem defenda a preservação de uma certa meritocracia, como contrapeso ao sistema de representantes eleitos. Isso está sendo discutido há anos. Debate-se, debate-se, debate-se... A mesma coisa ocorre aqui. Você não pode querer, de repente, que o Congresso diga: "Vou mudar tudo". Ou há uma situação agônica, de muita tensão, que leva à mudança, ou há um desgaste muito grande do sistema. Não é a minha vontade, não são as minhas razões, que vão decidir a questão. Em termos de razões, você tem lá dois ou três modelos, tem cientista político que estudou isso. Basta ler o livro do Duverger, do Sartori ou, no Brasil, os trabalhos de Bolívar Lamounier.[2] Teoricamente tudo está resolvido. O problema é histórico-político. Se há um lado em que o regime de 64 fracassou foi aí, porque enrijeceu o sistema político, reforçou a sobre-representação dos estados.

1
Tony Blair: ver nota 12 do capítulo 13.
O Poder Legislativo britânico, bicameral, compõe-se da Câmara dos Comuns, com 651 membros eleitos por voto direto, pelo sistema distrital, para mandatos de no máximo cinco anos, e da Câmara dos Lordes, composta de aproximadamente 1200 membros da aristocracia e do clero, para ali alçados por motivos de hereditariedade ou por promoção a um título de nobreza, em ambos os casos com mandatos vitalícios.

2
Maurice Duverger (1917), jurista e cientista político francês. Autor de A influência dos sistemas eleitorais sobre a vida política *(1950) e* Os partidos políticos *(1951). Giovanni Sartori (1924), cientista político italiano. Professor na Universidade Colúmbia, de Nova York. Autor de* A teoria da representação do Estado representativo moderno *(1957) e* A teoria democrática *(1962). Bolívar Lamounier (1943), cientista político mineiro. Professor da Universidade de São Paulo. Autor de* Voto de desconfiança: eleição e mudança política no Brasil (1970-1979), Partidos políticos e a consolidação democrática — O caso brasileiro *(1986) e* A democracia brasileira no limiar do século XXI *(1996).*

P - *Argumenta-se que as representações dos estados mais fracos têm de ser reforçadas para contrabalançar o poderio econômico dos mais fortes.*

R - Admito o teto. Pode-se manter o teto. Em todos os países onde há federação há um teto. A desigualdade entre os estados era muito dramática, tanto que se chamava São Paulo de "locomotiva", mas hoje ela tende a diminuir. A industrialização vem se espalhando pelo Brasil.

P - *Foi um erro transformar em estados os antigos territórios?*

R - Ah, foi. E também permitir a proliferação dos municípios. Ou se tem independência financeira, via impostos, ou não dá para criar novos estados, ou municípios.

P - *Ao que parece, o Brasil é o único país onde município é entidade federativa.*

R - Não tem outro. Temos a União, os estados, os municípios. São 5800 municípios que têm cada um uma câmara e, em tese, prestação de contas autônoma e imposto próprio. São figuras de direito constitucional. E o controle disso tudo é muito difícil. Qual é a dificuldade que temos, por exemplo, no aspecto fiscal?

P - *Controlar as contas de estados e municípios?*

R - É isso, controlar as contas. Isso melhorou muito porque, desde que estive no Ministério da Fazenda, começamos a apertar. Por que estamos lutando para acabar com os bancos dos estados? Não é por maldade. Se você dá um instrumento desses a um político, ou um grupo político, que não tenha responsabilidade nacional, ele transforma o banco em entidade emissora. Não vamos agora absorver bilhões de dólares do Banespa? É uma coisa calamitosa. Estamos tentando secar a fonte. Desde o governo Itamar, estamos obrigando a uma certa disciplina fiscal, com os instrumentos precários de que dispomos, porque, na verdade, só fazemos isso via Banco Central, via Executivo. Se for por medidas legislativas, não passa. Estamos apertando, apertando, para evitar que o país fique endividado. O governo federal está tendo superávit este ano. Agora, quando você considera a dívida consolidada, não, porque aí temos que lidar com as dívidas dos estados. Se você tem que absorver a dívida de São Paulo, é claro que a dívida pública federal vai aumentar. O desastre que foi feito em São Paulo, antes do Mário Covas, foi imenso. E São Paulo não é o único. Outros estados foram ou estão indo à falência. Alagoas tinha uma folha de pagamento maior do que a arrecadação.

P - *Agora temos o caso da prefeitura de São Paulo.*[3]

R - É a mesma coisa. Podemos deixar arrebentar? Não. Vamos ter que socorrer. Dizem: "Ah, o governo federal não devia socorrer". Mas fazer o quê? Não tem saída. Aqui, no Distrito Federal, temos outro problema complicadíssimo. Quem paga tudo é a União. São os mais altos salários. Vejo o Cristovam falando em realizações no campo da educação — mas quem paga é a União.[4]

P - *O emaranhado federativo tem outras conseqüências. Um determinado viaduto às vezes é do município, depois continua numa estrada do estado, desemboca numa ponte que volta a ser do município. Ou, então, o metrô é do estado, os ônibus são do município. O cidadão não sabe a quem recorrer.*

R - Não tem noção. No Senado fiz uma proposta, que nunca passou, baseada no princípio da responsabilidade tributária. O fundamento da autonomia política é a autonomia financeira. Você não pode ser autônomo se depende de outro. Propus o seguinte: o fundo de participação dos estados e municípios deve ser repassado aos estados e municípios proporcionalmente ao esforço que estes fazem para arreca-

3
O Banco do Estado de São Paulo (Banespa) apresentou uma situação de contínua deterioração até sofrer intervenção do Banco Central, em dezembro de 1994, ao apagar das luzes do governo Itamar Franco. A prefeitura de São Paulo passou a declarar-se insolvente e a pedir ajuda do governo federal no segundo semestre de 1997.

4
Cristovam Buarque: ver nota 14 do capítulo 6.

dar seus próprios impostos. Você sabe que esse fundo é constituído pelo Imposto de Renda e o Imposto sobre Produtos Industrializados, que a União recolhe e depois repassa, segundo certos critérios. Por que propus aquilo? Porque no caso dos municípios, por exemplo, o prefeito ou a Câmara dos Vereadores às vezes isenta os munícipes de pagar os impostos que lhes são devidos — basicamente, o IPTU e o ISS —, e depois vem pressionar a União. Não deixo de levar em conta que a função da União é equilibradora. Num país com tanta desigualdade, é sua função passar recursos dos mais ricos aos mais pobres e mais carentes. Não posso imaginar que uma prefeitura do sertão do Nordeste ou das franjas amazônicas tenha condição de cobrar imposto de sua população e sobreviver. Mas mesmo as prefeituras mais pobres têm ricos em sua população, e não devem deixar de cobrar deles. Não é justo que se deixe de cobrar daqueles que podem pagar.

P - *Se a Constituição de 88 favoreceu os estados e municípios, em matéria de redistribuição tributária, por que se vê tanta quebradeira entre eles?*

R - Realmente, o que aconteceu, de 88 para cá, com o sistema de distribuição das rendas? Os maiores beneficiados foram, primeiro, os municípios e depois os estados, em detrimento da União. Mas o teor dos discursos na Câmara dá a entender o contrário. Agora mesmo os prefeitos das capitais se reuniram e pediram uma audiência. Estou postergando, porque sei o que vão dizer: querem dinheiro. As capitais foram as maiores beneficiárias da reforma de 88. As que agiram corretamente, estruturaram um bom sistema de recolhimento do IPTU, tiveram gestões corretas e não aumentaram pessoal, ficaram bem. As que aumentaram o número de funcionários e não estruturaram um bom sistema tributário ficaram mal. Por que os outros têm de pagar por isso?

O QUEBRA-CABEÇA DA FEDERAÇÃO BRASILEIRA

P - *No caso dos estados, propõe-se substituir o ICMS, que é seu principal imposto, pelo IVA — Imposto sobre Valor Agregado. Como o senhor vê essa questão?*

R - Há uma grande discussão sobre isso, no Congresso. O ICMS é cobrado no local de origem do produto, e não no do consumo. Isso, no passado, beneficiava São Paulo e os demais estados produtores. Hoje já não é bem assim. Houve uma redistribuição, no país, da produção e do consumo. Em todo caso, melhor que o ICMS parece ser — não sou especialista nisso, mas, enfim, há tantos anos que ouço queixas a respeito... — isso que na Europa se chama de Imposto sobre Valor Agregado, IVA. É um imposto cobrado nos pontos de consumo, sem incidir em cascata. Aí, entra a seguinte questão: quem cobra o imposto? A proposta que está no Congresso é de que a União cobre e redistribua aos estados. Os estados não acreditam que a União redistribua. Há outras dificuldades, sobretudo quando há uma relação interestadual, mas há fórmulas de superá-las. E acho que precisamos superá-las, para começar a dar responsabilidade tributária à questão federativa.

P - *Outra crítica, decorrente da facilidade com que se criam os municípios, é a multiplicação das câmaras de vereadores e das burocracias municipais, com a conseqüente pressão sobre as folhas de pagamento.*

R - Se um município quer ser independente, quer ter câmara, tem que ter uma base financeira. Este é o ponto um. Ponto dois: quer criar uma câmara, crie, mas não pague salário ao vereador. Não tem sentido remunerar vereador de município abaixo de certo nível de renda. Quando se examinam os dados, vê-se que não é injusta a crítica, muito freqüente na imprensa, de que a classe política — assim chamada imperfeitamente do ponto de vista sociológico — tem um canal direto com o Tesouro. Se você multiplicar 5800 municípios pelo número de vereadores, quanto dá? Para fa-

259

5
SUS é sigla de Sistema Único de Saúde, de conjunto "de ações e serviços públicos", segundo o artigo 198 da Constituição, que rege o atendimento da população. Aos conselhos de saúde compete, em nível municipal, fiscalizar as ações do SUS, em obediência ao preceito constitucional que manda o sistema organizar-se com a "participação da comunidade".

cilitar, se fossem dez por município, seriam 58 mil. Em muitos lugares, só há uma sessão por semana. Para que remunerar? Além do mais, há todo o aparato: assessor, automóvel para o presidente etc. Isso tinha que acabar.

P - *Virou lugar-comum no Brasil dizer que os problemas são mais bem resolvidos no nível local. O senhor concorda com isso?*

R - Até certo ponto. "Tem que descentralizar", é o que se diz sempre. Tudo bem, mas é preciso, ao se descentralizar, tomar dois cuidados. Um, ativar a sociedade local, para que ela controle. Dar à sociedade o controle sobre o poder local. Senão, o poder local fica irresponsável. Dois, isso não pode querer dizer que a União ou o estado abdique de sua capacidade de fiscalização, estímulo e controle. Não acho que o local em si seja melhor. Nunca fui favorável ao "small is beautiful". O poder local pode resultar em mandonismo local com muita facilidade. É por isso que a esquerda tinha horror, no passado, ao poder local. Até hoje, há resistência ao voto distrital por causa disso. Porque é mais difícil penetrar o local do que o nacional. Mas também não é mais possível gerir uma sociedade complexa como a nossa com base num ponto central e no estado centralizador. É preciso descentralizar mesmo, valorizar o local. Desde que não se abdique nem do estímulo nem da fiscalização federal. Esse é um processo lento. Veja o SUS. O SUS, em tese, é uma maravilha. Na prática, é muito complicado instituir os conselhos de saúde, evitar que a política local predomine, promover os controles da sociedade.[5]

P - *Argumenta-se que, transferindo as questões para o nível local, a população pode exercer maior influência. Mas o senhor não acha ilusório imaginar que isso possa acontecer com as populações de cidades como São Paulo ou Rio de Janeiro? O prefeito, para elas, é uma figura tão distante quanto o presidente da República.*

R - O prefeito dessas cidades é um governador. Isso é outra questão da federação. Não resolvemos a questão da administração das cidades, nem das zonas metropolitanas. Paris é governada por *arrondissements*.[6] Na Inglaterra, não há nem prefeito. Há conselhos distritais, câmaras distritais. Londres não tem prefeito eleito. O poder e a capacidade decisória são mais fragmentados. A tendência é essa, e no futuro é capaz de vir a ser assim aqui também. A sociedade de massa, pós-industrial e democrática, vai ser uma sociedade poliárquica. Quer dizer, as decisões serão tomadas em vários lugares, não podem ser centralizadas. Vamos ter uma sociedade com capacidade de se reorganizar por feedback, via computador. Você toma uma decisão e, em função da sua, tomo a minha e outro toma a dele. O ajuste é automático. Mas isso é para daqui a cem anos, cinqüenta anos. Até lá, não se pode abrir mão de todos os poderes. Tome a educação. Estamos apoiando fortemente medidas descentralizadoras. Por exemplo, o dinheiro vai direto para a escola. Agora, como é que fica a questão do currículo, ou da inovação? O governo federal tem que ter uma função uniformizadora e fiscalizadora. Não se pode deixar de ter também alguma voz em nível estadual. Essa questão de valorizar o poder local, de descentralizar, não significa a abdicação de outras instâncias de inovação e de controle.

P - *Nota-se um velho paradoxo na política brasileira. Os municípios, onde supostamente o cidadão, estando mais perto, seria capaz de fiscalizar melhor, têm focos de corrupção talvez maiores, e pelo menos mais resistentes, do que os federais. Veja-se o que ocorre nas câmaras municipais.*

R - Porque há menos opinião pública formada. A questão da corrupção está diretamente ligada à opinião pública. Não é só, mas a opinião pública é o instrumento fundamental para controlar a corrupção. Os controles formais, como os órgãos controladores do gasto público, que estão cada vez mais ativos no Brasil, no nível municipal são menos ativos.

6

Arrondissements *são unidades administrativas em que se dividem as cidades grandes francesas. Paris é dividida em vinte* arrondissements, *sucedendo-se em espiral, a partir do ponto mais central da cidade, cada um com uma administração própria.*

As duas coisas, então — tanto os controles formais quanto a opinião pública —, são menos ativas, no nível municipal.

P - *Isso não é uma falha da imprensa? A imprensa — a melhor imprensa — cobre, e exerce sua vigilância, muito mais sobre o governo central do que sobre o município.*

R - A imprensa cobre o federal. Aqui, o tempo todo estou sendo vigiado.

P - *E igualmente o Congresso.*

R - O Congresso também.

P - *Mas não as Câmaras de Vereadores.*

R - A mídia cobre o Congresso, cobre o Executivo federal e só cobre o nível local quando aparece lá um ou outro escândalo. Do estado a imprensa local ainda cuida, mas do município não.

P - *Talvez a questão aí seja algo que o senhor já mencionou: a falta de politização das questões municipais.*

R - As questões da vida cotidiana.

P - *A questão do transporte público, por exemplo.*

R - É esse o ponto. É patético como as questões da vida cotidiana estão fora da política. E, estando fora da política, estão fora de certo tipo de mídia, injustamente.

P - *Qual o papel do governador, hoje? Ele não ficou imprensado entre o prefeito, cuja importância é crescente, e a União, cuja importância é esmagadora?*

R - O governador é cada vez mais uma espécie de ponte entre a União e a região. Quem mais pressiona o governo federal são os governadores, os contatos maiores são feitos com os governadores. Acho que eles ficaram muito isso: uma ponte com a região. Outra questão complicada é que não temos autoridade metropolitana.

P - *Essa autoridade é hoje dos governadores.*

R - É, acaba sendo. Pegue uma questão: lixo. Pode-se pegar o lixo de um município e jogar no outro? É preciso ter regra para isso, ou alguém que decida isso. Transporte interurbano — a mesma coisa. Creio que os governadores têm essa função, digamos, de agenciamento. Mas eles têm outra função, que é a de dinamizadores da região. Tanto assim que agora está ocorrendo um fato que não tem nada a ver com o velho Estado nacional: os governadores vão para o exterior, fazem acordos, trazem dinheiro. Isso no passado era impensável. Tudo o que era relação com o exterior cabia à União. Hoje, o número de governadores que anda pela Ásia, pela Europa, pela América Latina, e pelo Mercosul, é muito grande. Às vezes, eles informam a União. Outras, você nem fica sabendo. No fundo eles assumem a representação que era da União para as suas regiões, e alguns têm tido êxito em buscar fontes de comércio ou de tecnologia. Chegam a instalar escritórios no exterior. Esse modelo é americano. Lá os estados têm representações diretas. Isso, aqui, do ponto de vista do Estado nacional brasileiro, causou estranheza. O Itamaraty no começo não assimilava essa idéia, porque relação com o exterior era monopólio da União. Os governadores têm agora essa função e alguns prefeitos também. Na reunião que houve na Turquia, a Habitat-2,[7] houve uma demanda da representação internacional do poder local. É curioso isso, no mundo de hoje: volta-se à cidade-estado. Barcelona é uma cidade que tem peso grande nesse processo. Provavelmente, nesse mundo de linhas complexas, entrecruzadas, que já mencionamos, outra linha de comunicação e de poder supranacional serão as cidades. Por enquanto, acho que as regiões têm mais pre-

7
A Habitat-2, conferência internacional patrocinada pela ONU para discutir temas urbanos, foi realizada em Istambul, Turquia, em junho de 1996. A primeira Habitat fora realizada em Vancouver, Canadá, em 1976.

8
Carlos Lacerda (1914-77), jornalista e político carioca, dos mais influentes de seu tempo. Deputado federal (1955-60). Governador (1961-65) do extinto estado da Guanabara (constituído pela cidade do Rio de Janeiro, quando deixou de ser a capital federal). Filiado à UDN, pautou sua ação pelo anticomunismo e a oposição sem tréguas a Getúlio Vargas, Juscelino Kubitschek e João Goulart. José de Magalhães Pinto (1909-96), político e banqueiro mineiro. Filiado à UDN, foi, com Carlos Lacerda, um dos líderes civis do movimento que culminaria com a deposição do presidente João Goulart (1964). Governador de Minas (1961-66). Ministro das Relações Exteriores (1967-69).

sença do que as cidades nesse aspecto. No futuro, se a presença das cidades crescer, colocarão em xeque o poder do governador.

P - *O poder do governador ainda parece ser grande no aspecto político. As bancadas no Congresso não obedecem a seu governador?*

R - Algumas, não muitas.

P - *Não é freqüente o caso em que a negociação no Congresso passa pelo governador? O senhor, por exemplo, quando quer aprovar alguma coisa, não convoca os governadores?*

R - O governador tem mais capacidade de vetar do que de ajudar. Quando o governador vislumbra o interesse do estado e resolve jogar no Congresso, tem uma força grande para atrapalhar, sobretudo no Senado. Numa medida que ele julgue desnecessária, tem força de veto. No Senado, por exemplo, quando se vai discutir empréstimo ou imposto, os governadores têm influência. Fora disso, não existe política de governadores, no sentido de fazer um acordo com eles e tudo ficar resolvido. É preciso trabalhar o dia inteiro, e não só com o governador: com o senador, o deputado, o grupo tal. E mesmo assim tudo está sempre em aberto, é muito fluido. Não se têm mais as formas tradicionais de controle, o que não é um mau sinal. A persuasão tem que ser grande, o convencimento.

P - *Essa falta de poder sobre as bancadas não serviu para uma certa perda de percepção do papel dos governadores? Os governadores antes tinham uma identidade política forte. Inclusive, no Brasil anterior a 64, havia governadores de oposição.*

R - Lacerda, Magalhães...[8]

P - *Eram contra o governo federal. Hoje não há governadores de oposição, no sentido de que apresentem uma concorrência e um foco contra o governo federal.*

R - É verdade. O próprio Jânio em certos momentos teve essa característica. Isso tem a ver um pouco com a questão da perda da substância política, a perda de controle dos partidos, o aumento dos interesses difusos dos parlamentares. Por outro lado, tem a ver com a contenção dos recursos. Sobretudo nessa fase de crise do Estado, de crise fiscal, o governador precisa da União. Também existe uma necessidade de coordenação entre o governo federal e os estaduais. Hoje há um peso maior da administração sobre a política. Por causa da opinião pública, a razão administrativa — não sempre, mas freqüentemente — ganha da razão política. Quando a população precisa de alguma coisa, tem que se fazer. Tenho que ajudar a fazer o rodo-anel em São Paulo, porque senão a cidade explode. Se o Pitta tiver uma necessidade, ou o Arraes, ou o Cristovam, tenho que atender, independentemente do partido deles.[9] As divergências que tenho com os governadores derivam desse tipo de questão — questão de recursos, de problemas que às vezes são percebidos por eles e por nós de maneira diferente. Deriva desse tipo de tensão, não do choque político direto.

9
Celso Pitta: ver nota 3 do capítulo 13. O partido a que pertence é o PPB (Partido Popular Brasileiro), cujo principal expoente é seu antecessor na prefeitura de São Paulo, Paulo Maluf. Miguel Arraes (1916), político nascido no Ceará, radicado em Pernambuco. Governador de Pernambuco (1963-64), cassado pelo governo militar. Governador novamente de 1987 a 1990 e desde 1995. Filiado ao Partido Socialista Brasileiro (PSB). O partido de Cristovam Buarque, governador de Brasília, é o PT.

19

NORDESTE E ESPERANÇA, ÍNDIOS E MST (E OS PRAZERES DE UM SOCIÓLOGO NA PRESIDÊNCIA)

O CRESCIMENTO DO NORDESTE — RAZÕES DE OTIMISMO — BABY BOOM E DESEMPREGO — "O BRASIL NÃO TEM COMO FUTURO O DESESPERO" — A SUDENE — PRIVATIZAÇÃO DOS RECURSOS PÚBLICOS — POLÍTICAS PARA O NORDESTE — A "CURTIÇÃO DA POBREZA" E A AUTO-ESTIMA DO NORDESTINO — O DESAFIO DE FAZER OS INVESTIMENTOS CHEGAREM EMBAIXO — ALTA TECNOLOGIA E ALTA POBREZA — OS ÍNDIOS COMO TESOURO ANTROPOLÓGICO — A AMBÍGUA RELAÇÃO COM O MST — O DIVERTIMENTO DE ESTAR NA PRESIDÊNCIA — A SEM-TERRA DA PLAYBOY — "O LATIFUNDIÁRIO É UM TIGRE DE PAPEL"

17 / 11 / 97

Pergunta - *Por que o Nordeste continua atrás?*

Resposta - Mas o Nordeste cresce, economicamente. A região do Brasil que mais cresce é o Nordeste, há muito tempo. Agora há uma onda de industrialização no Nordeste — de têxteis, calçados. Até automóveis estão indo para lá. Acho que o Nordeste já encontrou um caminho. Tenho uma visão otimista do futuro do Brasil. Por quê? Porque todos esses problemas que foram — e ainda são — muito dramáti-

NORDESTE E ESPERANÇA, ÍNDIOS E MST
(E OS PRAZERES DE UM SOCIÓLOGO NA PRESIDÊNCIA)

cos, começam a ter um horizonte. Supondo-se que não haja duas coisas — colapso econômico e desatino político —, acredito que em questão de dez ou quinze anos mudamos qualitativamente o Brasil. Não estou dizendo isso por querer, mas por razões objetivas.

P - *Quais?*

R - Primeiro, porque chegamos a um nível de acumulação de recursos já grande. Precisamos aumentar a poupança interna, é verdade, mas nosso produto bruto é hoje de 800 bilhões. Então, já há uma massa. Querendo ou não, essa massa se reproduz, pela dinâmica do próprio sistema econômico. Em segundo lugar, porque hoje já temos áreas de importância cultural e tecnológica, que são os suportes do crescimento futuro. Temos tecnologia para lançar foguete. Fazemos aviões competitivos. Temos uma tecnologia de pesquisas de petróleo em águas profundas que é a melhor do mundo. Há muita coisa que já indica um país com uma base tecnocultural razoável. Houve uma expansão da classe média. Mais ainda, quando você olha dinamicamente os indicadores sociais, todos os dados são positivos. Cai a mortalidade infantil, diminui o número de analfabetos, aumenta o número de anos que as pessoas ficam na escola. Não há nenhum dado andando para trás. Está aumentando a rede de água, a rede de saneamento... Outro dado que acho muito importante é o demográfico. A queda da taxa de crescimento da população foi muito rápida. Hoje a população está crescendo a 1,4%, e a média de filho por mulher está em dois, aproximadamente. Fizemos a transição demográfica. Isso é uma revolução. Quando estava no Cebrap, nos anos 70, a discussão era essa.[1] Lembro-me de discutir com o Roberto Campos no Senado — eu com uma visão mais antiquada, na verdade, dessa questão.[2] O Roberto Campos era favorável ao planejamento familiar, mesmo coercitivo. Eu dizia: "Basta aumentar a educação primária. Há dados mostrando que, aumentando a escolarização, a mulher

1
Cebrap: ver nota 7 do capítulo 1.

2
Roberto Campos: ver nota 9 do capítulo 13.

aprende técnicas de controle da natalidade, e usa". Foi o que aconteceu. Televisão mais educação primária: com esses dois fatores, houve uma transição muito rápida.

P - *Se a pressão demográfica diminui, por que ainda não houve um alívio na demanda de emprego?*

R - Porque estamos no máximo da pressão do *baby boom* do passado. Ainda estamos sentindo o efeito de uma oferta grande de força de trabalho a cada ano. São crianças que nasceram há dezoito ou vinte anos, quando ainda não tínhamos feito a transição. Daqui para a frente, a partir do ano 2003 ou 2004, teremos menos gente incorporando-se à força de trabalho a cada ano. Supondo, como acredito, que vamos ter uma taxa de crescimento econômico razoável, não teremos um desemprego alarmante. Entre os anos 2014 e 2015, a população pára de crescer. Então, passaremos aos problemas de população madura: velhice, asilo, doenças de outros tipos que não as atuais. Serão outros problemas, não os que temos hoje. São Paulo crescia a uma taxa de 5% — 300 mil pessoas por ano. É inviável. Não há quem satisfaça a demanda de casa, luz, água, escola e hospital. Há cinco anos São Paulo não cresce. O Rio também não cresce há cinco anos. Recentemente sobrevoei o Rio de helicóptero. O subúrbio está muito mais ajeitado. A favela também, como já comentamos. E isso já vem de algum tempo.

P - *A Baixada Fluminense ainda cresce.*

R - Cresce, mas sem a acumulação de miséria que houve num certo momento. O efeito da estabilização econômica é visível. As pessoas estão comprando cimento em saco de um quilo. O grande crescimento da indústria de cimento veio da "construção-formiga". Não estou querendo pintar um quadro cor-de-rosa, mas está havendo uma melhoria efetiva. O Brasil não é um país que tenha como futuro o desespero.

NORDESTE E ESPERANÇA, ÍNDIOS E MST
(E OS PRAZERES DE UM SOCIÓLOGO NA PRESIDÊNCIA)

P - *No que a Sudene falhou? Quando ela surgiu, inaugurou-se uma era de muita esperança para o Nordeste. Imaginava-se que em dez ou quinze anos a região apresentaria uma outra face.*[3]

R - O modelo que se colocava era de industrialização. Imaginava-se, um pouco, repetir São Paulo. É verdade que também havia alguns programas agrícolas — no Maranhão por exemplo —, oferta de água no sertão etc. Se você examinar as circunstâncias da época, o diagnóstico, grosso modo, era adequado, e houve um esforço grande. O que atrapalhou foi a politização, no mau sentido — tanto no de partidarização quanto no de oligarquização. Os recursos eram apropriados...

P - *Privatizados?*

R - ...apropriados, privatizados, inadequadamente. Hoje, desde que o superintendente é o general Nilton Moreira Rodrigues, que o Itamar nomeou e eu mantive, nunca mais houve problema desse tipo.[4] O Banco do Nordeste sofreu uma transformação profunda e boa. Nas atividades financeiras do governo, o Banco do Nordeste é um dos que têm programas de alcance popular maior, programas de pequena e média empresa, voltados para o interior. Há uma mudança grande. Mas acho que seria injusto não considerar que, apesar de suas dificuldades, as bases para o desenvolvimento do Nordeste foram lançadas pela Sudene.

P - *O senhor diria que há um problema cultural atrapalhando o desenvolvimento do Nordeste?*

R - Não, acho que há um problema educacional. Esse programa que estamos lançando agora, a partir de 1º de janeiro...

[3]
A Sudene, sigla de Superintendência do Desenvolvimento do Nordeste, foi criada pela lei nº 3692 de 15 de dezembro de 1959 (governo Juscelino Kubitschek), com o objetivo de promover e coordenar o desenvolvimento do Nordeste.

[4]
General Nilton Moreira Rodrigues (1935), presidente da Sudene desde janeiro de 1994.

P. - *Mas e o problema das oligarquias que se apropriam dos recursos públicos?*

R - Como se acaba com isso? É a sociedade que reage, a sociedade urbana. Tome o exemplo do Ceará, tome o da Bahia. São estados que têm hoje uma dinâmica respeitável. O Maranhão também começa a ter, o Rio Grande do Norte, Sergipe. Há casos que são mais dramáticos. Alagoas, por exemplo, onde houve quase uma dissolução do estado. A definição do futuro de Pernambuco ficou problemática. Há estados realmente assim. Mas não tenho uma visão desesperançada do Nordeste. Não sei até que ponto a Sudene pode ser responsabilizada. Ela era criticada por não ter feito uma opção, digamos, mais mercado e menos Estado. Sabe-se o que o Estado significa em matéria de clientelismo. A resposta do Nordeste a essa crítica é: "O Nordeste vai precisar sempre do Estado". Precisar, sei que precisa, mas não se pode ter o Estado como fim, porque aí você terá uma interferência política na distribuição dos recursos além do razoável.

P - *Qual é a política que deve ser seguida para o Nordeste?*

R - A política tem que ser de infra-estrutura, educação e turismo. Nós estamos fazendo bastante pelo Nordeste no que diz respeito, por exemplo, à eletricidade. Fizemos Xingó, cuja construção foi retomada no governo Itamar. Agora estou discutindo com o Arraes e com a Shell uma usina de geração de energia. Colocamos em funcionamento o porto de Suape, em Pernambuco. Estamos fazendo o porto de Pecém, no Ceará. Já existe o de Itaqui, no Maranhão. Com a privatização dos portos, esse setor vai avançar razoavelmente. No que diz respeito à questão da água no Nordeste, mandei estudar a transposição do rio São Francisco. Não é uma coisa simples, mas é necessário. No Ceará estamos fazendo uma represa, chamada Castanhão, três vezes maior que a de Orós. O Ceará, com o programa que está em marcha, te-

NORDESTE E ESPERANÇA, ÍNDIOS E MST
(E OS PRAZERES DE UM SOCIÓLOGO NA PRESIDÊNCIA)

rá condições de enfrentar qualquer seca. Em Pernambuco fizemos avançar a adutora do Oeste, que era uma grande reivindicação, e a de Jucazinho, entre outras. No Rio Grande do Norte, já há mil quilômetros de adutoras, sertão adentro. Há obras no canal Curemas, e no açude Mãe d'Água, na Paraíba. Enfim, nós estamos assentando as bases para o Nordeste ter um impulso grande. Esse "nós" não é só o governo federal, é um conjunto. Agora, aí sim, entra o problema cultural. É preciso que os nordestinos acreditem mais em sua própria capacidade. E que não pensem que turismo é a atividade economicamente secundária. Ao contrário, é vital.

P - *O senhor acha que há uma...*

R - Uma curtição da pobreza.

P - *...e uma insistência em pedir?*

R - Sim, eles não têm que fazer isso. Têm que pedir, claro, como estão fazendo agora, mas obras que reestruturem o Nordeste. Lançamos um programa muito importante, de fruticultura. A região tem microclimas muito bons. A exposição ao sol é fantástica. O que fizemos? Instituímos um programa de fruticultura, dentro de um novo modelo. Fizemos um acordo com dez empresas de frutas. Elas multiplicarão suas áreas de cultivo, e incluirão nessas novas áreas médios produtores, ao mesmo tempo que instalam o que eles chamam de irrigantes. O agricultor pobre não consegue, por seus próprios meios, bancar a irrigação. A água para irrigação é cara. Também é preciso atenção para o produto a ser cultivado. Se você for plantar feijão em terra irrigada, perde. Eu vi feijão plantado em terra irrigada no Ceará. É perda pura, porque o projeto de irrigação é muito caro. Só compensa para uma agricultura avançada, sobretudo de exportação. Vejo elementos de renovação no Nordeste. O Nordeste encontrou sua vocação, na área indus-

5
Programa de valorização do professor: ver nota 7 do capítulo 3.

6
Paulo Hartung (1957), político capixaba. Prefeito de Vitória de 1993 a 1997. Diretor da área social do BNDES até abril de 1998.

trial. Qual é a vocação? Eles têm mão-de-obra. Podem aproveitá-la em têxteis e calçados. E, agora, esse programa educacional, o da valorização do professor, que vai acontecer a partir de 1º de janeiro — e não aconteceu antes porque os governadores não quiseram, não tinham dinheiro —, vai trazer outro impacto positivo à região.[5] Há muita preocupação, porque o aumento do salário dos professores vai ser grande. O salário duplica, triplica. Mas isso tem efeito imediato no comércio da região. O problema do Nordeste, a meu ver — e não só do Nordeste, das áreas carentes em geral —, é encontrar as atividades que possam estruturar a economia e a sociedade — atividades que cheguem lá embaixo, que sejam capilares, para pegar a parte mais pobre. Há zonas muito, muito pobres. Fui a Iracema, no interior do Ceará, visitar outro programa que acho muito bom, que é o de agente comunitário de saúde. Iracema é muito pobre. E do que vive? Do INSS. Quer dizer, de aposentadoria rural, que é outro programa que não adianta olhar tecnocraticamente. Não adianta perguntar: "Trabalhou ou não trabalhou? Tem direito?". É uma maneira de dar renda, é um programa de renda mínima.

P - *O senhor está dizendo que os programas de pequeno porte acabam sendo mais eficazes?*

R - Nós, sobretudo nós do Sudeste, estamos acostumados a pensar na grande obra, no grande recurso. Isso não chega lá embaixo. Tenho muito entusiasmo por esse programa do Banco do Nordeste, que mencionei. Há um funcionário do Banco do Nordeste para cada duas cidades da região. Ele vai de Kombi ou Besta identificar a quem oferecer um financiamento rápido, sem burocracia. Tem que haver programas como esse. No BNDES foi criada uma área social, dirigida pelo Paulo Hartung, que foi prefeito de Vitória.[6] Estamos tentando fazer bancos do povo, uma idéia inspirada numa experiência de Bangladesh. O BNDES tem dinheiro para dar aos bancos do povo, mas não se estabeleceram ainda

NORDESTE E ESPERANÇA, ÍNDIOS E MST
(E OS PRAZERES DE UM SOCIÓLOGO NA PRESIDÊNCIA)

os mecanismos para seu funcionamento. Quer dizer, dinheiro tem, mas como se faz para garantir que esse dinheiro seja bem usado, que chegue mesmo ao povo, que se preste conta dele? São empréstimos muito pequenos. Duzentos reais, quinhentos reais, mil reais. É para comprar uma máquina de costura, esse tipo de coisa. Isso falta. E aí entram de novo as ONGs. Não é o Estado e nem é a empresa. São novas formas de organização para captar esse dinheiro e lhe dar uma destinação. Não se pode querer que o povo vá ao banco. Ele não vai. Não vai nem à Caixa Econômica mais. Tem medo. Se entrar numa agência bancária, fica tonto. E, aliás, tem razão de ter medo, porque, se aplicam aquelas taxas de juros em cima dele, está perdido. No Brasil é assim: temos alta tecnologia, mas temos alta pobreza.

P - *O fato de o país ser ao mesmo tempo de alta tecnologia e alta pobreza confunde o governante?*

R - Costumo dizer, para provocar os estrangeiros, o seguinte: você, presidente da República, está discutindo o Conselho de Segurança Mercosul, qual é o efeito da crise da Coréia, e de repente tem que receber um chefe tribal — que aliás não gosta mais de ser chamado de "chefe de tribo", e quer ser chamado de "chefe de grupo" — para discutir demarcação de terra. Temos ainda índios, no Brasil, que não falam outra língua senão a própria e que só tiveram contato com outros grupos do mesmo tipo. Não há outro lugar no mundo assim. Só o Brasil, a Venezuela e a Colômbia.

P - *Mas são muito poucos.*

R - Em termos numéricos são poucos, mas em termos antropológicos é uma coisa fantástica. Temos no Brasil 330 mil indígenas. Desses, muitos já não são assim. Nesse grupo dos que só falam sua própria língua e só se relacionam entre eles deve haver alguns poucos, mas são os únicos do mundo. Quer dizer, é uma riqueza antropológica fantásti-

7
UDR é sigla de União Democrática Ruralista, entidade que, criada na década de 80, em função dos conflitos de terra, pretende representar os interesses dos proprietários.

ca, é quase uma arqueologia do homem. Você tem que lidar com isso, o que é fascinante, do ângulo de um presidente que é sociólogo. Você tem que lidar com a reforma agrária, que é um tema do século XIX. Ao mesmo tempo que discutimos fórmulas de *just in time* e como mudar o sistema tributário para poder adaptar-se a esse tipo de produção superavançada, temos que discutir a economia de subsistência. Um oficial-general, outro dia, fez um comentário muito elucidativo de como a mentalidade mudou no Brasil. Estávamos conversando, eu perguntei: "Como está a situação aí?". Ele respondeu: "Há cento e cinqüenta fazendas ocupadas". "Puxa, isso tudo, cento e cinqüenta ocupadas?" Ele disse: "É, só que agora é normal". Quer dizer, a sociedade aceita. Aceita que se ocupe a fazenda. Depois vem o INCRA, discute. Aquilo que, digamos há dez anos, pareceria pôr em risco a ordem, de alguma maneira, a sociedade absorveu.

P - *A UDR não absorveu.*[7]

R - Claro, se eu disser isso, a UDR se mobiliza imediatamente. Há o desrespeito, a violência contra o direito de propriedade... Mas a noção da legitimidade da propriedade ociosa caiu. As perguntas que se fazem são as seguintes: "Ocupou terra produtiva ou não? Fez uma violência contra quem planta ou está ocupando terra vazia?". Então, de alguma forma, o MST... Sempre tive uma relação muito especial com o MST. Eles me atacam muito, mas sempre fui muito...

P - *Tolerante?*

R - O termo não é *tolerante*, não é isso. O que quero dizer é que sempre entendi a função do MST. Com uma situação do século XIX, eles têm uma ação do século XIX. Vamos fazer o quê? A culpa é nossa, da sociedade, que não mudou. O Stedile vive citando a Ruth, porque ela disse uma coisa óbvia:

NORDESTE E ESPERANÇA, ÍNDIOS E MST
(E OS PRAZERES DE UM SOCIÓLOGO NA PRESIDÊNCIA)

"Sem pressão, a sociedade não muda".[8] Ele faz isso de propósito, para confundir. Mas é preciso entender a lógica do MST.

P - *Por quê?*

R - Porque eles ajudam a mudança. Não podem é acelerar muito. Se ocuparem muita coisa, sobretudo terra produtiva, o que é inaceitável, aí vai ter repressão, queira eu ou não queira, pois, se eu não quiser, os fazendeiros organizam-se, vão lá e matam. Tem que haver um certo jogo nisso. Numa sociedade com tanta disparidade, se o Estado reagir com a força de que dispõe, com repressão, não vai resolver. Por outro lado, não se pode não fazer nada, e deixar que a coisa avance. É claro que no MST tem gente que imagina estar fazendo a revolução socialista. Há quem pense até em revolução armada, sei que há. Usam a fotografia do Guevara como inspiração. Mas isso não tem muita importância do ponto de vista histórico. Eles não vão fazer a revolução, não têm condição para isso. Então, se não entendermos isso, se não tivermos a compreensão da situação, poremos em risco, ou a democracia, ou a mudança. Não se pode pôr em risco nem uma nem outra, e para isso é preciso manter um difícil equilíbrio.

P - *O senhor está dizendo que é preciso deixar solto mas com um certo controle, não reprimir mas também não relaxar. É possível isso?*

R - Se não for assim, qual é o prazer, qual o divertimento de estar na Presidência? É preciso ter uma compreensão dessas coisas e, se possível, fazer com que a sociedade também tenha. Acho o MST um exemplo fascinante de como é a sociedade brasileira — uma sociedade que absorve, que não se quebra, que muda. É o contrário do que se diz. Aqui a sociedade tem porosidade, tem plasticidade. Quando você vê a Globo dando legitimidade ao MST... E ela deu, ao incluir a questão da terra numa novela.[9] Quando você vê o

8
João Pedro Stedile (1953), principal dirigente do Movimento dos Trabalhadores Rurais Sem-Terra. Ruth Leite Cardoso: ver nota 14 do capítulo 9.

9
Trata-se da novela Rei do Gado, *levada ao ar pela TV Globo entre junho de 1996 e fevereiro de 1997.*

10
Trata-se de Débora Rodrigues, militante do Movimento dos Sem-Terra que figurou na capa da revista Playboy *de outubro de 1997.*

modo como o governo e o MST atuam, talvez com recíproca compreensão da situação, embora eu não saiba se há do outro lado a mesma compreensão que tenho... Ao mesmo tempo, tudo isso se dissolve em uma sociedade de massas — e o exemplo é essa moça que vai para a capa da *Playboy*.[10] É fantástico. Quando ocorre essa dissolução da rebeldia pela sociedade de massa, vira tudo um símbolo. Idealizam, projetam uma coisa meio onírica.

P - *Romântica?*

R - Romântica, mas é fantástico. E, ao mesmo tempo, os sem-terra estão lá, na luta dura. E o pessoal da UDR se une, ataca também o governo, que não reprime: "Não tem mais ordem aqui". Outro ponto é a compreensão das Forças Armadas nesse processo. Eles também têm compreensão. Querem tentar tudo, antes de reprimir.

P - *Há trinta anos eles deram um golpe por causa disso.*

R - Esse é que é o negócio. Deram o golpe por causa disso. É verdade também que está acontecendo uma mudança tão grande na agricultura e no campo, que...

P - *A importância política do campo, ou pelo menos dos proprietários de terra, na vida nacional caiu muito, não foi?*

R - Caiu muito. Eu disse outro dia, para provocar: "O latifundiário no Brasil é um tigre de papel".

20

CAMINHOS E DESCAMINHOS DA SAÚDE. ORÇAMENTO E DEMOCRACIA

A DISCUSSÃO SOBRE A ESCASSEZ DOS RECURSOS PARA A SAÚDE — HOSPITAIS E POSTOS DE SAÚDE — DISTORÇÕES DO SUS — RECURSOS PÚBLICOS QUE ESCOAM PARA BOLSOS PRIVADOS — AGENTES DE SAÚDE — MÉDICOS DE FAMÍLIA — MEDICINA E LUCRO — PLANOS DE SAÚDE — O ORÇAMENTO COMO PEÇA DE FICÇÃO — CONTINGENCIAMENTO E PODER DO MINISTRO DA FAZENDA — A NECESSIDADE DE GASTAR O QUE ESTÁ PREVISTO — ORÇAMENTO, TRANSPARÊNCIA E PROCESSO DEMOCRÁTICO

17 / 11 / 97 e 19 / 11 / 97

Pergunta - *Como o senhor responde à crítica de que seu governo investe pouco em saúde?*

Resposta - Isso tem a ver com a questão da despolitização, ou da má politização, de certas questões. A questão da saúde é politizada para os que têm interesse direto no setor — nos hospitais ou em algumas atividades do ministério. Às vezes, é ligada às máfias. Mas na questão que diz respeito à população mesmo, a politização que aparece na imprensa é outra: é a discussão sobre orçamento. Recebi um artigo interessante de um deputado do PSDB do Piauí. Ele dizia que o orçamento da Saúde passou — não me lembro exatamen-

1
O PAB, sigla de Piso Assistencial Básico, é um programa pelo qual os municípios se habilitam a receber diretamente do governo federal as verbas destinadas às despesas no setor da saúde.

te —, de 96 para 97, de 14 bilhões para 19 bilhões. Agora querem mais 2 bilhões. Pergunta-se: mudou alguma coisa? Para o povo, não mudou nada ter passado dos 14 bilhões para os 19 bilhões. Mudou para os hospitais. O povo teve um acesso maior aos serviços de saúde? Não teve? Isso não aparece. Não é politizado.

P - *Também há os escândalos — hospitais que matam velhinhos, crianças...*

R - De vez em quando alguém morre porque foi mal atendido e estoura um escândalo, mas a discussão não se dá no nível efetivo da vida diária das pessoas. No plano nacional, quando se politiza a questão, é porque há uma briga do Congresso com o governo, ou do ministério com os hospitais. Só quando os grandes atores estão envolvidos. Agora, estamos realizando duas mudanças grandes. A primeira é a criação de uma farmácia básica, para distribuir medicamentos aos municípios. O modo de fazer isso é importante. Como é que se costumam distribuir recursos entre estados e municípios, no Brasil? Pelas regras, os que estão melhor são os que mais ganham. Temos que mudar isso. É difícil porque quem menos precisa é quem tem mais poder, e grita mais. Não quero dar exemplos concretos, porque isso me complica no meu partido, mas a verdade é que os estados que mais conseguem recursos federais são os que mais têm. São os mais ricos, per capita inclusive. Vamos mudar isso, nesse programa da farmácia básica, e no programa que tem o nome técnico de PAB.[1]

P - *Qual é a segunda mudança?*

R - Essa é mais importante e mais difícil. Se você hoje se sente mal ou tem uma dor de barriga súbita, vai para o hospital. Não há mais postos de saúde como havia antigamente. Tudo é hospital, hospitalizou-se tudo. Tenho experiências pessoais. Se for das classes com mais informações, você

CAMINHOS E DESCAMINHOS DA SAÚDE. ORÇAMENTO E DEMOCRACIA

telefona para um médico e pergunta qual o melhor hospital para curar uma dor no peito, ou uma dor de barriga. Esse médico ligará para o médico do hospital e dirá que você vai para lá. Se não tiver esse contato, você vai ao primeiro hospital que lhe ocorre, ou o mais próximo. Em qualquer caso, o médico que o atende vai fazer exame de tudo. Depois, manda a conta para o governo. Tudo quem paga é o governo federal, via SUS. Então, quanto mais exame, mais se ganha. Se tivéssemos um sistema de postos de saúde, como havia antigamente, haveria uma triagem de outro tipo. Você "desospitaliza" o sistema. Diminui o componente tecnológico do atendimento, e só encaminha o paciente ao hospital num segundo momento. O que aconteceu? Uma perversão. Nós imaginamos, na Constituição de 88, o Sistema Único de Saúde como uma grande salvação. No papel, nós universalizamos o atendimento. Toda a responsabilidade foi para o Estado, o Estado entendido como União. O que aconteceu? Os órgãos municipais, com algumas exceções, e os estaduais, com outras exceções, encolheram. Os hospitais privados passaram a fazer acordos com o SUS e tudo passou a ser feito via esse tipo de sistema hospitalar privado. Estamos gastando 55% do orçamento federal disponível com a saúde e o custo é infinito.

P - *Os hospitais privados vampirizaram os hospitais públicos?*

R - Vampirizaram. A não ser uns poucos. Então, o sistema tem que mudar. Estamos tentando. Será uma luta, reorganizar isso.

P - *O SUS está errado?*

R - Não é o SUS, mas o modo como foi implantado.

P - *Aquilo que seria a salvação universal acabou gerando uma distorção?*

2
Adib Jatene (1929), médico cardiologista nascido no Acre e radicado em São Paulo. Diretor do Instituto do Coração do Hospital das Clínicas da Universidade de São Paulo (Incor). Ministro da Saúde no governo Collor (1990-92). Primeiro ministro da Saúde do governo Fernando Henrique Cardoso (1995-96).

R - E provocou uma privatização indireta da saúde. O Estado e, em última análise, o cidadão pagam para o setor privado via SUS.

P - *Os recursos que hoje escoam para a rede privada não poderiam reativar os grandes hospitais públicos?*

R - E também essa rede de postos de saúde. Ela é mais importante que os hospitais, porque fará a triagem. Há uma ou outra doença mais grave que precisa ser tratada em hospital mesmo, mas o grosso dos problemas de saúde é simples. Não é fácil dizer: "Deve-se fazer assim", ou "Deve-se fazer assado", mas eu disse numa reunião de médicos, outro dia, que uma parte da questão tem a ver com a atenção que se dá ao povo. Uma parte não é dinheiro, é atenção. É dedicação ao doente, um outro tipo de relacionamento que deve haver com ele. Também acredito que devemos investir na prevenção. Daí a importância enorme que dou aos agentes comunitários de saúde. Passamos de vinte e poucos mil para 50 mil e queremos chegar a 100 mil. Esses agentes vão à casa da pessoa e ensinam ao pobre como dar banho na criança, que comida dar. Tudo com um pequeno custo hospitalar. A enfermeira vai até a casa da pessoa — eu vi isso —, em vez de a pessoa ir ao hospital. Fica mais barato. O Jatene contava que foi a Alagoas e lhe reivindicaram fazer um hospital.[2] Ele disse que não podia: "Aqui em Maceió há mais leitos do que na média das cidades brasileiras e os leitos não estão sendo usados". Aí disseram: "Então, vamos fazer em Arapiraca". Acontece que em Arapiraca o problema também não era hospital. Eles pensam que se constrói hospital e aí começa a vir tudo: dinheiro, equipamento. Não é assim, a coisa é mais complicada — ou mais simples.

P - *Mais simples por quê?*

R - Porque há esquemas como o dos postos de saúde, ou dos agentes comunitários. Estamos implantando também

CAMINHOS E DESCAMINHOS DA SAÚDE. ORÇAMENTO E DEMOCRACIA

o esquema dos médicos de família, que é uma experiência cubana — aliás, há muito médico cubano aqui no Brasil, o que acho bom. Está se criando uma mentalidade de médico de família no Nordeste, em Roraima... Outra coisa que está sendo feita são os consórcios municipais. Disseram-me que já há seiscentos municípios consorciados. Com o consórcio municipal, criam-se especializações: um município faz um hospital para um tipo de coisa, outro para outra. Toda a área fica atendida melhor, dessa forma. Desenho sobre o que fazer já se tem, e começa-se a fazer, mas ainda não há consciência disso. A crítica é sempre do lado do dinheiro, do orçamento, mas a questão não é essa.

P - *O senhor acha que cabe, num sistema de saúde, ter como móvel o lucro?*

R - Não. Pode ser que numa parte do sistema, mas o móvel básico não pode ser lucro.

P - *O sistema brasileiro não está montado fortemente na concepção do lucro?*

R - Está. E pior: o lucro vem dos subsídios pagos pelo SUS, o que é mais grave. Aí dizem: "Ah, mas o que se paga por atendimento é muito pouco". É verdade, mas há uma distorção — uma distorção consentida, que entrou na mentalidade. Se o que se paga é tão pouco, como os hospitais não vão à falência? Por um lado, porque há fraude, que está diminuindo, mas há. Por outro, porque se fazem exames caros para compensar a baixa remuneração do atendimento comum. Isso tem que começar a ser passado a limpo.

P - *Critica-se o SUS por pagar de acordo com a complexidade do procedimento. Quanto mais complexo este for, mais se paga ao hospital...*

R - Quanto mais complicado, mais se ganha.

281

3
Incor, Hospital das Clínicas: ver nota 2, deste capítulo. O hospital SARAH, antes chamado Sarah Kubitschek, surgido em Brasília, hoje constitui-se numa rede, com unidades em Salvador, São Luís e Belo Horizonte, e uma em construção, em Fortaleza. É especializado em ortopedia e recuperação de disfunções do aparelho locomotor, setor em que se converteu também num importante centro de pesquisas. O Hospital Miguel Couto, do Rio de Janeiro, vinculado à prefeitura carioca, foi criado em 1936.

P - *Isso induziria a complicar desnecessariamente os procedimentos. Em vez de se fazer parto normal, faz-se cesariana...*

R - Paga-se, opera-se sem necessidade. Por outro lado, há as Santas Casas, que estão precisando de recursos mesmo. O caso delas é diferente e precisa ser separado. Há uma área grande que é realmente filantrópica e foi penalizada pelas altas taxas de juros, falta de pagamento, atrasos etc. Estamos tentando consertar isso. Já acertamos quanto aos atrasos, mas ainda estamos devendo um ajuste nos procedimentos. Aí é indispensável. Não se pode contar somente com o hospital público. Teremos que contar com a área filantrópica e também com a área privada.

P - *Mas a base do sistema não estaria no restabelecimento do prestígio e da eficiência do hospital público? Os centros de excelência no Brasil eram os hospitais públicos, e estão deixando de ser.*

R - Ainda são. O Incor é, o Sarah Kubitschek, o Hospital das Clínicas de São Paulo, o Miguel Couto no Rio de Janeiro.[3] Temos que dar condições para esses núcleos avançarem mais. Não se pode abrir mão de ter um setor público na saúde. Essa idéia de privatização da saúde é ilusão, pelo menos numa sociedade do tipo da nossa. É outra ilusão imaginar que o setor público vá atender universalmente todo mundo. Não há como. O sistema tem que ser misto, mas com critérios diferentes dos atuais. Como está não dá.

P - *Não se poderia estabelecer a regra: recursos públicos só para instituições públicas?*

R - As filantrópicas terão de existir... Não dá. Você criaria uma burocracia pública muito pesada e sem capilaridade para chegar às cidades menores. Por outro lado, no setor privado temos núcleos excelentes, fantásticos, hospitais muito bons. Outra discussão muito importante diz respeito aos planos de saúde. Essa discussão está sendo feita no Congresso. Houve alguns avanços, mas ainda há críticas. Essa questão é uma questão ainda mal resolvida.

P - *O brasileiro aprendeu a odiar o plano de saúde. Em outros países, eles são motivo de segurança para os associados. Aqui, de insegurança.*

R - Por isso, precisamos realmente de uma legislação mais adequada. Não havia legislação. Mas veja: acho que o problema mais desafiador que temos na área social é a saúde. A educação está encaminhada. Isso traz vantagens também para a saúde, porque se ensinam os cuidados básicos. Podemos usar a rede educacional, inclusive a rede pública de televisão, para dar ensinamentos de saúde — já estamos fazendo isso. Agora, a questão da saúde em si mesma é um grande problema. E é um problema mundial. Nos Estados Unidos, a Hillary Clinton tentou avançar e não conseguiu.[4] No Canadá estão fazendo modificações. Na Inglaterra, que tinha um sistema muito avançado, agora há grandes reclamações. A situação agravou-se, lá, por causa da forte imigração. Enfim, isso tem a ver com a crise do *welfare state* na Europa. Mas não creio que a Europa possa substituir o *welfare state* pela privatização. E também não creio que esse seja o caminho no Brasil.

P - *A discussão dos recursos para a saúde nos remete à questão dos orçamentos públicos, no Brasil. São peças em que nem sempre vale o que está escrito. Quando teremos orçamentos de verdade?*

R - Num país como os Estados Unidos o orçamento é tudo. Na Câmara eles têm a comissão de Ways and Means, de grande poder, porque não só o exame do orçamento passa pelo Congresso, mas também a liberação, o empenho. A própria democracia está ligada à idéia de imposto, é uma idéia antiga. Aqui, por causa da inflação, ninguém dava im-

4
A reforma do sistema de saúde, anunciada como bandeira da administração Clinton, em seu primeiro mandato, e coordenada pela esposa do presidente americano, Hillary, acabou enfrentando dificuldades políticas crescentes, até Clinton retirar o projeto que enviara ao Congresso e desistir dele, em 1994.

portância ao orçamento. O orçamento era peça de ficção. O Executivo mandava o orçamento dizendo: "Este ano vamos arrecadar 100 bilhões". O Congresso respondia: "Não, a inflação será maior do que o que vocês calcularam e a arrecadação será de 150 bilhões". Então o Congresso autorizava o gasto de mais 50 bilhões. O orçamento voltava para o Executivo. O ministro da Fazenda sabia, ou imaginava saber, o quanto seria arrecadado e dizia que não era nem 150 nem 100, mas 80. Então pedia ao presidente para baixar um decreto contingenciando o orçamento, ou seja, dizendo que, apesar de aprovado pelo Congresso, não seria executado. Ao contingenciar, até a metade do ano, gasta-se 10% ou 12% do que foi aprovado. Isso distorce toda a administração e a subordina à área financeira. Quando o ministro da Fazenda tem uma visão política antiga, o que faz? Todos os outros ministros são subordinados a ele. Ele é quem decide se será feita essa ponte ou aquele hospital, porque é quem libera a verba. Isso arrebenta com qualquer administração que tenha metas, objetivos nacionais. Inverte tudo.

P - *Essa supervalorização do papel do ministro da Fazenda não é fruto da inflação?*

R - Da inflação e do autoritarismo. Quando se casam os dois, o fenômeno atinge seu máximo. Quando acaba o autoritarismo, isso é sinônimo de bagunça administrativa. A burocracia fazendária se investe do papel de salvacionista. Para salvar a pátria, corta a verba de todo mundo, e não há programa que se mantenha. Nós estamos reconstruindo isso. Eu queria, para o ano que vem — já não sei se vai dar, por causa da crise asiática —, que o Congresso aprovasse o orçamento tal como foi, com algumas alterações, e que o governo liberasse tudo o que foi aprovado, no decorrer do ano. Aí o administrador pode saber o quanto vai ter de dinheiro. Não vai precisar enganar o próprio governo ao qual pertence. Hoje, ele pede mais porque sabe que vai receber menos. Quando isso acontecer, trará uma grande mudança de mentalidade. Na verdade, este ano já melhorou...

P - *Mas ainda há contingenciamento.*

R - Só 15% este ano. Portanto, já melhorou muito. Agora, isso é essencial para a democracia. Por quê? Porque o Congresso passa a ser mais responsável. O que a administração vai fazer fica, realmente, transparente.

P - *O orçamento passaria a ser um instrumento de controle para saber se o governo está executando suas metas?*

R - Um instrumento efetivo. Isso obrigaria o governo a ser responsável, o Congresso a ser responsável, e a opinião pública a acompanhar o que está acontecendo. Orçamento é muito difícil, muito complicado de entender. Ele tem que se tornar mais claro, para que possamos, realmente, ter o controle democrático, e para deixar de ser uma farsa essa análise que sai sempre na imprensa: "Gastou mais, gastou menos...". Isso é bobagem. Gastou no quê? Isso, que seria importante, não é especificado.

P - *Hoje, o orçamento é visto como uma peça de toma-lá-dá-cá com os deputados.*

R - São as famosas emendas que dão essa impressão.[5] Se você for computar o que elas significam, não é nada. Juntas, perfazem 1 bilhão de reais. O orçamento é de 160 bilhões. O orçamento disponível mesmo é muito menor — são uns 25 bilhões. Mesmo assim, não é muito — 1 num total de 25. Mas isso dá margem a essa impressão de que tudo é uma negociação. O povo pensa que o deputado põe no bolso o dinheiro. Há uma certa irracionalidade nisso, porque, é claro, o interesse às vezes é muito localizado e até pode ser paroquial. Não sei se em algum lugar do mundo se resolve essa questão. Mas o melhor é que tudo seja transparente, que

5
A referência é às emendas que podem ser apostas pelos parlamentares ao projeto de orçamento enviado pelo Executivo ao Congresso.

6
"Anões do orçamento" é
como ficaram conhecidos
os deputados incriminados
no escândalo de
manipulação e desvio de
verbas orçamentárias que
veio à tona em novembro
de 1993. Ver nota 12
do capítulo 5.

se explique ao país e ao Congresso como funciona. Muito pouca gente entende de orçamento

P - *Os anões do orçamento entendiam.*[6]

R - Os que entendiam, no passado, eram aqueles que queriam manipular. Os partidos deviam encarar o orçamento como uma coisa vital para o país e incumbir seus líderes, seus melhores homens, de discuti-lo. Onde se discute a grande política de transformação, a política real de transformação, é no orçamento. Se para as comissões que discutem o orçamento manda-se gente que só tem interesse paroquial, o orçamento fica ruim. Nós no Brasil não valorizamos o orçamento. Não explicamos ao país o que é orçamento. O Congresso e o próprio governo não têm noção da importância do orçamento. Se pudesse — não vou poder —, poria o orçamento sob a responsabilidade de uma secretaria ligada diretamente à Presidência, e não ao Ministério da Fazenda, ou ao do Planejamento. É assim nos Estados Unidos. Porque isso é a chave de tudo. O dinheiro vai para onde? Para quê? Deve-se fazer isso ou aquilo? Nessa matéria estamos engatinhando. Como estamos engatinhando, aparece como uma coisa absurda o que não é, e às vezes o absurdo não aparece. Para se ter um Estado mais racional, e com base moral — porque o negócio todo é como se junta o racional com a base moral —, será preciso criar a consciência do que significa orçamento.

21

REFORMA DO ESTADO (1):
A FUNÇÃO ECONÔMICA

FILOSOFIA DAS PRIVATIZAÇÕES — ESTADO DE MAL-ESTAR
SOCIAL — CLIENTELISMO — ESTADO PARA QUEM? — AS DUAS
VERTENTES DA RECONSTRUÇÃO DO ESTADO — INTERESSES
PRIVADOS INCRUSTADOS NO ESTADO — AS AGÊNCIAS
REGULADORAS — OS BANCOS PÚBLICOS: BANCO DO BRASIL,
CAIXA ECONÔMICA — AS NOVAS FUNÇÕES DO BNDES
— BANCOS ESTADUAIS — A INDÚSTRIA DE AUTOPEÇAS
E A AUTOMOBILÍSTICA — A CRUELDADE DO SISTEMA
CAPITALISTA — A NOVA POLÍTICA INDUSTRIAL — JULGANDO
O FUTURO COM OS OLHOS DO PASSADO — POLÍTICO
É QUEM CONSTRÓI O CAMINHO

19 / 11 / 97

Pergunta - *A reforma do Estado é um dos temas mais insistentes de seu governo, se não o mais insistente. Que tipo de Estado vai sobrar, quando ela estiver concluída?*

Resposta - Primeiro, vamos à filosofia. Quando escrevemos o programa do PSDB, eu me incumbi dessa parte. Foi no governo Sarney. Escrevi que nosso problema não é nem de Estado mínimo nem de Estado máximo, mas do Estado necessário. Era uma maneira de sair da entaladela sem entrar na ideologia. Depois, quando tomei posse no Ministério da Fazenda, tive de enfrentar a questão das privatizações. Disse, então, que essa questão não se colocava, para mim, co-

1
Welfare state, *ou Estado do bem-estar social, é a expressão inglesa que designa um modelo de Estado posto em prática na Europa, com força sobretudo depois da Segunda Guerra Mundial. Caracteriza-se pela forte presença do Estado em setores como educação, saúde, transporte e previdência social, de forma a amparar com serviços públicos, freqüentemente gratuitos, as necessidades básicas da população.*

2
"Anéis burocráticos" é um conceito pelo qual o sociólogo Fernando Henrique Cardoso procurava caracterizar o acasalamento pernicioso entre os setores público e privado. Ao lado da burocracia pública, ele enfatizava o peso político da burocracia privada, constituída pelos quadros das grandes empresas. E convidava a pensar o sistema político "em termos de anéis que cortam horizontalmente as duas estruturas burocráticas fundamentais, a pública e a privada" (Fernando Henrique Cardoso, *"Estado e sociedade no Brasil", em* Autoritarismo e democratização, *2ª ed., Rio de Janeiro, Paz e Terra, 1975).

mo ideologia. Não se trata de saber se o Estado é bom ou mau patrão, ou se o empresário é bom ou mau. Mesmo porque há empresas estatais extremamente competentes e empresas privadas extremamente incompetentes. Igualmente, há corrupção dos dois lados. Não se coloca, portanto, em termos de princípios, se o Estado é pior ou melhor que a empresa, ou se o Estado deve desaparecer. Já antes de ser presidente, portanto, tentei afastar qualquer conotação meramente ideológica da questão.

P - *Se a questão não é ideológica, é o quê?*

R - É prática. Nós nos defrontamos com algumas questões práticas que dizem respeito ao Estado. Uma é aquela que tenho caracterizado como o nosso Estado do mal-estar social. Na Europa criaram o *welfare state*, o Estado do bem-estar social. Portanto, pode existir uma crise do *welfare state*. Aqui nunca tivemos um *welfare state*. Portanto, não pode haver uma crise do *welfare state*.[1] A crise do Estado brasileiro é diferente. Ele sempre foi incapaz de oferecer bem-estar. Então, não adianta você se aferrar a uma fórmula que não resolveu o problema da maioria. A segunda questão prática é que houve, no Brasil, a privatização do Estado. Eu já escrevia sobre isso desde os tempos do Geisel. Nosso problema é que o setor privado se incrustou no Estado. Os anéis burocráticos e outras coisas que andei estudando eram formas de acasalamento entre o estatal e o privado que não passam pelo controle da sociedade.[2] O que temos, então, é um Estado deformado pelo clientelismo, pelos interesses privatistas e pela incapacidade de atender bem a população.

P - *Esse é o Estado de Vargas ou o dos militares?*

R - O Estado montado na época do Getúlio não chegou a ser um Estado do bem-estar social, mas bem ou mal deu reconhecimento a camadas não oligárquicas da sociedade. Isso foi positivo. Sobre esse Estado, o regime militar atuou

REFORMA DO ESTADO (1): A FUNÇÃO ECONÔMICA

com grande ímpeto, para que atingisse a forma atual. Foi no regime autoritário que ele sofreu o maior impulso no sentido de ser um Estado privatizado, por um lado, e, por outro, um Estado que favorece políticas sociais que mantêm a desigualdade. Os gastos públicos crescem e, não obstante, as camadas pobres não recebem os benefícios. No máximo, esse Estado foi capaz de atender a classe média, em alguns momentos. Depois, nem mais a classe média, porque a classe média passou a ter padrões de exigências maiores — a educação pública, por exemplo, deixou de atendê-la.

P - *O mesmo não aconteceu com a saúde pública?*

R - Sim, com a saúde. Em cima disso, houve outro problema: a crise fiscal do Estado. Esse problema não é só nosso, atingiu todo o mundo. Na Europa, a crise fiscal erode a capacidade do Estado inglês, francês ou alemão de oferecer bons serviços. Aqui, a crise também impediu uma melhor ação do Estado, por um lado, e, por outro, por causa da inflação, gerou sua desorganização. Então, a primeira tarefa que temos pela frente é a reconstrução do Estado. O que estou fazendo é reconstruir o Estado. Por causa da crise fiscal, o Estado passou a não servir mais nem às classes dominantes. Passou a ser um corpo doente. Daí minha irritação com essa bobagem de neoliberalismo aplicada a este governo. Os liberais dizem que se tem de diminuir o Estado, fechar, privatizar a saúde, privatizar a segurança, privatizar a cadeia. Não é o meu ponto de vista. E digo mais: na esquerda, os que defendem o Estado que temos hoje, defendem o quê? Um Estado que foi sempre atacado pelas mesmas esquerdas como o Estado das classes dominantes, oligárquicas e incompetentes? Então, a tarefa fundamental é de reconstrução do Estado.

3
Victor Haya de la Torre (1895-1979), político peruano. Criador (1924) da APRA, Aliança Popular Revolucionária Americana, partido de coloração esquerdista que desafiava a oligarquia do Peru e exerceu forte influência na política do país, por mais de meio século. Sofreu prisões e exílio, e teve fraudados resultados eleitorais que o favoreciam. José Carlos Mariátegui (1894-1930), pensador e militante político peruano. Fundador do Partido Comunista Peruano (1928). Diretor de jornais de contestação do regime e autor de ensaios sobre a realidade peruana que exerceram grande influência, no país e fora dele.

P - *Reconstruir o Estado com que fim?*

R - A pergunta poderia ser: "Para quem?". Nunca me esqueço de um trabalho de Haya de la Torre, que aliás nunca foi autor de minha predileção. Preferia o Mariátegui.[3] Mas o Haya de la Torre é mais objetivo. O Mariátegui tem uma visão indo-americana muito pouco prática. O Haya tem um artigo a respeito do que é o Estado, com base no exemplo do Estado do México. Ele diz que o Estado formado pela Revolução Mexicana era um Estado mesocrático, das classes médias. E segue numa análise em que pergunta: a quem serve esse Estado? Então, eu também pergunto: reconstrução do Estado para quem? Para servir a quem? Dado o que disse anteriormente, a reconstrução do Estado no Brasil tem que ter pelo menos duas vertentes fundamentais: uma para permitir o crescimento da economia e outra para atender as camadas mais pobres. São duas vertentes aparentemente contraditórias. Se adoto um programa para evitar a quebradeira dos bancos, me acusam: "Está vendo, está defendendo os banqueiros!". Tenho que defender é a economia. Porque a economia que temos é a que aí está. Não existe outra. Não existe a economia centralmente planificada, e sim a economia de mercado. Você tem que fazer com que o Estado seja capaz de lidar com uma economia que mudou e que requer dele tarefas regulamentadoras muito fortes, para evitar que o mercado sufoque tudo. Não se pode deixar o mercado solto. Isso por um lado. Por outro, o Estado tem que ser reconstruído para atender as camadas mais pobres.

P - *E a classe média, como fica?*

R - Depende da classe média. A burocracia pública básica era da classe média. Essa foi a única classe não oligárquica a envolver-se mais fortemente com o Estado. Essa classe média perde. A outra classe média, a classe média emergente — que é a maioria da classe média, hoje —, não tem nada

REFORMA DO ESTADO (1): A FUNÇÃO ECONÔMICA

a ver com o Estado. Ela não depende do Estado para seu sustento. O máximo que ela pode ter é a nostalgia de alguns serviços que o Estado lhe prestava e não presta mais. Se você for ao interior de São Paulo, vai encontrar pessoas que não têm esperança alguma de que o Estado lhes possa servir para alguma coisa.

P - *A ênfase no atendimento aos pobres não é uma maneira de produzir uma clivagem na sociedade brasileira: de um lado os que recorrem ao Estado, e de outro os que prescindem dele? Isso não resulta num muro dividindo a sociedade brasileira, uma espécie de apartheid?*

R - Não sei se chega a configurar um apartheid, mas os que prescindem do Estado são os que têm algum meio de sobrevivência autônomo. É um dado da realidade. Outros não têm meios de sobrevivência autônomos, e vou dar um exemplo extremo: os aposentados do INSS rural. Se o Estado deixar de lhes pagar, milhões de pessoas não terão como sobreviver, porque só vivem desses recursos. É uma questão de fato. Já se o Estado deixar de assistir, como já deixou, a classe média do interior de São Paulo, do Paraná ou do Rio Grande do Sul, ela tem como sobreviver. Eu enumerei duas vertentes, mas o Estado tem que ter também uma missão universalizadora. Senão, não é democrático. Esse é o desafio de hoje: fortalecer o Estado para lidar com o mercado e fortalecer as políticas destinadas a socorrer as pessoas mais desprotegidas da sociedade, mas ao mesmo tempo — para responder a sua questão — resguardando sua missão universalizadora.

P - *Como se faz isso, na prática?*

R - Se o objetivo é o fortalecimento do mercado, o Estado tem que aplicar políticas que permitam o desenvolvimento econômico e a acumulação. Ao mesmo tempo, precisa servir à base da sociedade. E eu guardei essa terceira carta, a

4
*Juarez Távora
(1898-1975), militar
e político cearense.
Envolvido nas rebeliões
tenentistas dos anos 20,
acabou como um
dos líderes da Revolução
que, em 1930, depôs
a chamada República
Velha e colocou Getúlio
Vargas na Presidência.
Ministro da Agricultura
de Vargas (1932-34), de
quem se tornaria mais
tarde adversário.
Candidato a presidente
pela UDN (1955)
derrotado por Juscelino
Kubitschek. Ministro
da Viação (1964-67) no
governo Castelo Branco.*

da universalização, como objetivo do Estado, porque dessa forma ele passa a ser o Estado de todos. Vamos continuar pensando à Haya de la Torre: a quem serve o Estado? Quando se diz abstratamente que o Estado é de todos, a conclusão é a mesma do passado: ele é de todos, mas, na prática, só serve a alguns. Então, tenho que definir quais são os "alguns" estratégicos que, nesse momento, permitem avançar na direção de um Estado que sirva a todos. Isso que estou dizendo nem todos percebem, mesmo dentro do governo. Gostaria muito que os parlamentares da base do governo entendessem e defendessem isso com ardor, tivessem uma ideologia nessa direção. Quando digo que estamos carentes de ideologias, de idéias, é por isso: se não se sabe para onde vai, não se conhece o rumo, não se defende esse rumo com convicção. Estamos precisando de gente que produza quadros de referências. Sou presidente da República e os produzo por falta de outros. Não é o meu papel. O meu é indicar como se conduz o processo.

P - *O senhor diz que precisa identificar "alguns" estratégicos, o que talvez equivalha a áreas estratégicas, e mexer neles para que se produzam efeitos na totalidade da ação do Estado. É isso?*

R - Isso. No que diz respeito ao mercado, a idéia é a seguinte: o que temos hoje é um Estado impregnado de interesses privados. Tomem-se as empresas telefônicas, ou as companhias de eletricidade, ou de petróleo, ou os bancos, o Banco Nacional de Desenvolvimento Econômico e Social, BNDES. Qual era a ação tradicional dos agentes que privatizaram o Estado? Fiquemos nas companhias de eletricidade. Tínhamos as companhias públicas estaduais e, acima delas, o DNAEE, Departamento Nacional de Águas e Energia Elétrica, órgão criado por Juarez Távora, nos anos 30.[4] Pouco a pouco o DNAEE ficou sem corpo técnico próprio. Ele comissionava gente das próprias empresas dos estados, e se travava uma tremenda briga para ver quem ficava com essas

REFORMA DO ESTADO (1): A FUNÇÃO ECONÔMICA

funções, porque elas incluíam a definição de tarifas, o montante de investimentos, a taxa de juros, as regras de concessão. Tudo isso ocorria fora do controle do Congresso, da sociedade e do próprio governo, entendido o governo como uma entidade distinta do Estado. Então, havia aquela briga: São Paulo deve à União, não deve, a União é que deve a São Paulo... A questão acabava no Senado, que não tem noção do custo dos itens em discussão. Por fim, apresentava-se uma conta para o consumidor, na qual já estava embutida uma inflação para todo mundo. Fez-se muita coisa assim, no país. Construíram-se fundos de acumulação que, num dado momento, foram até úteis. Mas chegou-se a um ponto em que o que se tinha era um monstrengo burocrático incapaz de decidir em termos de uma estratégia, que só se movimentava em função das pressões.

P - *Isso ocorria no interior do Estado. E o setor privado, como se aproveitava dessa situação?*

R - O setor privado tinha um papel. A empresa de geração de energia é pública, mas quem constrói a usina é o setor privado, quem vende as máquinas é o setor privado, quem faz a extensão das linhas são empresas privadas. Então, havia um acasalamento. O exemplo das "teles", as companhias telefônicas estaduais, é gritante. Como o sistema de telecomunicações tem uma dinâmica muito grande — os militares fizeram um bom sistema —, quando houve a chamada redemocratização houve também a privatização desse setor. Se antes eram militares e técnicos que ocupavam as posições de comando, progressivamente eles perderam poder para os políticos. E estes elevaram os ingredientes de clientelismo, que já existiam, a níveis mais altos. As empresas privadas, por sua vez, estavam presentes no setor vendendo telefones, cabos, fios. Bem, diante disso, qual foi nossa proposta? Primeiro, vamos privatizar o setor. Houve grandes discussões. Eu próprio não tinha certeza se devia privatizar a Embratel. Pouco a pouco fomos percebendo que, ou se

293

5
Mário Covas: ver nota 18 do capítulo 5.

6
Sérgio Motta: ver nota 3 do capítulo 3.

privatizava, ou o custo para o povo seria muito alto. A capacidade de gerenciamento e controle do governo era mínima, e o clientelismo era elevado. Nunca conversei com o Mário Covas sobre isso, mas certamente o Mário, depois que foi para o governo, sofreu a mesma evolução que eu sofri.[5]

P - *A transformação dele foi mais rápida, então?*

R - Não sei. Eu fui lentamente. Quando cheguei ao governo já tinha algumas idéias, mas, mesmo no governo, no início não imaginava em privatizar a Embratel. Depois examina-se a questão mais profundamente e pergunta-se: "Por que não?". Quem ganha com a continuação do sistema como está? Quem ganha são os grupos políticos que se apoderaram do setor, uma parte da burocracia e o setor privado que está ali aninhado. O que estamos fazendo é privatizar e, ao mesmo tempo, criar regras de controle. O controle ficará por conta das agências que estão aí. As pessoas que são nomeadas para integrá-las têm seus nomes examinados pelo Senado e têm mandato, embora se preserve uma certa possibilidade de revogação do mandato.

P - *De onde veio a inspiração para esse modelo?*

R - De várias partes. Levamos em conta a experiência de todos os países envolvidos em processos de privatização. Passamos em revista muitas legislações. No caso das telecomunicações, o Sérgio Motta fez um trabalho admirável.[6] Trouxe consultores, municiou-me de pilhas de análises e documentos. Estudamos os erros da Argentina, da Inglaterra, do Peru. Esse é um processo que até realmente ganhar vida leva dez anos. O que nós fizemos foi quebrar uma estrutura e dizer qual será colocada no lugar. Mas, para essa outra funcionar efetivamente, vai levar algum tempo, e será necessário ter vontade política para conduzir o processo de uma maneira decente.

REFORMA DO ESTADO (1): A FUNÇÃO ECONÔMICA

P - *Não houve pressões para a nomeação dos dirigentes das novas agências?*

R - Nenhuma. Diziam: "Quero ver. Na hora de nomear os membros desses órgãos, vai haver uma pressão política brutal". Não houve nenhuma. Avisei de saída que nomearia quem quisesse, dentro de certos critérios: precisa ser gente da área, que conheça o problema realmente, que não seja ligada a lobbies, que tenha uma visão de Estado, de preferência saída dos quadros da burocracia. É assim que estamos montando as agências. Pode ser que dê certo e pode ser que não. Como o clientelismo político ainda não descobriu a força que isso vai ter, não há pressão. Estamos redefinindo o Estado no modo como ele lida com as grandes decisões de infra-estrutura e com as bases do desenvolvimento econômico. A mesma coisa, com variáveis, estamos fazendo com os bancos públicos, que é um setor muito difícil.

P - *Por que difícil?*

R - Desde quando era ministro da Fazenda já estava bastante claro para mim que é muito difícil. Havia discussões, aqui nesta mesa, entre nós — o presidente do Banco do Brasil, o presidente da República e eu —, e não tínhamos clareza sobre a situação do Banco do Brasil. Nem o pessoal do Banco do Brasil tinha. Os economistas diziam que, controlando-se a inflação, apareceria um rombo enorme. Já o pessoal do Banco do Brasil dizia que não. Aconteceu o que os economistas previam. No ano passado, tivemos que colocar 8 bilhões de reais no Banco do Brasil, 8 bilhões do povo, para não quebrar. Por que quebraria? Por causa dos altos custos e dos empréstimos, muitos deles políticos, que nunca foram pagos — mais de 20 bilhões nos anos passados, em governos anteriores. Desde que fui ministro da Fazenda e Itamar presidente da República, acabamos com o hábito de pegar o telefone e dizer ao presidente do Banco

295

7
Antônio Delfim Netto: ver nota 1 do capítulo 5.

do Brasil para emprestar para tal pessoa, ou tal empresa. No passado havia conta-movimento, ou seja, não tinha limite. E o ministro mandava. O Delfim vive dando suas opiniões... No tempo do Delfim, ele fazia o que queria.[7] Assim se acomodavam todos os interesses.

P - *Para que servem os bancos públicos?*

R - Há todo um sistema complicado. Há o Banco do Brasil que, na verdade, financiava a agricultura e que ficou com pavor da inadimplência do setor agrícola. O Banco se encolheu e começou a ter prejuízos. Agora, está se recompondo e começou a dar lucro. Há a Caixa Econômica, que é fruto da junção de uma caixa econômica no sentido clássico, de caixa de poupança, com o BNH. Hoje, a Caixa Econômica tem, depois de muitos expurgos, uns 80 mil funcionários. O custo desses bancos é altíssimo e as funções misturadas, pois a Caixa e o Banco do Brasil competem. Não só têm agências na mesma cidade, como também produtos parecidos. Se o Banco do Brasil, por exemplo, entra nos seguros, a Caixa Econômica quer entrar também. Quer dizer, o governo não tem ainda uma identidade para esses bancos. Depois há o Banco Nacional de Desenvolvimento Econômico e Social, BNDES, o Banco de Desenvolvimento do Nordeste e o Banco do Amazonas. Aí é outra questão. A Caixa Econômica e o Banco do Brasil, teoricamente, são bancos com ampla ligação com o público. Todo mundo pode ter conta lá, e eles emprestam como um banco do setor privado, sendo que a Caixa Econômica tem, como especificidade, a gerência do FGTS. Ela recebe grandes massas de recursos dos sindicatos e dos trabalhadores, que deve emprestar para casa própria e saneamento.

P - *Reclama-se que a Caixa não cumpre a contento esse papel.*

R - O que há aí é um problema gravíssimo: a Caixa tem dinheiro, mas não tem onde aplicar. Esses recursos eram em-

REFORMA DO ESTADO (1): A FUNÇÃO ECONÔMICA

prestados aos estados e municípios. Como os estados e municípios costumavam tomar emprestado e não pagar, fizemos o Congresso aprovar uma lei segundo a qual os que não pagam são retirados automaticamente do Fundo de Participação dos Estados e Municípios. Os prefeitos reclamam, os governadores reclamam. Por quê? Porque no passado tinham o hábito de não pagar. Agora têm de pagar, como é o caso de São Paulo. Por isso a Caixa Econômica voltou a ter dinheiro — porque reconstruímos os filetes de pagamento. Hoje a Caixa Econômica está entupida de dinheiro, mas não pode emprestar porque os estados e municípios estão muito endividados.

P - *Isso não é punir o cidadão, o verdadeiro beneficiário dos programas de habitação e saneamento?*

R - Estamos criando programas — já estão funcionando — em que se dá diretamente ao usuário uma carta de crédito. Mas é complicado, porque as pessoas não têm esse hábito. A Caixa também não tem esse hábito — ela trabalhava com grandes volumes de empréstimos, que concedia aos governos e prefeituras, e também para os grandes empreiteiros. Estamos mudando a filosofia. Temos que fazer o saneamento da Caixa e do Banco do Brasil e implantar uma filosofia nova.

P - *E no que diz respeito aos demais bancos públicos — BNDES, Banco do Nordeste e Banco da Amazônia?*

R - Aí avançamos mais. Vejamos o caso do BNDES. O BNDES era um banco formado para criar os grandes capitalistas nacionais. Essa era a ideologia. Pegava-se dinheiro do povo e colocava-se nas mãos dos grandes capitalistas nacionais. Não vou citar nomes, mas são óbvios. Eles tomaram grandes recursos, a taxas de juros muito baixas. Com isso, fizeram empresas entre as quais muitas, quando o país se abriu à competição, começaram a ter dificuldades. "Estão desna-

297

cionalizando", reclamavam. O que acontecia é que algumas empresas funcionavam na base do dinheiro barato do governo. O que o BNDES está fazendo, agora? Como nós reconstruímos a economia e os fundos de acumulação, ele tem hoje muito dinheiro. Acho que o BNDES tem hoje mais dinheiro para aplicar que o Banco Mundial. Seu programa de investimentos anual é superior a 10 bilhões de reais.

P - *O que está sendo feito com esse dinheiro?*

R - Primeiro, o BNDES está dando esteio à privatização, sobretudo nos estados. Como os estados estão em dificuldades, nós os induzimos a aceitar a idéia da privatização oferecendo-lhes o adiantamento dos recursos que seriam gerados com ela. Tome-se o estado do Piauí, que tem uma empresa de energia elétrica. O BNDES adianta o dinheiro ao estado, fica com a parte correspondente em ações e faz a privatização. Por que induzir os estados a privatizar? Pelas mesmas razões pelas quais se fazem as privatizações no plano federal e mais uma: a necessidade de maior controle nos gastos. Como os estados, além das empresas, têm bancos próprios, o que eles fazem? Pegam o dinheiro da caixa da empresa, depositam no banco estadual e depois tomam emprestado para o estado. Com isso, desaparece a possibilidade de controle de gastos. O governador, potencialmente, pode sempre gastar mais do que o previsto no orçamento.

P - *A meta é extinguir os bancos estaduais?*

R - Sim. Os grandes já estão sob controle. Queremos extingui-los para evitar a dilapidação do dinheiro do povo e a inflação. No começo, diziam: "Estão acabando com o banco, orgulho do nosso estado!". O povo na verdade não tinha nada a ver com esse orgulho, o orgulho era de quem usava o dinheiro do banco. Então, uma primeira linha de atuação do BNDES é essa, de apoiar as privatizações. Por outro lado, o BNDES abriu muito o leque das empresas que apóia, e passou a apoiar a reestruturação industrial do Brasil. Pegue um setor específico — por exemplo, o de autopeças. O setor de autopeças sofreu um abalo muito grande, por algumas razões, a primeira das quais é a modernização da empresa automobilística. Collor dizia que estávamos produzindo "carroças".[8] Hoje estamos produzindo automóveis, não digo de ponta, mas de qualidade. O setor de auto-peças se preparou para outra etapa e não esta. Não se capitalizou o suficiente — não vou entrar no mérito se usou bem ou mal a grande quantidade de dinheiro que ganhou —, e ficou descaracterizado.

P - *Aí parece que há realmente desnacionalização.*

R - Aí há. Por que há desnacionalização? Primeiro, porque há uma reorientação espacial. As empresas estão saindo do ABC paulista e indo para outras partes. Costumo dizer que, quando entrei no governo, havia dois estados que produziam automóveis. Quando sair, haverá oito ou dez. E elas trabalham no sistema *just in time*. Então, têm de ter os fornecedores junto delas, e operando numa escala maior do que aquela a que estavam acostumados, pois estamos produzindo 2 milhões de carros por ano. A Fiat produz 2300 carros por dia. A fábrica da Fiat em Betim é maior do que a de Turim. A da Volkswagen é imensa.

P - *Vai haver comprador para tanto carro?*

R - Eis uma questão, mas deve haver. Certamente eles fizeram cálculos que prevêem lucros. Estamos produzindo no Brasil 2 milhões de carros, importando 300 mil e exportando 300 mil. Portanto, estamos consumindo 2 milhões de carros por ano. O que era uma estimativa para o ano 2000 está acontecendo agora.

8
Fernando Collor de Mello: ver nota 6 do capítulo 3.

P - *Hoje circula uma tese de excesso de produção, e fala-se especificamente dos automóveis produzidos na Ásia. Depois do grande sucesso das décadas passadas, eles não teriam comprador.*

R - Quando se tem um ciclo descendente, acontece isso. Só que depois vem um novo ciclo de crescimento. Há então uma capacidade ociosa por um tempo, mas depois volta-se a um ponto de equilíbrio. Se você imaginar o sistema capitalista como uma sanfona que se espicha — o que é uma visão marxista —, é isso que acontece. Os catastrofistas acham que a sanfona se romperá na próxima espichada. Outros, que não haverá crise nunca. Eu sou mais clássico. Acho que a sanfona se espichará até que a história aponte outro caminho. Mas o que fez o BNDES? Pegou as empresas de autopeças que tinham condições de se adaptar à nova era e ofereceu um programa especial para elas. Uma parte delas não vai sobreviver, outra vem de fora, e foi criada uma parte nova. Em Minas Gerais foi criada toda uma estrutura nova de autopeças. Fala-se que o setor se desnacionalizou em São Paulo, mas em Minas Gerais não. São empresas novas. Isso é que é preciso que se entenda: o sistema capitalista é um sistema que queima. É sempre assim, é da natureza dele. Quando ele não queima, envelhece. O sistema competitivo capitalista é cruel. É ganhar ou ganhar. Uma parte apodrece. Se você olha para ela, diz que está tudo indo para trás. Se olha para o outro lado, está indo tudo para a frente. Você tem que distinguir o que está indo para trás e o que está indo para a frente. O BNDES está fazendo isso. Fez também com a indústria de calçados. Há vários exemplos.

P - *E o capitalista nacional que o BNDES queria formar, fica agora ao desamparo?*

R - Essa distinção entre capital nacional e transnacional perdeu parcialmente o sentido. Temos que saber se o produto é fabricado aqui ou não. Alguns amigos meus ficaram danados porque eu ia financiar a General Motors. Mas, se não financiá-la, ela não vai produzir aqui, e a General Motors é boa pagadora, vai pagar o BNDES. A verdade é que nós temos — os economistas ortodoxos não gostam dessa expressão — uma política industrial.

P - *Política industrial em geral é sinônimo de protecionismo e subsídios.*

R - Isso é a antiga política industrial. A política industrial antiga aumentava a tarifa de importação e dava dinheiro barato. A nova política industrial não pode ser nem protecionista nem dar subsídios. Tem que preservar a igualdade de competição porque, senão, nosso capitalismo não cria raízes. Valia a pena um dia pegar o BNDES e comparar a quem emprestavam antes e a quem emprestam agora. Vai se ver que mudou muito. Além disso, o BNDES passou a ser uma espécie de banco de suporte das exportações. Nós vendemos aviões da Embraer.[9] A Embraer merece outro estudo de caso. Permita-me uma digressãozinha. Quando era senador, discutiu-se no Senado a situação da Embraer. Mário Covas, Eduardo Suplicy e eu, nós três unidos, forçamos a aprovação de um empréstimo de quase 500 milhões de dólares à Embraer.[10] Porque era indústria paulista, tinha tecnologia brasileira, era de ponta, era estratégica etc. tínhamos que salvar a Embraer. Não salvamos. A Embraer era insalvável, já naquela altura. Depois, quando eu era ministro da Fazenda, o ministro Lobo, que era ministro do Itamar e é meu ministro agora, da Aeronáutica, um engenheiro muito competente, estudou o assunto e concluiu que só havia uma saída para a Embraer: privatizá-la, com *golden share.*[11] Quer dizer, o governo mantinha o controle, mesmo porque a Embraer produz até equipamentos militares. Fizemos a chamada de capital, com os fundos de pensão, e um pouco com capital estrangeiro. A certa altura, a prefeita de São José dos Campos, que era do PT, veio me ver.[12] A Embraer estava indo muito mal. Eu lhe disse: "A senhora é

9
A Embraer (Empresa Brasileira de Aeronáutica), com sede em São José dos Campos (São Paulo), foi criada em 1969 como empresa estatal. No passado, antes da crise em questão, distinguiu-se com produtos como os aviões Brasília e Bandeirante.

10
Mário Covas: ver nota 18 do capítulo 5. Eduardo Suplicy (1941), economista e político paulista. Filiado ao PT, foi deputado federal (1983-87) e vereador em São Paulo (1989-91). Senador desde 1991. Na época a que se alude, Covas, Suplicy e Fernando Henrique Cardoso formavam o trio de senadores por São Paulo.

11
Lélio Viana Lobo (1931), oficial da Força Aérea Brasileira, nascido em Goiás. Ministro da Aeronáutica (1992-94) no governo Itamar Franco e, novamente, desde novembro de 1995. A Embraer foi vendida, em dezembro de 1994, a um consórcio formado pelo Banco Bozano-Simonsen, Sistel, Previ e Caixa de Previdência da Usiminas, ficando o governo como acionista minoritário. Golden share é um tipo de participação minoritária que permite ao acionista,

mesmo minoritário, o direito de veto às decisões tomadas em assembléia. O recurso foi muito utilizado nos anos 80, na Grã-Bretanha, na privatização das empresas em que o governo tinha interesse estratégico.

12
A prefeita de São José dos Campos em referência é a médica pediatra Angela Guadagnin, que ocupou o cargo de 1993 a 1996.

13
ITA é sigla de Instituto Tecnológico da Aeronáutica, estabelecimento de ensino superior do Ministério da Aeronáutica, sediado em São José dos Campos e destinado a formar engenheiros aeronáuticos.

14
MTCR: ver nota 20 do capítulo 8.

15
O primeiro-ministro do Canadá é Jean Chrétien (ver nota 3 do capítulo 6).

prefeita e eu sou ministro. Nós dois temos responsabilidades". Era uma pessoa interessante, essa prefeita. "Em nome do que eu vou dar dinheiro do Tesouro para duas mil pessoas? Tenho que ter uma razão. O dinheiro não é meu."

P - *Ela queria dinheiro para a Embraer?*

R - Para equilibrar a Embraer. Porque a Embraer, como o ITA, são fundamentais para São José dos Campos.[13] As motivações dela eram boas, mas o caminho estava equivocado. Sempre se pensa em pegar dinheiro do Tesouro para salvar empresa privada. Só que o dinheiro é do povo, e não salva nada se as condições forem adversas. Nós não optamos pelo caminho do facilitário. Apertamos, demos algum apoio, e reestruturamos a Embraer. Hoje ela é administrada por um conselho no qual há gente inclusive do PT, que é bastante de esquerda na cidade. Fui uma vez à Embraer para o vôo inaugural do Embraer-145. Aproveitei a ocasião para anunciar que nós tínhamos tecnologia de foguetes e que íamos ingressar no MTCR, para nos submeter a um controle internacional.[14] Anunciei isso naquela ocasião, mas ninguém prestou atenção. Não saiu na imprensa brasileira. Mas saiu na imprensa dos Estados Unidos, e eu precisei brincar com os jornalistas brasileiros para alertá-los de que era uma coisa importante. O fato é que a Embraer tem boas condições tecnológicas e fez esse avião novo, que é um sucesso, o Embraer-145.

P - *Esse avião acabou gerando um problema com o Canadá.*

R - O Embraer-145 tem um competidor, o Bombardier, do Canadá. O primeiro-ministro do Canadá chegou a me telefonar, reclamando que nós estamos dando subsídio ao nosso avião.[15] É uma briga entre duas grandes empresas. O Bombardier tinha o domínio total do mercado e nós estamos começando a furar esse domínio. Para isso, precisamos do BNDES, porque, hoje, pelo mundo, não se vende um produto avançado tecnologicamente sem financiamento. Então, o BNDES deu à Embraer condições de competição.

P - *Os canadenses alegavam que o financiamento configuraria um subsídio?*

R - Não foi exatamente essas palavras que eles usaram, mas é isso.

P - *E não configura?*

R - Eles têm também seu sistema de financiamento. O que estamos fazendo é dando condições de igualdade a nosso produto. O produto é bom, as condições de venda é que são diferentes. A taxa de juros lá é baixa. Se eu não der aqui uma taxa de juros igual, configura-se uma competição desigual. Não é por causa do produto que estamos discutindo, é por causa do financiamento. E vamos brigar até o fim. Se for o caso, iremos à OMC.[16] Vamos acabar dividindo o mercado, você vai ver, se formos agressivos. Outro dia, veio aqui o presidente de uma companhia americana, acho que a American Airlines. O comandante Rolim pediu muito para que eu falasse com esse homem.[17] Recebi-o então no aeroporto, porque eu estava viajando para São Paulo, e ele me disse que tinha comprado aviões da Fokker e a Fokker tinha falido. Respondi que a Embraer não ia falir, porque o governo tem *golden share*. Enfim, ajudei no negócio, mas o decisivo mesmo foi o BNDES. Agora, nós ganhamos na China a concorrência para produzir as máquinas geradoras da usina de Três Gargantas, que será a maior do mundo, maior que Itaipu. Isso porque o BNDES entrou com o financiamento. O BNDES, em suma, está sendo um banco de rearticulação da empresa brasileira nas novas condições do mundo, sem aquela visão de proteção e subsídio. Mudou a filosofia. Ele não está voltado para a formação de alguns poucos capitalistas nacionais. Inclusive, empresas menores têm agora acesso ao BNDES.

16
A OMC (Organização Mundial do Comércio) é uma organização com sede em Genebra, criada depois da Segunda Guerra Mundial, com o objetivo de supervisionar a lisura do comércio mundial e a boa observância às regras inscritas nos tratados internacionais.

17
Comandante Rolim Amaro (1942), empresário paulista. Fundador e principal acionista da empresa aérea TAM — Transportes Aéreos Regionais.

18
Banerj é Banco do Estado do Rio de Janeiro, Bemge é Banco do Estado de Minas Gerais e Banespa é Banco do Estado de São Paulo.

19
Proer é sigla de Programa de Estímulo à Reestruturação e ao Fortalecimento do Sistema Financeiro Nacional. Instituído em novembro de 1995, abriu linhas de empréstimo de longo prazo do Banco Central para viabilizar operações de fusão, incorporação e aquisição de instituições financeiras em dificuldade. O programa teve por objetivo evitar o descontrole do sistema financeiro, num momento em que alguns bancos quebravam ou ameaçavam quebrar.

P - *E quanto aos demais bancos públicos — o do Nordeste, o da Amazônia e os bancos estaduais que sobrarem? Qual função lhes caberia?*

R - Essa idéia de dar acesso a empresas menores é mais forte ainda no Banco do Nordeste. A idéia é fazer desses bancos agências de desenvolvimento, que cheguem efetivamente ao médio e pequeno empresário. Não sei dizer como isso está funcionando no Banco da Amazônia, porque tenho menos informação, mas a filosofia é essa. No caso dos bancos estaduais, os estados que quiserem mantê-los devem transformá-los em bancos de fomento, não em bancos comerciais. Dos grandes bancos estaduais, aqueles que deram mais trabalho, o Banerj já está privatizado, o Bemge também, e o Banespa já está sob intervenção e federalizado.[18]

P - *Aquele orgulho que o senhor mencionou, o governador Mário Covas não tem ainda, com relação ao Banespa?*

R - O Mário Covas entendeu, e não está se opondo. No começo era difícil, até por razões políticas. O Banespa é muito benquisto pela classe política, tem bons funcionários, e não tem culpa do que aconteceu. Em si mesmo, qual é o mal de se ter um banco? O problema é que o banco é do estado e você não pode garantir que, no futuro, os governadores terão a mesma consciência política que o Mário, ou que eu, que não usamos dinheiro público para fins eleitorais. Então, temos que extinguir essa possibilidade. É o que estamos fazendo no Brasil todo, ou tentando fazer, porque é difícil. O Banco Central tem mil problemas, e há pouca gente para tomar conta disso. Se não tivéssemos tomado providências, estaríamos como o Sudeste da Ásia. Agora o Japão fez um Proer, de setenta e poucos milhões. Nós fizemos um Proer lá atrás.[19]

P - *Continuam dizendo que o que o governo fez foi ajudar banco falido.*

R - Se não tivesse sido feito aquilo, tínhamos ido para o beleléu — não os bancos, mas o sistema produtivo. Em suma, estamos criando um Estado com um papel muito ativo de estímulo e controle da economia. O José Roberto Mendonça de Barros tem muito clara essa nova política industrial, que ele chama de nova política de investimentos e produtividade.[20] Está muito clara porque aí tem filosofia. O pessoal de Campinas vive reclamando que o governo não tem uma política industrial, mas tem.

P - *Quem é o pessoal de Campinas?*

R - O Beluzzo, o Luciano Coutinho, o João Manuel.[21] Reclamam porque estão com a outra política industrial.

P - *A do Celso Furtado?*[22]

R - A da época do desenvolvimentismo, em que a visão era de uma economia fechada para formar o grande capitalismo nacional. O mundo não é mais assim. O Estado hoje tem que ser regulamentador, mas não só. Tem também que ser um Estado indutor.

P - *Um Estado regulamentador e indutor mas não empreendedor?*

R - O Estado não deve gerir negócios. Aliás até pode, num ou noutro setor, eventualmente, mas não é da natureza do Estado contemporâneo. É como a passagem do mercantilismo para o capitalismo industrial. Estamos numa passagem histórica desse tipo, e quem não entender isso ficará chorando as pitangas, olhando para trás. Ou melhor, julgando o futuro com os olhos do passado. Por essa lente, o futuro está sempre errado.

20
José Roberto Mendonça de Barros: ver nota 6 do capítulo 13.

21
Luís Gonzaga Beluzzo: ver nota 15 do capítulo 5. Luciano Coutinho (1946), economista nascido em Pernambuco. Foi secretário-geral do Ministério de Ciência e Tecnologia (1985-89) no governo Sarney. João Manuel Cardoso de Melo (1942), economista paulista. Foi assessor especial do Ministério da Fazenda (1985-87) no governo Sarney. Os três economistas citados são professores no Instituto de Economia da Universidade Estadual de Campinas.

22
Celso Furtado: ver nota 5 do capítulo 4.

O PRESIDENTE SEGUNDO O SOCIÓLOGO

P - *De certo modo, esse Estado não fica mais parecido com o Estado do século XIX do que com o da primeira metade do século XX?*

R - Fica. Qual era o nosso modelo de Estado na primeira metade do século xx? Era o modelo prussiano. Nos Estados Unidos não — lá eles têm o que chamam de *stateless society*. Na França, sim — o Estado liderava. Na verdade, tem ainda que liderar, mas isso não significa gerir. E tem que fazer a vinculação com o setor privado.

P - *Essas reformas implicarão mudanças na estrutura do governo, com extinção de ministérios, junções ou criações de outros?*

R - O reflexo de tudo isso na estrutura de governo não está claro. Estamos falando até agora de Estado, não de governo. Não posso acabar com o Ministério das Minas e Energia, porque as agências ainda não têm vida própria. Também não posso dar autonomia aos bancos. O Ministério da Fazenda no Brasil já foi Ministério da Economia. Talvez no futuro seja das Finanças, portanto muito menos abrangente na sua ação, para cuidar muito mais da moeda e do crédito que de outras questões. Não dá para mudar o governo no organograma se a realidade é outra. Estamos mudando a realidade. As pessoas fazem cobranças, muitas vezes, sem noção da realidade. A dificuldade que tenho com meus companheiros acadêmicos é esta: eles não conhecem as engrenagens. Se faço tal coisa, posso quebrar a engrenagem. Geralmente, a pessoa está pensando no resultado lá na frente, mas não em como se chega lá. Política é o caminho, não é o objetivo. É preciso ter objetivo, mas o político não é só quem tem objetivo, é quem constrói o caminho.

22

REFORMA DO ESTADO (2): A FUNÇÃO SOCIAL (A EDUCAÇÃO E A TERRA)

OS GUICHÊS DA CORRUPÇÃO — QUALIDADE E SALÁRIOS
DA BUROCRACIA — EDUCAÇÃO: PRIORIDADE AO ENSINO
BÁSICO — PROBLEMAS DA UNIVERSALIZAÇÃO DO ENSINO
— OS SALÁRIOS NAS UNIVERSIDADES — AS BOLSAS
— UNIVERSIDADE DEVE SER PAGA? — CENTROS DE
EXCELÊNCIA — A COMUNIDADE ACADÊMICA E O "BALCÃO"
— A QUESTÃO AGRÁRIA: POR QUE CRESCEU
— RAUL JUNGMAN E O MINISTÉRIO DA REFORMA AGRÁRIA
— A BANCADA RURALISTA E A NOVA LEGISLAÇÃO DA TERRA
— O PREÇO DA TERRA EM QUEDA — O GOVERNO COMPRA
NO MERCADO — O ESTADO QUE NÃO É NEM WELFARE
NEM NEOLIBERAL É O QUÊ?

19 / 11 / 97

Pergunta - *O senhor já discorreu sobre o que chama de primeira vertente da reforma do Estado, ou da reconstrução do Estado — a do Estado como indutor do crescimento e regulamentador da economia. Falta falar da segunda vertente — a da função social do Estado. Qual sua visão sobre isso?*

Resposta - Há alguns objetivos. Sobre um deles já conversamos um pouco — a descentralização e a desclientelização do Estado. Nesse outro lado havia bastante corrupção.

O PRESIDENTE SEGUNDO O SOCIÓLOGO

1
O Ministério do Bem-Estar Social existiu em dois momentos (1987-90 e 1992-94), englobando áreas como habitação, saneamento e assistência social. No governo Collor (1990-92), existiu um Ministério da Ação Social, mais ou menos com as mesmas atribuições. O Ministério da Integração Regional existiu entre 1992 e 1994.

2
Luís Carlos Bresser Pereira: ver nota 9 do capítulo 5.

Houve escândalos no Ministério do Bem-Estar Social, no da Integração Regional...[1] Eram guichês. Então, um trabalho é fechar guichês. E não estão todos fechados, porque eles têm ligação política direta. Falou de guichê, falou de representação política. Não dá para fazer por força de sua vontade moralista, tem que se ir construindo o caminho. Mas fechamos alguns guichês. Houve um momento em que o Ministério da Integração Regional tinha mais verba para estrada que o Ministério dos Transportes — aí não há política de transportes e sim política de partição do orçamento.

P - *Como se fecham os guichês?*

R - Vamos pegar duas áreas, educação e reforma agrária. A educação, primeiro. Eu já disse que a burocracia brasileira pública tem gente boa. Tem clientelismo, tem gente que entrou para ter um emprego, ou para poder ajudar na eleição, mas também tem gente boa. Tem sempre gente que tem a memória da administração, em algum momento. Como a burocracia tem, na esfera federal, umas 500 mil pessoas, se houver 10% relativamente bem treinadas são 50 mil pessoas. Das 50 mil, você tira 5 mil, das 5 mil tira quinhentas, e chegamos ao *top* da qualidade. Acho que isso o país precisa saber. Precisa valorizar seus recursos humanos. Não sou favorável à desmoralização permanente dos funcionários. É injusta. E esse *top* do qual falei é mal pago. O Bresser fez um estudo mostrando que os funcionários de nível mais baixo são mais bem pagos do que no setor privado, e os de nível médio para cima são mais mal pagos.[2]

P - *Não é a iniciativa privada que está errada, dada a má distribuição de renda brasileira?*

R - Os dois estão errados. A iniciativa privada paga mal embaixo e bem demais em cima. Podia pagar mais embaixo e menos em cima. Eu não quero pagar menos aos de baixo, quero pagar mais aos de cima. O problema do funcionário público não são os aumentos gerais. É preciso dar aumentos que venham a qualificar e criar carreiras, criando estímulos. Isso é assunto para outra etapa, pois ainda estamos tentando sentir a terra. A vez dele chegará, se o Brasil tiver sorte. Há muita marola, não dá para resolver todos os problemas ao mesmo tempo. Então, voltando ao tema, a burocracia do Ministério da Educação respondeu a certos estímulos. Quais estímulos? Primeiro, nós despolitizamos o ministério. O Ministério da Educação, que era muito cobiçado por setores políticos, foi despolitizado, dentro do possível. O Paulo Renato é do PSDB, mas é um acadêmico.[3] Foi reitor, foi secretário da Educação, diretor do BID. Não vai usar aquilo como instrumento de voto. Nem saberia. Tem gente de outras tendências lá, e foi criado um núcleo, do qual participa também gente de fora, que tomou a sério algumas questões.

P - *Quais questões?*

R - A principal foi estabelecer que a prioridade é o ensino básico, o que sempre se disse e nunca se fez. Outro dia o Tribunal de Contas criticou o governo por estar gastando mais com as universidades do que com o ensino básico. É verdade. Só que no passado se gastava muito mais. Temos cinqüenta e poucas universidades federais, o que é um absurdo. Isso consome uma parte imensa do orçamento. Mas o esforço da política educacional foi pela educação de base e, aí, estamos fazendo o que chamo de "revolução branca", que consiste em mexer em tudo: dos salários dos professores aos currículos. Fizemos uma coisa que, ao que eu saiba, só existe na Espanha: os parâmetros curriculares nacionais. Dos 2 milhões de professores existentes no Brasil, 600 mil estão recebendo em suas casas dez volumes que discutem o conteúdo do ensino, da primeira à quarta série. A idéia é ir até a oitava, numa segunda etapa. Esses parâmetros são o resultado de discussões das quais participaram centenas de professores. No começo, houve muita resistência, sobretu-

3
Paulo Renato Souza (1945), economista e professor gaúcho, radicado em São Paulo. Secretário da Educação (1983-87) no governo paulista de Franco Montoro. Reitor da Universidade Estadual de Campinas (1987-90). Ministro da Educação desde o início do governo Fernando Henrique Cardoso.

O PRESIDENTE SEGUNDO O SOCIÓLOGO

4
José Luiz Portella Pereira (1952), engenheiro paulista. Foi presidente da Fundação de Assistência ao Estudante. É secretário executivo do Ministério dos Transportes.

do dos professores do PT, que achavam que não era possível que um governo "neoliberal" fosse permitir uma discussão aberta. Mas fomos em frente, para acabar com os preconceitos no ensino, para modernizar e, enfim, dar elementos de formação aos professores e treiná-los.

P - *Esses parâmetros incluem a recomendação de livros didáticos?*

R - Não. No que diz respeito ao livro didático elaboramos um sistema de avaliação. Tivemos grandes dificuldades, porque alguns grandes produtores de livros, famosos, perderam com isso. Os livros são julgados por comissões de professores, que os classificam segundo um sistema de estrelinhas. Por exemplo: o livro de história de fulano tem três estrelas, o de sicrano tem quatro, outro está reprovado etc. Não é obrigatório que se adote este ou aquele livro, mas a avaliação está tendo uma influência enorme na escolha dos professores. Além disso, aumentamos muito a compra de livros. Não sei quantos foram este ano, mas no ano passado foram 16 milhões de livros. O governo é um grande comprador de livro didático. Sempre foi, mas muitas vezes os livros ficavam empilhados, e não chegavam à escola. Além de aumentar a compra, fizemos programas que obrigam que, em fevereiro, as escolas tenham os livros. Quem modernizou isso foi o Portella, um engenheiro que agora está nos Transportes.[4]

P - *Realmente está funcionando? Com freqüência, se ouvem queixas de escolas que não recebem livros.*

R - Está funcionando. O livro chega, e de graça. E chega também o dinheiro. Hoje, parte dos recursos da educação vai direto para a diretora da escola. Não passa nem pelo deputado, nem pelo prefeito, nem pelo vereador. Ela pode fazer o que quiser com o dinheiro, desde que haja uma associação de pais e mestres, a quem deve prestar contas. Isso tem um efeito muito estimulante nas escolas. Aumentou o número de dias que a criança fica na escola, aumentou a quantidade de dias em que se dão refeições às crianças, nas zonas da Comunidade Solidária.[5] Além disso fizemos a TV à distância, com 50 mil postos. Os jornais dizem que somente 48% das escolas têm televisão. Antes nenhuma tinha. Isso tudo leva um tempo para ser implantado, mas está em marcha. E agora há o programa de valorização do professor, que aumentará o salário das áreas mais pobres do Brasil. Então, resumindo, você tem um programa no Ministério da Educação com peso, com filosofia. A idéia central é que temos que melhorar o nível básico, temos que ampliá-lo e temos que torná-lo acessível a todos. Aí entra a questão da universalização.

P - *Não pode haver verdadeira universalização se a classe média fica de fora.*

R - Eu sei. Ela voltará à escola pública. Mas primeiro tenho que universalizar lá embaixo, onde há mais pressão para que haja escola. Outra coisa: ônibus para pegar criança na área rural. Já entramos no programa da Comunidade Solidária. Isso, que era um instrumento eleitoral clássico, está sendo feito com base técnica. Isso até leva a chamada base do governo a se irritar, porque tem prefeito do PT recebendo ônibus: "O governo não trata bem seus aliados e trata bem seus adversários". Na área primária, então, foi feito isso. Na área técnica começou a haver uma transformação. As escolas técnicas, no Brasil, são de altíssimo nível, caríssimas, e servem a alunos de classe média, que depois vão para a universidade. O Ministério da Educação está mexendo nisso, porque queremos que a escola seja realmente de nível técnico.

5
O Comunidade Solidária é um programa criado no governo Fernando Henrique Cardoso, vinculado à Presidência da República, com o objetivo de coordenar as ações voltadas para o atendimento das populações mais carentes, especialmente o combate à fome e à pobreza. A presidência do Conselho Consultivo do programa é ocupada por Ruth Cardoso, esposa do presidente.

6
*Em março de 1998,
o governo criou o
Programa de Incentivo
à Docência, com o
objetivo de estimular
os professores das
universidades federais
a dar aulas.*

P - *Que fazer com as cinqüenta e poucas universidades federais?*

R - O custo dessas universidades é altíssimo. A relação aluno-professor no Brasil é das mais escandalosas do mundo, e mais ainda a relação funcionário-professor. Tem muito pouco aluno por professor. O rendimento, portanto, é baixo. Os professores podiam dar mais, mas os salários são baixos. Houve momentos em que a ascensão no quadro federal era feita automaticamente, independente de teses. Ora, o critério básico da universidade é a qualidade, não o tempo de serviço.

P - *Há algum estudo para melhorar o salário nas universidades, como foi feito no ensino primário?*

R - Acho que o salário podia ter uma relação com o tempo de serviço. Podia-se programar o salário numa curva em que se ganhasse mais no meio da vida e no fim se descesse, em termos relativos, para um patamar mais baixo. Precisa-se de mais dinheiro no meio da vida, quando se tem filhos crescendo, mais despesas. Aqui no Brasil, nos fins de carreira, os salários são desproporcionalmente altos, o que não parece justo, em termos sociais mais amplos. Creio que deve haver uma outra curva. Mas isso é para o futuro. Estamos também pensando numa coisa que me parece engenhosa, que é um subsídio para induzir o professor a dar aula. Reconheço que a média dos rendimentos é baixa, mas os professores sempre dizem seu salário mensal, nunca o que ganham por hora efetiva de trabalho. Por hora efetiva de trabalho é muito mais do que se imagina. Você tem que induzir o professor a dar aula, sobretudo o que fez mestrado e doutorado. Então, a idéia seria conceder um subsídio, um adicional ao salário, desde que o professor dê aula.[6]

REFORMA DO ESTADO (2): A FUNÇÃO SOCIAL (A EDUCAÇÃO E A TERRA)

P - *A maior controvérsia causada por este governo, na área universitária, foi a introdução do provão.*[7]

R - Isso provocou uma revolução. O setor público todo, inclusive reitores, ficou contra, porque o provão desnuda a ineficiência. Para surpresa de alguns, entre as escolas de engenharia, as que se qualificaram em primeiro lugar foram as militares — da Aeronáutica e do Exército. Ficaram na frente da Politécnica, da USP. Esse sistema de prova é muito bom, porque não persegue o aluno. O aluno faz a prova, mas a nota é da escola. O que está em julgamento é a escola.

P - *Os alunos não acabarão atingidos, na medida em que o mercado começar a dar preferência aos formados nas escolas com melhores notas?*

R - No futuro, sim, mas o objetivo inicial é julgar a escola. Julgar o sistema. O mesmo pretendemos fazer na área das bolsas. Nós temos 50 mil bolsas, é muito. Só o governo federal gasta quase 1 bilhão de reais por ano com bolsas, sem contar o que os estados gastam. E não havia avaliação. Agora está começando a haver. A bolsa média para doutorado ou mestrado dura quatro, cinco, seis anos. O Vargas, ministro da Ciência e Tecnologia, provocou um rebuliço porque mandou o CNPq perguntar aos bolsistas que estudos estavam fazendo.[8] Até agora apenas 20% a 30% responderam. Alguns não têm nem orientador e têm bolsa. Ou seja, a bolsa passou a ser um substituto de salário, ou uma acumulação de salário. Está errado. Criaram até a bolsa geriátrica, assim chamada porque é dada a pessoas mais velhas, quando se aposentam. Houve muitas distorções. Eu falo em baixar em 10% as bolsas e há uma gritaria danada, mas há espaço para baixar até mais, sem prejuízo na qualidade da formação.

7
O "provão" é uma medida instituída pelo Ministério da Educação para avaliar o nível das faculdades. Um mesmo teste é submetido, no mesmo dia, aos alunos das diversas escolas do mesmo setor — Engenharia, Direito etc. A partir daí, apura-se a qualidade das diversas escolas em relação às outras da mesma especialidade.

8
José Israel Vargas (1928), físico e químico mineiro. Ministro da Ciência e Tecnologia nomeado do governo Itamar Franco (outubro de 1992) e confirmado no cargo no governo Fernando Henrique Cardoso. CNPq é como é conhecido o Conselho Nacional de Desenvolvimento Científico e Tecnológico, órgão encarregado da concessão e da supervisão das bolsas de estudo concedidas pelo governo federal.

P - *Deve ser paga a universidade?*

R - Não acho. Não resolve.

P - *Por quê?*

R - Porque você tem 1,5 milhão de alunos, grosso modo.
Não sei nas universidades públicas quantos são, mas digamos
que seja mais ou menos esse o número de alunos no sistema todo. Se você cobrar dez dólares por aluno, dá 15 milhões de dólares por mês, se cobrar cem dólares, dá 150
milhões, se cobrar mais de cem dólares, não tem quem pague. Com 150 milhões ajuda, mas não resolve, porque o gasto é de bilhões. Como filosofia, acho que devia pagar quem
pode pagar.

P - *Não é uma injustiça a universidade gratuita ser freqüen-
tada pelos alunos mais ricos?*

R - Por isso cheguei a propor que o pagamento fosse feito
por meio do imposto de renda. Quer dizer, se você tem filho na universidade pública e se tem renda acima de *x*, paga um imposto correspondente à universidade do filho.
Imaginei isso porque assim se resolvem duas questões. Primeiro, fazemos que quem possa pagar pague, e quem não
possa continue sem pagar. E, segundo, não fazemos uma
discriminação direta entre quem pagou e quem não pagou.
Ninguém sabe quem paga. Pessoalmente, preferiria um sistema assim. Acho que a tendência vai ser outra.

P - *Vai ser qual?*

R - Vai ser, no futuro, de cobrar, sob fundamento ideológico e com a argumentação prática de que a universidade é
muito cara e o governo precisa gastar menos. Minha resposta mostra que esse assunto não está claro, dentro do próprio governo, e não quero esconder que não está claro. Nós

não conseguimos ainda aprovar no Congresso, por culpa nossa, o que chamamos de autonomia universitária. Essa questão é a seguinte. Quem fez o artigo sobre a autonomia, na Constituinte, foram a Sandra Cavalcanti, o Jarbas Passarinho e eu.[9] Descobrimos, já no final da Constituinte, que não havia referência às universidades na Constituição. Havia referência aos guardas rodoviários, aos guardas ferroviários, a todo mundo, mas não à universidade. Estávamos numa comissão de redação final, e então fizemos um acordo com as lideranças partidárias para introduzir o artigo 207, que fala da autonomia universitária. O que tínhamos em mente, quando escrevemos aquilo, era a autonomia didática e a liberdade de pensamento, mas a autonomia a que se refere o artigo foi interpretada como autonomia para gastar.[10] As universidades passaram então a gastar — pode gastar que o Tesouro paga.

P - *Elas ainda gastam assim, autonomamente?*

R - Não. Com a escassez de recursos fomos apertando. No regime inflacionário, o cargo é que recebia do orçamento. Se sua universidade tem mil cargos de professor, recebia, digamos, mil reais por mês para cada professor. Se desses mil havia 220 cargos não preenchidos, ela recebia do mesmo jeito. Então pegava esse dinheiro, aplicava na ciranda financeira, e ia usando para os gastos correntes. Quando estendemos para as universidades o sistema de controle da SIAF — você sabe que o gasto público está todo no SIAF, um sistema computadorizado em que tudo está registrado —, descobriu-se que, por causa desse pagamento por cargos, as universidades recebiam mais do que era seu direito.[11] Foram então cortadas as verbas, e elas ficaram sem dinheiro suficiente para os gastos correntes. Isso gerou uma crise, que é a crise de adaptação de uma economia inflacionária para uma economia não inflacionária. Além disso, como vivemos uma situação de aperto, a Fazenda segura as verbas. O ministro da Educação tem de brigar muito para con-

---

9
Sandra Cavalcanti (1929), professora e política carioca. Presidente do Banco Nacional de Habitação (BNH) (1964-65). Deputada federal (1987-95). Jarbas Passarinho (1920), militar e político nascido no Acre, com carreira no Pará. Governador do Pará (1964-66). Ministro do Trabalho no governo Costa e Silva (1967-69). Ministro da Educação (1970-73) no governo Médici. Ministro da Previdência no governo Figueiredo (1983-85). Ministro da Justiça no governo Collor (1992). Senador pelo Pará em três mandatos (1967-75, 1975-83 e 1987-95).

10
O artigo 207 da Constituição tem a seguinte redação: "As universidades gozam de autonomia didático-científica, administrativa e de gestão financeira e patrimonial, e obedecerão ao princípio de indissociabilidade entre ensino, pesquisa e extensão".

11
SIAF é sigla de Sistema Integrado da Administração Federal.

12
Eunice Durham: ver nota 5 do capítulo 1.

13
UNE é União Nacional dos Estudantes, órgão criado em 1938, congregando os estudantes universitários. De lá para cá, engajou-se em campanhas contra diferentes governos, e conheceu um período de clandestinidade, durante o regime militar.

segui-las, e eu, geralmente, apóio o ministro da Educação, mas de qualquer forma o dinheiro não flui como no passado. A inflação era ruim para o povo, mas boa para quem administrava. Resolvia esses impasses todos. Mal ou bem, hoje começamos a controlar o gasto das universidades.

P - *Qual a proposta sobre a autonomia universitária que agora está no Congresso?*

R - A proposta é garantir que as universidades gastem como quiserem, mas dentro do orçamento que têm hoje. A idéia é do Paulo Renato, ou da Eunice Durham, não sei bem.[12] Nós garantiríamos que, no futuro, em termos reais, elas teriam sempre, proporcionalmente à arrecadação, o que têm hoje. Dentro disso, gastariam como quisessem. Para terem aumentos em suas verbas, têm de apresentar uma contrapartida — a admissão de mais alunos, a melhora da produção acadêmica. Isso está no Congresso. Os reitores não gostaram, porque o projeto, ao dar autonomia, dá responsabilidade. A universidade prefere o sistema antigo, qual seja, reclamar, fazer greve, UNE etc.[13] É como o lobby pró-saúde, que pede mais verba e mais verba, sempre, e não decisões responsáveis.

P - *Por que o projeto está empacado no Congresso?*

R - Porque não há consenso no governo. A área econômica não gosta desse sistema, porque ele vincula e, pela filosofia dos economistas, o Tesouro não deve aceitar vinculações. Há um choque, que não está resolvido. Na verdade, a Fazenda, sem querer, acaba apoiando a administração universitária, que também não quer o sistema. Enquanto esse impasse não for resolvido, vamos continuar com essa permanente reclamação de que falta dinheiro nas universidades. Por que não cortam isso ou aquilo? Por que não se perguntam se estão fazendo o melhor, se estão fazendo o necessário? Não. Mais fácil é pedir mais dinheiro.

REFORMA DO ESTADO (2): A FUNÇÃO SOCIAL (A EDUCAÇÃO E A TERRA)

P - *A área de pesquisa não mereceria maior atenção?*

R - Nós fizemos algumas coisas. Criamos um programa — isso não é do Ministério da Educação, é do de Ciência e Tecnologia — chamado Pronex, que é para dar recursos aos melhores centros de pesquisa. Eu me empenhei muito nisso.[14] Eles disseram, em reuniões — os professores, os pesquisadores —, que iríamos tirar dinheiro da maioria para dar aos melhores. Que era uma coisa elitista. Não é. Na questão da pesquisa, na minha opinião, devemos apoiar instituições, porque o que falta no Brasil são centros de imantação. Pensamento é uma questão social, não uma questão individual. A filosofia liberal, que é a filosofia da universidade, defende que o indivíduo livre, sendo imaginativo e inteligente, cria. Está errado. A criatividade depende da interação. Ninguém inventa sozinho, tudo é uma questão social. Um copia do outro, existe a Internet, tudo está universalizado. Não existe pesquisador de qualidade que não esteja conectado a um outro centro de pesquisa no mundo. Por isso, defendo a criação ou o reforço de núcleos de excelência. Claro que nesses núcleos estarão os melhores. Aí não tem jeito, porque é meritocracia. Não é democracia. Mas também não é oligarquia, e não é elitismo. É mérito. Isso não se contrapõe à idéia da universalização, nem da democracia, mas a complementa.

P - *Como funcionará esse programa?*

R - Eu queria que esses recursos beneficiassem alguns grupos, poucos — digamos, de matemática, de física, de biociência, de sociologia, do que fosse. Escolhidos pelos próprios especialistas. O importante seria dar a esses núcleos estabilidade no tempo. Tenho experiência nisso, por causa do Cebrap, que dirigi. Sei como é difícil manter o equilíbrio financeiro. O problema principal é que não se sabe como vai ser o ano que vem. Às vezes, não se sabe como será o mês que vem, e não se podem fazer pesquisas desse jeito. Mas isso é como eu queria — não sei se vai ser assim. Acho

14
Pronex é sigla de Programa de Apoio a Núcleos de Excelência, criado em abril de 1996 com o objetivo, segundo o decreto 1857, de apoiar "grupos organizados de pesquisadores e técnicos de alto nível".

15
José Galízia Tundisi (1938), biólogo paulista. Professor da Universidade de São Carlos (SP). Presidente do CNPq desde o início do governo Fernando Henrique Cardoso.

que estão mudando um pouco o sentido e fazendo um novo CNPq, um adendo do CNPq. A ideologia liberal pesa. E ela trabalha a favor do indivíduo. Uma pessoa tem a idéia de uma pesquisa, vai lá, os colegas a julgam e ela acaba conseguindo um dinheirinho. Não tenho certeza, mas temo que estejam transformando o Pronex num outro sistema de bolsa. Se você tem uma bolsa, fica em casa, tem tempo, sente-se amparado pela sociedade para pensar, mas isso é um ideal muito antigo, que não produz os melhores resultados. Você tem que estar é nucleado.

P - *Como é que um programa pensado de uma forma pode virar outra coisa?*

R - Porque as mentalidades estão aferradas ao passado. É uma coisa que depende um pouco de discussão filosófica sobre o assunto. Como essa discussão mal começou, o governo entra em choque com a comunidade acadêmica, porque o ideal não expresso da comunidade acadêmica — eles vão me matar por causa da palavra que vou usar — é o balcão. Você vai lá, apresenta o seu projeto, julgam e você recebe o dinheirinho. Precisamos ter uma mentalidade de nucleação institucional. Claro que têm que existir as bolsas também, mas para isso há o CNPq. Aliás, o CNPq, sob a direção do professor Tundisi, está fazendo um excelente trabalho.[15]

P - *As universidades particulares não deveriam aumentar sua contribuição à pesquisa?*

R - Essas universidades estão mudando muito. Como elas pagam melhor, estão recrutando os bons profissionais do setor público que se aposentam cedo. O BNDES também tem programas que as ajudam. Elas vão melhorar. Isso é bom — elas têm que competir com a universidade pública. Não é bom que só as públicas sejam boas. É preciso ter competição.

P - *O senhor disse que queria citar também a questão agrária, como exemplo do que tem feito para a reforma — ou reconstrução — do Estado. Onde ela se encaixa, nesse contexto?*

R - Mencionei a questão agrária porque acho que tem elementos muito interessantes. Na campanha eleitoral, a questão agrária ainda não era uma questão política. O Lula já falava bastante sobre o assunto, e tinha uns projetos de reforma agrária, mas sem definir propriamente de que maneira a faria, nem com que meios. Nós fizemos muitas reuniões para tratar da questão. Naquele tempo o Chico Graziano, que entende bastante disso, estava muito próximo de mim.[16] Ele e outros que se incumbiram dessa parte no meu programa de candidato fizeram uns cálculos e chegaram à seguinte conclusão: seria bastante ambicioso propor um programa para assentar 280 mil famílias em quatro anos, porque o Brasil, ao longo de sua história, assentou 300 mil famílias. Houve uma pequena discussão na campanha, mas a população não estava atenta ainda à questão. Somente os círculos mais ideológicos estavam atentos.

P - *Foi o MST quem fez o assunto explodir?*

R - O MST aumentou a pressão porque tivemos uma crise muito grande na agricultura. Os dados da PNAD que saíram agora mostram quantos empregos rurais foram destruídos em 95.[17] Tivemos uma crise imensa, que não apareceu em 94 porque o Plano Real propiciou uma expansão, em seu início. Essa crise vem dos planos anteriores — Plano Collor, Plano Bresser, Plano Verão, Plano Cruzado.[18] Todos eles, ou congelavam os preços ou dificultavam os financiamentos — enfim, desorganizavam a agricultura. Nós aqui, no governo, demoramos a entender que havia um problema real de endividamento dos produtores, apesar dos alertas do Andrade Vieira, que foi ministro da Agricultura no início.[19] Levamos algum tempo para chegar à renegociação da dívida agrária, e quando ela foi feita houve muita oposição

16
Francisco Graziano (1953), engenheiro agrônomo paulista. Assessor próximo de Fernando Henrique Cardoso (ver nota 35 do capítulo 5), foi chefe do Gabinete Pessoal da Presidência e presidente do Instituto Nacional de Colonização e Reforma Agrária. Secretário da Agricultura no governo paulista de Mário Covas.

17
A PNAD (Pesquisa Nacional por Amostra de Domicílio) é um trabalho de levantamento das condições sociais da população realizado anualmente pelo Instituto Brasileiro de Geografia e Estatística (IBGE).

18
Plano Collor: ver nota 3 do capítulo 5. Ao longo do governo Sarney, além dos planos Cruzado e Cruzado II (ver notas 2 e 29 do capítulo 5), foram lançados dois outros planos econômicos — o Plano Bresser, do nome do então ministro da Fazenda, Luís Carlos Bresser Pereira (junho de 1987), e o Plano Verão, quando o ministro da Fazenda já era Maílson da Nóbrega (janeiro de 1989). Todos se apoiavam no congelamento de preços e tinham o mesmo objetivo — frustrado — de estancar a inflação.

19
José Eduardo Andrade Vieira (1938), banqueiro e político paranaense. Senador desde 1991. Ministro da Agricultura do início do governo Fernando Henrique Cardoso a abril de 1996.

20
Guilherme Leite da Silva Dias (1943), economista paulista. Secretário de Política Agrícola do Ministério da Agricultura (1996-97). Consultor do BNDES desde agosto de 1997.
José Roberto Mendonça de Barros: ver nota 6 do capítulo 13.
Pedro Pullen Parente (1953), funcionário público de carreira, nascido no Rio de Janeiro. Ocupou vários cargos na área dos ministérios econômicos. Secretário executivo do Ministério da Fazenda, desde o início do governo Fernando Henrique Cardoso.

21
O Pronaf, sigla de Programa Nacional de Fortalecimento da Agricultura Familiar, é um programa de financiamento do pequeno agricultor. A Contag, Confederação dos Trabalhadores na Agricultura, foi fundada em janeiro de 1964. Francisco Urbano foi seu presidente até abril de 1998, quando passou a ocupar o cargo de primeiro

e muita incompreensão. "Lá vêm de novo os usineiros", diziam, invocando aqueles que são o símbolo dos grandes proprietários. A percepção da opinião pública era de que ocorria mais um assalto ao cofre.

P - *Dado o que habitualmente tem ocorrido no país, não era uma percepção despropositada.*

R - Mas dessa vez a renegociação da dívida era necessária mesmo. Lembro-me que um dia, na minha sala, decidi que a taxa de juros para os agricultores seria de TR mais 16%. Era uma diminuição considerável, setores do governo ficaram contra — mas, mesmo assim, não resolveu o problema. Só deu uma aliviada. Continuamos num trabalho lento e penoso, em que três pessoas tiveram participação ativa. O primeiro foi o Guilherme Dias, que era assessor do Ministério da Agricultura, um professor da USP, muito competente, que agora está no BNDES. O segundo foi o Beto Mendonça, que entende bastante de agricultura. E o terceiro foi Pedro Parente, que, sendo vice-ministro, tinha de ser operacional, e entendeu logo a questão.[20] Então, somente em 96 é que renegociamos a dívida. Ao mesmo tempo, começamos a dar forma ao Pronaf, por pressão da Contag, do Urbano e do Murilo Flores.[21]

P - *O Pronaf é para os pequenos produtores?*

R - Sim. O Pronaf atendeu apenas 30 mil famílias no primeiro ano. Neste ano deve atender 500 mil. A agricultura sofreu muito, especialmente o pequeno produtor. Em 94, houve grande produção e preço bom. Em 95 começou a crise e, de 95 para 96, deu-se a catástrofe. Isso provocou um aumento grande de demanda de terra e de insatisfação no campo, em várias regiões — no Sul, no Paraná, no Mato Grosso, no Pontal do Paranapanema, em São Paulo. Estava criado um caldo de cultura pró-MST. No começo, foi muito difícil lidar com essa situação. Nós tínhamos nossas nor-

REFORMA DO ESTADO (2): A FUNÇÃO SOCIAL (A EDUCAÇÃO E A TERRA)

mas técnicas e eles suas demandas políticas. As demandas políticas eram exageradas e as normas técnicas impeditivas à ação. No meio ficava o INCRA, que é uma grande confusão — uma parte vinculada aos ideais agraristas, outra parte burocrática, outra corrupta.[22] Foi difícil mover a máquina. E custou caro, um erra aqui, outro ali. O Chico Graziano, que era importante nessa questão, acabou envolvido naquela confusão de escuta, o problema do Sivam.[23] Ele não tinha nada a ver com o assunto, entrou como Pilatos no credo, mas não deu para manter o Chico. Foi então que resolvemos fazer o Ministério da Reforma Agrária, e o Raul Jungman entra na história.[24]

P - *Estamos nos primeiros meses de 1996...*

R - O Raul é um militante de esquerda, vem do ex-Partidão. A posição do Partidão, com relação à reforma agrária, é de que ela é essencial para a democracia, mas é uma etapa atrasada. Simplificando é isso. Eles acreditam no capitalismo, como impulsionador da mudança. Não acreditam em revolução camponesa, nem no "small is beautiful", mas acham que a reforma é uma etapa de democratização. Até um dia preciso conversar com o Raul — ele mudou muito, em suas visões. Mas o fato é que ele não repudia a reforma agrária, pelo contrário — e também não a endeusa. Os agraristas querem que seja a revolução social do nosso século. Foi a do século passado. Para mim, reforma agrária é uma demanda do século XIX. Tem que ser atendida, porque é uma demanda importante, mas é do século XIX, e o MST usa métodos de demandar do século XIX. Bem, havia muita pressão e havia a seguinte idéia: o Congresso está nas mãos dos latifundiários. A bancada ruralista não vai deixar passar nada. Tudo isso deve estar registrado, se é que há registros bons por aí. Quantas vezes recebi grupos do MST que diziam: "Agora, é xeque-mate". O Lula dizia: "Só vou falar com o presidente se for sobre uma agenda de reforma agrária". O que aconteceu? Aprovamos tudo. Rito sumário, desapro-

---

vice-presidente. Murilo Flores é secretário de Desenvolvimento Rural do Ministério da Agricultura desde maio de 1995.

22
O INCRA, Instituto Nacional de Colonização e Reforma Agrária, é órgão criado em 1970, com o objetivo de promover e executar a reforma agrária.

23
Francisco Graziano: ver nota 16, deste capítulo. Suspeito de ter divulgado a gravação entre o embaixador Júlio César Gomes dos Santos e o empresário José Afonso Assunção que deu origem ao chamado escândalo do Sivam, Graziano deixou o cargo de presidente do INCRA em novembro de 1995.

24
Raul Jungman (1942), funcionário público de carreira nascido em Pernambuco. Antigo militante do Partido Comunista Brasileiro. Presidente do Instituto Brasileiro do Meio Ambiente e dos Recursos Naturais Renováveis (Ibama), do início do governo Fernando Henrique Cardoso a abril de 1996, quando passa a ocupar o recém-criado Ministério da Reforma Agrária.

25
O rito sumário de desapropriação para fins de reforma agrária está previsto na lei complementar nº 76, de 6 de julho de 1993, que altera o processo judicial de desapropriação eliminando alguns procedimentos e reduzindo os prazos exigidos pelo Código do Processo Civil. O Imposto sobre a Propriedade Territorial Rural (ITR) foi modificado pela lei 9393, de 19 de dezembro de 1996, que entrou em vigor em 1º de janeiro de 1997. Essa lei criou um sistema de tributação progressiva da propriedade rural improdutiva — quanto maior a propriedade improdutiva, maior será o imposto a ser pago —, incumbiu a Secretaria da Receita Federal da arrecadação e instituiu que o valor da desapropriação será o valor declarado pelo proprietário para fins de tributação.

priação, ITR novo.[25] Toda a legislação que foi proposta foi aprovada, e está sendo posta em prática. É por isso que digo: o latifúndio, no Brasil, é um tigre de papel. Não tem força mais.

P - *Nem nas áreas mais atrasadas?*

R - Nos confins do Brasil continua a haver latifúndio e eles são tão selvagens como sempre foram. O recurso à violência, e até ao assassinato, continua. Mas não têm força no Congresso mais. Nós aprovamos tudo porque a sociedade ficou a favor. Não era só o governo, era a sociedade que estava a favor. Boa parte das medidas são propostas minhas, outras peguei de deputados do PT e do PCdoB, e aprovamos. O arcabouço jurídico da terra no Brasil mudou. Quando você muda o arcabouço jurídico, o efeito pode não ser imediato. Leva dez, quinze, vinte anos. Mas vem. O ITR novo vai ser cobrado pela primeira vez agora. Nós temos hoje um sistema de satélite que permite, com uma margem de erro mínima, verificar se uma determinada fazenda é próspera, quantos hectares estão plantados, quanto há de milho, de café, de lavoura, de gado e de terra não produtiva. Isso vai começar a ser usado.

P - *Para conferir ou para lançar o imposto?*

R - No futuro será para as duas coisas. Agora é para conferir. Mas mudou também o conceito. O valor da propriedade é o valor declarado. Você pergunta: quanto é que você disse que vale a sua terra? Vou desapropriar sua terra, e pagar o quanto você disse que vale. Vamos cobrar o novo imposto pela primeira vez agora. O valor da terra já caiu e vai cair mais. Outro dia li na *Folha* que caiu 50%. Por que caiu? Porque a terra não é mais reserva de valor, como no tempo da inflação, mas também por essas razões todas.

REFORMA DO ESTADO (2): A FUNÇÃO SOCIAL (A EDUCAÇÃO E A TERRA)

P - *E por causa da ameaça do MST.*

R - Também. Por essas razões todas. Isso é mau? Não, é bom, porque facilita o acesso à terra. A terra é hoje 15% do custo da produção. Não é mais um negócio proibitivo, é o mais barato que há. Mas o que quero dizer é o seguinte: estamos mudando as condições de o Estado se relacionar com a terra. Mudamos a lei, introduzimos novos instrumentos, vamos cobrar impostos. A receita acha que vai arrecadar 250 milhões de reais. Eles estão calculando por baixo. Mas realmente já temos instrumentos para apertar a questão da terra. Como a terra barateou muito, começamos um outro programa. Está sendo chamado de "célula da terra", e vai terminar no Banco da Terra.[26] O Banco Mundial deu dinheiro para esse programa, e o BNDES vai entrar com outra parte. Temos 1 bilhão no BNDES para isso. Também mandei destinar ao programa 400 milhões de um dinheiro que estava parado no Banco Central, sobra da mudança de moeda.

P - *Em que consiste esse programa?*

R - Ele se tornou possível porque o mercado de terra, hoje, está parado. O sistema tradicional do INCRA, do qual o MST gosta, porque permite briga, é o da desapropriação. Só que desapropriar traz muitos problemas. Os proprietários apelam à Justiça, e a decisão leva anos. E qual o valor daquela terra? Aí, começa a corrupção. Por esse outro sistema, que aliás já começou — a primeira experiência foi na Bahia —, o governo compra a terra no mercado. Compra e depois oferece a quem se interessar, com financiamento. O preço da terra é baixo, o financiamento é bom, então vai haver compradores.

P - *A idéia é acabar com as desapropriações?*

R - A idéia é deixar os dois sistemas competindo, e convergindo no objetivo de distribuir terra. Assim desafogamos a

26
O Banco da Terra, encarregado do financiamento para aquisição de propriedades rurais por trabalhadores sem-terra e pequenos agricultores, foi aprovado pelo Congresso em março de 1998.

pressão sobre a terra. Há regiões, como o Rio Grande do Sul, onde não há mais o que desapropriar. Não há mais terra não produtiva. Mas há terra que o proprietário vende, porque não quer mais. A meta, este ano, é assentar 80 mil famílias. O Raul Jungman me disse, depois que já havia 70 mil assentados: "Se o senhor quiser, assentamos mais de oitenta". Eu lhe disse: "Vai devagar, assenta direito, sabe-se lá como vai ser o ano que vem. Faça o máximo, mas não precisa fazer malabarismo". Vamos assentar as 80 mil. Quer dizer, das 280 mil fixadas como objetivo, no início do governo, ficarão faltando 100 mil, que é a meta do ano que vem. Assentamos 40 mil no primeiro ano, 60 mil no segundo, 80 mil no terceiro e vamos assentar 100 mil no ano que vem. O Raul vai publicar um "livro branco" com toda a relação dos assentamentos.

P - *O MST contesta os números do governo.*

R - O MST, diga o que disser, sabe que estamos cumprindo a meta. E, como o Pronaf está funcionando, também diminui a pressão de gente querendo terra. O Raul me disse que logo vamos poder anunciar que, no meu governo, desapropriamos 5 milhões de hectares de terra. Neste momento são 4,7 milhões, muito mais do que tudo o que já foi desapropriado no Brasil. Isso não é mérito do governo, apenas. Sem o MST não teríamos chegado a esse resultado. Sem que a Globo tivesse transformado a questão agrária numa questão nacional, também não — o Congresso não ia ceder. Mas o governo é aberto. Numa área em que queriam nos colocar contra a parede, e dar um xeque-mate, não vão conseguir, porque há saídas, há canais, e estamos conseguindo avançar.

P - *O senhor espera um resultado econômico, em termos de rendimento do setor agrícola, com a reforma agrária?*

R - Isso só Deus sabe. É um problema, só saberemos com o tempo. Como estamos numa economia capitalista, em que o agrobusiness cresce muito, creio que esse setor da propriedade familiar será, no máximo, complementar, e, em média, de subsistência.

27
Luciano Martins: ver nota 8 do capítulo 1.

P - *Há um sistema de acompanhamento do que está acontecendo com as famílias assentadas?*

R - O Luciano Martins, que é meu assessor, está fazendo uma pesquisa sobre isso.[27] Existe também um censo, que o Raul fez com as universidades. É a primeira vez que se fez isso. Diga-se de passagem, um reitor daqui de Brasília irá para o INCRA, no Ministério da Reforma Agrária, para mexer com essas coisas.

P - *O INCRA não possui instrumentos para fazer esse acompanhamento?*

R - Nunca fez. Esta é uma idéia nova que estamos tentando introduzir na burocracia — a da avaliação. O ideal é que não seja feito dentro do governo — é contratar de fora. Chamar as ONGS, os especialistas, mandar avaliar. Estamos fazendo isso, embrionariamente. A burocracia se fecha, ela não gosta de ser avaliada.

P - *Nós estivemos falando de reforma de Estado, e depois de abordar a vertente econômica de sua visão do problema, o senhor abordou a vertente social, citando os exemplos da educação e da reforma agrária. Para fechar esse tema, como o senhor definiria o Estado que está propondo? Ele não se confunde com o welfare state mas o senhor também se recusa a chamálo de liberal, ou neoliberal. O que é ele, então?*

R - É um Estado articulador, que articula. Regulamenta, induz e articula. Não é neoliberal. Também não é nacional-desenvolvimentista, e não é *welfare*, no sentido clássico. É um Estado articulador porque aproxima sempre o privado do público.

O PRESIDENTE SEGUNDO O SOCIÓLOGO

28
Antonio Gramsci: ver nota 5 do capítulo 7.

P - *Há, entre as diversas políticas que o senhor persegue, um denominador comum que configure esse tipo de Estado?*

R - Há um denominador comum. Tome a reforma agrária. O que estamos fazendo? O INCRA desapropria, e digo que isso não basta. Tem que haver o mercado. É um Estado que pega o setor privado e o setor público e busca mecanismos de ponte entre eles. Quanto às universidades, tem que haver um setor gratuito, mas tem que haver também a ação privada. É preciso evitar que o setor público diga: "Não, eu faço sozinho", porque não faz. Não só não faz como fica sem controle. E também não se pode mercantilizar tudo.

P - *Nesse panorama, qual o papel das organizações não governamentais, de que o senhor fala tanto?*

R - Elas são o elo entre o Estado e a sociedade, mas não só isso: são agentes catalisadores de mudanças. Por isso digo: caso se tenha alguma coisa a pedir, é melhor pedir a uma ONG do que ao Estado. Isso desde que a ONG entenda que seu papel não é de destruir o Estado. Ela não pode se confundir com um partido, porque, sendo partido, necessariamente, vai atacar e disputar com o governo. Se houver, e há, ONGs que têm uma visão do público, elas é que deviam avaliar crescentemente a ação do Estado. Ou seja, é a sociedade que tem que avaliar a ação do Estado. Esse elemento — noção do público — tem que ser trabalhado. Não se trata nem do privado e nem do estatal. Se você for para trás vai encontrar essa noção no Gramsci, entre os autores mais recentes.[28] O público contido nessa noção tem que respeitar o estatal, respeitar o privado, e não se confundir, nem ser inimigo, de nenhum dos dois. Até essa idéia se fixar de uma maneira mais nítida, vai levar algum tempo, mas acho que aí é que está o novo da sociedade contemporânea. Isso é igual aqui, na Europa ou nos Estados Unidos. É a emergência do público nesse sentido que é o novo. Inclusive, a questão da cidadania tem muito a ver com isso. Os partidos vêm perdendo a antiga condição de expressão da sociedade por quê? Porque estão sendo destronados por esses novos organismos, que atuam no setor público sem ser partidos.

P - *O MST é ONG ou é partido?*

R - O problema do MST é esse. Ele está muito próximo da fronteira onde começa o partido. O MST está numa ambivalência entre o público e o partidário — entre ser uma ONG, apoiada por ONGs, até européias, estrangeiras, e ser partido. Ele não tem uma relação limpa com o Estado e o governo — tem uma relação de permanente tentativa de desmoralização do governo e do Estado. Essa não pode ser função de um organismo do setor público. Ele tem a missão de avaliar, de criticar, mas não de desmoralizar. Quem desmoraliza toma partido, é partidário. Está contra porque se propõe a substituir.

23

A "DEMOCRACIA RACIAL" EM QUESTÃO

SISTEMA DE COTAS PARA DAR OPORTUNIDADE
AOS NEGROS: PRÓS E CONTRAS — DISCRIMINAÇÃO
NO EMPREGO — COMPARAÇÃO COM OS ESTADOS UNIDOS
— HIPOCRISIA RACIAL — O ELEVADOR DE SERVIÇO
— DISCRIMINAÇÃO NA TV — A SOCIEDADE MOLENGA
— CLASSE OU RAÇA? — "FALTA MUITO PARA SE TER
ORGULHO DA DEMOCRACIA BRASILEIRA"

20 / 11 / 97

1
Entrevista à revista Veja *de 10 de setembro de 1997.*

Pergunta - *O senhor disse uma vez que o sistema de cotas, para combater a discriminação racial, não seria aceitável no Brasil. Por que não?*[1]

Resposta - Pode até ser. Temos que examinar em que circunstâncias.

P - *O senhor disse que os brasileiros não gostam do sistema. Por quê? Ele não poderia ser utilizado, por exemplo, para facilitar o acesso dos negros à educação?*

R - Há uma reação muito grande à idéia, porque ela implica deixar de lado a avaliação de mérito. Portanto, seria uma discriminação. A oposição à cota é muito grande, mesmo dentro do Ministério da Educação.

P - *Mas os movimentos negros são a favor.*

R - Sim, são a favor. À medida que você amplia a educação, universaliza mesmo, a probabilidade de ascensão dos negros vai ser maior. Leva mais tempo, mas tem resultados. Não quero entrar na discussão do sistema de cotas, pela resistência que vai provocar, mas não sou contrário. Havendo duas pessoas em condições iguais para se nomear para determinado cargo, sendo uma negra, eu nomearia a negra.

P - *Isso não poderia ser estendido ao emprego, em geral? Não só à escola, à universidade ou aos cargos públicos, mas ao emprego em geral?*

R - Também. Até porque há discriminação forte.

P - *Se o senhor vai a uma loja de Nova York, grande ou pequena, simples ou chique, verá que uma grande parte, às vezes a maioria dos empregados são negros. Se vai a um shopping center no Brasil, não vê negros nas lojas. Não vê nos restaurantes, como garçons. E o Brasil, proporcionalmente, tem mais negros que os Estados Unidos. Não é chocante?*

R - Começa a haver uma certa mudança nisso. E, por paradoxal que seja, isso ocorre via multinacionais, por causa da pressão americana. Eu conheci os Estados Unidos racistas. A mudança havida nos Estados Unidos, nos últimos trinta anos, honra a democracia americana. No Brasil não se considera suficientemente o espírito de inovação e de persistência de valores igualitários que há nos Estados Unidos. Começa a haver alguma coisa aqui. Na televisão começa a aparecer alguma coisa em favor da igualdade. Isso é importante, porque dá um sinal para o país. Sua observação é correta: você vai a certos shoppings e não há negros. Como se corrige isso? Acho que tem que ser pela persuasão, pela insistência...

P - *A política oficial brasileira é de que não aceitamos o racismo.*

R - Se fosse diferente, seria mais fácil lutar contra.

P - *Por isso mesmo, porque não há uma política oficial negativa contra a qual lutar, é que, talvez, uma ação afirmativa, como o sistema de cotas, seja necessária. Não lhe parece?*

R - Na questão da universidade — que é onde, basicamente, se aplicaria a cota — é complicado. Agora, acho importante haver um esforço grande no emprego. No Estado brasileiro, a discriminação caiu muito.

P - *O Estado, nesse particular, estaria melhor do que o mercado?*

R - Está melhor do que o mercado. Veja o Itamaraty — começa a ter diplomatas negros. Nas Forças Armadas, há muitos negros. As Forças Armadas, nesse aspecto, são verdadeiramente democráticas.

P - *Há generais negros?*

R - Talvez não generais. Há um coronel, no meu gabinete, negro. Não é mulato, é negro. É coronel e está no meu gabinete. Espero que possa ser general, porque acho importante, por essa necessidade de uma ação afirmativa. Na política, há poucos negros. Mas, no Brasil, há o problema do mulato, que vira branco.

P - *Sim, caso se examine o Congresso, vai se ver que a maioria não é exatamente branca.*

R - Não é branca, mas nem sabe que não é. E não quer saber. Por isso, chamo sempre a atenção para a cor da minha pele. Digo: "Olhem a minha pele". Fiz isso com o papa. "Vocês acham que sou branco?" Esse conceito é muito variável, no Brasil. Tem gente que se diz branca, acha que é branca, mas não é branca. Quem tem o treinamento que tenho, em matéria de raça, descobre logo quando a pessoa tem sangue negro. Como a mistura é muito grande no Brasil, o que acho muito bom, muito positivo, isso favorece a confusão. Era melhor dizer: "Sou meio misturado". Mas na política não é assim. O sujeito branqueia. Por causa da nossa hipocrisia racial, que o Florestan estudou tão bem, é mais difícil uma ação decidida de combate ao racismo.[2] Temos no governo o Instituto Palmares. Para sua presidência nomeei uma moça, Dulce Pereira, muito interessante, suplente do Suplicy, aliás.[3] Quero que esse instituto seja ativado. Há o Conselho dos Negros também, que o Montoro fez pioneiramente em São Paulo.[4] Há aqui em Brasília, agora. Estive em Palmares, por causa do Zumbi.[5]

P - *Esta nossa entrevista está sendo realizada no Dia de Zumbi.*

R - Sim, e Zumbi está hoje inscrito entre os heróis da pátria. Agora, diante de todas essas iniciativas do governo, o que acontece? Ninguém presta atenção. Se houvesse um grupo se opondo, dizendo: "Isso é um absurdo", haveria maior repercussão. Mas nem prestam atenção, tudo passa despercebido, que é a maneira brasileira de não encarar o problema, de fingir que ele não existe. Porque aqui nunca houve apartheid, fica mais difícil mostrar que houve, e há, preconceito.

P - *Nunca houve apartheid, mas há o elevador de serviço.*

R - É, até hoje. Que não é só para os negros, é para branco também, da classe chamada inferior.

P - *Não há em parte alguma elevador de serviço, nem na África do Sul, e aqui no Brasil não se vende um apartamento se não houver.*

2
Florestan Fernandes: ver nota 4 do capítulo 1.

3
Dulce Maria Pereira (1954), arquiteta e documentarista paulista. A Fundação Cultural Palmares, órgão vinculado ao Ministério da Cultura, tem por objetivo preservar os valores culturais, econômicos e sociais dos negros brasileiros. Eduardo Suplicy: ver nota 10 do capítulo 21.

4
Franco Montoro: ver nota 11 do capítulo 1.

5
Palmares é a região do estado de Alagoas onde se instalou, de fins do século XVI até fins do século XVII, um quilombo de ex-escravos fugidos dos engenhos pernambucanos. Zumbi, ou Zumbi dos Palmares, foi o último chefe do quilombo, finalmente destruído em 1694. No ano seguinte, Zumbi foi morto e sua cabeça exposta em praça pública no Recife. União dos Palmares, município alagoano situado no local onde outrora existiu o quilombo de Zumbi, foi visitado por Fernando Henrique Cardoso em 20 de novembro de 1995, no quadro das comemorações do terceiro centenário da morte do líder negro.

R - Fazem dois elevadores. O prédio sai mais caro. E o pessoal acha que é normal. É um absurdo.

P - *Isso não lhe parece uma herança arquitetônica da casa-grande e senzala?*

R - É, acho isso muito chato, muito constrangedor. Na minha casa, dos meus avós e de meu pai, havia uma senhora, Alzira, filha de uma escrava de um bisavô meu, que era muito próxima da família. Ela comia na mesa, o que naquele tempo era absolutamente inaceitável. Hoje já há muita gente que tem uma relação mais correta com as empregadas. Nossa relação é profundamente hierárquica e, por isso, informal — "Cada macaco no seu galho". Quando os macacos saem do galho e deixam de saber o seu lugar, as coisas complicam. É o que está acontecendo agora, o que é bom. Mas a mentalidade da classe dominante no Brasil — e não só a tradicional, porque a nova incorpora esses valores — não é democrática. É hipócrita. Até permite uma aparência de proximidade porque, na verdade, há uma enorme distância.

P - *O senhor citou a televisão, que teria começado a melhorar nessas coisas. Não na publicidade. Nos anúncios, o Brasil parece a Escandinávia...*

R - Somos loiros, como eles...

P - *Não lhe parece uma crueldade com uma criança negra, uma maneira de excluí-la, martelar diariamente que o monopólio da beleza, do charme e da elegância está do outro lado?*

R - Acho que sim. Mas os comerciais do governo, não. Comerciais do governo têm sempre todos os tipos: negros, japoneses, índios. Pode ver. É decisão isso, não é iniciativa dos produtores.

A "DEMOCRACIA RACIAL" EM QUESTÃO

P - *Nos Estados Unidos não há o monopólio do padrão de beleza europeu, nos anúncios. O governo não poderia fazer algo para que aqui também fosse assim?*

R - Não sei se temos poder para isso. O que o governo tem feito é dar o exemplo — em toda a publicidade do governo, nas promoções, nos eventos simbólicos para os quais pedimos a participação da comunidade negra. Não existe na sociedade uma demanda maior. Nos Estados Unidos existia. O problema aqui é complicado, porque não existe abertamente. O próprio movimento negro está dividido, na questão da ação afirmativa. Então, não tenho base política para avançar mais. É um assunto para pensar. Não sei se isso pode mudar só via governo, ou se a interferência do governo criaria uma dificuldade maior no processo. É preciso haver uma mudança na sociedade. Raras vezes faço um discurso sobre o Brasil em que não fale sobre a multiplicidade das raças. Não creio que tenha havido na história outro presidente que tenha insistido tanto nisso. Uso até autores que nunca foram da minha preferência intelectual — Darcy Ribeiro, por exemplo.[6] Por causa desse lado, tenho usado o Darcy. Essas questões da democratização da vida cotidiana são fundamentais. É o universo do não-institucional. E precisa de mais mobilização da sociedade civil. Nomeei, talvez, o primeiro ministro negro da nossa história. É verdade que ele é Pelé, é rei.[7] Ninguém nem lembra, mas é negro. Só que, no Brasil, não acontece nada. Não há reação. A sociedade não é "anti" — é molenga. Nos Estados Unidos, no passado, seria impossível um ministro negro. Outra característica nossa é que, como não tivemos apartheid, também não temos o racismo negro. Ou, se temos, é um pouquinho só. Nos Estados Unidos há, como reação ao racismo branco.

P - *Por que esse tema fica escondido também nos confrontos políticos? Para os partidos de esquerda, não deveria ser central? Por que não é?*

6
Darcy Ribeiro (1922-97), antropólogo, romancista e político mineiro. Primeiro reitor da Universidade de Brasília (1961-62). Ministro da Educação (1962-63) e chefe da Casa Civil (1963-64) no governo João Goulart. Senador (1991-97). Autor de Os índios e a civilização *(1970) e* O povo brasileiro *(1995).*

7
Édson Arantes do Nascimento, o Pelé (1940), maior glória do futebol brasileiro, foi ministro extraordinário dos Esportes do início do governo Fernando Henrique Cardoso até abril de 1998.

8
A UNESCO (Organização das Nações Unidas para Educação, Ciência e Cultura), criada em 1946, com sede em Paris, é uma agência da Organização das Nações Unidas (ONU) que tem por objetivo promover a cooperação internacional nos campos da educação e da cultura.

9
Vicente Paulo da Silva: ver nota 31 do capítulo 5.

10
Hélio Santos (1945), professor nascido em Minas Gerais. Ocupa no governo os cargos de coordenador do Grupo de Trabalho Interministerial para a População Negra e do Projeto Axé-Se Liga Brasil.

R - Porque a esquerda tinha a idéia de que nosso problema era de classe, e não de raça. Essa é uma velha discussão nossa, acadêmica. Quando se diz que o problema não é só classe, que a classe não explica tudo, isso não é considerado bom marxismo. Na verdade há classe, mas há raça também. Você tem que olhar pelos dois lados. Também havia quem considerasse impatriótico levantar a questão da raça. Nunca me esqueço de uma vez, quando era um jovem professor, em que fui ao Itamaraty, no Rio de Janeiro. Era uma reunião da UNESCO, na sala chamada Sala dos Índios, e falei com liberdade sobre as relações raciais no Brasil.[8] Havia lá um importante embaixador. Ele quase me tirou da sala, como se eu estivesse afrontando a soberania nacional, ao levantar diante dos estrangeiros um falso problema. Era essa a atitude. Acho que hoje ninguém pensa dessa maneira. Então, houve alguma mudança na mentalidade.

P - *Um partido como o PT, por exemplo, talvez não insista nessa questão porque ela provoca divisões internas.*

R - É possível. Diriam que não é o problema principal.

P - *Isso não faz lembrar o Partido Republicano, que combatia a monarquia, no século passado, mas não incluía a abolição da escravidão em seu programa, para não causar divisões?*

R - Sim, o combate à monarquia era assunto dos brancos. Agora, uma pessoa como Vicentinho, presidente da CUT, é sensível a essas coisas.[9] Toda vez que há alguma solenidade que mexa com raça ou com trabalho escravo, aqui no palácio, ele vem. Gosto muito do Vicentinho. É uma pessoa muito ágil. Ele não pode dizer que é branco, e vem por isso. Ele tem mais sensibilidade para o problema, acho. Quando eu estava no PMDB — fui presidente do PMDB —, fiz uma ligação com o movimento negro. Montoro trabalhou nesse sentido também. Conheci então um professor, Hélio Santos, que hoje está aqui, no Conselho dos Negros.[10] Na época,

A "DEMOCRACIA RACIAL" EM QUESTÃO

ajudei o Hélio a ser candidato a deputado. E fiz um esforço para o PMDB lançar um vereador negro em cada cidade, para dar base à eleição do Hélio e de outros mais. Fracassamos sempre, eleitoralmente. Lá em São Paulo tínhamos um comitê no bairro da Casa Verde, onde há muitos negros. Fracassamos sempre na tentativa de lançar candidatos negros, ali, porque diziam que "negro só vota em branco". Isso é uma mistificação, mas tem alguma base, porque não existe a consciência da importância de ter um representante. Até hoje o número de deputados negros, negros mesmo, é muito pequeno. E de mulheres também, é extremamente pequeno. Quantas temos? Não há nem trinta mulheres, em 513 deputados. Isso vai ter que mudar, e vai mudar. É a modernização da sociedade que está em jogo, e é a questão da democracia — não institucional, mas a democracia no relacionamento entre as pessoas. Vai mudar, mas falta muito. Falta muito para realmente se ter orgulho da democracia brasileira.

24

AVALIAÇÃO DOS PRESIDENTES

BONS E MAUS PRESIDENTES — PRUDENTE, CAMPOS SALES,
RODRIGUES ALVES — OS VÁRIOS GETÚLIOS — DUTRA,
JK, JÂNIO E JANGO — GEISEL, O ÚNICO MILITAR
COM VISÃO — "PATÉTICO: O GETÚLIO SÓ VIAJOU
AO EXTERIOR UMA VEZ"

20 / 11 / 97

Pergunta - *Quais os presidentes brasileiros que fizeram um bom serviço? Não se assuste: falemos só dos mortos.*

Resposta - Dos mortos. Os vivos foram todos excelentes...

P - *Comecemos pela República Velha.*

R - Os dois primeiros estavam tentando entender o que era a República. Acho que o Prudente começou a fazer alguma coisa. Certamente Rodrigues Alves fez.[1] Não sei avaliar a polêmica envolvendo Campos Sales, Joaquim Murtinho. Mas, ali, eles estavam diante de uma conjuntura, não era uma mudança estrutural.[2] Campos Sales fez a famosa "política de governadores" que era, simplesmente, sancionar a política mais tradicional brasileira: "Cada macaco no seu galho". Vocês mandam nos seus estados e eu mando na nação. Era um pacto de não-agressão. Depois disso, vamos ver, outro que fez alguma coisa...

1
Prudente de Morais Barros (1841-1902), político paulista. Republicano histórico. Primeiro presidente civil da República (1894-1898). Francisco de Paula Rodrigues Alves (1848-1919), político paulista. Presidente da República entre 1902 e 1906. Eleito novamente para o cargo em 1918, morreu no entanto sem tomar posse.

2
Manuel Ferraz de Campos Sales (1841-1913), político paulista. Presidente da República de 1898 a 1902. Notabilizou-se pela estabilização da moeda, depois do período inflacionário do começo da República e pela instituição da

P - *Getúlio Vargas?*[3]

R - O Getúlio fez, indiscutivelmente. Ficou tempo demais, mas fez. O Getúlio não é o Getúlio, são "os Getúlios". Essa é uma dificuldade, para avaliar. Quando falamos no Getúlio ou qualquer outro presidente, claro que não estamos falando só deles. Há um conjunto amplo de pessoas e de condições, mas acho que Getúlio marcou muita coisa, para o mal e para o bem. Ele tinha aquela formação positivista, castilhista, do Rio Grande.[4] Quando você lê suas memórias, percebe que a visão dele não era de renovação democrática. Ele não entendeu São Paulo, e São Paulo não entendeu Getúlio. Não podia, era um confronto de situações no mundo e de visões. Também é difícil avaliar o que Getúlio fez no Estado Novo.[5] Foi uma época muito negativa para o avanço do Brasil. O segundo Getúlio, eleito, acho que tentou dar mais curso a um Estado nacional desenvolvimentista. Também propiciou, o que é importante, a integração, no jogo político, de camadas que antes ficavam de fora.

P - *E os outros presidentes da República de 46?*

R - Dutra foi a continuidade do Getúlio, ou da visão getulista, com a Constituição na mão. Não foi um mau governo, do ponto de vista de amarrar certas decisões que levavam ao desenvolvimento. Depois disso, o Juscelino certamente fez um bom serviço, também nessa direção. O Jânio foi um desastre. Não entendeu o tamanho do desafio político, econômico, nada. Representava uma coisa inconsistente. O Jango também fracassou. Não tinha pulso, não tinha visão.[6]

P - *Entre os presidentes militares, algum se salva?*

R - O Castelo, com a dupla Roberto Campos e Bulhões, no aspecto de atualização do Estado, fez alguma coisa. Mas tomou posições politicamente equivocadas, que desaguaram no Costa e Silva.[7] O problema do Castelo não é o fato de se

---

chamada "política dos governadores". Joaquim Murtinho (1848-1911), médico e político mato-grossense. Como ministro da Fazenda de Campos Sales, comandou a política de estabilização do período.

3
Getúlio Vargas: ver nota 6 do capítulo 1.

4
O positivismo, doutrina filosófica fundada pelo francês Auguste Comte (ver nota 25 do capítulo 4), de orientação laica e cientificista, teve grande influência entre os políticos e intelectuais brasileiros, desde as últimas décadas do século passado até as primeiras deste. Era a doutrina dominante entre os fundadores da República. Castilhista é adjetivo que remete a Júlio de Castilhos (1859-1903), republicano gaúcho, de formação positivista. Governador do Rio Grande do Sul, com interrupções, de 1891 a 1898, legou ao estado uma Constituição "positivista" diferente das adotadas nas outras unidades da federação, e causa de polêmicas e conflitos.

5
Estado Novo: ver nota 3 do capítulo 11.

6
Eurico Gaspar Dutra: ver nota 2 do capítulo 16.

Juscelino Kubitschek: ver nota 4 do capítulo 14.
João ("Jango") Goulart: ver nota 5 do capítulo 16.

7
Humberto de Alencar Castelo Branco (1900-67), militar cearense. Primeiro presidente do período militar (1964-67). Sua política econômica, marcada pelo combate à inflação e a reforma das estruturas do Estado, foi conduzida pelos ministros do Planejamento, Roberto Campos (ver nota 9 do capítulo 13), e da Fazenda, o economista Otávio Gouveia de Bulhões (1906-90). Artur da Costa e Silva (1902-69), militar gaúcho. Ministro da Guerra (1964-66). Segundo presidente do ciclo militar (1967-69). Representava a linha de endurecimento do regime, em oposição à linha mais liberal de Castelo Branco.

8
Ernesto Geisel: ver nota 46 do capítulo 4.
O livro mencionado é Ernesto Geisel, no qual o ex-presidente narra suas memórias e comenta fatos da história do Brasil em entrevista a dois pesquisadores do Centro de Pesquisa e Documentação de História Contemporânea do Brasil (Cpdoc) da Fundação Getúlio Vargas, Maria Celina d'Araújo e Celso Castro (1997).

ter aliado às oligarquias, mas de não se ter imposto às oligarquias militares. Dos militares, o único que tinha alguma visão era o Geisel — uma visão que não é a minha, certamente. Não li ainda o livro dele, comecei a lê-lo.[8] No fundo, paradoxalmente, o Estado do Geisel é o Estado getulista. Os outros presidentes não marcaram. No fundo, quais são os eixos dessa história toda? Para simplificar, são dois: o da democracia e o do desenvolvimento.

P - *É em função desses dois eixos que o senhor os avalia?*

R - É em função desses dois eixos. Às vezes, os que deram desenvolvimento não deram democracia, como Getúlio. No segundo período dele, quando havia democracia, não conseguiu ir adiante. O único que conciliou as duas coisas foi Juscelino. É claro que estou pondo os meus valores nessa avaliação — o desenvolvimento tem que vir com democracia e com incorporação. Getúlio, embora tenha sido negativo no aspecto da democracia, foi positivo do ponto de vista da incorporação dos excluídos. Isso tem a ver com o crescimento, a expansão da economia. Não se incorpora sem expansão.

P - *Em resumo, poucos presidentes têm uma avaliação favorável, de sua parte.*

R - Talvez eu tenha sido muito severo no julgamento, mas realmente sobra pouco, do ponto de vista de uma visão do Brasil e do mundo. O Getúlio só viajou ao exterior uma vez, para a Argentina. É patético. E, não obstante, pelo que se percebe nas suas memórias, tinha grande interesse pela política externa. Isso me surpreendeu.

25

MEU PAI E O CARCEREIRO. MILITARES. VERGONHAS

VARGAS LLOSA, A COMPARAÇÃO QUE NÃO SERVE
— ORIGENS FAMILIARES: PAI, AVÔ, TIOS E PRIMOS MILITARES
— O PAI E O CARCEREIRO — CONVERSAS DE POLÍTICOS:
ULYSSES, TANCREDO — ENTRE CONVERSADORES E PROFETAS
— MORAL E POLÍTICA — MUDANÇAS NA DEMOCRACIA
E NA DITADURA — CONTATOS COM MILITARES: CORDEIRO,
FIGUEIREDO — POSIÇÃO DOS MILITARES, HOJE
— FUNÇÕES DAS FORÇAS ARMADAS — RISCOS DE GOLPE
NA AMÉRICA LATINA — A REABILITAÇÃO DE LAMARCA
— VERGONHA DA TORTURA — A NÓDOA DA MISÉRIA.

20 / 11 / 97

Pergunta - *No livro em que conta sua experiência de candidato a presidente do Peru, Vargas Llosa mostra como, progressivamente, foi criando aversão à atividade política. Entre outras coisas, ele diz abominar o que chama de "artes evasivas" dos políticos — as conversas não afirmativas, protelatórias. Aparentemente, diante de Vargas Llosa e Fernando Henrique Cardoso, dois intelectuais seduzidos pela política, está-se diante de casos similares. Mas, ao que parece, a rotina da atividade política, que tanto desagradava Vargas Llosa, em Fernando Henrique Cardoso causa o efeito oposto: fascina. O livro de Vargas Llosa seria excelente leitura, então, para se saber como* não *é Fernando Henrique Cardoso. Está certo?*[1]

1
O livro citado é Peixe na água *(1993; tradução brasileira, 1994).*

Notas laterais

2
José Sarney: ver nota 2 do capítulo 5.

3
Frederico Solon de Sampaio Ribeiro (1842-1902), major à época da proclamação da República, foi um dos principais articuladores da conspiração militar contra d. Pedro II. Manuel Joaquim Inácio Batista Cardoso (1860-1924), natural de Goiás, militar que alcançaria a patente de general, é o avô de Fernando Henrique Cardoso. Foi republicano histórico. Depois da proclamação da República integrou-se aos "jacobinos" que cercavam o marechal Floriano Peixoto.
O quadro referido é uma litografia segundo desenho de Facchinetti. O major Solon, de pé, aparece estendendo ao imperador d. Pedro II, sentado, a carta em que o governo provisório da República exige sua saída do país. Um passo atrás de Solon aparecem dois ajudantes-de-ordem.

4
Floriano Vieira Peixoto (1839-95), militar nascido em Alagoas. Eleito vice-presidente pelo Congresso, após a proclamação da República, assume a Presidência com

---

Resposta - Está certo. E isso tem várias origens. Primeiro, fui criado numa família afeita à política. Então, desde menino, bem menino mesmo, com oito ou nove anos — meu pai era uma pessoa muito aberta, muito democrata — eu participava das conversas, ou assistia às conversas. Já na casa da minha avó era assim: depois do almoço ou do jantar — mais do jantar — começava a discussão política. Havia muita briga entre eles. Meu pai era militar e meu avô também. Tinham participado de muitos episódios da história do Brasil... Outro dia li um artigo do Sarney mencionando um jovem tenente — ou alferes, como diziam na época — que tinha proposto fuzilar o imperador.[2] Eu disse: "É o meu avô". Há um quadro clássico de três oficiais levando ao imperador a ordem de banimento. Um é meu avô.

P - *O principal deles era o Solon Ribeiro. Seu avô quem era?*

R - Eram Solon Ribeiro, Mena Barreto e o terceiro era Joaquim Inácio Batista Cardoso, meu avô.[3] O Solon era padrinho do meu pai. Meu avô era muito próximo do Floriano, foi seu ajudante-de-ordens.[4] Meu pai, quando menino, e o meu avô moraram no Palácio do Itamaraty, onde Floriano vivia. Meu avô era então um jovem abolicionista, republicano e bastante exaltado. Foi depois o único general — ele e o Hermes — que apoiou a Revolução de 22.[5] Naquela ocasião, meu avô era comandante da área de Mato Grosso. Veio para o Rio e apoiou 22, mesmo sabendo que ia perder. Infelizmente, uma tia minha queimou todos os documentos da época, as cartas e tudo o mais.

P - *Seu avô foi preso, em 22?*

R - Foi preso junto com o Hermes, num navio. Ele era general. Meu avô até ficou mal das pernas, por causa disso. Como os militares não aceitavam andar senão na companhia de um oficial igual ou superior, ele se recusava sair do navio para andar no cais. Ficou parado o tempo todo, e con-

MEU PAI E O CARCEREIRO. MILITARES. VERGONHAS

traiu um problema nas pernas que viria a contribuir para sua morte. Meu pai também participou da Revolução de 22. Como punição, foi removido do Rio para Óbidos, no Pará. De lá foi transferido para Manaus. E foi então que conheceu minha mãe, que é do Amazonas. Um tio meu — irmão do meu pai — também foi preso em 22.[6]

P - *Entre os muitos militares de sua família houve também ministros da Guerra...*

R - Dois foram ministros da Guerra. Os dois eram Espírito Santo Cardoso, nome do meu bisavô. Augusto Inácio do Espírito Santo Cardoso, meu tio-avô, foi ministro de Getúlio, ainda na fase inicial do governo provisório. Foi o segundo ministro da Guerra do Getúlio, sucedendo o general Leite de Castro. O filho de Augusto Inácio, Ciro do Espírito Santo Cardoso, foi também ministro da Guerra e também do Getúlio, mas já no segundo governo do Getúlio, na década de 50.[7]

P - *O senhor disse que havia muita briga entre eles. Por quê?*

R - Por causa das posições políticas. Na Revolução de 30 eles estiveram todos do mesmo lado, vitoriosos. Mas, em 32, enquanto meu tio-avô era ministro, meu pai apoiou São Paulo.[8] Um outro parente, general Aquiles Menezes, primo de meu pai, também apoiou São Paulo.[9] Este foi preso pelo tio. Então, na família havia muita briga, em função dessas desavenças. Além disso, os militares no Brasil estiveram muito tempo ligados à política, cada um com sua visão. E tinham uma enorme paixão pela pequena história: "Fulano fez tal coisa. Não, foi sicrano. Naquele dia foi assim. Não, não foi. Fulano foi preso. Beltrano traiu". Essas discussões eram, na minha casa, o cotidiano.

a renúncia do marechal Deodoro da Fonseca, em novembro de 1891.

5
Hermes Rodrigues da Fonseca (1855-1923), militar nascido no Rio Grande do Sul. Presidente da República entre 1910 e 1914.
A "Revolução de 22" é a primeira das revoltas militares que permearam os anos 20. Dirigida contra o governo do presidente Epitácio Pessoa, teve seu episódio central no levante do Forte de Copacabana, no dia 5 de julho. O marechal Hermes da Fonseca era à época presidente do Círculo Militar e um dos líderes do movimento.

6
O pai de Fernando Henrique Cardoso é Leônidas Fernandes Cardoso (1889-1965), militar nascido em Curitiba, que terminaria a carreira na patente de general. Participou dos movimentos militares nos anos 20. Apoiou a Revolução de 1930 e, em 1934, serviu como oficial de gabinete do ministro da Guerra, general Pedro Aurélio de Góis Monteiro. Reformado, participou, nos anos 40 e 50, de movimentos nacionalistas como a campanha "O Petróleo é Nosso". Foi eleito deputado federal, pela legenda do PTB, em 1954. A mãe de Fernando

Henrique Cardoso
é Nayde Silva Cardoso
(1903-89).
O tio de Fernando
Henrique Cardoso que
também participou
da revolução de 1922
é Felicíssimo Cardoso,
irmão mais velho de seu
pai e igualmente militar.

7
Augusto Inácio do
Espírito Santo Cardoso
(1867-1947), tio-avô de
Fernando Henrique
Cardoso, foi ministro
da Guerra do governo
provisório de Getúlio
Vargas, entre junho de
1932 e dezembro de 1933.
Sucedeu nesse posto
ao general gaúcho José
Fernandes Leite de Castro
(1871-1950).
O general Ciro do
Espírito Santo Cardoso
(1898-1979), filho de
Augusto Inácio do Espírito
Santo Cardoso, foi
ministro da Guerra
entre 1952 e 1954.

8
A Revolução de 32 foi o
movimento em que São
Paulo se levantou contra o
governo de Getúlio Vargas,
empunhando a bandeira
da reconstitucionalização
do país. Evoluiu para uma
guerra civil que durou três
meses e provocou milhares
de mortes.

9
Aquiles Menezes
(1895-1975), oficial do

P - *E remontavam ao tempo do Floriano?*

R - Quando houve a Revolta da Armada contra a República, meu avô estava com o Floriano. Então, meu pai andava fardado. Ele era menino. Ele e meu tio, os dois meninos, fardados, iam à Praia Vermelha assistir ao bombardeio, com o Floriano.[10] Depois, meu avô foi para o Rio Grande do Sul, para lutar contra a Revolução Federalista. E ficou sob as ordens do pai do Getúlio, Manuel do Nascimento Vargas, que era então um caudilho no Rio Grande.[11] Essas histórias todas preencheram o meu imaginário, na infância. E também aquelas brigas: o Góis Monteiro, o Dutra etc.[12] O Dutra foi ajudante-de-ordens do meu avô. Ele ia na minha casa de manhã, para pegar meu pai, porque os dois trabalharam muito tempo juntos. Esses personagens, para mim, não eram de ficção. Eram pessoas. Eu fui, digamos, socializado, treinado, nesse ambiente de revisão permanente dos fatos políticos, e muitas vezes em oposição ao governo.

P - *Esse treinamento lhe teria facilitado a conversa com os políticos, ao contrário de Vargas Llosa?*

R - Sempre tive em mente algo que meu pai dizia. Meu pai foi preso várias vezes. Em 22, ele ficou preso na Fortaleza de Lajes.[13] Outro dia passei lá, num navio, como presidente da República, todo mundo batendo continência para mim. Disse então ao almirante que estava comigo: "Meu pai esteve preso nessa pedra aí". Lajes já não é uma fortaleza. É um lugar sombrio, no meio da baía. Meu tio também esteve preso lá. O que meu pai dizia era que nunca se devia deixar de falar com o carcereiro. Nas diversas vezes que foi preso, ele nunca deixou. Graças a isso conseguia passar mensagens para outros presos, ou para fora. Mesmo preso, você tem que falar, não deixar o adversário longe. Tem que falar o tempo todo. E com o guarda, não com o capitão.

MEU PAI E O CARCEREIRO. MILITARES. VERGONHAS

P - *Seu pai acabou ingressando na política...*

R - Foi eleito deputado, pelo PTB. Enfim, essas coisas todas, para mim, eram o pão nosso de cada dia. E muita conversa. Meu pai era meio surdo de um ouvido. Então, quando a conversa era chata, voltava-se para o interlocutor com o ouvido ruim. Mas ficava falando, falando, ouvindo e deixando falar. Fui treinado até por esse lado, digamos, emocional, a ouvir o outro. Depois, meu treinamento profissional também influiu. Sempre achei engraçado, desde que entrei na política, dizerem que, como sou um intelectual, professor da Sorbonne — coisa que aliás nunca fui, fui professor em Nanterre, mas sempre aqui dizem que fui da Sorbonne...

P - *É uma metáfora. O senhor não precisa ter sido professor da Sorbonne para ser professor da Sorbonne.*

R - ...sempre achei engraçado dizerem que, por ser um intelectual, seria incapaz de ter um diálogo com o povo. Esquecem que passei muito tempo fazendo pesquisa sobre negros, sobre religião, sobre favela. Meus livros iniciais são sobre os negros. E isso é treinamento de ouvir o outro. Ouvir, anotar com paciência, perguntar, perguntar de novo. Ou seja, nunca deixei, nem pela formação doméstica, nem pela formação profissional, de tentar, com empatia e também com a razão, entender o outro. O Vargas Llosa diz não agüentar o político, porque o político posterga. Para mim, isso é um dado que quero entender. Sempre tive muita paciência, por isso. Porque estou aprendendo, estou tentando entender do que se trata realmente.

P - *Ao contrário do Vargas Llosa, que se irritava, o senhor diria então que aprendeu na convivência com os políticos?*

R - Uma coisa que sempre me chamou a atenção — já disse isso muitas vezes — é que na universidade se é treinado para, tendo uma idéia, assinar embaixo, proclamá-la e, quan-

---

Exército. Reformou-se em 1951 na patente de general-de-brigada.

10
A Revolta da Armada foi uma rebelião da Marinha contra o governo de Floriano Peixoto. Começou no Rio de Janeiro em setembro de 1893 e, estendendo-se ao Sul do país, prolongou-se até março de 1894. A população do Rio de Janeiro podia assistir à troca de bombas entre os navios revoltosos, na baía de Guanabara, e os fortes fiéis ao governo, ao longo da costa.

11
A Revolução Federalista foi um conflito que, opondo inicialmente duas facções do Rio Grande do Sul, as quais disputavam o poder local, acabou por se confundir com a Revolta da Armada num movimento contra o governo federal. Durou de 1893 a 1895 e deixou em seu rastro milhares de mortos e episódios de crueldade. Manuel do Nascimento Vargas, o pai de Getúlio Vargas, distinguiu-se como herói na Guerra do Paraguai (1864-70). De volta ao Rio Grande, teve atuação expressiva como um dos líderes do Partido Republicano local.

12
Pedro Aurélio de Góis Monteiro (1889-1956), militar alagoano. Um dos comandantes da Revolução de 30 foi posteriormente um dos mais influentes líderes militares na era Vargas — primeiro a favor do regime, e depois contra. Ministro da Guerra entre janeiro de 1934 e maio de 1935, e, novamente, entre agosto de 1945 e setembro de 1946. Senador por Alagoas (1947-51). Eurico Gaspar Dutra: ver nota 2 do capítulo 16.

13
A Fortaleza de Lajes fica no morro das Lajes, elevação do litoral do estado do Rio de Janeiro, entre a baía da Ilha Grande e a baía de Sepetiba.

14
Franco Montoro: ver nota 11 do capítulo 1. Jânio Quadros: ver nota 6 do capítulo 3.

do necessário, até brigar para ficar estabelecido que você a teve primeiro. Na política é o oposto. Quando tem uma idéia, você tem que fazer de conta que o outro é que a teve. Senão você não convence, não leva o outro, não chega aonde quer. O mundo da academia preza a inovação. O mundo da política, a repetição. Você tem que ser sempre o mesmo, leal com os eleitores, e repetir os mesmos motes. Aprendi isso com o Montoro. O Jânio fazia assim também.[14] O discurso tem que ser sempre o mesmo. Eu, no começo, apanhava muito, porque discursava pensando na academia. Tinha vergonha de, numa viagem, ao falar diante das mesmas pessoas que vinham na comitiva, repetir o mesmo discurso que já tinha feito na parada anterior. Então, inventava outro. Isso é péssimo, porque você não manda a sua mensagem. Não fixa "a" mensagem. Também acho muito interessante, na conversa dos políticos, é que você repete, repete, repete — até que, de repente, chega ao que os americanos chamam de *breakthrough*. Então, muda tudo.

P - *Por que acontece isso?*

R - Não tem regra. Você está na mesa de negociação, e as posições são imutáveis. De repente, mudam. Quer dizer, essa repetição, que é maçante para a sensibilidade do Vargas Llosa, é um instrumento da vida política. Tem que se entender que isso não acontece por falta de imaginação. É um estilo. Então, nunca tive esse tipo de dificuldade. A não ser que esteja muito cansado, se alguém vem falar comigo presto atenção no que ele está dizendo, interesso-me. Não que me interesse profundamente, mas naquele momento estou interessado. E o interlocutor percebe isso, percebe que estou realmente ouvindo. Todo tipo de gente vem me ver, recebo muito os membros do Congresso. Uma pessoa com uma sensibilidade mais refinada, tipo Vargas Llosa, ou sensibilidade acadêmica pura, ou de grande intelectual, ficaria impaciente. Mas, se você entender que aquilo é realmente uma amostra do Brasil, e que tem que compor com todos eles, conclui que não é desinteressante. O Ulysses dizia: "O instrumento de trabalho do político é o cuspe, a saliva".[15]

P - *O senhor cita freqüentemente Ulysses Guimarães. Ele o ensinou muito?*

R - Muito.

P - *E Tancredo Neves?*[16]

R - Tive menos contato com o Tancredo. O Ulysses era um pouco diferente do Tancredo. O Ulysses, de vez em quando, cortava. O Tancredo não, postergava mais do que cortava. As pessoas acham que sou mais estilo Tancredo, que não corto. Estão enganados. Quando é necessário, tomo a decisão e acabou. Aconteceu isso agora mesmo, quando foi necessário tomar providências duras, por causa da crise asiática. Tomo, sem pestanejar. O Ulysses tinha outro hábito engraçado. Se alguém dissesse a ele: "Estive conversando com fulano", ele perguntava logo: "Quanto tempo?". Ele queria saber sempre quanto durou porque, para ele, uma boa conversa não podia ser rápida. Outra coisa que ele dizia sempre: "Se for importante, a gente arranja tempo". Quer dizer, ele tinha noção da importância do tempo na conversa. E também de que é preciso criar o tempo necessário para que as pessoas se abram, e para que possa haver um entendimento mais profundo entre elas. Se você dissesse a ele que a conversa tinha sido rápida, dificilmente ele levava a sério. Na visão dele, a política requer tempo. Há uma outra frase do Ulysses: "O tempo não perdoa quem não sabe trabalhar com ele".

P - *O fato de freqüentemente essas conversas serem inconclusivas é da natureza da atividade política?*

R - Sim, é da natureza.

15
Ulysses Guimarães: ver nota 44 do capítulo 4.

16
Tancredo Neves: ver nota 5 do capítulo 9.

17
*Max Weber: ver nota 10
do capítulo 4.*

18
*Guimarães Rosa
(1908-67), romancista
e contista mineiro. Autor
de* Sagarana *(1946) e*
Grande sertão — veredas
(1956).

P - *E isso não é exasperante?*

R - Se você se exasperar, perdeu a parada. Se você não tiver treinamento para não se exasperar, perdeu a parada. As conversas são inconclusivas. Então se repete, repete, até que um dia...

P - *Entre a família dos líderes conversadores, que repetem, repetem, até encontrar um consenso, e a dos, digamos, proféticos, mais afirmativos, que apontam um caminho e acabou, o senhor parece preferir a dos primeiros. Ela lhe parece mais eficaz?*

R - Acho o seguinte: você não pode deixar de ser afirmativo nas coisas centrais. Se não tiver um discurso geral, não faz nada, não muda. Mas, se você tiver só o discurso geral, vira profeta ou pregador, e não muda também. Esses conceitos estão próximos da famosa distinção weberiana, entre políticos racionais e carismáticos.[17] Mas eu lembraria também Guimarães Rosa: o problema é o caminho.[18] O profeta afirma a sua verdade. Essa verdade pode até empolgar, mas não é o caminho de se construir na política. Por outro lado, se você ficar só na conversa, também não avança. Um político normal fica só na conversa. Um político banal não tem objetivos e não dá os trancos no momento necessário. Tem de haver uma combinação dessas duas coisas. Eu já disse nestas nossas conversas algo que tem que ser repetido: na política contemporânea você tem que ser racional mas com base moral. O racional obriga-o a construir os meios e os fins, e a base moral a ter os valores. Isso não é fácil, porque o tempo todo se está sujeito a ser atropelado por um pólo ou outro. Nunca respeitei na política os "puros-moralistas". Eles não vão longe. Mas também não acho que os que não têm uma base moral sejam construtivos, porque eles não mudam — eles mantêm as coisas. A responsabilidade do político é fazer as coisas andarem. É pavimentar o caminho. Mas para isso é preciso saber como se faz para as coisas andarem. E então é preciso ter paciência.

P - *O senhor parece ter muita. Tem mesmo?*

R - Sim, mas não sempre. Em dados momentos, você tem que cortar. Uma vez, chamei aqui os líderes do PMDB e dei uma cortada. Há horas em que, ou se faz isso, ou a coisa se esboroa. Diante de uma crise como essa da Ásia, você não pode hesitar. Manda fazer o que tem que ser feito. Não se pode perder o sentido da história. Quando isso acontece, cai-se na política pequena, na politicagem. Não gosto da politicagem. Eu converso, e gosto da conversa, mas não entro na politicagem, no jogo miúdo. Quero entender o jogo miúdo, mas não para fazer o jogo miúdo, e sim o outro jogo. Agora, se eu cortar com todos os que só fazem o jogo miúdo, não ando, porque é a maioria.

P - *Isso que o senhor está descrevendo não seria o processo democrático?*

R - É a questão de como se conduzem mudanças dentro da democracia. Não é simples. Ontem esteve aqui o Dahrendorf. Estava também o Valenzuela, um cientista político chileno-americano.[19] Estávamos conversando sobre a crise no Sudeste asiático, e o Valenzuela dizia: "Está provado que a democracia é melhor para o êxito econômico". O Dahrendorf respondia: "Não é bem assim. Não se pode negar que houve êxito econômico em países não democráticos. É muito difícil conciliar as duas coisas". É, é muito difícil. E uma não leva à outra automaticamente. Da democracia não deriva o êxito econômico necessariamente, e do êxito econômico não deriva a democracia necessariamente. Como valor, é melhor ter a mudança e a prosperidade dentro da democracia. Se você tiver outra visão, se esquecer a democracia e pensar só em mudança, vai para o Lênin, ou algo parecido.[20] Como sou filosoficamente democrata, acho que

19
Ralf Dahrendorf (1929), sociólogo nascido na Alemanha, radicado na Inglaterra. Ex-diretor da London School of Economics e do St. Antony's College da Universidade de Oxford. Autor de Após 1989, *coletânea de ensaios lançada no Brasil com prefácio de Fernando Henrique Cardoso (1997). Arturo Valenzuela (1944), cientista político americano, de origem chilena. Diretor do Centro de Estudos Latino-Americanos da Universidade de Georgetown. Autor de* Political brokers in Chile *(1977). Co-autor de* A opção parlamentarista *(1991).*

20
Vladímir Ilitch Lênin: ver nota 5 do capítulo 7.

é preciso aceitar esse jogo. Mas, como também sou filosoficamente favorável à mudança, aceito o jogo em função de meus objetivos de mudança.

P - *O senhor concordaria que as mudanças, dentro da democracia, se consolidam melhor, e portanto trazem resultados mais duradouros?*

R - Concordo. Era essa a nossa discussão ontem. Por exemplo, quando você compara o Brasil com o México, e Brasil e México com os países do Sudeste asiático, vai notar diferenças. Os sistemas não democráticos apresentam uma fragilidade muito maior, no mundo de hoje, que depende da informação e da confiabilidade da informação. Vou citar um exemplo simples. Aqui, quando o Banco Central publica o volume das reservas — e ele publica —, todo mundo sabe que o número divulgado é verdadeiro. Mesmo porque, se você quisesse mentir, sempre haveria lá algum técnico da oposição que sopraria a verdade para a imprensa. Toda hora há vazamento de informação. No México, na crise anterior, não se tinha confiança, ninguém sabia qual era a situação real. Aqui é o contrário, até se antecipam as tragédias, com base em informações falsas. Nós vivemos uma situação de hiperdemocratização, em matéria de informação. As informações circulam, e circulam muito. E entre as informações vazadas de um determinado ministério e a informação oficial, a tendência das pessoas é desconfiar da informação oficial. Isso traz problemas, mas compreendo que seja assim, nesta nossa atual fase. Essa situação de ampla circulação de informação, nem sempre com base, tem efeitos negativos, mas não tenho dúvidas de que é muito melhor do que a dos países onde a informação é cerceada.

P - *Por que se tende a desconfiar da informação oficial?*

R - Porque ainda estamos numa fase em que o cidadão não confia no governante. Ele vota em você, mas no dia seguin-

348

te, depois que está eleito, você é "o outro". Ele passa a desconfiar. Isso acontece em todos os níveis. Notei isso pela primeira vez num sindicato. Ganhou um determinado líder, e no dia seguinte diziam: "Ele já está em outra". Essa permanente desconfiança tem base, porque, muito freqüentemente, as pessoas revelam mesmo falta de compromisso com o que diziam no momento das eleições. Precisamos de algum tempo para que haja uma confiança maior. Por que é difícil uma negociação? Suponhamos que eu chame o MST para conversar. Ele vai achar que quero enrolar. Não quero enrolar, não estou psicologicamente armado para enrolar, mas ele vai achar que estou. E não vai abrir o jogo. Vai fazer a mesma coisa: vai querer me enrolar. Ao imaginar que quero enrolar, ele vai tentar me enrolar. Por que o PT não vem discutir? Pela mesma razão. Eles nunca imaginam que você esteja realmente sendo sincero quando diz: "Está na hora de discutir, pára de bobagem, vamos pensar no país como gente séria". Não, o ponto de vista é de que é uma manipulação.

P - *O senhor acompanhou em família a trajetória dos militares brasileiros. Qual o papel das Forças Armadas hoje?*

R - Do ponto de vista político, muito pequeno. Foi quando começou o processo de redemocratização que me reencontrei com gente das Forças Armadas... Durante o regime militar só estive uma vez com um militar, e da reserva — o marechal Cordeiro de Farias.[21] Foi por causa da perseguição à revista *Argumento*, que era editada pelo Gasparian.[22] Quem fazia a revista éramos o Antonio Candido, eu, o Arnaldo Pedroso d'Horta, o Paulo Emilio...[23] Censuraram a revista, e então fui falar — foi a única vez — com o Cordeiro de Farias. Ele tinha trabalhado com o meu avô. Depois, quando já era senador, uma vez falei com o Figueiredo, num jantar.

21
Osvaldo Cordeiro de Farias (1901-81), militar gaúcho. Participou dos movimentos tenentistas da década de 20. Interventor no Rio Grande do Sul (1938-43). Comandante de artilharia da Força Expedicionária Brasileira, FEB (1944-45). Governador de Pernambuco (1955-58). Ministro extraordinário para a Coordenação dos Organismos Regionais (1964-66) durante o governo Castelo Branco.

22
Fernando Gasparian (1930), editor paulista. Proprietário do jornal Opinião, *de marcante atuação oposicionista durante o regime militar e, desde 1975, da Editora Paz e Terra. Deputado federal (1987-91).*

23
Arnaldo Pedroso d'Horta (1914-73), jornalista paulista. Autor de México — Uma revolução insolúvel *(1965) e* Peru — Da oligarquia econômica à militar *(1971). Antonio Candido: ver nota 12 do capítulo 1. Paulo Emilio Salles Gomes (1916-77), professor e crítico de cinema paulista. Fundador e diretor da Cinemateca Brasileira. Autor de* Jean Vigo *(1957) e* Humberto Mauro, Cataguases, Cinearte *(1974).*

24
João Baptista Figueiredo: ver nota 40 do capítulo 4. O pai de Figueiredo foi o militar carioca Euclides de Oliveira Figueiredo (1883-1963), inimigo do regime de Getúlio Vargas e um dos chefes militares da revolução paulista de 1932.

25
José Richa (1934), político nascido no Rio de Janeiro e radicado no Paraná. Senador (1979-83 e 1987-95). Governador do Paraná (1983-87). Um dos fundadores, com Fernando Henrique Cardoso, do PSDB. O ministro do Exército, na época da Constituinte, era o general Leônidas Pires Gonçalves, que ocupou o cargo de 1985 a 1990.

26
Henrique Sabóia (1925), oficial da Marinha nascido no Ceará. Foi ministro da Marinha de 1985 a 1990. O ministro-chefe do SNI, no mesmo período, foi o general Ivan de Souza Mendes. O SNI, Serviço Nacional de Informações, foi instituído pelo regime militar, como órgão de inteligência, e acabou servindo para espionar e perseguir a oposição. Foi extinto no governo Collor.

P - *Quando Figueiredo era presidente?*

R - Sim. O pai dele era amigo do meu pai.[24] Então, conversei com ele, socialmente. Na época, por volta de 83, foi um escândalo. Deu na imprensa. O Ulysses e outros deram sua opinião. A questão era: "A oposição pode ou não conversar com o presidente da República?".

P - *O Ulysses achava que podia?*

R - O Ulysses achava que sim, porque a conversa não teve nada de mais. Foi num banquete qualquer. Figueiredo mandou me chamar. Depois, quando o Sarney era presidente, fui líder. Aí sim, voltei a ter contato com os militares. Tivemos alguns problemas na Constituinte sobre a questão do papel das Forças Armadas, mas não vou entrar em detalhes. Afinal, fizemos, o Richa e eu, um acordo com o ministro do Exército da época.[25] A formulação que está na Constituição é de nossa autoria. Naquele tempo, os militares tinham uma assessoria parlamentar muito boa. Até hoje têm. Então, começamos a conversar. Havia muita prevenção de parte a parte. No meu caso, o background familiar facilitou o entendimento e impediu que eu guardasse uma aversão pessoal.

P - *Conversaram sobre o quê?*

R - Conversamos muito sobre parlamentarismo, para ver se eles aceitavam. O ministro da Marinha, almirante Sabóia, que é uma pessoa de qualidades, era muito contra. Os outros, menos. O general que chefiava o SNI era muito atencioso e tinha uma mente aberta.[26] Depois, a partir da Presidência do Itamar, nunca vi nos militares senão a vontade de realmente sustentar o regime democrático. Não vi em ninguém, nem nos altos mandos, nem nos oficiais, com os quais tenho um trato muito aberto. São gente boa, de boa formação profissional e boa formação moral. São servido-

MEU PAI E O CARCEREIRO. MILITARES. VERGONHAS

res públicos. Pode ser que me engane, mas a sensação que tenho é de que eles são solidários às mudanças que estamos fazendo. Mesmo com relação aos problemas salariais que os afetam, nunca fizeram uma demanda não correta. E ganham mal.

P - *Por que o senhor diz que eles são solidários às reformas? Não lhe parece que não deviam ser nem a favor nem contra?*

R - Eles não se pronunciam. Mas sinto que, do ponto de vista pessoal, estão emocionalmente do meu lado. Não digo todos, mas aqueles com quem convivo. E eu falo, do meu jeito, com todos, não distingo patente para conversar — sigo aquela lição do meu pai e do carcereiro. Converso com capitão, com major, com quem seja. Para sentir. Acho que eles hoje têm uma visão bastante objetiva do Brasil. E têm essa visão porque têm contato com o país. Se você considera os grandes corpos burocráticos brasileiros, o que mais tem contato com o povo é o Exército. As Forças Armadas em geral, mas talvez mais o Exército. Não há a noção de casta. Pode haver algum espírito de corpo, mas eles têm contato com a realidade, e sabem dos problemas. Pegue a questão mais delicada, que é a questão da terra. A atitude deles não é contrária à reforma agrária. Não é mesmo.

P - *Mais uma vez, o correto não seria que eles não fossem nem contra e nem a favor?*

R - Como instituição, sim, mas como pessoas eles têm posições. Acho que, como pessoas, são a favor da democratização, e democratização, digamos, social, no aspecto de que falamos. Evidentemente, tudo o que diz respeito a território toca aos militares: fronteiras, Amazônia, a noção de soberania concreta. Quanto a isso eles sempre tiveram, e continuam tendo, um sentimento de missão. Na República Velha esse sentimento de missão gerou um problema complicadíssimo. Foi o que levou os militares a se intrometer

351

na política, e a não confiar nos civis como patriotas. Esse aspecto da não-confiança nos civis como patriotas acho que desapareceu.

P - *Ou, talvez, o que tenha desaparecido seja a confiança neles próprios como políticos, como gestores de Estado.*

R - Também. As duas coisas. Houve uma mudança grande. As Forças Armadas têm um treinamento permanente, cursos permanentes, contato permanente com as realidades do país. Criei alguns instrumentos importantes. Por exemplo, uma Câmara de Relações Exteriores de Defesa, CRED, onde os ministros, civis e militares, discutem programas de defesa e de política internacional. Isso ajuda a responder à seguinte questão: defesa do quê?

P - *Essa é a pergunta: defesa do quê? Não há mais guerra fria, não temos problemas com vizinhos. Defesa contra quem?*

R - Há a noção de defesa como segurança da sociedade. Primeiro, pode haver eventualmente algum problema, é sempre uma hipótese. Neste momento há uma ameaça de guerra por causa do Iraque. Há sempre essa eventualidade. Em segundo lugar, há hoje a internacionalização do crime — do narcotráfico, especialmente. Uma parte disso afeta as Forças Armadas. Não a questão da repressão direta, mas a da informação e das condições de infra-estrutura. Isso tem a ver com fronteira. Portanto, tem a ver com o Exército, a Marinha e a Aeronáutica. Há outra coisa, em termos de segurança — não de defesa, mas de segurança. Toda a navegação do Atlântico Sul está a cargo da Marinha brasileira: salvação de navios, informação de onde estão, condições atmosféricas. Ela tem uma função real, no Atlântico Sul, de segurança, não de segurança militar, mas de segurança da sociedade. Idem a Aeronáutica. Há muito o que fazer, não em termos do ataque do inimigo ou ao inimigo, mas em termos de preservar a segurança.

P - *A Amazônia é uma questão, para os militares?*

R - É uma preocupação que se inscreve na área do controle do território. A preocupação existe, seja por causa do contrabando, seja por causa da invasão de mineradores, seja por essa idéia de "Amazônia, pulmão do mundo". Essa noção pode levar a idéias de internacionalização, e isso preocupa. Há ainda outra função, que é a de as Forças Armadas serem a garantia constitucional em última instância. Quando há crise entre as polícias militares, e isso tem acontecido, o que se faz? Você precisa ter as Forças Armadas treinadas. Temos também uma política de defesa, que foi publicada e enviada ao Congresso. Essa política expressa as diretrizes do governo e, portanto, as minhas. Há lá os princípios da defesa, especificados por arma. Isso foi debatido no governo. Não é uma política militar, é uma política de governo.

P - *Militares freqüentemente se queixam de que as políticas de defesa não interessam aos políticos. Não motivam o Congresso.*

R - É uma queixa procedente. Mas existem núcleos no Congresso, e até nas universidades, que começam a discutir esses assuntos. Na SAE, Secretaria de Assuntos Estratégicos — que não é militar, mas lida com fronteiras —, chamamos esses grupos para debater.[27] Chamamos gente de vários partidos, inclusive o PT. Os militares têm um contato grande com os setores de oposição, hoje, por causa da idéia nacional. Quer dizer, a idéia de que eles não têm papel político a desempenhar, um papel partidário, mas um papel nacional. Outra função que eles têm desempenhado, entrosados com setores civis, é a da pesquisa. Bem ou mal, desenvolveu-se no Brasil uma capacidade própria de lançar satélites. A fabricação do submarino atômico, tão discutida, é outro exemplo. O Exército tinha no Rio de Janeiro o projeto de fazer um reator nuclear com técnicas novas. Isso vai ser transferido para a Universidade do Rio Grande do Sul.

27
A SAE, Secretaria de Assuntos Estratégicos, foi instituída em 1990 (governo Collor) para prestar assessoria ao presidente em assuntos de interesse permanente do país. Em parte, assumiu funções que eram, ou deveriam ter sido, do SNI. É dirigida pelo embaixador Ronaldo Sardenberg (ver nota 31 do capítulo 4).

Acho que hoje há um anseio, nas Forças Armadas, de que o Congresso e a sociedade prestem mais atenção nelas e se entrosem mais com seu trabalho. As tendências militaristas, ou de autoritarismo militar, foram debeladas realmente.

P - *Há risco de golpe na América Latina?*

R - Na América Latina sim. No Brasil não.

P - *Que países da América Latina o senhor tem em mente?*

R - Não posso dizer.

P - *O senhor não acha que o fim da guerra fria inviabilizou os golpes na América Latina? Afinal, eles eram feitos quase sempre em nome do combate ao comunismo, e tinham o apoio dos Estados Unidos.*

R - Agora, se houver alguma coisa aqui, será fruto de luta política, de facções políticas. Serão os militares envolvidos com alguma facção política ou eles próprios instituídos em facção política, mas sem uma ideologia para a sociedade no seu conjunto. No Brasil, nossa redemocratização foi tão lenta que deu tempo para a ascensão de novas gerações. As que estão aí são novas gerações de militares, sem comprometimento com a violência do passado. Por outro lado, não houve aqui a desmoralização das Forças Armadas, como em outros países, que não quero citar. Isso foi bom, porque permitiu uma reacomodação mais suave. Esse é um lado bom do Brasil — o lado da conversa, de aceitar o outro. Não vou citar nomes, mas há casos no governo de militares trabalhando com gente que foi guerrilheira, ou "subversiva". Eles trocam recordações do passado e riem. Conhecem-se melhor, reciprocamente, hoje. Então, houve a possibilidade de se refazerem percepções, sentimentos, visões. Uma coisa que não foi fácil foram esses programas de reabilitação dos mortos. Alguns eram guerrilheiros. O caso do Lamarca não foi fácil — um dia vou contar com mais detalhes.[28]

P - *Contar o quê? Que houve resistência?*

R - Houve, mas muito pouca.

P - *Eles reclamaram com o senhor?*

R - Não os chefes, mas alguns reclamaram. Um deles, com várias estrelas no ombro, passou para a reserva. Ali estivemos na fronteira da provocação. Não era fácil justificar uma nova reabilitação do Lamarca. A família já recebia a aposentadoria...

P - *O senhor foi a favor?*

R - Eu não participei do processo de decisão. Mas, uma vez tomada, defendi a decisão. Disse: "A lei é essa, criamos uma comissão, a comissão decidiu, está acabado".

P - *O senhor acha que foi correta a decisão?*

R - Acho que exageraram, no caso específico, porque a reparação já havia sido feita. Foi uma segunda reparação. Discutiu-se muito se naquele momento ele era prisioneiro ou não. Isso se pode discutir, mas a reparação já tinha sido feita. Foi uma tentativa de cutucar, a mim e às Forças Armadas.

P - *O senhor, que já viajou muito, e viveu no exterior, alguma vez teve vergonha de ser brasileiro?*

R - Já, na época do regime autoritário: perseguição, tortura etc. Era um momento em que você se sentia estranho a seu país. Você dizia: "Puxa, não é possível. Não dá". Em 64, quando fui para o Chile, o problema era outro. Naquele momen-

28
Carlos Lamarca (1937-71), militar e guerrilheiro carioca. Fugiu do Exército, onde era capitão, para tornar-se um dos principais líderes da esquerda armada durante o regime militar. Foi morto pelas forças do regime quando se refugiava em Ipupiara, na Bahia.

29
Paulo Schilling (1925), economista gaúcho. Em O Brasil vai à guerra, *publicado no Uruguai em 1973, pintava o Brasil, então no auge do regime militar, como um país ameaçador para os vizinhos.*

30
As teses do general Golbery do Couto e Silva (ver nota 46 do capítulo 4) sobre a questão estão em seu livro Geopolítica do Brasil *(1966), de larga repercussão à época em que foi lançado.*

to havia a idéia de que o Brasil era subimperialista. Não era, mas havia essa idéia.

P - *Havia aquele livro do Paulo Schilling,* O Brasil vai à guerra...[29]

R - Isso. Havia a geopolítica do Golbery, o subimperialismo etc.[30] Aquilo era incômodo, porque não correspondia ao que o Brasil realmente era. Ficava uma imagem muito ruim.

P - *Mas o regime parecia algo seduzido pela idéia. Essa concepção não era totalmente estranha ao "Brasil Grande" dos militares.*

R - É possível. No meio intelectual, isso era uma coisa, digamos, mais constrangedora do que vergonhosa. Tortura era vergonhoso. Aquela época foi muito difícil. Misturavam-se regime militar, subimperialismo, analfabetismo — enfim, foi um momento de pouca credibilidade, para o país. Quando, na era Médici, houve o crescimento da economia e as vitórias no futebol, havia também a violência. Foi um período ruim.

P - *Hoje temos a miséria.*

R - Sim, mas a miséria diminuindo, não aumentando. E não se compara a vergonha da miséria com a vergonha da tortura.

P - *O senhor espera, ainda em seu tempo de vida, ver o problema da miséria resolvido no Brasil?*

R - Não sei quanto tempo vou viver... Se viver ainda uns vinte anos, e se houver persistência nas políticas econômicas e sociais, não digo que o problema estará resolvido — os Estados Unidos têm miséria, e a pobreza é grande —,

MEU PAI E O CARCEREIRO. MILITARES. VERGONHAS

mas será de outra natureza. Temos já condições e, como já disse algumas vezes, temos até o imperativo moral, de acabar com a miséria. Já há recursos para isso na sociedade. Essa questão da miséria é, realmente, a "nódoa" do Brasil... Para Joaquim Nabuco, a nódoa era a escravidão. Hoje, é a miséria.

ÍNDICE ONOMÁSTICO

Academia de Ciências da Polônia, 49-50
Afonso, Almino, 231, 231n.
ALCA (Área de Livre Comércio das Américas), 89, 89n., 116, 116n., 117-8, 122, 122n., 123
Alemão, *ver* Enilson Simões de Moura
Alfonsín, Raúl, 45, 46n.
Allende, Isabel, 120, 120n.
Allende, Salvador, 118, 120, 120n.
Allende, Tencha (Hortência), 120, 120n.
Alves, Francisco de Paula Rodrigues, 336, 336n.
Alves, José Carlos Moreira, 33, 33n.
Alzira, 332
Amaro, Rolim, 303, 303n.
Amazonas, João, 247, 247n.
Anderson, John Lee, 115, 115n.
APRA (Alianza Popular Revolucionaria Americana), 290n.
Araújo, Maria Celina d', 338n.
Archer, Renato, 59, 60n.
Arena (Aliança Renovadora Nacional), 228n.
Arida, Pérsio, 64, 69, 70, 70n., 72
Arns, d. Paulo Evaristo, 59n.
Arraes, Miguel, 265, 265n., 270
Assembléia Constituinte, 30, 60n.
Associação Internacional de Sociologia, 43, 43n.
Assunção, José Afonso, 141n., 321n.
Aylwin, Patricio, 118, 120, 120n., 121
Azevedo, Eduardo, 223, 223n.

Bacha, Edmar, 66, 66n., 67-70, 207, 207n.
Banco Central, 67, 67n., 68, 68n., 70n., 75, 95n., 129, 140, 216, 257, 304, 348
Banco da Amazônia, 296-7, 304
Banco da Bahia, 95n.
Banco da Terra, 323, 323n.
Banco do Brasil, 69, 69n., 70, 70n., 95n., 216, 295-6, 297

Banco do Nordeste do Brasil, 269, 272, 296-7, 304
Banco Mundial, 85, 298, 323
Banerj, 304, 304n.
Banespa, 256, 257n., 304, 304n.
Barbosa, Rubens, 131, 131n.
Bardella, Claudio, 172, 172n.
Barelli, Walter, 72, 73n.
Barre, Raymond, 56, 56n.
Barreto, Bruno, 126n.
Barreto, Fábio, 126n.
Barros, José Roberto Mendonça de, 207, 207n., 305, 305n., 320, 320n.
Barros, Prudente de Morais, 336, 336n.
Batista, Fulgencio, 113n.
Beluzzo, Luís Gonzaga, 69, 69n., 305, 305n.
Bemge, 304, 304n.
Bernstein, Eduard, 99, 99n.
BID (Banco Interamericano de Desenvolvimento), 75, 75n., 309
BIRD (Banco Internacional de Reconstrução e Desenvolvimento), 85n.
BIS (Bank for International Settlements) [Banco para Compensações Internacionais], 96, 96n.
Blair, Tony, 211, 211n., 237, 237n., 242, 242n., 255, 255n.
BNDES (Banco Nacional do Desenvolvimento Econômico e Social), 66n., 69, 69n., 70n., 272, 272n., 287, 292, 296-8, 300-3, 318, 320, 320n., 323
BNH (Banco Nacional de Habitação), 296-7, 315n.
Bolívar, Simón, 99
Borges, Jorge Luis, 10
Bosi, Alfredo, 114, 114n.
Branco, Humberto de Alencar Castelo, 22, 209n., 238n., 292n., 337, 338n., 349n.
Brandão, Otávio, 135, 135n.
Brandt, Willy, 105, 105n.
Bréjnev, Leonid, 53, 53n., 110

Britto, Antonio, 78, 78n., 129
Brizola, Leonel de Moura, 158n., 203, 209-10, 235, 235n.
Buaiz, Vitor, 93, 93n.
Buarque, Cristovam, 93, 93n., 257n., 265, 265n.
Bulhões, Otávio Gouveia de, 337, 338n.
Burton, Dan, 89n.

CAF (Corporación Andina de Fomento), 129
Caixa Econômica Federal, 67, 69, 273, 296-7
Calliari, Alcir Augustinho, 69, 70n.
Câmara, d. Hélder, 195n.
Camdessus, Michel, 74, 74n., 75, 120, 120n.
Campos, Neudo, 131, 131n.
Campos, Roberto, 209, 209n., 210, 267, 267n., 337, 338n.
Cardoso, Augusto Inácio do Espírito Santo, 341, 342n.
Cardoso, Beatriz, 152, 152n., 175-6, 184-5
Cardoso, Ciro do Espírito Santo, 341, 342, 342n.
Cardoso, Felicíssimo, 341n.
Cardoso, Leônidas Fernandes, 11, 340, 341, 341n., 342-3
Cardoso, Luciana, 152, 152n., 184-5
Cardoso, Manuel Joaquim Inácio Batista, 340, 340n., 342, 349
Cardoso, Nayde Silva, 341n.
Cardoso, Paulo Henrique, 152n., 174, 184-5
Cardoso, Ruth Leite, 149, 149n., 150-5, 174, 174n., 175-6, 192, 274, 275n., 311n.
Carvalho, Clóvis, 66, 67, 67n.
Casoy, Boris, 73, 73n.
Castañeda, Jorge, 115, 115n.
Castells, Manuel, 47, 49n.
Castilhos, Júlio de, 337n.
Castro, Celso, 338n.
Castro, Fidel, 103, 113, 113n., 114, 115, 115n., 116, 117, 117n., 190, 190n.
Castro, José Fernandes Leite de, 341, 342n.
Castro, Raúl, 117, 117n., 190n.
Cavalcanti, Sandra, 315, 315n.
Cebrap (Centro Brasileiro de Análise e Planejamento), 18, 18n., 105, 121, 267, 267n., 317
Ceme (Central de Medicamentos), 39, 39n., 218, 218n.
Centrus, 95n.
CEPAL (Comissão Econômica para a América Latina), 46n., 85, 85n., 102, 102n.
Chaves, Aureliano, 129, 129n.
Chirac, Jacques, 107, 107n., 108, 112
Chrétien, Jean, 85, 85n., 302n.

CIA (Central Intelligence Agency), 58
Cícero, Paulino, 129, 129n.
Cimma, Enrique Silva, 121, 121n.
Clinton, Chelsea, 176, 176n.
Clinton, Hillary, 176, 176n., 283, 283n.
Clinton, William Jefferson (Bill), 88, 89, 89n., 90, 116, 119, 123, 128, 143, 143n., 161, 176, 176n., 204, 283n.
CNBB (Conferência Nacional dos Bispos do Brasil), 195, 195n.
CNPq (Conselho Nacional de Desenvolvimento Científico e Tecnológico), 313, 313n., 318, 318n.
CNRS (Centre National de la Recherche Scientifique), 44, 46n.
Cohn-Bendit, Daniel, 45-6, 47, 47n., 61
Colégio Eleitoral, 61, 61n., 62n.
Companhia Vale do Rio Doce, 76n.
Comte, Auguste, 52, 52n., 337n.
Comunidade Solidária, 311, 311n.
Conab (Companhia Nacional de Abastecimento), 39, 39n.
Conde, Luís Paulo, 161, 161n.
Confúcio, 92
Conselho de Ministros, 251n.
Conselho dos Negros, 331, 334
Conselho Nacional de Direitos Humanos, 60n.
Conselho Nacional de Negros, 21
Contag (Confederação dos Trabalhadores na Agricultura), 320, 320n.
Convergência Socialista, 231, 231n.
Coutinho, Luciano, 305, 305n.
Covas, Mário, 70, 70n., 71, 73n., 145, 145n., 146, 200, 200n., 202, 207, 207n., 229, 257, 294, 294n., 301, 301n., 304, 319n.
Cpdoc (Centro de Pesquisa e Documentação de História Contemporânea do Brasil), 338n.
CPMF, (Contribuição para Movimentações Financeiras) 180-1
CRED (Câmara de Relações Exteriores de Defesa), 352
Cristina, 192
Croce, Benedetto, 106n.
CUT (Central Única dos Trabalhadores), 36, 77n., 334
CVM (Comissão de Valores Mobiliários), 70n.

Dahrendorf, Ralf, 347, 347n.
Darwin, Charles, 52n.
DAS (Direção de Assessoramento Superior), 214, 216, 216n.

ÍNDICE ONOMÁSTICO

de Gaulle, Charles, 44-6, 47n., 48, 48n., 50n., 103, 111, 111n., 112-4, 122, 247, 247n., 250
DEA (Drug Enforcement Agency), 144, 144n.
Delfim Netto, Antônio, 64, 64n., 73, 209, 209n., 296
Di Cavalcanti, Emiliano Augusto, 8, 150
Dias, Guilherme Leite da Silva, 320, 320n.
DIEESE (Departamento Intersindical de Estatística e Estudos Sócio-Econômicos), 30, 31n., 73n.
DNAEE (Departamento Nacional de Águas e Energia Elétrica), 292
Dofny, Jacques, 49
Durkheim, Émile, 45, 48n.
Dutra, Eurico Gaspar, 225, 226, 226n., 337, 337n., 342, 344n.
Duverger, Maurice, 255, 255n.

Eatwell, Lord John, 84, 84n.
Ekaterina, 54
Embraer (Empresa Brasileira de Aeronáutica), 83, 301, 301n., 302-3
Embratel (Empresa Brasileira de Telecomunicações), 293-4
EMFA (Estado-Maior das Forças Armadas), 73, 73n.
Engels, Friedrich, 99, 99n.
Escobar, Ruth, 58, 58n.
Escola de Administração Fazendária, 217
Escola de Administração Pública, 217

Facchinetti, Nicolau Antônio, 340n.
Faletto, Enzo, 44n.
Farias, Osvaldo Cordeiro de, 339, 349, 349n.
FEB (Força Expedicionária Brasileira), 349n.
Fed (Federal Reserv Board), 85, 86n.
Fernandes, Florestan, 13, 16, 17n., 21, 331, 331n.
FGTS (Fundo de Garantia por tempo de Serviço), 296
Figueiredo, Euclides de Oliveira, 350n.
Figueiredo, João Baptista de Oliveira, 58, 58n., 59, 62, 64, 64n., 73, 73n., 315, 315n., 339, 349, 350, 350n.
Fischer, Stanley, 71, 71n.
Flores, Murilo, 320, 320n.
FMI (Fundo Monetário Internacional), 64, 71, 71n., 74, 74n., 75, 85, 85n., 96
Fonseca, Hermes Rodrigues da, 340, 341n.
Fonseca, Deodoro da, 49n., 238n., 340n.
Forças Armadas, 90, 140, 144, 147, 216, 276, 354
Foxley, Alejandro, 120, 121, 121n.
Francisco Graziano, 79, 79n., 319, 319n., 321, 321n.
Franco, Gustavo, 65n., 66, 66n., 67n.
Franco, Itamar, 31, 31n., 32, 65n., 66, 66n., 68-70,

71n., 72-3, 75-6, 78, 78n., 79, 127, 129, 129n., 131, 141, 203, 256, 257n., 269-70, 295, 301, 350
Franco, Maria Sylvia de Carvalho, 22, 22n.
Freire, Roberto, 66, 66n., 247, 247n.
Freyre, Gilberto, 13, 16, 17n.
Frias Filho, Otávio, 172, 172n.
Frisch, Winston, 66, 66n.
Fukuyama, Francisco, 88, 88n.
Funaro, Dilson, 72, 72n., 73, 76
Funasa (Fundação Nacional da Saúde), 39, 39n., 40
Furtado, Celso, 45, 46n., 102, 102n., 305, 305n.

G-7, 85, 86n., 95-6, 108, 128n.
Gabriel, Almir, 195, 195n.
Gandhi, Indira, 191n.
Gandhi, Rajiv, 191n.
Gandhi, Sonia, 191, 191n.
Gandra, Mauro, 141n.
Gasparian, Fernando, 349, 349n.
Geisel, Ernesto, 60, 61n., 73n., 238n., 288, 336, 338, 338n.
Germani, Gino, 119, 119n.
Giddens, Anthony, 160, 160n., 209, 209n.
Gomes, Ciro, 70, 71n.
Gomes, Paulo Emilio Salles, 349, 349n.
Gomes, Severo, 229, 229n.
Gonçalves, Leônidas Pires, 350n.
González, Felipe, 48, 49n., 120, 120n.
Gorbatchóv, Mikhail, 43, 53, 53n., 54, 56-7, 86, 90, 187, 187n.
Goulart, João, 45, 46n., 47n., 227, 227n., 231n., 264n., 333n., 336-7, 338n.
Gramsci, Antonio, 106, 106n., 237n., 326, 326n.
Gregori, José, 59, 60, 60n.
Gros, Francisco, 69, 70n.
Guadagnin, Angela, 301, 302, 302n.
Guanaes, Nizan, 202n.
Guevara, Ernesto (Che Guevara), 103, 115, 115n.
Guimarães, Ulysses, 59, 59n., 60n., 61, 187, 188, 188n., 230, 230n., 231, 339, 345, 345n., 349-50
Gulag (Administração Geral dos Campos), 55, 55n.
Guterres, António, 250n.

Hart, Gary, 176, 176n.
Hartung, Paulo, 272, 272n.
Hegel, Friedrich, 57, 57n.
Helms, Jesse, 89n.
Hersh, Seymour, 177n.
Herzog, Vladimir, 59, 59n.
Hirschman, Albert Otto, 104
Hitler, Adolf, 109, 110, 110n., 189n.

361

Holanda, Sérgio Buarque de, 13, 15, 15n., 16, 109, 109n.
Horta, Arnaldo Pedroso d', 349, 349n.
Hraoui, Elias, 19, 19n.

Ibama (Instituto Brasileiro de Meio Ambiente e dos Recursos Naturais), 219, 219n., 321
IBGE (Instituo Brasileiro de Geografia e Estatísticas), n66n.
IBOPE (Instituto Brasileiro de Opinião e Estatística), 78, 78n.,185
ICMS, (Imposto Sobre Circulação de Mercadorias e Serviços) 259
Iéltzin, Boris, 108, 108n.
Ievtuchenko, Ievguêni, 54, 54n., 55
Iglesias, Enrique, 75, 75n., 120, 120n.
Incra (Instituto Nacional de Colonização e Reforma Agrária), 218, 274, 321, 321n., 323, 325-6
INSS (Instituto Nacional de Seguridade Social), 272, 291
Instituto Palmares, 331
Instituto Rio Branco, 216-7
IPTU (Imposto Predial e Territorial Urbano), 258
ISS (Imposto Sobre Serviço), 258
ITA (Instituto Tecnológico da Aeronáutica), 302, 302n.
ITR (Imposto sobre a Propriedade Territorial Rural), 322, 322n.
IVA (Imposto sobre Valor Agregado), 259

Jaguaribe, Hélio, 102, 102n., 207, 207n.
Jarpa, Sergio, 35, 35n.
Jatene, Adib, 280, 280n.
Jereissati, Tasso, 78, 78n.
João Paulo II, papa, 50, 51n., 53, 187, 187n., 330
João VI, d., 14
Jobim, Nélson, 29, 29n., 33, 144
Jospin, Lionel, 112, 112n.
Jungman, Raul, 307, 321, 321n., 324-5

Kennedy, John F., 119, 119n., 177, 224, 224n.
Keynes, John Maynard, 97, 97n.
Khruschóv, Nikita, 55, 56n.
Kim Il Sung, 191n.
Kim Jong Il, 191n.
Kohl, Helmut, 103, 107, 107n., 112-3
Kubitschek, Juscelino, 217, 217n., 225-6, 227n., 229, 264n., 269n., 292n., 336, 337, 337n., 338

Labour Party, 209, 211, 215, 233, 237
Lacerda, Carlos, 264, 264n.
Lafer, Celso, 172, 172n.

Lage, Carlos, 116n.
Lamarca, Carlos, 354, 354n., 355
Lamounier, Bolívar, 255, 255n.
Lampreia, Luiz Felipe, 131, 131n.
Leite, Luiz Carlos Delben, 69, 69n.
Lênin, Vladímir Ilitch Ulianov, dito, 53n., 103, 106, 106n., 109, 109n., 110, 188, 188n., 194, 347, 347n.
Lévi-Strauss, Claude, 102, 102n., 160
Li Peng, 111, 111n.
Liberato, Gugu, 183n.
Liebknecht, Karl, 82n.
Lima, Manuel de Oliveira, 14, 14n.
Lobo, Aristides, 48, 49n., 50n.
Lobo, Lélio Viana, 301, 301n.
Lopes, Francisco, 66, 67n.
Lopes, Juarez Brandão, 59, 60n., 61n.
Lozada, Sánchez de, 149
Luís XIV, 45, 47n.
Lula, ver Luís Inácio Lula da Silva
Luxemburg, Rosa, 82, 82n., 99

Magalhães, Antônio Carlos, 79, 79n., 80, 80n.
Magalhães, Luís Eduardo, 80, 80n.
Major, John, 113, 113n.
Malan, Catarina, 68
Malan, Pedro, 64, 66-7, 68, 68n., 70, 74-5
Maluf, Paulo, 161n., 202, 265n.
Mannheim, Karl, 52, 52n.
Mao Tsé-tung, 103, 110, 110n., 111, 188, 188n.
Marcondes Filho, Alexandre, 18, 18n.
Mariátegui, José Carlos, 290, 290n.
Martins, João Carlos, 151
Martins, Luciano, 19, 19n., 44, 46n., 47, 120, 221, 221n., 325, 325n.
Marx, Karl, 45, 48n., 57, 57n., 82, 82n., 99, 99n., 187, 193-4
Matta, Roberto Da, 25, 25n.
MDB (Movimento Democrático Brasileiro), 59n., 60n., 207, 228, 228n., 230-1
Médici, Emílio Garrastazu, 64n., 315n., 356
Mello, Celso de, 33, 33n.
Mello, Fernando Collor de, 31n., 39n., 40, 40n., 62, 65, 65n., 77, 77n., 169, 169n., 207, 225, 234, 234n., 235, 237, 280n., 299, 299n., 308n., 315n., 350n., 353n.
Mello, Maria Conceição d'Incao e, 22, 22n.
Melo, João Manuel Cardoso de, 305, 305n.
Mena Barreto, 340
Mendes, Amazonino, 131, 131n.
Mendes, Ivan de Souza, 350n.
Mendonça, Duda, 202

362

ÍNDICE ONOMÁSTICO

Menem, Carlos Saúl, 91, 91n., 126, 126n., 127, 188, 188n., 236n.
Menezes, Aquiles, 341, 342n.
MIR (Movimiento de Izquierda Revolucionaria — Chile), 35
Miranda, Gilberto, 75, 75n.
Mitterrand, François, 48, 50n., 103, 112, 112n., 187, 189, 189n., 190
Montalva, Eduardo Frei, 121n.
Monteiro, Pedro Aurélio de Góis, 341-2, 343n.
Montenegro, Carlos Augusto, 78, 78n.
Montoro, André Franco, 21, 21n., 58, 58n., 59-60, 64, 65n., 67n., 102, 331, 334, 344, 344n.
Motta, Sérgio, 39, 39n., 70, 71n., 125, 244, 244n., 294, 294n.
Moura, Enilson Simões de (Alemão), 231, 232n.
MR-8 (Movimento Revolucionário 8 de Outubro), 232n.
MST (Movimento dos Sem-Terra), 13, 19, 19n., 23, 36, 51n., 192-3, 233, 244, 266, 274, 275, 275n., 276, 276n., 319-21, 323-4, 327, 349
MTCR (Movimento dos Trabalhadores Rurais Sem-Terra), 128, 128n., 275n., 302, 302n.
Murtinho, Joaquim, 336, 337n.
Mussolini, Benito, 106n.

Nabuco de Araújo, 15n.
Nabuco, Joaquim, 15, 15n., 24, 356
NAFTA (North American Free Trade Agreement), 120, 120n., 121
Napolitano, Giorgio, 229, 229n.
Nascimento, Édson Arantes do (Pelé), 333n.
Nehru, Jawaharlal, 191n.
Nehru-Gandhi, família, 191
Neves, Tancredo, 78n., 138, 138n., 187, 188, 188n., 228n., 339, 345, 345n.
NICS (Newly Industrialized Countries), 99
Nóbrega, Maílson da, 319n.

Oliveira, Francisco de, 228, 228n.
OMC (Organização Mundial do Comércio), 303, 303n.
ONGS (Organizações Não Governamentais), 108, 108n., 162, 273, 325-7
ONU (Organização das Nações Unidas), 87, 87n., 90n., 96, 263n., 334n.
OTN (Obrigação do Tesouro Nacional), 67, 68n.

PAB (Piso Assistencial Básico), 278, 278n.
Padilha, Eliseu, 214n.
Parente, Pedro Pullen, 320, 320n.
Parlamento brasileiro, 238, 238n.

Partido Comunista (Chile), 35
Partido Comunista (ex-URSS), 53n., 56n., 106n., 108n.
Partido Comunista (Itália), 106n., 229, 229n.
Partido Comunista (Peru), 290n.
Partido Conservador (Inglaterra), 113, 255
Partido Democrata Cristão (Chile), 35
Partido Democrático de Esquerda (Itália), 229n.
Partido Justicialista (Argentina), 236
Partido Liberal (Canadá), 85
Partido Radical (Chile), 35
Partido Social Democrata (Alemanha), 105
Partido Socialista (Chile), 35
Partido Socialista (Portugal), 105n., 250
Partido Trabalhista (Inglaterra), 160n., 209, 211, 215, 233, 237, 255
Passarinho, Jarbas, 315, 315n.
Pastore, José, 19, 19n.
PCB (Partido Comunista Brasileiro), 55n., 62, 66, 66n., 135, 135n., 225n., 226n., 247n., 321n.
PCdoB (Partido Comunista do Brasil), 41, 207, 234, 247n., 322
PDC (Partido Democrata Cristão), 225, 226n., 232, 232n.
PDT (Partido Democrático Trabalhista), 41, 235n.
Pedro I, d., 238n.
Pedro II, d., 27, 340n.
Pedrosa, Mário, 47, 48n., 49n.
Peixoto, Celina Vargas do Amaral, 189n.
Peixoto, Fernando, 114, 114n.
Peixoto, Floriano Vieira, 340, 340n., 342, 342n.
Pelé, ver Édson Arantes do Nascimento
Pereira, Dulce Maria, 331, 331n.
Pereira, Eduardo Jorge Caldas, 78, 78n.
Pereira, José Luiz Portella, 310, 310n.
Pereira, Luís Carlos Bresser, 66, 67n., 207, 207n., 308, 319n.
Perón, Juan Domingo, 236n.
Pertence, Sepúlveda, 33
Pessoa, Epitácio, 341n.
Petrobrás, 95n., 128, 128n., 129
Petrus, 95n.
Peyrefitte, Alain, 46, 48n.
PFL (Partido da Frente Liberal), 79n., 207-9, 211, 214-5, 225, 235, 240
Pinochet, Augusto, 35, 35n.
Pintassilgo, Maria de Lurdes, 250, 250n.
Pinto, Almir Pazzianotto, 232, 232n.
Pinto, José de Magalhães, 264, 264n.
Pires, Waldir, 44, 46n.
Pitta, Celso, 201, 202, 202n., 265, 265n.

363

PM (Polícia Militar), 133, 140, 145n., 146n., 147, 147n.
PMDB (Partido do Movimento Democrático Brasileiro), 58, 58n., 59, 60n., 76, 208, 214-5, 235n., 236, 334-5, 347
PNAD (Pesquisa Nacional por Amostra de Domicílio), 319, 319n.
Polícia Civil, 140, 145n.
Polícia Federal, 140, 142
Pomerantz, Lenina, 54, 54n., 55
Poniatowski, família, 50
Portinari, Cândido, 150
PPB (Partido Popular Brasileiro), 207-9, 265n.
PPS (Partido Popular Socialista), 66n., 207
Prado Júnior, Caio, 13, 16, 17n.
Prebish, Raul, 102, 102n.
Prestes, João, 55
Prestes, Luís Carlos, 55, 55n.
Previ, 95n.
Prodi, Romano, 122, 122n.
Proer (Programa de Estímulo à Reestruturação e ao Fortalecimento do Sistema Financeiro Nacional), 304, 304n.
Programa de Incentivo à Docência, 312n.
Pronaf (Programa Nacional de Fortalecimento da Agricultura Familiar), 320, 320n., 324
Pronex (Programa de Apoio a Núcleos de Excelência), 317, 317n., 318
PSB (Partido Socialista Brasileiro), 207, 265n.
PSD (Partido Social-Democrático), 225, 226, 226n., 227
PSDB (Partido da Social-Democracia Brasileira), 21n., 39n., 66n., 70, 71, 71n., 78n., 186, 199, 207-8, 211, 214-5, 230, 233, 236-7, 240, 277, 287, 309, 350n.
PSTU (Partido Socialista dos Trabalhadores-Unificado), 231n.
PT (Partido dos Trabalhadores), 36, 41, 59, 77n., 93, 93n., 186, 197, 199, 202, 206-7, 211, 225, 230, 231, 231n., 232, 232n., 233-4, 236, 239-40, 243-4, 247, 265n., 301, 301n., 302, 310-1, 322, 334, 349, 353
PTB (Partido Trabalhista Brasileiro), 207, 225, 226, 226n., 227, 341n., 343

Quadros, Jânio, 10, 40, 40n., 138n., 157n., 165, 168, 168n., 225, 227, 227n., 265, 336-7, 344, 344n.
Quércia, Orestes, 235, 235n.

Receita Federal, 140, 142
Rennó, Joel, 128, 128n.

Renovação Nacional (Chile), 35
Resende, André Lara, 64, 67, 67n., 68-70, 72, 207, 207n.
Resende, Eliseu, 65n.
Resende, Íris, 214n.
Rezende, Sérgio, 126n.
Ribeiro, Darcy, 333, 333n.
Ribeiro, Eunice Durham, 17, 17n., 190, 190n., 316, 316n.
Ribeiro, Frederico Solon de Sampaio, 340, 340n.
Rice, Donna, 176n.
Richa, José, 350, 350n.
Ricupero, Rubens, 170, 170n.
Rocard, Michel, 112, 112n., 120
Rodrigues, Débora, 276, 276n.
Rodrigues, Leôncio Martins, 119, 119n.
Rodrigues, Nilton Moreira, 269, 269n.
Rodrigues, Rafael Caldera, 127, 127n., 173, 173n.
Roosevelt, Franklin Delano, 158
Rosa, João Guimarães, 346, 346n.
Rousseau, Jean-Jacques, 187, 197n.
Ruiz-Tagle, Eduardo Frei, 121n.

Sábato, Ernesto, 45
Sábato, Jorge, 45, 46n.
Sabóia, Henrique, 350, 350n.
Sachs, Ignacy, 134, 134n.
SAE (Secretaria de Assuntos Estratégicos), 55n., 353, 353n.
Saint-Hilaire, Auguste de, 23, 23n.
Saint-Pierre, Céline de, 49
Salazar, António de Oliveira, 105
Sales, Manuel Ferraz de Campos, 336, 336n., 337n.
Sampaio, Jorge, 250n.
Sampaio, Plínio de Arruda, 231, 231n., 232n.
Sanguinetti, Julio Maria, 118, 119, 119n., 120, 126
Sanguinetti, Marta, 120
Santos, Hélio, 334, 334n., 335
Santos, José Carlos Alves dos, 68n.
Santos, Júlio César Gomes dos, 141n., 321n.
Santos, Luís Carlos, 45, 47n.
Santos, Paulo de Tarso, 45, 46n., 47n.
Sardenberg, Carlos Alberto, 76, 76n.
Sardenberg, Ronaldo, 55, 55n., 353n.
Sarney, José, 46, 60, 64, 65, 67n., 69n., 72-3, 76, 79n., 118, 129n., 131-2, 138, 203, 228, 232, 238, 253, 287, 305, 340, 350
Sartori, Giovanni, 255, 255n.
Sartre, Jean-Paul, 48, 50n.
Sayad, João, 76, 76n.
Schilling, Paulo, 355, 355n.
Schlesinger Jr., Arthur, 88, 88n.

ÍNDICE ONOMÁSTICO

Segall, Lasar, 125, 125n.
Serra, José, 65, 65n., 66, 66n., 68, 70, 207, 230, 230n.
Servan-Schreiber, Jacques, 44n.
Setúbal, Olavo, 138, 138n., 172, 172n.
Shakespeare, William, 101
Sherpas, 95
SIAF (Sistema Integrado da Administração Federal), 315, 315n.
Silva, Artur da Costa e, 64n., 238n., 315n., 337, 338n.
Silva, Benedito Marcílio Alves da, 231, 231n.
Silva, Fausto, 183n.
Silva, Golbery do Couto e, 60, 61n., 355, 355n.
Silva, Luís Inácio Lula da, 21, 77, 77n., 78-9, 203, 206, 210, 225, 230, 230n., 231-2, 234-5, 319, 321
Silva, Vicente Paulo da, (Vicentinho), 21, 77, 77n., 334, 334n.
Simon, Pedro, 66, 66n.
Simonsen, Mário Henrique, 73, 73n.
Sindicato dos Metalúrgicos de Santo André, 231, 231n.
Sindicato dos Metalúrgicos de São Bernardo do Campo, 77n.
SIP (Sociedade Interamericana de Imprensa), 173, 173n.
Sistel, 95n.
Sivam (Sistema Integrado de Vigilância da Amazônia), 141, 141n., 142, 321, 321n.
SNI (Serviço Nacional de Informações), 350, 350n., 353n.
Soares, Airton, 230, 230n., 231
Soares, Mário, 105, 105n., 250n.
Sodré, Roberto Costa de Abreu, 72n.
Solidariedade, 51n.
Soublin, Jean, 27, 27n.
Souto, Paulo, 80, 80n.
Souza, Antonio Candido de Mello e, 22, 22n., 349
Souza, Paulo Renato, 309, 309n., 316
Spencer, Herbert, 52, 52n.
Stálin, Óssip, 53, 53n., 54, 54n., 56n., 103, 109, 109n.
Stedile, João Pedro, 274, 275n.
Steinbeck, John, 22, 22n.
Stepanenko, Alexis, 69, 69n.
STF (Supremo Tribunal Federal), 25, 28, 28n., 29, 30, 30n., 31, 32, 32n., 33, 33n., 221-2, 237
Sudene (Superintendência de Desenvolvimento do Nordeste), 46n., 266, 269, 269n., 270
Summers, Lawrence, 75, 75n.
Suplicy, Eduardo, 301, 301n., 331, 331n.

SUS (Sistema Único de Saúde), 260, 260n., 277, 279-81
Sutherland, Peter, 56

Tavares, Ana, 79, 79n.
Tavares, Maria Conceição, 69, 69n.
Távora, Juarez, 292, 292n.
Telebrás, 95n.
Tella, Guido di, 119, 119n.
Tella, Torcuato di, 119, 119n.
Tesouro Nacional, 67
Thatcher, Margaret, 113, 113n.
TNP (Tratado de Não-Proliferação Nuclear), 128, 128n.
Torre, Victor Haya de la, 290, 290n., 292
Touraine, Alain, 47, 48n., 120, 221, 221n., 222-4
Trótzki, Lev Davidovitch Bronstein, dito, 103, 109, 109n., 115
Tundisi, José Galízia, 318, 318n.

UDN (União Democrática Nacional), 225, 226, 226n., 227-9, 264n., 292n.
UDR (União Democrática Ruralista), 274, 274n., 276
UnB (Universidade de Brasília), 93n., 229, 229n.
UNE (União Nacional dos Estudantes), 316, 316n.
Unesco (Organização das Nações Unidas para Educação, Ciência e Cultura), 334, 334n.
Unicamp (Universidade Estadual de Campinas), 61n.
Universidade de Berkeley, 47
Universidade de Dijon, 45
Universidade de Harvard, 75n.
Universidade de Madri, 47, 48
Universidade de Moscou, 53
Universidade de Nanterre, 43, 44n., 45, 47-8
Universidade de Paris, 45
Universidade de Sorbonne, 47-8
Universidade Torcuato di Tella, 119n.
Urbano, Francisco, 320, 320n.
URV (Unidade de Referência de valores), 63, 67, 68n., 72-3, 79
USP (Universidade de São Paulo), 54n., 60n., 76n., 102n., 114n.

Valenzuela, Arturo, 347, 347n.
Vargas Llosa, Mario, 339, 342-4
Vargas, Getúlio, 11, 13, 18, 18n., 138n., 158n., 165, 168n., 169, 187, 189, 189n., 209, 225, 226, 226n., 227-9, 238n., 264n., 288, 292n., 313, 336, 337, 337n., 338, 341, 342, 342n., 343n., 350n.
Vargas, José Israel, 313n.

365

Vargas, Manuel do Nascimento, 342, 343n.
Vasconcelos, Jarbas, 59, 60n.
Veiga, Luiz Otávio da Motta, 69, 70n.
Vicentinho, *ver* Vicente Paulo da Silva
Vieira, José Eduardo Andrade, 319, 320n.
Vieira, Oscar Vilhena, 28, 28n., 33
Vilela, Teotônio, 59, 59n.

Wajda, Andrej, 134, 134n.
Walesa, Lech, 49, 50, 50n., 51n., 53

Wasmosy, Juan Carlos, 126, 126n.
Weber, Max, 45, 47n., 215, 215n., 346n.
Weffort, Francisco, 16, 17n., 36, 125, 125n., 228, 228n.
Wysynski, Stefan, 50, 51n.

Ximenes, Paulo César, 68, 68n., 69n.

Zemin, Jiang, 110, 110n.
Zumbi dos Palmares, 331, 331n.

ESTA OBRA, COMPOSTA PELO ESTÚDIO
O.L.M. EM MINION, TEVE SEUS FILMES
GERADOS NO BUREAU 34 E FOI IMPRES-
SA PELA HAMBURG GRÁFICA EDITORA
EM OFF-SET SOBRE PAPEL PÓLEN SOFT
DA COMPANHIA SUZANO PARA A EDITO-
RA SCHWARCZ EM MAIO DE 1998.